U0728875

长江产经智库中国经济发展系列著作

中国经济问题丛书·长三角研究系列

ZHONG GUO JING JI WEN TI CONG SHU

长三角一体化发展的体制机制研究

CHANGSANJIAO YITIHUA FAZHAN DE TIZHI JIZHI YANJIU

刘志彪　江静　等　著

中国人民大学出版社

·北京·

长三角一体化发展的体制机制研究

本书各章节写作安排

序　　言　刘志彪
第 一 章　江　静　丁春林
第 二 章　第一、二、三节　杜运苏
　　　　　第四节　阳　旸
第 三 章　第一、五节　唐　龙
　　　　　第二节　杜宇玮　吕永刚
　　　　　第三节　王世文
　　　　　第四节　汤秀平
第 四 章　鞠昌华
第 五 章　高传胜
第 六 章　林学军　詹小慧
第 七 章　第一节　姜丕军
　　　　　第二节　俞萍萍
　　　　　第三节　黄瑞玲
　　　　　第四节　查婷俊
第 八 章　于晓华　王汉杰　钟晓萍　刘　畅
第 九 章　寇宗来
第 十 章　张建忠
第十一章　杨平宇　刘　昊　陈　东
第十二章　陈　东　洪功翔　杨平宇
第十三章　霍伟东　陈若愚

目　　录

序 言 全球化转型、统一市场建设
与长三角一体化

　　进入新时代，中国区域经济发展方面最激动人心的事件，就是长三角区域一体化发展上升为国家战略并如火如荼地向前推进。近年来，这个战略虽然取得了一些令国内外瞩目的重要进展，如在交通运输体系的建设、区域规划的协调、生态环境保护的协作等方面都取得了一些突破性成就，但是阻碍长三角区域一体化发展的体制机制等深层次问题并没有得到真正彻底解决，许多重大问题在协调工作上举步维艰。例如：在最令人瞩目的一体化发展示范区内的产业选择、布局和安排中，就很难使各参与主体在利益上达成一致；再如：在这次抗击新冠肺炎疫情的阻击战中，长三角各地区各自为政、封路设卡的种种做法，以及在复工复产复销中，不能以产业链为中心对分布于不同区域的价值环节进行协同推进的现实，也让我们更进一步认识到中国区域经济严重的行政分割现状、影响与危害，更进一步理解了全力推进长三角区域一体化发展国家战略的必要性、紧迫性和艰难性。

　　在推进长三角区域一体化发展国家战略的过程中，我们深深感到目前对这个国家战略的研究是不够的，理解是肤浅的，因而实际上推进战略落地的工作也存在一定的盲目性、消极性和被动性。其中，一些迫切需要厘清的基本问题包括：长三角区域一体化发展的根本目的、任务和使命究竟是什么？怎样才能通过市场一体化发展促进国内国际经济双循环体系建立？长三角区域一体化发展在统一市场建设中的作用是什么？我们应该怎样根据先易后难的原则有序推进这个战略？显然，如果不首先在认识上彻底弄清楚这一系列问题，就很容易在实践中无所作为，甚至产生消极抵制的情绪。

我们将基于开放发展的思路回答这些问题，我们的基本看法是：长三角区域一体化发展不仅仅是一个区域性的经济增长、改革与开放的发展问题，更是事关中国经济发展全局的战略抉择。在当前和未来一系列主客观、国内外条件和背景转变的情况下，中国经济全球化战略需要从过去的利用他国市场的"客场"经济全球化，转向主动利用自己市场的"主场"经济全球化。这其中，是否能依托国内开放和改革形成竞争性统一大市场，是这种战略转变的前提和基础。长三角以市场为基础的一体化发展和对内对外开放，可以为全国各区域建设区域竞争性统一市场积累经验、提供示范，并在此基础上通过相互开放逐步形成全国统一的超大规模市场优势，构筑基于内需的经济全球化模式。

2020 年，中央根据国际国内形势的变化，提出要形成以国内大循环为主体、国内国际双循环相互促进的新发展格局，这是对过去的出口导向型经济全球化战略的重大修正。形成这一发展格局的关键，在于建设统一、竞争、有序、开放的大市场体系，将竞争政策作为推进区域市场一体化建设的制度基石。诸如长三角一体化等区域经济战略的国家化和各种对内开放措施的有力贯彻实施，是建设统一大市场的基础和前提，也是决定中国经济进一步高水平对外开放、形成新发展格局的关键因素。

一、竞争性统一市场建设：全球化战略转型的基础

长三角区域一体化发展上升为国家战略，是以习近平总书记为核心的党中央在当前世界经济格局重塑背景下做出的重大战略抉择。现在人们一般都是从形成经济增长极、打造改革开放的典型区、率先实现现代化示范区等方面去理解这个国家战略的必要性和重要性，很少从中国经济全球化战略转型、利用国内市场以及实现

高质量发展的角度去看待长三角区域一体化发展对全国竞争性统一市场的形成以及建设更高水平开放经济的战略意义。

在过去的四十多年中，中国以瞄准国外市场进行出口导向的经济全球化战略取得了举世瞩目的巨大成功。这一战略有一个非常重要的特点，即它是基于本国生产要素的高性价比优势，利用的是西方国家的市场，技术、设备甚至原材料等也从国外取得，产成品再销售到国外市场。从某种程度上来说，这是一场持续了四十多年的中国经济在"客场"进行的全球化行动。实施这一战略的基本逻辑是国内市场发育不足或不良，既无法消化日益增长的供给能力，也无法引导或决定资源配置。因为人均收入低、消费能力差，所以如果企业仅仅瞄准国内市场，就没有办法实现销售以实现扩大再生产。在经济转轨过程中，虽然我国居民收入水平有了迅猛的增长，但是由于国内市场分割或市场主体的信用不足，国内市场往往是看起来大，而实际可利用的规模和效能并不大，企业即使能高成本地实现销售，也经常长期被拖欠甚至收不回货款，这时企业就更愿意选择出口销售。

"两头在外、大进大出"的出口导向型经济全球化，是以国际市场为主体的"单循环"发展格局。这时，国际市场表面上与国内市场相连接，其实总体上是脱节的，国内只是生产、加工、制造的平台，在某种程度上可以说是一种"飞地"；国内市场（如原材料、劳动力、信贷等要素市场）虽然也起作用，但是在发展格局上处于被牵引状态，整体上起次要的作用；国际市场的循环能够在一定程度上带动和促进国内经济的循环，但是国内市场尤其是最终产品市场始终不是这一战略关注的重点。

2008年世界金融危机之后，我国以要素资源为比较优势切入全球价值链的"客场"经济全球化战略，其内外部条件发生了根本性变化：

第一，当今世界逆全球化趋势喧嚣尘上，中美关系由战略伙伴关系演化为战略竞争关系。在这次疫情全球蔓延之后，遏制中国成为美国上下的基本共识，也成为其正在实施的战略行动；

第二，随着我国发展水平的提升和人民生活水平的提高，国内生产要素成本不断上升，过去的那种优质低廉的比较优势日益削弱，同时，国际市场出现了大量的低成本竞争者（如东南亚、中南美等国家）。这时如果国内经济发展不能内生出创新驱动、提高生产率的发展趋向，那么高昂的要素成本就不可能被生产率上升趋势所消化和吸收，中国发展的产业竞争优势就会消失。这时的中国企业就面临着被竞争者"夹在中间"的尴尬境地：前面是掌握先进技术的发达国家企业，后面是具有成本优势的其他发展中国家企业；

第三，中国过去的经济增长在国内市场狭小的背景下，主要依赖的是西方国家的市场。现在，西方国家不愿继续为中国的增长提供市场，它们不仅设置了各种市场进入壁垒和出口限制，对我国大打贸易战，而且排除中国市场经济地位，在全球产业链、供应链中推进"去中国化"行动。与此同时，随着人均收入的提升，我国也逐步具备了成为超大规模市场国家的条件。

从大国的角度看，出口导向型的"客场"经济全球化发展格局是一种不可持续发展的战略。它的主要问题是过于依赖西方国家的市场，对自身发展资源利用不足，尤其是不能有效地利用自己逐步成长的市场容量这一重要的竞争优势，长期的国际代工不仅难以在竞争中培育出自主品牌和技术，取得高附加值，而且容易在复杂多变的国际环境中遭遇某些国家的抵制，或被别人掌握主动而丧失发展的自主性。为此，我们要尽快把出口导向为主的经济全球化战略，升级为基于内需的经济全球化战略（刘志彪，2012）。

基于内需的经济全球化战略，简单来说就是用内需促外需，从"客场"全球化转向主动利用自己市场的"主场"经济全球化：一方面利用内需虹吸全球先进生产要素为我所用，发展本国的创新经济；另一方面利用庞大的内需实现规模经济和差异化的优势，大力促进企业"走出去"，并利用全球市场。这种在主场进行的双循环的新发展格局，显然不是不要国外市场，更不是要封闭起来，而是要在继续参与国际竞争的前提下，让国内市场在资源配置和经济成长中起决定性作用，不仅要以国内大市场体系循环代替"两头在外、大进大出"的单循环格局，而且要让国内市场与国际市场连接起来，以国内市场发展和壮大促进和带动国内企业参与国际市场循环。显然，这是跟过去的经济全球化完全不同的发展战略。

推进基于内需的经济全球化战略的意义在于：其一，它有助于促成将我国处于分割状态的"行政区经济"聚合为开放型区域经济，把区域分散狭窄的市场聚变为国内统一强大的规模市场；其二，从利用别人市场的经济全球化，转变为利用自己市场的经济全球化，从根本上转变了我国经济全球化的发展模式和机制，在发挥比较优势的同时实现产业发展的自主可控要求；其三，国内强大市场的形成有利于我国虹吸全球先进创新要素。如果我国可以据此塑造一些吸收全球先进生产要素的平台，如打造全球性宜居城市来广泛吸收先进的高技术人才，则将极大地推动创新经济格局形成，从而有利于实现产业链向中高端攀升和经济高质量发展。

可见，实施"主场"经济全球化战略的基本前提，是假设国内形成了强大的内需或超级市场规模优势，且这个市场可以给全球的资源和要素提供更多的发展机会。未来我们的新的战略资源观，也要由过去要素的性价比高的比较优势，转向现在国内强大的市场优势（刘志彪、徐宁、孔令池，2019）。这次疫情中出现全球产业链断裂的严重情况，再一次说明未来国内强大的市场甚至可能是我国的绝对优势，是未来国家的产业安全保障和竞争力来源，必须在"十四五"规划中给予充分的重视和利用。

从党的十八大、十八届三中全会到十九大，都提出了要建设统一开放、竞争有序的市场体系，让内需规模名列世界前茅的要求。虽然经过四十多年的市场取向改革，我国地区间行政壁垒有所打破，但是也存在着某些特别突出也特别难以解决的问题，阻碍着经济发展战略的转轨和发展方式的根本变革。第一个突出的困难，就是市场体系缺乏统一性。这不是指市场门类不齐全，恰恰相反，我国的市场门类构建已经很充分，但市场功能缺少价格机制协调的基础，行政权力长期在配置资源中起主导作用，从而导致市场的条块分割，市场功能残缺。为了让价格信号在资源配置中起统一协调作用，就必须从根本上限制行政权力对市场的支配地位和割据作用。第二个突出的困难，就是市场体系缺乏竞争性。这不是指一般的消费品市场缺乏竞争性，恰恰相反，我国的市场由于产能过剩已经高度竞争化，但要素市场存在行政垄断和竞争不足，尤其是大企业存在垄断现象，以及土地市场、资本货币市场缺少竞争性配置的条件。要素市场化改革不足扭曲了资源配置效率，限制了市场主体的自主扩张和自我收缩的能力，它是我国未来经济改革深化的重点领域和方向。第三个突出的困难，就是市场体系缺乏开放性。这不是指我国的市场体系对外开放不足，而是指对内开放不足，尤其是对民营经济开放不足。一个最重要的表现是市场竞争环境不均等，对民营经济存在严重的歧视。这反过来在很大程度上制约了中国企业的竞争能力，以及"走出去""走进去""走上去"的能力的提升。

以上这几个方面，构成我国进一步市场取向改革尤其是推进要素市场化改革的主要内容。这是《中共中央国务院关于构建更加完善的要素市场化配置体制机制的意见》中要攻克的重点的改革难题。在实现中国经济全球化发展战略的重大调整中，所依托或所利用的市场是实现战略转换的过渡变量，是最基本的工具、手段和最重要的资源。如果无法实现这种市场利用上的转型，我们就仍然要把在"主场"进行的全球化和产业转型升级的希望寄托在西方国家和其市场上，这是根本无法实现的任务。因此，能否建成统一、竞争、有序、开放的市场体系，成为形成国内市场为主体、双循环新发展格局的前提和基础。

二、对内开放与形成全国竞争性统一市场

实施"主场"经济全球化战略，形成双循环相互促进的新发展格局，关键的问题在开放，既要对外开放，更要对内开放。目前，中国开放战略的思路面临着重大的转换，即要从过去强调对外开放，转向对外开放与对内开放共同促进、共同发展，既要以对外开放倒逼对内开放，更要以对内开放促进和提升对外开放的水平和层次。对内开放，是相对于对外开放来说的一个在过去重视程度远远不够的重要范畴。在这里，"内与外"划分的基本标准主要是国民的属性：对本国国民开放，张开、释放、解除限制等，就是对内开放；而对外国国民的开放，就是对外开放。

过去，我们在开放战略的实施艺术上，一直是利用对外开放来倒逼对内开放；而现在，只有进一步对内开放，才能促进和提升对外开放的水平和层次。在战略转型和利用国内市场优势问题上，对内开放的紧迫性和重要性已经高于对外开放，进一步对内开放已经成为深化对外开放的基础和前提。

第一，如果没有进一步的对内开放，国内改革就无法深入推进。对内开放与对内改革之间，既有区别，也有一些重要的联系。从对内开放的内涵看，两者的区别主要在于一个强调对本国国民放松管制和公平对待，另一个强调对本国政策、制度和法律的变革。显然，这两个概念之间存在着紧密的联系，即表现在对本国国民不断地放松限制、平等对待，且需要有很多的政策、制度和法律的变革作为保障。在具体的实践中，用对外开放来倒逼对内改革是一个很聪明的策略选择。在一系列国际规则的要求和制约下，旧的计划体制受到了巨大的冲击，为了适应这些规则就必须进行国内改革。例如：为了适应 WTO 的规则，我国不得不更多地放松对企业和个人的经济管制，给其在市场上以更多的自由选择权利，使政府的做事规则更接近国际惯例的要求。但也应该看到，仅仅开放国门，对旧体制的冲击还是有限的，很多实质性的变革最终需要有内部的动力来推动。以要素市场化改革为例，尤其是货币资本的市场化配置，之所以到今天还要说必须深入推进，说到底还是因为它的背后涉及权力、利益等关系的重大调整。结构性改革所需要的降低行政壁垒、降低企业税费、降低对国有企业补贴等，都涉及对政府职能的改革和权力的再配置，关系到如何充分发挥市场机制在资源配置中的决定性作用问题。如果没有进一步的对内开放，国内的市场主体，尤其是民营经济，就不能在宽松自由的环境中发育，市场组织、个人和社会机构就缺少成长的空间，市场工具就没有运用的条件，市场机制也就无法在资源配置上逐步替代计划和行政机制。

第二，没有进一步的对内开放，对外开放就无法深入，更无法建立和完善高水平的开放型经济新体制。对内开放不足已经极大地影响和制约了进一步对外开放的能力和水平。例如：国内地区间各自为政、互不协调的非一体化竞争体制，极大地影响和制约了地区间相互开放的程度和水平，影响了地区间按现代产业链的要求进行分工协作的可能性，影响了建设世界先进制造业产业集群的可能性，这些势必严重制约中国参与全球产业链集群竞争的能力，即使是沿海最发达的长三角地区，地区间的非一体化也制约了其在市场竞争基础上进行合理的产业协同。同时，国内市场对民营经济的开放不足，必然影响和制约我国民营企业成长为国际跨国企业的可能性和成长速度，从而影响和制约民营企业"走出去"争取国际话语权的能力。在世界发达国家纷纷限制国有企业参与国际竞争的大背景下，如果我们的民营企业不强，何以参与国际产业竞争？在此意义上，我们可以说，对内开放程度已经成为进一步高水平对外开放的前提和基础。

第三，没有进一步的对内开放，国内大市场就无法真正形成，也就无法依托内需推进经济的转型升级。对内开放与近年来一直强调的内需拉动有直接的因果关系，这表现在很多方面。首先，对内开放不足表现为地区间行政壁垒严重，各地区呈现严重的市场非一体化格局，或称为"碎片化经济"，这不仅妨碍资源配置的效率，而且使我国潜在的市场规模优势难以变成实际的竞争优势，因此把出口导向的经济全球化转变为基于内需的经济全球化也就缺少基础和前提。例如：国内市场处于严重的分割状态，或国内市场发育不足、信用不良，企业就不得不选择出口市场。其次，对内开放不足导致国内经济缺乏活力和动力，市场取向改革不够深入，居民和企业缺少经济选择权，居民可支配收入和国民福利增长缓慢，内需规模成长速度低，因此必须以对内开放、放松管制来刺激国民的生产性努力，激励生产率提升，改善收入分配态势，最终形成现实的可利用的超大规模市场。最后，近年来我国扩大消费的战略之所以难以真正奏效，根本的原因还在于对内开放不够，以及相应的国内改革措施没有及时跟上。制约中国人消费能力提升的主要原因在于住房、养老、教育、医疗等的沉重负担，以及收入分配失衡，前者造成消费者对未来的预期不稳定，后者形成不利于扩大需求的悬殊的边际消费倾向。因此，以解除不必要的限制和平等化为特征的对内开放，以及据此进行的一系列改革措施，可以稳定国民对未来的预期，纠偏收入和财富分配的失衡状态，逐步消除制约中国人消费能力提升的主要障碍。

对内开放，究竟是对谁开放？开放的具体内容究竟是什么？长期以来，究竟有什么重要的障碍影响着我们对内开放？怎么有效地破除这些障碍？这是一个系统性的改革大问题，需要很多细致深入的分析，这里仅仅做一些简要的回答。

对内开放可以分别从宏观、中观、微观的角度来看。从个体这个微观的角度，对内开放主要是对本国国民的开放，表现为把政府机构为民众包办的一系列经济事务的选择权，赋予个人和家庭自由选择、自我发展；从企业组织这个微观的角度，对内开放主要是对民营经济的开放，解除民营企业的竞争束缚，运用《中华人民共和国反垄断法》（以下简称《反垄断法》）破除一切针对民营企业的行政壁垒和政策歧视，让其拥有与外资企业、国有企业平等的竞争条件。从部门这个中观的角度，对内开放就是要解除对行业、部门的不必要的管制，反对政府行政垄断或借助于国有企业垄断的行为，实行自由进入和自由退出；从地区这个中观的角度，对内开放就是要按地区公平的原则，推进经济政策的制定和实施，破除政策的"洼地效应"，减少地区间的开放歧视和不均衡现象，让区域间的发展条件和政策的差异变得平等。从国家这个宏观的角度，经济上的对内开放，就是要放松或解除政府对国内经济事务的不必要的管制措施，在向外国人打开国门、放松经济限制的同时，赋予本国民众经济自由和市场选择的权利。

长期以来，我国的对外开放态势一路高歌猛进，但是为什么对内开放却举步维艰？究竟有什么重要的障碍在影响着我国对内开放的步伐呢？这其中的原因，除了有开放的政治艺术选择等方面的考虑外，主要还是在缺少外力冲击的现有体制内，利益关系和阶层已经固化，人们的观念也难以接受改变，发动大规模的"伤筋动骨"的体制改革面临着难以想象的实际困难。对外开放打开国门，让人们"走出去"，让先进技术和要素"走进来"，这些都是在开始阶段惠及几乎所有人的改革，自然会受到各阶层的衷心拥护。但是随着开放的深入，某些开放方面的措施必然触及某些阶层和利益集团的重要利益关系和结构，这时深度开放就与国内深层次改革一样，会遇到种种阻力。例如：形成大规模市场必须改革收入分配体制，改变在国民收入分配中政府和国有企业长期占大头的分配格局，这其实是利益关系和结构的重大调整，需要以人民为中心进行权力的再分配。

总体上来看，我国实施对内开放的基本和关键点，在于要让各级政府承担起更多的公共事务和追求人民福祉的职能，逐步减少其对市场性、营利性事务的直接插手和不必要的干预，让民众有更多的市场选择权。由此所决定的国内改革，也要从政府内部的纵向权力关系的调整，转向政府与社会、市场和民间个人的横向分权改革，基本目标是塑造能够自我承担风险、自我扩张、自我收缩、自我发展的市场主体，使市场在资源配置中起决定性作用，同时更好地发挥政府作用。

当前，我国亟须通过实施对内开放提升对外开放的水平和层次，主要措施包括：第一，要进行国民收入分配制度改革，改革的目标是激励国内潜在市场现实化，促进现代消费能力的形成，重点是改变资本收入与劳动收入的结构，提升国民可支配收入水平，改变"6亿人口月平均可支配收入在1 000元左右"的窘境，降低财富和收入分配的基尼系数，让中等收入阶层逐步形成并具有强大的消费能力。第二，要分区域推进经济高质量一体化战略，重点在粤港澳大湾区、京津冀、长三角、成渝地区运用国家战略破除区域行政障碍，进行高质量一体化发展试验，总结经验并逐步推开。如果这些中国的主要发达地区都已经实现了区域一体化发展，在此基础上再进行相互开放，那么中国统一、开放、竞争和有序的统一大市场格局就基本形成了。第三，要重点拆除民营经济发展面临着的各种"玻璃门""弹簧门""旋转门"等进入障碍，让其与其他所有制企业拥有平等的竞争条件，重点鼓励其创新发展和兼并收购发展，鼓励其"走出去""走进去""走上去"，迅速做精做强，让其有驰骋全球市场的竞争能力。

三、破除"行政区经济"与"先易后难"建设统一市场

当前中国超大规模的市场优势只是潜在的，不是现实的，市场容量看起来大，实际可以规模化利用的空间并不大。现在的国内市场并不是统一的市场，而是碎片化的市场，是被行政权力分割的市场，是"行政区经济"格局形成的市场。"行政区经济"一方面形成了政府驱动型的巨大增长动力，另一方面，这种碎片化竞争有损资源配置的经济效率，如与软预算约束有关的投资冲动、决策随意、债务高筑等。因此，"行政区经济"格局是导致我国潜在的超大规模市场优势无法发挥作用的主要因素。在这个意义上，我们可以说，破除"行政区经济"的格局是坚持对内开放和提高对外开放水平的一个极其重要的措施。

近年来，国家把一些区域战略如粤港澳大湾区发展、京津冀协同发展、长三角一体化发展、成渝地区双城经济圈等战略，纷纷上升为国家战略，根本目的并不仅仅是建设新经济增长极，更是在这些条件较好的、市场发展比较充分的地区，通过地方政府职能改革和协调，大力推进区域市场高质量一体化发展，并试图通过这种区域统一市场的建设，引导区域间的竞相开放来逐步形成全国统一市场。因此，当前推进的长三角等区域经济一体化发展，就是建设全国统一市场的过渡阶段。

我国虽然很早就提出要建设全国统一市场，实践中却不容易有实质性的突破，尤其是区域市场分割问题、要素市场化改革问题的解决。在一个体制和发展方式都处于转型中的发展中大国，各地经济社会发展水平严重不均衡，市场主体、市场机构、市场门类等发育水平参差不齐，建设全国统一市场的任务根本不可能"一二三齐步走"，更不可能一蹴而就，而是需要发挥地理相近、文化相通、经济差距较小的区域间政府的协调作用，让其在国家战略的引导下，首先建立起区域一体化市场。如果区域内的各个地方政府都可以以消除区域分割、拆除要素资源的流动壁垒为目标，清理、废除妨碍统一市场和公平竞争的各种规定和做法，并以完善产权制度和

要素市场化配置为重点，实施相互开放和市场配置，那么这种区域一体化的市场就建立起来了，全国统一市场的建立也就有了良好的基础和前提。

长三角区域经济一体化发展，说到底就是指在四省市经济区域中，各行政区的政府之间不断地消除各种阻碍资源和要素流动的障碍，实现各自针对外部的竞相开放和市场充分竞争的过程。一般而言，阻碍资源和要素流动的障碍主要有两类：一类是与自然条件有关的资源和技术因素，如较低水平的基础设施将直接提高一体化的运行成本；另一类是与体制机制有关的制度因素，如各种阻碍一体化的法律、政策、条例和垄断等，它们将直接提高一体化的制度性交易成本。这样，推进长三角一体化发展就有两个维度：一是加强以交通、通信等为代表的基础设施建设，实现各区域互联互通，扫清一体化发展的技术障碍；二是解放思想，大胆进行制度改革和制度创新，扫清一体化发展的体制机制障碍。

其实，影响地区间各主体的竞相开放的主要障碍，在于政府的超经济强制力量。制度高于技术。基础设施等条件是可以通过投资迅速改善的，企业垄断因素阻碍资源配置的状态，也是可以用《反垄断法》来打破的，但是很难有一种力量去主动打破政府出于行政边界的利益考虑而对市场进行的分割。这些阻碍资源和要素流动的政府方面的障碍，绝大多数都是地方政府在经济转轨时期参与市场竞争的过程中慢慢形成的，有的还固化为地方性的或明或暗的规则。解铃还须系铃人。在中央的统一协调下，各地方政府需要对照竞争政策和自己过去颁布的各种地方法规、条例、政策、措施，主动拆除与形成统一市场不吻合的制度障碍，任何新的经济政策出台前，也要经过竞争政策的审查。这些都是当前实施长三角区域一体化国家战略亟须做的。

一般而言，推动区域经济一体化发展的政策工具主要有三：

一是鼓励在具有外部性的公共领域，由地方政府通过协商，订立有关合作协议，把某些相关的行政权力交给一个一体化执行机构去行使。这是在国家战略鼓励下容易实现协调的地方，也能立竿见影地取得良好结果。

　　二是以《反垄断法》或竞争政策规范地方政府行政权力插手市场运作的行为，坚决反对市场主体运作中的超经济强制力力量。长期扭曲市场机制的超经济力量只能来自各级政府机构，因此，竞争法不仅能规制企业行为，更重要的是能规制任意干涉市场的行为，尤其是行政垄断行为，或借助于国有企业进行垄断的行为。这需要建立一体化区域的仲裁机制（如负责跨区域运作的上诉巡回法院），统一处理区域内不正当竞争和垄断行为。

　　三是要鼓励区域内企业进行以收购兼并为主要手段的组织调整。中国区域经济发展的一个大问题是组织程度差，大企业不大，小企业不小，企业之间分工协作能力弱。造成这个问题的主要原因是地区分割和市场碎片化。鼓励区域内企业的收购兼并行为，必会产生市场一体化的协调效应。欧盟市场一体化发展的经验证明，这是一个非常重要的有效的手段。

　　根据推进长三角高质量一体化发展中可能遇到的各种显性和隐性障碍，必须按照先易后难的原则，对其进行分类改革和制度创新。一体化发展的推进要有顺序和重点领域，应就具体问题逐项分析和解决，避免在一体化的广泛领域进行抽象的议论，仅仅留在文字和口头上而长期没有实质性的行动。

　　第一，竞争性产业领域。在这个领域推进高质量一体化发展的重点，不是政府去详细地规划、规定哪个地区布局什么产业，生产什么产品和服务，而是要减少政府管制，实现开放的充分竞争，以竞争实现市场协同，达到资源配置最优的目标。竞争性产业领域如果按照统一规划、协同发展的思路，必然落入计划经济窠臼。过去一直有一种流行的分析，认为长三角地区在产业布局上各自为政，重复布点严重，产业结构趋同状况加剧。判断的依据一是认为三大产业结构或者工业结构相似度很高；二是认为各地产业规划的建设目标经常瞄准类似的产业，如根据统计，过去16个城市口径下的长三角城市群中，各地"十三五"规划选择电子信息业作为重点发展产业的城市有12个，选择汽车业的有11个，选择石化业的有8个。高新技术产业的发展也主要集中在IT、生物医药、新材料等方面。其实，现在统计上得出产业趋同的判断，依据的是一、二位数的产业分类方法。如果把产业分类精细到四、五位数的水平，即具体的产品层次分类的情况下，根据我们观察，就根本不存在所谓的"产业趋同"现象。另外，即使各地的企业在投资领域的项目有所重复，也是市场竞争无法避免的，是分散决策中的合理现象，也是市场竞争所需要的。市场其实不怕竞争，也不怕项目的重复投资，怕的是没有竞争的垄断，怕的是缺乏收购兼并机制，怕的是无法正常退出，这才是问题的根本所在。

第二，公共品生产领域。这是相对容易实现高质量一体化发展的领域。在这个领域推进一体化发展的重点工作，主要在基础设施的超前规划、建设的统一指挥和连接点的互通、管理协调上的一致性等方面。说它相对容易实现高质量一体化发展，主要原因在于：一是公共品不能通过市场竞争来提供，而是要发挥政府的有为作用，必须是政府间就公共利益来进行有效的协调；二是在现阶段中国的治理体系中，只要有上级政府来协调推动，一般便不会再存在什么大的障碍和摩擦；三是这些基础设施可以用建设成本共担、利益共享的机制来推进。因基础设施建设的统一性、不可分割性特征，各地政府必须主动让渡有关的规划、建设和管理的权力，根据一体化协议把权力交给某个机构统一行使，只有这样才能有效地协调公共利益。如长三角一体化示范区的建设，如果青浦、吴江、嘉善等地不是按照这个原则来规划建设和管理基础设施，那么在横跨三个行政区的边界内运营示范区，必然存在严重的协调和效率问题。

第三，民生性消费领域。这个领域的高质量一体化发展，其实质是平衡地区间、城乡间在公共福利上的差距，因此它涉及最广泛的既得利益群体，是最难以实现的领域，需要十分慎重。尤其是与户籍、地方财政投入有关或挂钩的各种本地人的福利，如教育、医疗、养老、基本住宅等领域的一体化，现在基本上没有可以立即实施的社会条件。在供给资源较为丰富的发达地区，公共资源会在所谓的"民生一体化"中变得拥挤不堪，大城市的本地居民利益也会迅速被稀释，从而一定会遭到本地居民的强烈抵制和反对，因此一体化战略不能脱离现实发展阶段制约，不能从均贫富的理念和要求出发陷入盲动，不可能在发展差距很大的地区间实施民生的"一样化"，更不可以是"一起化"。地区间民生发展水平差距的平抑，要通过生产率差距的缩小和分配调节逐步来实现。

第四，投资活动领域。投资可以实现增量资本或存量资本的股权联合，因而可以作为实现一体化发展的有效工具。就增量资本来说，各地以政府为主的投资，或政府投资引导民间投资的活动，可以在企业一级实现地区间就某一项事业的实质性联合，为通过企业内部的治理机制实现区域高质量一体化奠定现实的微观基础，如可以考虑在长三角一体化示范区内，由上海领头三省一市政府带领企业共同投资建设科技创新企业；可以在沿"一带一路"走出去的过程中，引导长三角区域的民营企业联合起来投资经济技术开发区，以此达到国际产能合作的目的（权衡，2018）。就存量资本来说，鼓励企业在长三角区域内的收购兼并，除了可以消除区域内长期存在的严重的产能过剩问题外，还可以实现产业发展和市场运作的实质性一体化。

第五，科技创新合作领域。长三角高质量一体化发展的一个重要目标是试图利用一体化发展中的统一大市场的功能，以及各地资源互补的能力去发展实现创新驱动发展。这样，科技创新合作就应该是长三角一体化的重要内容，也是从高速度发展进入高质量发展的基本要求。国家已经赋予上海建设有世界影响力的科技创新中心的重任，但仅仅依靠上海现有的科技资源和人才力量，这是不容易实现的。如果能够在长三角一体化中充分利用苏浙皖的科教资源、人力资本和产业基础，实现这一目标的时间将会被大大压缩。但是我们应该看到，科技创新合作是外部性最大的事情，制度设计稍有疏忽，就很容易出现"搭便车"的情况，从而使合作进程受阻。从西方发达国家企业间进行科技创新合作的实践看，真正成功的案例并不多，可总结的经验或规律也很少。这提示我们，对长三角科技创新一体化的问题，要有严密的机制设计，对政府出面干预研发合作的实际效果，也要有清醒的预判。

第六，地方政府的制度创新领域。从根本上说，要实现共同发展、协调和协同发展，最重要的是三省一市地方政府要在中央指导下，建立一个具有实施竞争政策功能的新机构，这个机构可以由现在各地的法院合作形成，并作为具体的执行机构。《反垄断法》或竞争政策是保证统一市场顺利运行的最根本规则，也是市场一体化基础制度，其他的经济政策必须首先服从竞争政策的要求。在竞争政策指导下，一是可以对一体化区域内的市场竞争进行有效规范，保护竞争而不保护竞争者，从而提升长三角竞争效率；二是可以对区域内政府管辖的某些具有半竞争性事业进行竞争整合，发挥规模经济和范围经济的作用，如对长三角区域内的港口码头、机场等，可由上海相关主体出面按照股份公司原则进行整合。2002年，上海港"租借"洋山港，由上海方投资为主在2005年建成了上海洋山深水港一期；2006年，宁波港、舟山港合并。这些已经收到了"1＋1＞2"的巨大效果。这两个行政区在港口业务上的一体化尝试，突破了行政区划对港口业务乃至经济事务的掣肘。如果上海港—宁波舟山港、南京港、连云港等进一步实现一体化，将会收获更高质量一体化的效果。

四、加速推进长三角市场一体化进程的政策建议

推进长三角市场一体化，难点和根本在于治理机制。是不是应该围绕长三角区域"一盘棋"的要求，建立和完善各种行政协调机制？其实不然，以行政手段解决"行政区经济"体制中的行政问题，是没有出路、没有前途的。我们应该根据社会主义市场经济发展的要求，把内生于发达市场经济的竞争政策作为推进长三角市场一体化高质量发展的手段和机制。对此，我们提出如下几点具体建议：

第一，充分发挥政府统筹协调作用。在推进长三角区域一体化发展过程中，"强政府"和"强市场"的作用都要发挥，但位次有别。"强政府"主要应该体现在两个方面：一是以贯彻落实《反垄断法》或竞争政策为核心，以此营造充分发挥市场竞争作用的优化环境，如抑制垄断、鼓励竞争，规范市场主体行为等；二是以社会公共目标为导向进行区域联合，去做一些市场可能发生失败的领域

的事情，如区域内基础设施建设和软环境优化等。"强市场"则主要应该体现在以市场机制为主决定资源配置。

从根本上说，要发挥"强政府"在第一方面的作用，最重要的是三省一市地方政府要在现有司法制度架构下，加快建立和健全长三角各地区竞争政策的执法机构，或者各地区把这种执法权委托让渡给某个超越本地利益的机构，明确其主要职能是开展公平竞争审查，以竞争法为依据，尽快启动对地方性法规的审查行动，开展大规模地清理和整理反一体化的规章、文件和其他政策措施，废除、修订与《反垄断法》相抵触的条款内容（刘志彪，2019）。从精兵简政的角度看，这个机构可以由现在各地的法院合作形成，并作为具体的执行机构，同时，应组建包括上级行政人员、地方政府、专家学者和利益相关体的区域性协调机构。

发挥"强政府"第二方面的作用，需要政府间的紧密合作。过去提倡和鼓励地方政府间的竞争发展，如今实施一体化战略应提倡和鼓励地方政府间的合作协调发展。解决"行政区经济"问题的关键还在于：（1）要改革对地方政府官员的业绩考核评价体系，把实现一体化发展而不仅仅是生产总值、财政收入等目标作为地方政府官员的主要业绩，以此扭转其行为准则和压力机制；（2）要限制地方政府参与市场、干预市场的权力边界，这个权力应该主要限定在对市场公共利益的调节，而不能成为市场营利活动的追求者；（3）可以签订一些具体的一体化发展协议，依照"成本共担、利益共享"原则以政府间协商的方式，让渡某些公共权力给相应的长三角一体化机构，把竞争转化为合作（刘志彪、孔令池，2019）。

第二，全力释放上海对内开放的龙头作用。过去，上海在长三角一体化发展中的龙头作用主要体现在发展外向型经济方面，而在对内开放的引领作用方面发挥得不够。在更高质量推进长三角区域一体化发展的当下，上海与长三角其他省市之间的关系，不再是简单的中心与外围的等级关系，也不是单纯的接轨和融入上海或者上海辐射周边，更不是先进地区帮助落后地区的关系，而是优势互补、达成合作的平行关系。一方面，上海应不断强化服务、管理、集散、创新等城市职能，加快构建以服务业为主的现代产业体系。

上海应主动逐步退出一般性的、劳动密集型、能耗高的制造业，重点突破证券保险、国际运输、信息服务、研发与技术服务、国际商务、文化和会展旅游等服务业领域，并借助上海总部经济发达的优势，将人才、技术、资金、信息等要素投入的重心转移至设计、研发、网络、品牌、营销等环节，鼓励企业将生产环节转移到长三角其他省市，形成合理的空间布局和产业链配套，从而将长三角地区打造成为交易成本和制造成本综合较低、具有全球竞争力的世界级城市群（陈建军，2004）。另一方面，推动上海的一些重要改革试点、改革举措的成果率先在长三角复制推广，放大改革叠加效应。可以从长三角层面向中央争取一定授权，长三角决策机构可以在一定条件下、一定范围内复制推广国家已经在上海试点的政策；或者由长三角决策机构统一向国家有关部门申请在部分地区复制推广试点政策。这些措施总的目的是推动要素跨省域流动，解决要素尤其是金融市场分割的问题，使要素根据利益最大化原则进行区位选择和优化配置，提升要素市场一体化水平（赵晓雷，2020）。

第三，从区域内具体的项目开始，逐步推进市场的一体化。要学习欧洲人建立欧共体时的务实精神，避免泛泛而谈的抽象的议论。欧共体当年是从煤钢、原子能利用委员会的协调功能开始，一直发展到欧元体系建成，一步一个脚印，极其务实。长三角市场一体化需要协调的领域非常广泛，可以本着先易后难的原则，从破除政府公共项目的合作障碍开始，如消除断头路、区域轻轨建设、港口码头的委托管理或股权一体化等，逐步消除户籍、医疗、教育等民生领域的障碍和难点。当长三角区域民众逐步享受到市场一体化的利益之后，自然都会衷心拥护，之后推进起来力度就会更大，更容易成功。

第四，在推进区域市场一体化过程中，要注意发挥企业，尤其是企业集团的主体作用。一是要鼓励区域内企业的收购兼并活动。微观层面的收购兼并活动可以将区域内企业的市场协调行为内化，导致强烈的一体化效应，因而是长三角区域市场一体化的最有效工具。二是要发挥大企业或企业集团在建设产业集群中的一体化作用。产业集群模糊了行政区域的界限，是市场一体化的空间载体，可以实现经济区域"极化—扩散"增长的现代生产力配置方式。例如：如果在长三角宁杭沿线建设基于生态走廊的科技创新产业集群，那沿线一体化发展的高技术产业将会覆盖苏浙皖三省。三是要依据国内企业之间的市场分工，构建各区域的一体化价值链。价值链的类型包括基于公平交易的市场型价值链，被俘获合作模式的半紧密型价值链，以及纵向一体化的企业集团等。这些价值链可以把长江经济带开发战略与"一带一路"倡议结合起来，让企业在"抱团"走出去的过程中共同投资"一带一路"沿线国家，转移我国有竞争力的丰富产能。

参考文献

[1] 陈建军. 长江三角洲地区的产业同构及产业定位[J]. 中国工业经济，2004(2)：19-26.

[2] 刘志彪. 长三角区域高质量一体化发展的制度基石[J]. 人民论坛·学术前沿，2019(4)：6-13.

[3] 刘志彪. 基于内需的经济全球化：中国分享第二波全球化红利的战略选择[J]. 南京大学学报(哲学·人文科学·社会科学版)，2012(2)：51-59.

[4] 刘志彪，孔令池. 长三角区域一体化发展特征、问题及基本策略[J]. 安徽大学学报(哲学社会科学版)，2019(3)：137-147.

[5] 刘志彪，徐宁，孔令池，等. 长三角高质量一体化发展研究[M]. 北京：中国人民大学出版社，2019.

[6] 权衡. 长三角高质量一体化发展：发挥上海的龙头带动作用[J]. 上海城市管理，2018，27(4)：2-3.

[7] 王芳洁. 企业家呼声：进一步解放思想，对内开放[J]. 中国企业家，2018(24)：126-131.

[8] 赵晓雷. 长三角一体化发展示范区制度创新研究[J]. 科学发展，2020(3)：17-27.

第一章　长三角一体化发展的
历史与演变

　　长江三角洲（简称"长三角"）这一概念最初是西方学者提出的。由于长三角对于近代西方开展对华贸易具有举足轻重的地位，因此很早就得到了关注。1862—1865 年，英国洋枪队在镇压太平军的过程中第一次测绘了长江下游北至镇江南至杭州这一三角区域，并于 1865 年出版了题为 "*Military Plan of the Country Around Shanghai*" 的地图，这是西方最早的关于长三角的地图。1919 年，近代地理学先驱丁文江先生发表了有关长三角演变和形成机制的文章，认为长三角每 69 年向外延伸 1 英里（约 1.61 千米），但当时社会仍存在"扬子江三角洲""大江三角洲"的不同叫法。1935 年，教育部要求将教材中表述统一为"长江三角洲"，之后这一表述才逐渐固定。

　　长三角最初是一个地理概念，是长江入海前的冲积平原，大致处于扬州、镇江以东，北沿通扬运河至小洋口，南部包括太湖平原至杭州湾。对于长三角也有人为划定，一般认为，1982 年提出的"上海经济区"是长三角一体化的起点，当时只包含上海及江苏、浙江部分地区共计 10 个城市，后来长三角范围几经演变，2019 年《长江三角洲区域一体化发展规划纲要》（以下简称《规划纲要》）将其范围正式定义为上海、江苏、浙江、安徽全域。随着一体化程度的不断深入，长三角逐渐被赋予经济区的含义。

一体化是打破行政边界、加强区域合作的过程，是一个丰富复杂的系统，包含经济、制度、文化一体化等各个方面。本章将分别从经济地理、经济发展以及文化融合的视角对长三角一体化发展的历史与演变进程进行阐述。

第一节　长三角一体化的经济地理发展演变

2009 年《世界发展报告：重塑世界经济地理》指出，重塑经济地理促进发展共有三大手段：提高密度、缩短距离、减少分割。我们借鉴此方法来分析长三角一体化的经济地理发展演变。

一、密度

密度是指单位面积的总量，包含经济密度、人口密度等多重含义。人口和经济发展程度是有正相关关系的，经济发达的区域一般也会吸引大量人口的输入。经济重心及产业布局的演变即可视为对密度变化过程的描述。

（一）改革开放前

长三角区域一体化的提出，不仅仅因为其地缘上的邻近，更因为长三角区域一直以来就有一体化的自然倾向。前清时期，上海只是松江府下属的一个县，在长三角区域中处于边缘位置。当时长三角区域的经济中心首推苏州，其次为杭州，上海在内河航运中只是苏州的外港。晚清时期，京杭大运河地位下降，苏州和杭州这类运河沿岸城市地位也受到影响，且鸦片战争后上海作为通商口岸被迫开放，成为西方各国进入中国的桥头堡。欧亚远洋航线的终点由广州转至上海，全球航运和内河航运彼时真正联络起来。近代上海作为通商口岸开放后，其联通中外贸易的作用逐渐被重视，上海周边的江苏、浙江民间资本逐渐涌入上海，上海迅速发展成为中国最大的工商业城市。同时，上海提供了举办近代大工业所必需的现代金融、交通、动力、技术、信息，长三角经济中心逐渐向上海转移。

上海的崛起和工商业的迅速发展，离不开长三角其他地区尤其是江苏、浙江的支持，如上海很长一段时期内的主要产业——棉纺织工业就和江苏南通、无锡地区以及松江①、太仓等地发达的棉纺织业有密切的依存关系，且工业所需的资本及劳动力也多来源于长三角其他地区。近代中国棉纺织工业最大的民族资本企业——上海申新纺织公司就是由江苏无锡籍荣氏兄弟创办的，且早期上海手工业者主要为来自苏、浙、皖的贫苦农民和手工业者（《上海纺织工业志》编纂委员会，1998）。浙江工商业者更是为近代上海发展做出了突出贡献。自1843年上海开埠，浙江商人就及时进入上海经商。辛亥革命后，浙商在沪设立多个大型企业集团，浙商还基本控制了上海乃至全国的金融，20世纪30年代，上海商界名人中宁波籍人士就占据了1/4。

1949—1978年，在计划经济的体制下，我国实行均衡发展战略。在产业发展布局方面，在十大关系的指导下，全国大区域发展战略与政策以平衡发展、平衡布局、缩小差距为基本特征，沿海地区的发展受到限制。上海的功能定位也发生很大转变，由消费型城市转变成生产型城市。但是生产所需的米、棉等原材料仍需江苏、浙江等地区按照计划价格供应。在产业分工方面，改革开放前上海与周边地区的区域经济关系是一种以垂直分工为主的区域经济关系。如图1-1所示，上海的第一产业份额与全国平均水平相比明显偏低，第二产业则显著高于全国平均水平；而与上海邻近的安徽第一产业则高于全国平均水平，第二产业低于全国平均水平。以改革开放前的1977年为例，上海第一产业比重为3.46%，第二产业比重为76.83%；安徽第一产业比重为48.96%，第二产业比重为32.07%（为了更直观地描述上海与周围地区的垂直分工关系，图1-1只列举了安徽与上海作为比较。浙江也类似存在第一产比重高、第二产比重较低的情况，江苏第一、二产业比重处于全国平

---

① 松江原隶属于江苏，1958年划归上海。

均水平）；而全国第一产业比重为 29.42%，第二产业比重为
47.13%；安徽第一产业比重比全国高出近 20 个百分点，上海第二
产业比重比全国高出近 30 个百分点。在当时举国普遍发展工业的
背景下，这样的产业结构是具有特殊性的，这种特殊性只能考虑为
上海与长三角周边地区存在上下游的生产关系来说明。

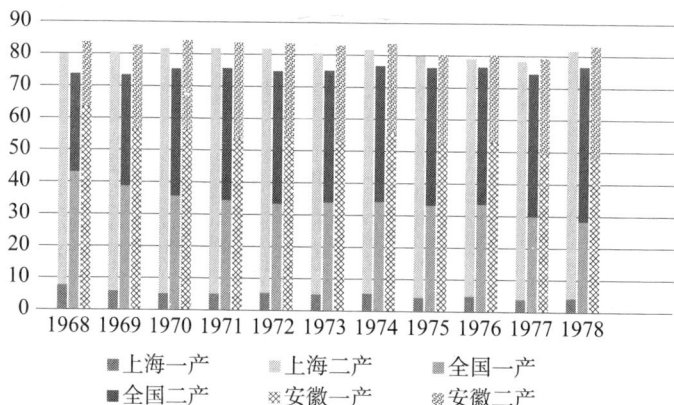

图 1 - 1　上海、安徽及全国第一、二产业比重堆积柱状图（1968—1978）

1949—1952 年的三年恢复时期，全国工业建设重点是在老重
工业基地——东北地区，其次是华东与华北。"一五"期间，在苏
联援建的 156 个项目中，57 项在东三省，大约仅 20% 分布在沿海
地区，长三角地区仅有安徽淮南洗煤厂一项。当时的工业基本建设
重点由沿海转向内陆，以上海为中心的长三角地区，没有大型的原
材料项目，配套项目也很少，大多是在近代原有的工业基础上进行
适当的技术升级改造。整体而言，沿海地区尤其是长三角地区的工
业增长速度低于内地，其发展潜力被大大削弱了。

1957 年左右，我国掀起"大跃进"运动，全国工业基本建设
投资失去控制，国民经济全面失调，农业大幅度减产，财政赤字大
量增加。20 世纪 60 年代初，中苏、中美关系持续紧张，在此背景

下，工业布局实行"三线"① 建设，"分散、靠山、隐蔽、进洞"成为"三线"工业布局的准则。"三五"和"四五"期间，建设重点转移到更加深入内地的"大三线"地区，从而形成了中国经济建设一次规模空前的西移。1952—1975 年，在全国基建总投资中，沿海地区约占 40%，内地约占 55%（统一购置的部分地区的投资约占 5%）。国家在经济基础较差的西南、西北地区的投资比重，由"一五"时期占全国 16.9%上升到"三五"时期的 35.1%。而在东部发达地区中，同期上海市的投资仅占全国的 3.6%，居全国第13 位。

从"四五"后期到"五五"初期，国家投资的地区重点开始逐步向东转移。1971—1972 年，大小"三线"仍分别是全国和地方工业投资的重点。由于经济发展计划安排不灵，能源、原材料极其紧张，与此同时，中国国际关系也走向缓和，中美邦交正常化，因此，全国工业布局与投资方向逐步向东转移，能源、原材料等薄弱环节也受到重视。自 1972 年《中美联合公报》发表后，我国开始引进国外大项目。1973—1980 年，以引进项目为中心的工业建设，是针对 20 世纪 60 年代后期以来全国工业结构上存在的主要问题而安排的，这时期工业布局总的特征是从内地向沿海地区转移，大部分重点项目配置在海岸带和长江沿岸，如上海金山化纤的第一二期工程、宝钢等都是这一时期的重点项目。

综上可知，长三角地区之间的经济联系早已有之，即使是在计划经济时期，长三角区域间的经济联系也没有断裂，长三角区域经济中心是鸦片战争后不断转移至上海的。从全国角度来说，虽然经历过计划经济均衡发展的特殊时期，但是长三角尤其是上海一直是全国的一个经济重点。

（二）改革开放后

改革开放后，长三角地区经济得到快速发展，全国的人口和工

---

① "三线"建设是在 20 世纪 60 年代中苏、中美关系恶化的背景下，国家基于备战需要对全国工业布局做出的大规模工业调整，其核心是工业布局由东向西、由沿海向内陆转移，在西部内陆地区建设发展重工业基地以应对潜在的战争威胁。

业迅速向长三角区域集中。长三角逐渐进入城市化进程的中期，工业化后的分工、贸易迅速带来了城市化，以及经济发展与转变的两个阶段：从以农业经济为主演变为制造业导向型经济，再向服务业导向型经济转变。此外，由于城市服务业的密度更高，在后工业化经济中经济的密度依然向城市集中，但经济发展缩小了城乡与城市内部的差距。

由于上海的崛起和江浙地区的新发展，产业分工逐渐由过去的垂直分工向水平分工转变。20 世纪 90 年代以来，长三角地区发展速度方面的内部差异逐渐淡化，产业空间分布出现新一轮的扩散与均衡。

出于历史的原因，苏州、无锡和常州在语言特点、生活习惯等方面更靠近上海，尤其是苏州和无锡在 GDP、投资等方面强于南京，招商引资实绩占据全省 2/3 以上，在对外经济联系、口岸出口上也更加依靠上海，这使得南京在省内的经济中心地位不断受到削弱。在这种情况下，近年来，南京沿长江向东、西构筑以南京为中心的"扬子江经济圈"。此外，南京还有一个跨越苏皖两省八市的"南京都市圈"规划，即打破行政区划界限，以南京为中心点，以镇江、句容、马鞍山等为核心圈层，扬州、芜湖为紧密圈层，形成宁扬、宁镇、宁芜 3 条产业及交通发展的主轴，宁淮、宁蚌、宁合、宁杭 4 条副轴，以促进整体经济的发展。

随着开放程度的日益加深，越来越多的外资进入中国，很多跨国企业将中国作为其投资的重点。外商投资给中国带来了先进的技术和管理经验，但其区域选择也在一定程度上加深了区域发展差异，改变了经济地理格局。

1984 年，国家开放上海等沿海城市，扩大其对外开展经济活动的权限。1990 年，国家开发开放浦东，力求尽快将上海建成国际金融、贸易中心之一，以带动整个长三角经济的发展。此后上海凭借政策优势、区位优势及经济社会文化基础，发展十分迅速，外商直接投资也不断向长三角地区扩散。1992 年上海实际利用外商投资额是 1991 年的 6.2 倍。

改革开放初期，长三角区域的外商投资主要集中在上海，江苏、浙江、安徽所占比重较小。1988 年，上海实际利用外商投资占长三角 70%，江苏占 14%，浙江占 10%，安徽占 5%。1990 年后，江苏实际利用外资迅速增长，1993 年占长三角实际利用外资总额的 41%，超过上海的 39%。与江苏、上海相比，浙江、安徽实际利用外资较少。

图 1 - 2 为长三角三省一市自改革开放至今的 GDP（数据以 1978 年为基础进行平减），可以看到，长三角区域改革开放 40 余年来，尤其是 1992 年后经济处于高速发展之中。其中，江苏经济总量在长三角区域内占据绝对优势（上海由于辖区面积较小，与其余三省进行总量对比不具有优势），其次分别为浙江、上海和安徽。

亿元

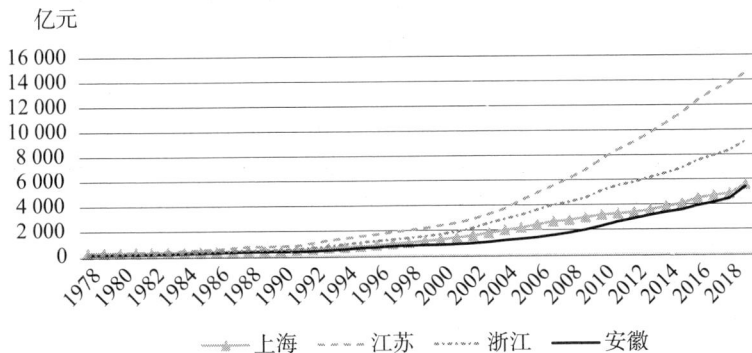

图 1 - 2   1978 - 2019 年长三角三省一市 GDP

选用全球夜间灯光数据（以下简称"灯光数据"）可以较为直观明晰地展示出长三角经济发展水平及经济地理的时空演变历程。由于夜间灯光数据区间最早只统计到 1992 年，最近的可比数据只到 2013 年，因此我们选用 1992 年和 2013 年的灯光数据，对长三角区域经济演变情况进行可视化演示。图中黑色部分代表缺乏显著灯光，颜色越白代表灯光的亮度越高。灯光数据是由美国空军一系列气象卫星观测所得，这些卫星属于美国国防气象卫星计划（DMSP）。该计划源自 1976 年发射的 F1 卫星上首次搭载的 OLS 传感器，它运行在距离地球表面约 830 千米的近极地太阳同步轨道。与一般传感器不同的是，OLS 传感器的设计目的是观测夜间月光灯照射下的云，而非获取太阳光辐射地表后发射的信号，因而该传感器具有较高的光电放大能力，可探测到同是夜间的灯光乃至车流等发出的低强度灯光，因此，夜间灯光作为人类活动的表征，可以成为人类活动监测研究的良好的数据来源。Henderson 等（2012）指出，夜间灯光很大程度上反映了人类的生产生活活动，可作为经济发展以及人口密度等变量的良好替代指标，近年来越来越多的学者采用灯光数据对经济指标进行测度。

目前，发布的灯光数据产品包括平均可见灯光、稳定灯光、能观察的无云覆盖次数、平均灯光 X Pct 四种灯光数据，使用较多的为稳定灯光数据。本书选择稳定灯光数据作为原始数据，并采用中国国家地理信息中心提供的矢量图进行裁剪，最终得到长三角的灯光数据，如图 1 - 3 所示。

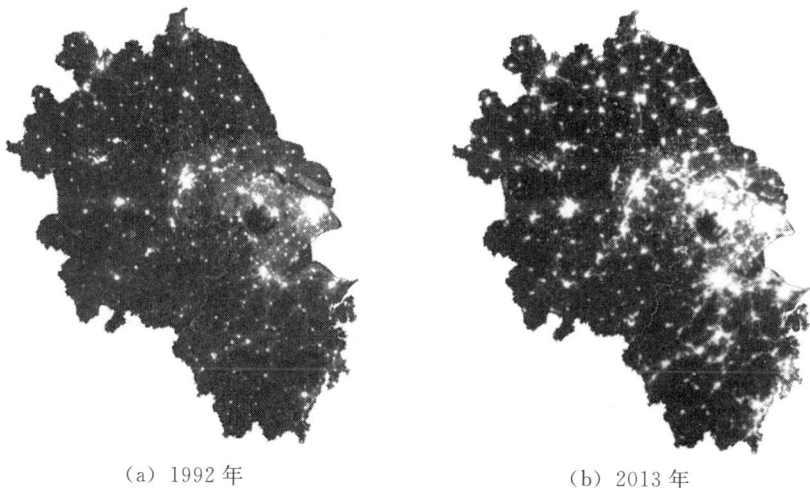

(a) 1992 年　　　　　　　　　　(b) 2013 年

图 1 - 3　1992 年及 2013 年长三角区域夜间灯光

从图 1 - 3 可以看出：

（1）从时间维度来看，1992 年长三角夜间灯光最亮的地区主要集中在东部沿海地区，西部地区灯光较为灰暗且分布较为分散。2013 年长三角夜间灯光最亮的地区仍为东部地区，且灯光亮度更高、范围更广。其中，江苏尤其是苏南地区与 1992 年相比，经济发展较为迅猛；浙江东北部由于距离上海较近，承接了上海部分的溢出经济，且自身发展基础较为良好，经济发展速度较快。

（2）东部地区尤其是上海经济发展程度较高，西部地区灯光较为分散，且亮度较低。可见长三角区域经济重心仍集中在以上海为中心的东部沿海地区，并以上海为中心向周边扩散。江苏南部及浙江东北部经济发达程度也较高；江苏北部、浙江南部及安徽（除中部城市合肥、芜湖等较为发达外）的城市经济发达程度较低。

可以看出，长三角一体化进程是区域产业不断优化升级、产业不断以上海为中心向外扩散的过程，也是经济密度不断提升的过程。在长三角一体化进程中，应考虑区域内产业的合理布局，在市场机制下不断进行区域内的产业转移。上海是龙头和中心，江苏、浙江和安徽是扩散区、周围区。这种关系并非人为划定，而是在历史进程中自然形成的区域定位。长三角一体化规划范围中既有经济发达的城市，也有欠发达的城市，且《规划纲要》中设定了"中心区"的概念，其中应不乏将上海等中心区的重化工业及附加值较低的产业转移至较"外围"的区域的目的。

二、距离

距离是指市场的空间距离和交流的难易程度，除了空间距离，因为基础设施落后或者制度障碍导致的交流难度的增加也被包括在内。

（一）改革开放前

第一次世界大战结束后，外商轮船公司恢复了在中国沿海和长江的航运，但此时我国轮运业已经初步具备与外国轮运势力竞争的能力。国民政府1927年建都南京，江浙成为东南重地，随着国民政府十年经济建设，交通运输的需求量大大增加，内河轮运业发展较快。除内河招商局在各地继续扩大经营外，各地华商竞相设立轮局，增设航班。20世纪30年代，所有可以通航小轮船的内江、内河几乎都开辟了轮汽船航线，内河轮汽船航线遂成为区域内部城镇之间主要的交通工具。

同时，继 1908 年沪宁铁路、沪杭铁路建成通车以后，1911 年津浦铁路建成，将天津、徐州、蚌埠、南京等重要城市联系起来。上海、南京等要害沿江城市通火车之后，铁路货运量占据货运总量的 20％～30％。此外，1920 年后，随着汽车在陆路交通上的大量使用，江苏的太仓、松江、扬州等地出现了一批以经营汽车运输为业的商办汽车公司。不过就民国时期的陆路交通而言，公路运输多半为行政、军事需要，传统的城乡陆上运输主要是人畜力运输工具。

近代长三角地区的铁路经过几十年的发展，最终形成以上海为中心，以沪宁铁路、沪杭甬铁路为轴的铁路交通格局。长三角区域内的公路建设晚于铁路，上海最初的公路修建始于租界，苏浙皖三省公路建设较晚。长三角三省一市汽车互通得益于 1932 年成立的"苏浙皖三省道路专门委员会"，其为省际通车提供了条件。国民政府定都南京后，长三角地区的民航业也得到了发展。民用航空首先开辟了上海经南京等地至成都的航线，随后成立了中外合资的中国航空公司和欧亚航空公司，至抗日战争爆发前，航线均以南京、上海为中心，并能够沟通长三角区域内的温州、安庆、徐州等城市。

民国时期，随着铁路公路的修建、轮运的扩大以及商品流通数量与结构的变化，港口的发展速度出现了明显的差异。上海港依旧是龙头，镇江、苏州则日趋衰落，交通运输上的集中趋势得以强化。

（二）改革开放后

交通运输一体化能够缩短区域间的交流距离，是长三角区域一体化的先行领域、关键支撑和重要载体。目前长三角区域交通运输网络建设已有很大成效，基本形成枢纽型机场、枢纽型港口、高铁网络和高速公路网络等区域快速交通骨干格局，长三角核心区（沪宁杭）形成一小时高铁圈，两小时交通圈覆盖城市达 24 个，长三角区域互联互通水平不断提升。

图 1-4 是 2000 年以来长三角铁路营业里程和高速公路线路里程，可以看出，2000 年以来，长三角铁路和高速公路建设不断完善。

单位：千米

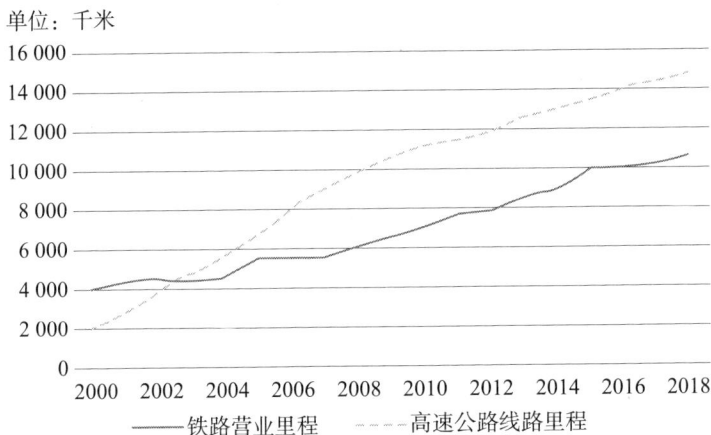

图 1-4　长三角铁路营业里程和高速公路线路里程（2000—2018）

资料来源：中经网数据库。

长三角区域也在着力克服区域公共合作方面的难点。2018 年 6
月，长三角三省一市共同签署《长三角地区打通省际断头路合作框
架协议》，首批重点推进 17 个省际断头路项目；同年 10 月，长三
角首条省际断头路项目——上海青浦盈淀路与江苏昆山新乐路打
通。我国首个跨省的城际铁路——滁宁城际也在建设当中。2019
年 1 月，长三角三省一市交通运输厅（委）共同签署了《长三角交
通更高质量一体化发展座谈会备忘录》，同年 4 月在江苏省交通运
输厅的牵头下又共同商讨发展长三角毗邻公交的问题。

2020 年，国家发展改革委、交通运输部印发《长江三角洲地
区交通运输更高质量一体化发展规划》，要求到 2025 年，加快构建
长三角地区现代化综合交通运输体系。具体目标包括：（1）一体化
交通基础设施网络总体形成，基本建成"轨道上的长三角"，铁路
密度达到 507 千米/万平方千米，高速公路密度达到 500 千米/万平
方千米，世界级机场群和港口群的全球竞争能力显著增强。（2）一
体化运输服务能力得到大幅提升，中心城市之间享受 1～1.5 小时
客运服务，上海大都市圈以及南京、杭州、合肥、苏锡常、宁波都
市圈内享受 1 小时公交化通勤客运服务，铁路和水路货运量年均增

长率不低于 5%。(3) 除了追求快速便捷外，长三角区域交通一体
化发展也追求绿色环保的出行方式。规划要求，到 2025 年智能绿
色安全发展水平大幅提高，大城市中心城区绿色出行分担率超过
65%，信息服务基本实现共享共用，交通环境污染和排放联防联治
取得积极成效。

随着交通设施的不断完善，长三角区域的距离不断缩短，交易
成本不断降低。

三、分割

分割是指限制地区资源要素流动的障碍因素，制度和社会因素
等都可以视为影响分割的重要因素。制度成本对于区域一体化是一
种负效应，从政府角度来说，推进一体化的主要任务就是打破行政
壁垒，破除制约一体化发展的体制机制障碍，降低资源要素流动的
制度成本，形成资源要素自由流动的统一开放市场。《规划纲要》
也提出，到 2025 年实现长三角一体化体制机制更加有效、资源要
素有序流动、统一开放的市场体系基本建立、行政壁垒逐步消除的
目标。

由于近代中国社会战争频繁，因此，稳定的社会环境成为影响
资源要素流动和投资选择的重要因素。另外，晚清时期签订的各项
不平等条约使得中国几乎变成没有关税的国家①，相对"自由"的
市场环境使得资源要素在租界地区自由流动，当时长三角尤其是上
海等设置租界的地区成为投资的首选地区。

新中国成立实行的计划经济体制以及 20 世纪 50 年代的户籍制
度都是限制劳动力、资本等要素自由流动的主要制度因素，这些制
度设定虽是建立在特定的历史背景下，但从经济发展角度来说，这
些人为的市场干预、要素干预都是导致改革开放前中国经济发展水
平较低的重要原因。改革开放以来，财税分权和市场保护主义是市

---

① 郑友揆在《中国的对外贸易与工业发展》一书中曾记载：1858 年后，随着物价
水平的不断上涨，实际税率平均不到 3%。

场分割的最主要原因。财政分权体制下，政府有发展地区经济的激励，地方保护主义和市场分割成为政府的理性选择。就市场一体化来说，目前长三角地区也尚未达到统一大市场的标准，而是行政区市场，即使一省内部也存在行政分割的现象。中国的分权改革虽为中国整体经济发展谋得了巨大福利，但也是阻碍长三角区域市场一体化的最大制度障碍。另外，由于区域间经济发展水平的差异，各地基础设施及公共福利也存在很大差别。世界最成功的一体化组织——欧盟，就是建立在区域经济差距较小的基础上的。经济差距及其带来的公共福利等方面的差异，都是长三角一体化进程中需要努力克服的。

长三角制度一体化自20世纪80年代"上海经济区"成立开始至今已有很多尝试（具体可参考本章第二节），但是目前仍未真正实现较高质量的一体化，《长三角地区高质量一体化发展水平研究报告》（2018）也指出，制度一体化是长三角区域一体化的最大难点。自2018年长三角区域一体化上升为国家战略后，长三角制度一体化程度不断加深。2018年沪苏浙皖三省一市联合组建了长三角区域合作办公室。2019年长三角开通政务服务一网通办，长三角三省一市的居民和企业可以直接办理多项跨省业务。长三角这种政务合作能够显著降低制度性交易成本，是深入推进长三角区域经济一体化的制度基础。长三角各地逐步消除行政壁垒的努力仍在不断深入。但是长三角一体化不是"一起化"，而是指在一个尺度较大的区域经济范围中，各个边界清晰的行政单元之间，通过改革和开放，逐步清除各种人为的阻碍资源和要素流动的体制障碍，通过相互合作、竞相开放和相互竞争的过程，实现区域高质量发展。而制度因素是真正可能长期、持续扭曲一体化进程的主要力量。

第二节 长三角经济一体化的
发展历史和政策演变

在长三角一体化战略提出之前，长三角地区的经济合作多为源于地缘相近、文化认同条件下的自发行为，以 1982 年上海经济区的建立为起点已将近 40 年。综合以往学者的研究，我们将改革开放后长三角经济一体化的进程大致分为四个阶段。

一、初始萌芽阶段（1982—1988）

1978 年，党的十一届三中全会明确国家的工作重点转移到经济建设上来，一切以经济建设为中心，推行计划经济体制向市场经济的转型，进而带来经济的持续快速增长。受不平衡发展理论的影响，在改革开放后的很长一段时期内，国家投资布局和区域发展政策由过去主要强调备战和缩小地区差别，逐步转移到以提高经济效益为中心，向沿海地区倾斜。

1979 年，中共中央、国务院批准广东、福建两省在对外经济活动中实行特殊政策、灵活措施。1984 年，进一步开放 14 个沿海港口城市，其中包括长三角地区的南通、上海、宁波。1985 年，国务院决定把长三角、珠三角等 59 个市县开辟为沿海经济开放区。1988 年 3 月，进一步扩大了沿海经济开放区的范围，开放了辽东半岛、胶东半岛以及沈阳、南京等地的 140 个市县。

这一背景是当时我国进行分权改革，由于分权能够激发地方经济发展的动力，鼓励区域互相竞争，这也是改革开放以来经济区取得巨大进步的原因之一。但是单纯的行政分割必定导致要素、市场的割裂，对产业合作、要素流动和经济发展起阻碍作用。为此，政府在提出分权的同时，一再提出要"横向联合"，以部分规避分权所带来的经济损失。1982 年 12 月，国务院拟成立上海经济区规划办公室；1983 年 3 月，于上海正式成立。上海经济区最初设立时，包含上海以及江苏（常州、无锡、苏州、南通）、浙江（杭州、嘉兴、湖州、宁波、绍兴）在内的共 10 个城市，这是长三角经济区概念的雏形；后来扩大到浙江、江苏和上海全域；1983 年将安徽纳入；江西省和福建省也分别于 1985 年和 1987 年加入，长三角经济区再次扩容，包括了除山东以外的整个华东地区。上海经济区的不断扩容使得区域间交流成本上升，但区域间存在巨大的经济发展差距和利益冲突，上海经济区的功能遭到弱化，这一版图注定难以长久。1988 年 6 月 1 日，国家计委（现国家发展改革委）撤销了上海经济区规划办公室，上海经济区以"流产"而告终。

虽然上海经济区最终被撤销，从形式上是一个失败的尝试，但是上海经济区的成立对长三角尤其是江浙地区的经济发展确实起到了积极作用。上海经济区成立正值江浙地区乡镇企业大发展的时期，在上海经济区的制度框架下，许多江浙乡镇企业利用上海经济区的组织机构和上海国有企业挂钩，进行了多种形式的技术经济合作，"星期日工程师"[1] 就是这一时代背景下的产物。《钱江晚报》资料显示，当时约半数的上海企业和江苏、浙江有经济技术合作关系。

上海经济区对长三角其他地区非国有企业尤其是乡镇企业的贡献表明，上海和周边苏浙皖地区之间的产业分工开始从垂直分工向水平分工方向演变。

图 1-5 是 1978—1988 年长三角三省一市第二产业和第三产业产值堆积柱状图，从中可以看出长三角各省（市）第二、三产业产值和各产业比重情况。可以看到，1982 年后江浙地区尤其是江苏地区第二产业有了较大发展，安徽受到上海经济辐射较少，但可以看出这一时期，尤其是 1985 年后，安徽第二、三产业产值均有所

---

[1] "星期日工程师"是指当时国有企业员工尤其是技术人员，通过事先联系，利用周日或节假日休息时间为民营企业或者其他类型企业提供有偿或者无偿技术指导。这一"兼职"行为本不允许存在，后逐渐从幕后走到台前。

提升。值得注意的是，在这一时期，上海的第二、三产业产值增速与江浙相比处在较低水平。

单位：亿元

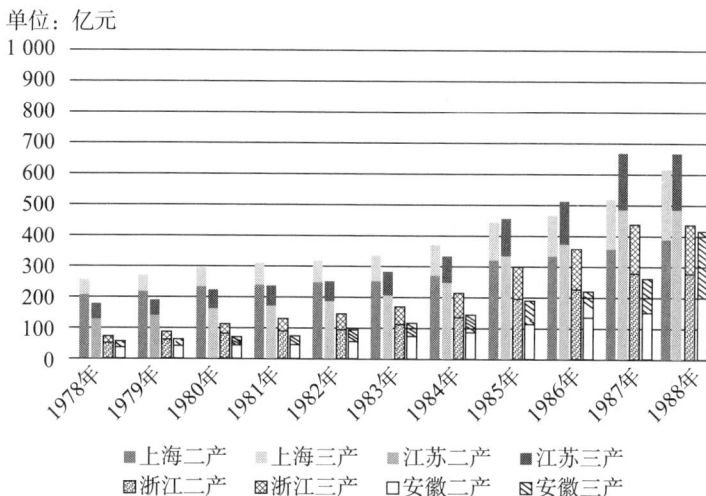

图 1 - 5　长三角三省一市第二、三产业产值堆积柱状图（1978—1988）

二、全面启动阶段（1992—2000）

为进一步深化改革、扩大改革开放，1990 年，国务院决定进一步开发开放浦东。

1992 年，邓小平先后视察了武昌、深圳、珠海以及上海等地，发表了一系列重要谈话[①]，指出要发展好社会主义市场经济。同年的十四大提出了"以浦东开发开放为龙头，进一步开放长江沿岸城市，尽快把上海建成国际经济、金融、贸易中心之一，带动长江三角洲和整个长江流域地区经济的新飞跃"的战略决策。长三角地区进一步发展成为 20 世纪 90 年代国家、地方和海外投资的热点，刺激了地方经济的飞跃，同时促成了大批区域性基础设施建设，从根

---

① 这些谈话被收录起来，总结为南方谈话。

本上改善了区域的投资环境,促进了工业化和城市化的发展。

浦东开放后,长三角成为政府关注的热点。1993年,上海提出推动长三角大都市圈发展的构想,由江苏、浙江、上海两省一市组成,新的长三角经济圈强强联手。

上海经济区的成立并未给上海带来极大的收益,可以说整个20世纪80年代,上海在中国经济版图中势力有明显的回退现象。如1978年上海GDP占全国总量的8.01%,但是到浦东开放前的1990年,这一比重下降到4.17%。这是由于:一方面,上海损失了原有垂直分工体系带来的利益,改革开放后上海所需的原材料供应不再以计划经济时期政府规定的低价供应,上海国有企业失去了原材料的价格优势;另一方面,江浙地区乡镇企业的发展占领了部分上海工业品的市场,上海国有企业发展面临困境。尽管这一时期江浙二省经济发展良好,但是上海经济的衰落也降低了长三角在中国的经济地位。1990年,长三角(三省一市)GDP总量占全国20.54%,1978年这一比重为22.32%。

20世纪80年代末90年代初,面对浦东开放的历史机遇,苏浙皖也积极采取措施以利用浦东开放所带来的红利。

一方面,上海出台优惠政策,优先接受长三角地区企业在沪开展外贸、投资等业务。安徽是率先参与浦东开发的一个省份,1990年就提出要开发皖江呼应浦东,1991年5月,安徽省投资集团在浦东开放之初就在浦东设立了全资子公司(上海裕安投资集团有限公司)。但是由于安徽和苏浙沪之间存在较大的经济落差,因此安徽省很长一段时间游离在长三角之外,这一点从长三角范围变化(即安徽时而被纳入时而被排除在外)也可以看出。

另一方面,长三角其他地区也积极寻求搭上海的便车,利用上海对外开放平台,积极吸引外资。苏南地区利用自己和上海邻近的地缘优势,利用上海经济区时建立的微观经济联系,将原有的上海国有企业和苏南民营企业技术转移通道转为利用上海的对外开放平台,引进外资。首先利用中央给上海地区的优惠政策,苏南在上海周边地区设立与上海接轨的出口加工区;其次主动融入上海,利用市场化手段将上海作为资源利用平台,加快引资。这主要是市县级层面尤其是民间的主动行为。例如：昆山的崛起就是利用邻近上海的红利，依靠设立"自费开发区"吸引外资入驻，目前昆山已经成为全国企业最密集的区域之一。

长三角省级层面并没有很多推进长三角一体化的具体举措。浦东开发开放后，主要举办了两个协调会议：一是 1992 年上海、南京、苏州、无锡、杭州等 15 个经济联系较为紧密的城市召开的市长协调会；二是苏浙沪省（市）长座谈会。省级层面"不积极"的主要原因在于，虽然周边地区也看到了浦东开发带来的机遇，但是也担心上海腾飞后给自身发展带来的威胁，即担心上海会吸引自身的资本、人才等要素进而对自身经济发展产生冲击，这些"顾虑"都是长三角一体化进程的阻碍因素。

这一时期，长三角区域内开始形成企业跨区域发展的趋势，从之前向上海国有企业寻求技术支持，转为江浙企业主动寻求向上海跨区域发展。例如：现在的快递巨头，其创始人均是浙江桐庐同乡，借助浦东开发开放的红利发展快递物流行业，后又均将总部转移至上海。这一时期企业层面尤其是浙江企业收获较大。浙江和上海的经济联系往往带有民间、非官方的特点，但民间力量要利用上海的资源，只能更多地采取进入上海求发展的模式。这一时期，随着浙江民营企业的快速发展，浙江企业和个体户进入上海的数量逐渐增多。1991 年底，设在浦东新区的外地企业（不包含外资）有 142 家，江苏、浙江分别占 33 家和 32 家，几乎占外地企业总数的一半。此后，苏浙皖进驻上海的数量仍在不断增加。

从图 1-6 可以看出，1988 年上海经济区被撤销时，上海实际利用外资在长三角中占有绝对优势。1989—1991 年，上海利用外资份额有所下降。1992 年，浦东开发开放，上海利用外资份额重新回到高点，此后基本呈波动上升态势。从长三角内部来看，自1991 年起，江苏利用外资份额一直超越上海，成为长三角区域内利用外资最多的省份；浙江利用外资份额一直保持平稳上升的状态；安徽利用外资最少，且增长较为缓慢，与长三角其他省（市）差距有逐渐拉大的趋势。2001 年长三角地区吸引了全国 30% 的外商直接投资，且总体来看，这一时期长三角利用外资在全国中的份额是不断上升的，这也说明了长三角地区对吸引外商投资具有持续的吸引力。

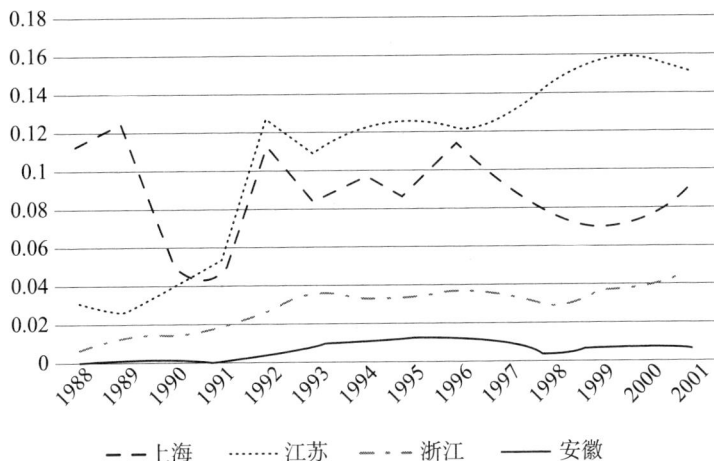

图 1-6　长三角三省一市外商直接投资占全国比重（1988—2001）

资料来源：《新中国五十周年统计资料汇编》《中国统计年鉴》。

在产业层面上，这一时期由于改革开放的不断深入，外资不断向长三角中心区域转移，沿海、沿江地区的产业集聚加强。长江三角洲经济协调会成立后，虽宏观引导产业由上海向上海周边转移，但是转移范围仍局限于长三角中心区的苏南、浙北地区。

三、不断拓展阶段（2001—2007）

这一阶段以中国加入 WTO 为标志。中国加入 WTO 后，国际制造业逐渐向中国尤其是沿海地区转移，而上海成为外商的首选投资对象，这也给上海周边地区尤其是苏浙两省带来了重大机遇。2001 年后，江苏苏州、浙江嘉兴等上海周边地区外商投资十分踊跃，苏州的外商直接投资额尤其是台商投资额甚至超过了上海，外商在长三角的投资也正面推动了长三角一体化的进程，如将企业的总部、研发机构设在上海，而将生产基地设在上海周边地区，进入上海的外资商业机构，也几乎无一例外向周边地区发展自己的连锁企业。外商投资大量进入以上海为中心的长三角地区，并在市场的力量下自发构建了长三角内部的分工布局。这对长三角一体化起到了重要的推动作用。浙江开始认识到，要适应经济全球化的趋势，打开外向发展通道，必不可少要利用上海的资源，苏南的发展为其提供了佐证。自浦东开发以来，苏南利用上海的国际影响力引进大量外资，2007 年仅苏州市引进外资额就超过了浙江全省的数额；2003 年前 11 个月，苏州引进外资额甚至超过了上海。

此外，20 世纪 90 年代后半期，国有企业加速改革，政企关系也逐渐朝市场化方向发展，政府特别是地方政府弱化了对本地企业的控制力，与此密切相关的现象就是产业转移。浙南温州地区以及嘉兴、宁波等和上海关系较为紧密的地区的许多企业通过各种途径转移到上海。目前，这些企业多已经深扎上海，如宁波的杉杉集团早已将总部设在上海。浙江其他知名企业，如西湖电子、万向集团等，在上海设立了分公司，温州正泰、德力西和天正都在上海建立了生产基地或投资公司。

上海也积极鼓励外省市企业向上海转移。1998 年和 2001 年，上海市分别公布"24 条"和"新 24 条"①，各区设立招商办公室，采取登门拜访、宣讲政策等手段，鼓励外地企业入沪，引发了周边地区尤其是江浙企业进沪投资热。

2001 年中国"入世"之后，长三角成为外商投资的首选地。2003 年，江苏直接利用外资份额甚至占到了全国接近 30％的份额，而长三角地区占据全国外商投资的近一半份额。2004 年后，浙江则超过上海成为长三角仅次于江苏的利用外资份额最多的第二大省份（如图 1-7 所示）。2001—2007 年除江苏 2004 年同比份额有所下降外，其余年份长三角各省（市）利用外资份额均逐年提升。不过安徽在利用外资方面表现逊色于长三角其他省（市），增幅较小且一直保持较低水平。

---

① "24 条"为《关于进一步服务全国扩大对内开放的若干政策意见》（沪府发〔1998〕18 号）；"新 24 条"为上述"24 条"意见的修订版（沪府发〔2001〕43 号）。

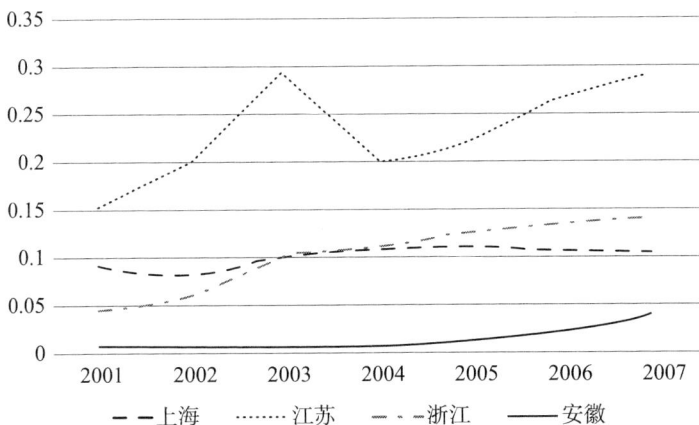

图 1 - 7　长三角三省一市外商直接投资占全国比重（2001—2007）

四、强化提升阶段（2008 年至今）

2008 年 9 月 16 日，国务院颁布《关于进一步推进长江三角洲地区改革开放与经济社会发展的指导意见》（以下简称《指导意见》），提出要把长三角地区建设成为亚太地区重要的国际门户和全球重要的先进制造业基地，具有较强国际竞争力的世界级城市群，在此《指导意见》中安徽并未被纳入。2010 年 6 月 7 日，国家发展改革委发布《长江三角洲地区区域规划》，将安徽列入泛长三角区域。其实，2008 年安徽省出席长三角地区主要领导座谈会，就标志着长三角区域合作范围拓展至安徽省；2016 年，《长江三角洲城市群发展规划》明确指出长三角城市群在上海市、江苏省、浙江省、安徽省范围内。长三角合作范围的扩大对长三角一体化机制建设提出了新的要求，制度建设在长三角合作中的作用更加重要。

　　在浙江、上海两地曾担任领导的习近平同志力推长三角一体化。2003 年"两会"结束后，时任浙江省委书记的习近平率浙江省党政代表团 60 余人赴上海、南京，与上海政府签署了《关于进一步推进沪浙经济合作与发展的协议书》，与江苏政府签署了《进一步加强经济技术交流与合作协议》。此外，2010 年上海世博会也发挥了重要推动作用。特别是 2003 年 8 月 15 日至 16 日在南京举办的长江三角洲城市市长峰会，16 个市长联合签署《以承办"世博会"为契机，加快长江三角洲城市联动发展的意见》（又称"南京宣言"）。在其包含的《全面提升长江三角洲城市形象和市民素质活动方案》中，首次提出了"长三角人"的新概念。长三角城市群的建设从经济、交通等逐渐拓展到旅游、文化等领域，为长三角一直雄踞我国城市群综合排名之首奠定了坚实基础。

　　2013 年，上海自由贸易区设立；2015 年，国务院扩展上海自贸区范围；2017 年，浙江自贸区设立；2019 年，江苏自贸区设立[①]……长三角开放程度不断加深。

　　2018 年 11 月，习近平总书记在首届中国国际进口博览会开幕式上宣布支持长江三角洲区域一体化发展上升为国家战略，对长三角更高质量一体化合作发展提出了新要求。2019 年，《规划纲要》发布实施，指出长三角要梳理一体化意识和"一盘棋"思想，深入推进重点领域一体化建设。

　　2008 年以来，江苏省利用外资在长三角区域内仍保持领先地位，但是 2013 年后江苏利用外资份额有所下降，至今保持与 2015 年相似水平。而长三角其他地区 2008 年至今利用外资份额一直不断上升，且份额呈现趋同的发展趋势，在之前一直表现欠佳的安徽省在这一时期也有不俗表现，尤其是 2011 年后至今一直保持较高速度增长。2017—2018 年，沪浙皖两省一市利用外资相差无几，且江苏与其余三省（市）之间差距也在缩小（如图 1-8 所示）。

---

① 截至 2020 年 5 月，中国已设立 18 个自贸区。

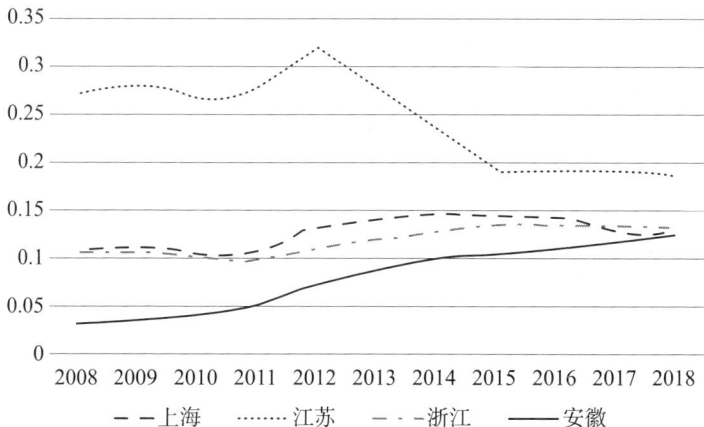

图 1-8　长三角三省一市外商直接投资占全国比重（2008—2018）

资料来源：长三角各省（市）统计年鉴。

第三节　长三角文化一体化的融合与发展演变

文化差异是影响区域一体化进程的基础因素之一。世界上一体化程度最高的欧盟也得益于各国相近的文化背景。长三角不仅是一个经济区域，也是一个文化聚集区。长三角区域同属吴越文化区，其中上海、江苏、浙江是吴越文化的核心区域。安徽位于吴越文化和楚文化的结合区，孕育了中国三大地域文化之一的徽文化。文化产业是最具融合力的产业，文化方面的认同感对推动长三角一体化有重要推动作用。

近代以来，宁波、上海、南京、芜湖相继对外开放，上海由于其独特的地理位置及历史禀赋逐步成为长三角的文化中心，且上海作为对外开放的前沿阵地受到了西方文化的影响，在结合本地吴越文化的基础上，产生了"海纳百川，兼容并蓄"的海派文化。海派文化虽发迹于上海，但它一定程度上还包含了吴越文化，与苏浙皖文化融会贯通。随着一体化程度的不断加深，习近平总书记又提出要打造更高质量的长三角区域一体化，文化一体化逐渐被摆到重要位置。《规划纲要》指出，要共筑文化发展高地，全面提升区域文化创造力、竞争力和影响力。

一、长三角文化一体化进程

进入 20 世纪以前，长三角地区的文化合作多为自发行为，政府主导的区域合作较少。长三角关于文化方面的合作，多为苏浙沪两省一市之间的合作交流，安徽参与较少。如在文化旅游方面，安徽于 2004 年与苏浙沪共同签署合作协议，但 2011 年才开始正式加入长三角区域的合作。

2003 年 10 月，上海举办首届"长江三角洲文化合作和发展论坛"，此后长三角地区文化区域合作进入新阶段。2004 年 1 月，在第 11 届江浙沪演出业务洽谈会上签署的《江浙沪文化市场合作与发展意向书》和《长三角区域演出市场合作与发展实施意见》两份文件，为长三角文化产业联动发展提供了框架设想和操作路径。文件提出对于区域内业绩突出的连锁企业跨区域经营给予支持，使之完全享受当地文化产业的优惠政策。2004 年，上海对于浙江华人传媒发展有限公司和永生音像制品有限公司来沪发展给予了充分支持。同年 8 月，两省一市举行联席会议，签署《关于加强长三角文化合作的协议》，进一步拓宽合作领域，提升合作层次，以推动长三角文化一体化进程。

2018 年，上海举办首届长三角国际文化产业博览会，此后每年举办一次。长三角文博会是我国第一个以世界级大城市群文化产业发展为核心内容的文博会，由上海、江苏、浙江、安徽三省一市党委宣传部联合上海贸促会共同打造。举办长三角文博会，是对长三角文化产业界深化落实长三角区域一体化发展国家战略的检阅，也是向世界展示推动高质量发展、深化协同创新硕果的重要盛会。

长三角三省一市 2019 年在上海嘉定召开"活力长三角，奋进新时代"长三角企业文化建设合作交流论坛，签署《长三角企业文化建设合作交流框架协议》，建立合作平台。同时，长三角百家企业文化建设先进单位发起成立长三角企业创新文化品牌联盟。

关于长三角文化一体化发展的历史演进，下面分成如下几个方面进行论述：

（一）旅游文化方面

1992 年，借"江南六镇"申报世界文化遗产之际，苏浙沪两省一市联合推出"江浙沪游"的概念，拉开了长三角区域旅游合作的序幕。

2004 年 2 月，"3+1"（苏浙皖+上海）旅游合作协议正式签署，标志着以上海为龙头、江苏和浙江为两翼、安徽为后卫的长三角旅游版图基本形成。协议指出，要深化长三角区域旅游文化合作，共同打造区域旅游品牌。此次安徽的加入，标志着长三角旅游文化将在更宽领域、更深层次展开合作。

2011 年，安徽正式加入长三角旅游合作中，三省一市于 2011 年 5 月签署《苏浙皖沪旅游一体化合作框架协议》。三省一市将逐步实现旅游一体化，建立具有全国领先地位的区域旅游公共服务网络体系，建立假日旅游预报制度和旅游警示信息发布制度，实现区域旅游信息互通。四地旅游部门还将建立旅游诚信系统和诚信披露制度，联合发布旅游警示和不良旅游企业信息，联合打击不正当竞争行为和侵害消费者权益的行为，建立跨区域的旅游诚信体系，协同一致，将长三角打造成全国品质旅游示范区。

2019 年 5 月，沪苏浙皖文化和旅游部门合作建立了长三角文化和旅游联盟。2020 年江苏省文化和旅游厅协调沪、浙、皖文化和旅游部门，结合年度特点认真谋划提出年度重点合作事项，经充分沟通协商，联合制定了《2020 年长三角文化和旅游联盟重点工作计划》。计划指出，要深化江南水乡古镇联合保护，继续推进江南水乡古镇联合申报世界文化遗产；做好第九届中国·苏州文化设计创意产业交易博览会；推进长三角旅游信用联动奖惩工作，联合发布长三角旅游市场守信激励名单和严重失信名单；建立文物市场联合监管机制，探索长三角文物市场联合协同服务建管办法。

长三角地区各级政府和旅游企业积极致力于旅游联合营销。2015 年成立长三角旅游景区联盟，涵盖长三角多家百年 5A 级景区，其中包括上海豫园、苏州拙政园等 14 家知名景区。2016 年景区联盟推出"长三角旅游护照"，这是长三角打造区域旅游品牌、推动区域合作的有益探索。长三角其他各地也在不断尝试新的合作方式，如 2018 年安徽在上海成立旅游长三角深度营销中心，这是安徽在深入融入长三角文化旅游方面的重要举措。

长三角区域相近的文化背景为其一体化提供了助力，但也正因如此，长三角文化产业尤其是旅游业存在同质化的现象。例如：很多区域都开展了古镇项目，包括苏州昆山的周庄、浙江嘉兴的乌镇等；上海引入迪士尼乐园后，长三角其他地区也相继开发了主题乐园项目。

（二）影视广播方面

长三角区域的龙头上海，是近代中国电影的发祥地。随着华纳、迪士尼等国际知名影业的入驻，上海也成为国际影视重要的外景之一。毗邻上海的浙江，已经建成世界最大的影视拍摄基地——浙江横店影视城，形成了影视产业链。

2019 年 5 月，在安徽芜湖举办的首届长三角一体化发展高层论坛上成立了"长三角新全媒联合体"。联合体旨在充分发挥各成员单位的自身优势和协同联动作用，广泛传播长三角更高质量一体化发展的战略意义和制度创新的实践，动员更多社会资源参与其中，围绕长三角一体化凝聚最广泛的社会共识。联合体约定，将定期开展联合采访活动，每年议定重大报道主题协同作战，相互支持，以更高的站位、更开阔的视野、更多样的视角、更丰富的手段讲好长三角一体化故事。联合体会搭建内容合作共享平台，在尊重和保护新闻作品版权的基础上，为联合体成员提供内容共享服务，倡导成员之间进行更直接、更便利的内容合作。联合体还将搭建新媒体技术合作共享平台，在尊重和保护知识产权的基础上，进行新媒体发展趋势、新技术应用等方面的学习和交流，以整体提升长三角新媒体技术实力。联合体将不断吸纳区域内优质新媒体平台加入，打响联合体品牌，提升影响力。

　　这些合作基本都是由政府牵头，宣传系统负责整体筹划，作为一项国家行动、一项任务，文联、作协、广电局、曲艺院团、国有电视台、国有文化企业全面参与具体实施。从目前已经落地的项目来看，主要包括新闻报道、节目创制、文化科技、演艺演出等，这些项目有望给改革中的广电行业、寻求新生的演出院团带来新的刺激与发展活力。

　　2018年8月，嘉兴、宁波、南京、无锡、合肥、芜湖等地广播电台推出"长三角一日"新闻行动，以两台联播、市领导专访、新媒体报道等形式，充分报道长三角各地积极推进更高质量一体化发展战略，以及区域重大新闻事件。这一新闻采访联合行动，除了推动政策落地，更重要的是以媒体为渠道深化区域多个方面的合作交流，发挥媒体服务社会的强大功能。

　　长三角地区聚集了众多的大中小城市，优质的地方台、城市台也十分密集，具有共同的江南文化背景，却在文化创意领域各自一个思路、一盘散沙。加之行业下行压力较大，长三角淘汰落后产能的速度很快，因此，节目产能过剩，甚至频道过剩是一个亟须解决的问题，长三角具有节目共享共创、频道资源重新规划的需求和基础。

　　在传媒技术交流方面，每年在上海电视节、上海国际电影节期间都会举办"华东电视技术年会"，会议由民间组织"华协体"牵头，主要关注国际影视市场跨媒体技术，研究区域媒体发展方向，研究解决行业技术难点和问题，积极促进技术资源和人才资源共享。

　　在演艺演出合作方面，长三角是文化消费主力人群聚集地，演出消费需求旺盛，但是优质演出项目分布不均，上海演出资源丰富，周边省市相对紧缺。为加强长三角文化交流，实现资源共享、优势互补，上海文广演艺集团与杭州文广演艺集团在剧场运营、演出内容制作、票务营销等方面实施了战略合作，这种合作方式也有望得到复制。

　　在传媒企业发展方面，当前，企业层面在长三角联动方面发挥的一体化作用不容小觑，除了国有文化企业，很多民营影视公司也充分调配了区域优势资源，如利用长三角区域不同地区的优势，将办公地设在上海，制作团队设在浙江，综艺录制则设在苏州。

因此，随着"长三角一体化"战略加速推进，"长三角文化产业联盟""长三角影视联盟""长三角演艺联盟"等构想有望得到落地实现，有竞争、有格局的区域产业发展生态价值将得到进一步释放，长三角文化产业包括广电、影视、游戏、动漫等方面的全国影响力将得到进一步提升。

2019年9月，中央广播电视总台长三角总部暨上海总站正式启用，这是中央广播电视总台首个区域总部和地方总站。这一战略合作有助于充分利用上海的优势，不断提升引领力、传播力和影响力。中央广播电视总台将以长三角总部和上海总站为前沿阵地，为新时代上海的改革发展、加快建设"五个中心"、建设卓越的全球城市和具有影响力的社会主义现代化国际大都市做出贡献。根据协议，双方将围绕重大文化项目、服务长三角、版权运营、体育产业、影视剧译制等方面开展全方位深度合作。

（三）公共文化方面

2018年10月23日，长三角地区国家公共文化服务体系示范区（项目）合作机制启动大会暨首届长三角地区公共文化服务发展论坛在上海举行，第二届于2019年在安徽铜陵举行。该合作机制是全国首个区域性公共文化领域的合作机制，旨在充分发挥各示范区（项目）的典型示范作用，大力加强示范区（项目）之间在公共文化领域的交流合作，实现优势互补、联动发展，推动长三角公共文化一体化发展走向新的阶段。未来，合作机制将致力于开展示范区区域联动，承接公共文化改革试点，加强资源共建共享，举办文化发展研究论坛，推动城市文化品牌发展，推进区域整体公共文化建设。

（四）科技创新方面

2008年，苏浙沪三地联合公布《长三角科技合作三年行动计划（2008—2010）》。两省一市政府将出资成立"共同资金"，首次启动资金三地均摊。在政策资源共享方面，经两省一市科技部门认定的企业、产品，均可互认，并享受本地同等优惠政策，自主创新产品的政府采购也将在区域范围内试行。三地还将探索科技计划、重大项目的沟通协调和信息共享机制，实施项目指南的联合发布，推动重点项目和科技计划的相互开放。

上海松江于 2016 年率先发起并启动 1.0 版 G60 上海松江科创走廊建设，2017 年 7 月松江与杭州、嘉兴签订《沪嘉杭 G60 科创走廊建设战略合作协议》，标志着 2.0 时代的正式开启，长三角多个城市积极响应、主动对接、加入 G60 科创走廊建设。2018 年松江提出以沪苏湖高铁建设为契机，深化拓展 G60 科创走廊从"高速公路时代的 2.0 版"迈向"高铁时代的 3.0 版"，将 G60 科创走廊拓至 9 地市，安徽省合肥、芜湖、宣城 3 市一同成为 G60 科创走廊新成员。2019 年 G60 科创走廊被纳入《规划纲要》，上升为落实国家战略的重要平台。

二、长三角地区文化产业发展现状

长三角地区文化产业增加值 2012 年为 5 702 亿元，2017 年为 10 893.95 亿元，占全国文化产业增加值总量始终维持在 30% 左右。在第十一届"全国文化企业 30 强"中，长三角占据 1/3，如上海世纪出版（集团）有限公司、江苏省广电有线信息网络股份有限公司、安徽出版集团有限责任公司、宋城演艺发展股份有限公司等。这从侧面反映了长三角地区较强的文化实力。

表 1-1 为长三角 2017 年文化产业增加值及其占 GDP 比重数据。就文化产业增加值而言，江苏最高，浙江其次，再次为上海，安徽文化产业发展在区域中最为薄弱。苏浙沪 2017 年文化产业增

表 1-1　2017 年长三角文化产业增加值及其占 GDP 比重

地区	文化产业增加值（亿元）	文化产业增加值占 GDP 比重（%）
上海	2 081.42	6.8
江苏	3 979.24	5
浙江	3 745	7.2
安徽	1 088.29	4.03

资料来源：各省（市）政府统计公报。

加值占 GDP 比重均在 5% 以上，其中浙江和上海占 GDP 比重最高。

表 1 - 2 为 2018 年长三角规模以上文化企业数及其从业人数。可以看到，2018 年江苏规模以上文化企业数及从业人数在长三角均占据绝对优势，其中从业人数几乎是其余两省一市从业人数的加总；其次为浙江，在区域内位居第二；上海规模以上从业人员数高于安徽，但是规上企业数相比安徽较少。

表 1 - 2　2018 年长三角规模以上文化企业数及从业人员数

地区	规上企业数（个）	从业人数（人）
上海	2 284	362 665
江苏	7 587	1 104 794
浙江	4 789	555 705
安徽	2 453	252 280

资料来源：《中国文化及相关产业统计年鉴（2019）》。

目前，长三角在文化融合方面取得了很多成就，但一体化程度仍有待提高，在深入推进文化一体化进程中仍存在许多障碍。一是长三角区域各地区之间存在经济差距，尤其是安徽与长三角其他地区相比经济发展水平较低，基础设施较不完善，这会给长三角文化区域合作造成一些障碍。二是仍存在各自为政的现象，长三角跨区域一体化合作壁垒仍然存在。三是长三角区域文化品牌辨识度低，且文化产业存在同质化竞争的现象，未真正形成区域性文化品牌。

当前长三角形成了以上海为核心，以南京、苏州、杭州、合肥等为中心城市的文化发展格局。长三角区域经济联系及一体化程度在不断加强，但即使是在政府的有力推动下，长三角经济一体化的程度仍不算高。洪银兴指出，长三角一体化最核心的问题是要解决好中心和外围的关系，着力打造核心区，促进科技创新的同城化。如果长三角区域内的市场主体不能形成一个充分、公平、有效的市场竞争，市场竞争被地区权力垄断或寻租，就无法实现市场范围内资源的有效配置。长三角一体化过程虽几经周折，但总体来说，一体化是朝着一体化程度不断提升、一体化质量不断优化、合作领域不断拓展的方向发展的。

参考文献

［1］陈建军．长江三角洲区域经济一体化的三次浪潮［J］．中国经济史研究，2005(3)：113－122.

［2］方书生．长江三角洲经济区演进与绩效研究(1842—2012)［M］．上海：上海社会科学院出版社，2016.

［3］冯学钢，吴琳．长三角区域旅游一体化发展研究［J］．科学发展，2019(6)：66－72.

［4］顾江．长江三角洲文化市场一体化水平研究［J］．现代经济探讨，2008(1)：25－29.

［5］刘雅媛，张学良．"长江三角洲"概念的演化与泛化——基于近代以来区域经济格局的研究［J］．财经研究，2020，46(4)：94－108.

［6］刘志彪．长三角区域高质量一体化发展的制度基石［J］．人民论坛·学术前沿，2019(4)：6－13.

［7］桑瑞聪，岳中刚．泛长三角区域内产业分工与产业转移——来自四省一市的经验研究［J］．经济与管理研究，2011(9)：35－41.

［8］《上海纺织工业志》编纂委员会．上海纺织工业志［M］．上海：上海社会科学院出版社，1998.

［9］张学良，林永然，孟美侠．长三角区域一体化发展机制演进：经验总结与发展趋向［J］．安徽大学学报(哲学社会科学版)，2019，43(1)：138－147.

［10］郑友揆．中国的对外贸易与工业发展［M］．上海：上海社会科学院出版社，1984.

［11］J. Vernon Henderson，Adam Storeygard，David N. Weil. Measuring Economic Growth from Outer Space［J］. The American Economic Review，2012，102(2)：994－1028.

第二章　转轨中长三角一体化
发展与制度创新

在我国经济转轨过程中，长三角一体化发展因我国的行政区经济发展模式，导致了区域合作难度大、行政壁垒较多等阻碍一体化发展的问题。在行政区经济的背景下推进长三角高质量一体化发展，必须大力进行体制机制创新，其中包括需要建立健全长三角一体化发展的指标体系。

第一节　经济转轨中长三角一体化
发展的内在要求

在把资源配置的决定性机制从行政命令转向由市场主体自我协同实现的经济转轨中，区域经济一体化发展也主要应该体现为以市场为基础的资源配置过程。这个过程必然会给行政区经济体制带来革命性的冲击。

一、市场一体化

经济转轨中长三角一体化发展，首先要求市场一体化发展。长三角一体化发展的基础在市场一体化（刘志彪，2019）。经过四十年多年转轨，经济较为发达的长三角地区，在资源配置方面的基本角色已经由政府为主转变为市场机制为主，而且两个主体之间正在形成发展的合力。不过，由于下面两个方面的原因，行政分割和市场碎片化问题依然存在：一是各个行政区都在最大化自身利益，想方设法将外部优质资源吸引到本区域，同时努力不让本区域优质资源外流，人为设置一些要素流动障碍，导致市场碎片化；二是要素流动的配套制度建设还没有跟上，如养老金跨省转移存在障碍等。就目前长三角地区市场一体化深层次矛盾来看，解决行政分割和市场碎片问题已经成为当务之急。

党的十八届三中全会已经明确在资源配置方面市场机制发挥决定性作用，十九届四中全会进一步将社会主义市场经济上升为基本经济制度。对于市场配置资源的重要性形成共识，并不代表转轨经济中重要的特征之一——市场分割的现象已经消失。目前，即使是市场发育发展较为充分的长三角地区，市场体系尤其是要素市场也存在着严重的行政分割现象。在中共中央、国务院《关于构建更加完善的要素市场化配置体制机制的意见》（以下简称《意见》）中，分类提出了土地、劳动力、资本、技术、数据五个要素领域的改革方向和具体举措，部署完善要素价格形成机制和市场运行机制。《意见》为深化要素市场化配置改革明确了方向和原则，长三角地区可以在很多方面先行先试，以要素市场一体化为突破口加快长三角高质量一体化发展。市场一体化既是长三角一体化发展的内在要求，也是长三角地区为全国形成统一大市场进行有益探索的重要内容。

二、产业协同化

产业协同发展是长三角一体化发展的另一个内在要求。长三角一体化逐步消除商品和要素流动障碍以后，地区之间的产业发展有可能出现两种情况：一是地区之间产业结构相近，形成恶性竞争，产能过剩严重，产业发展空间越来越小，形成的恶性循环难以打破；二是地区产业之间进行协同分工，形成上下游产业密切关联，打造世界领先的产业基地，成为产业航母带动整个长三角地区乃至全国经济发展质量提升。显然，第二种情况是长三角一体化高质量发展的内在要求，只有苏浙沪皖各城市的产业协同创新发展，形成"1＋1＞2"的协同效应，才能拓展一体化发展的空间，为长三角其他方面一体化发展提供经济基础。无论是欧盟区域一体化，还是世界五大城市群的一体化，都注重在国家或城市之间的产业协同发展，在核心企业带动下形成合理的上下游分工体系，甚至形成了产业链集群。

产业是长三角一体化发展的经济基础，没有各地区产业之间的协同发展，长三角一体化无法实现高质量发展。从目前各个地区的主导产业定位来看，产业同构现象依然比较严重，地区之间产业协同分工离高质量一体化发展还存在较大差距，在很多方面表现出了上述第一种情况，地区之间的竞争关系大于合作关系，难以打破利益牵制形成产业的协同发展。在行政区经济下，地区产业之间形成协同发展存在很多体制机制障碍。相对于珠三角，长三角一体化涉及三省一市，共41个地级市，体制机制障碍和利益分配更加复杂，地区产业协同发展的内在要求日益突出。毫无疑问，长三角地区之间的产业协同发展要主要依赖于市场配置资源的基础性作用，但在行政区经济发展模式下，体制机制创新也非常重要，后面我们将会进一步分析。

三、开放制度化

长三角一体化发展还要求实行制度型开放。改革开放以后，长三角地区抓住上一轮国家开放的机遇，发挥区位和产业基础优势，积极融入跨国公司主导的全球价值链，在引进外资、创新驱动、产业升级等方面走在全国前列，为一体化发展奠定了良好的基础。然而，这种政策型开放是在当时我国地区发展不平衡和财力有限的情况下，为最大化对外开放的经济效益而采取的次优选择，既带来了一些积极影响，也产生了一些消极影响，如地区发展差距扩大，不利于长三角一体化的高质量发展。政策型开放主要涉及商品和要素流动的器物层面，而制度型开放有利于我国更好地对标国际规则，这既是长三角地区进一步以开放促改革的需要，也是长三角地区进一步深入融入全球化、参与国际竞争的需要。

近年来，国家已经在长三角地区建立了多个自由贸易试验区，尤其是（上海）自由贸易试验区，在制度型开放方面进行了大胆试、大胆闯、自主改，致力于建立一套与国际高标准贸易投资规则相接轨的基本制度框架。上海自贸区成立后的第二天，立即推出了中国第一份外商投资准入负面清单（2013 版），对 18 个行业门类进行了分类，列明了 190 条外商投资特别管理措施，创新了负面清单管理模式。此后每年不断缩短负面清单长度，2019 年国家发展改革委、商务部发布的自贸试验区负面清单管理措施已减少至 37 条，比第一版减少了 153 条。更高水平开放是长三角一体化发展的外部环境，制度型开放获得重大突破才能提高长三角在全球配置资源能力，进而提高产业的国际竞争力。

四、政策中性化

中性竞争政策也是长三角一体化发展的内在要求。由于政府掌握较多资源，在行政区经济发展模式下制定有偏的产业政策对长三角一体化有很大影响。有偏的政府主导产业政策可能导致资源错配，如僵尸企业不能正常出清、产能过剩等，进而影响一体化发展质量。以光伏产业为例，2003 年开始中央政府相继出台了一系列文件，同时，各省、市地方政府依据中央部门的政策精神，出台了各种光伏产业的地方性政策文件。这些政策文件规定了从项目初始投资补贴、税费贷款优惠到项目用地安排等各方面优惠，推动了光伏产业发展，但也造成了产能过剩严重，仅长三角就有很多地方将光伏产业作为主导产业。改革开放初期，由于资源比较有限，产业发展基础比较薄弱，通过制定产业政策扶持本国工业是很正常的。然而，随着我国产业实力的增强，除了一些关键核心技术需要采用新型举国体制进行重点攻关外，绝大部分产业已经不需要通过制定有偏的产业政策来扶持，而亟须转向竞争中性政策。

竞争中性原则已经广泛成为国际区域经济一体化的重要组成部分，主要体现在国有企业与非国有企业在要素获取、市场准入、经营运行、政府采购和招标等方面处于相同或相似的竞争地位。竞争中性与市场一体化息息相关，一方面要深化竞争政策在市场经济体制运行中的基础性地位，着力落实新发展理念；另一方面则要理顺竞争政策与经济发展的关系，探索长三角一体化发展与竞争政策的协调与配合。在区域经济一体化的过程中，行政区划体制和机制方面的障碍克服以及竞争执法一体化的真正实现，是当前面临的两个关键性挑战。竞争中性政策不仅可以为国有企业改革提供突破口，更可以为长三角地区的企业提供一个公平的竞争环境，真正实现优胜劣汰，提高资源配置效率。

五、政府服务化

长三角一体化发展需要政府提供高质量的服务。我国是典型的大政府社会，政府在经济社会发展中扮演重要角色，在长三角一体化中也同样重要，具有鲜明的"强政府"特征。在分权体制下，地方政府拥有相对独立的经济利益，具有强烈的追求合理和正当的地方利益、实现区域利益最大化的激励，这与官员的考核机制有关（周黎安，2004）。在长三角一体化发展过程中，"强政府"不是指干预经济多、干预力度大、干预手段多的政府，而是坚守自己的公共调节职能，坚定不移地控制住自己不干预微观企业经营和投资，坚守政府理性边界、只做适合于自己在市场经济中的角色的政府。地方政府过多参与具体经济活动，既当运动员又当裁判员，具有很强的地方保护倾向，容易导致市场分割。通过取消和下放行政审批的内容，政府可以从繁杂的微观事务中退出，将更多的精力放在强化宏观管理上，为市场和社会提供优质的公共服务和外部经济性，将激发市场活力置于重要位置，不断再造市场经济发展的体制机制优势，充分发挥国际国内"两个市场"在资源配置中的决定性作用。

长三角一体化发展需要更好地发挥政府职能，主要体现在提供高质量服务方面，而不是过多地干预经济活动。政府职能的核心是界定政府与市场、政府与社会的边界。同时，政府职能是一个动态的调整过程，需要适应长三角地区发展阶段和发展水平的变化，及时调整政府职能及其履行方式，不断深化要素市场化配置改革，以充分释放市场和社会活力。40多年来，经过若干次规模较大的改革和各种局部调整，具有中国特色、与社会主义市场经济相匹配的行政管理体制逐步形成，我们的政府角色已经在逐步转变，但离长三角一体化高质量发展的内在要求还存在较大差距。

长三角一体化发展的上述五个内在要求，涉及很多方面，与我国经济转轨发展阶段和体制机制有直接的相关关系。因此推动长三角地区高质量一体化发展是一项系统工程，需要多方协作推进。

第二节　行政区经济的形成与一体化发展的内在障碍

一、我国行政区经济的形成

（一）我国行政区经济形成过程

行政区划是国家为便于管理，将其领土按一定的原则和程序分为若干个不同层次的单元，并设置相应地方国家机关分层管理，以实现国家职能的行政体系。自秦设立郡县制以来，行政区划在我国绵延发展两千多年，逐步形成了自身的内在规律。早期行政区划的主要目的是便于国家治理，经济发展的功能比较弱。1949 年以后，在计划经济下地方政府承担了部分经济发展功能，但也主要是执行中央的经济计划命令，地方政府参与经济建设的主动性不是很高。1978 年以后，我国由计划经济向社会主义市场经济转轨，逐步形成了具有鲜明特色的行政区经济。一方面，国家没有将中央计划者的各种权力直接让渡给企业、社会组织和个人，而是首先授权给了介于中央和企业之间的中间机构，即地方政府（刘志彪，2019），在市场形成过程中造就了地方政府这一准市场主体；另一方面，财政包干、分税制等经济激励和"GDP 锦标赛"的官员晋升激励，使得地方政府千方百计加快自己行政区的经济发展。行政区发展模式是"中国增长奇迹"的重要组成部分，也是分析区域经济一体化问题的起点。

行政区经济在我国经济转轨和高速增长过程中，扮演了重要角色，与我国的自然、人口、政治、社会、制度、观念等因素有关。我国疆域广阔、人口规模庞大，而且地区之间发展不平衡，很多政策和改革无法在全国统一实施，需要结合地方实际情况，适宜基于行政区发展经济。另外，我国各级政府掌握较多的资源，在发展经济上也具有较大空间。当然，近年来我国行政区经济的发展更大程度上受到政绩考核的影响。任何事物都有正反两面，行政区经济发展模式在促进我国经济腾飞的同时，也带来了一些弊端，在区域经济一体化方面表现尤为突出。

（二）行政区经济发展模式利弊

行政区经济问题自 20 世纪 90 年代被提出，尤其是在 2000 年前后，经常被形容成"诸侯经济"，但随着我国经济转轨的逐步推进，市场在资源配置中作用日益扩大，行政区经济进入了新的发展阶段。党的十九大报告明确将区域协调发展上升到总领性战略的地位，行政区经济再次成为学术界的研究焦点之一。

1. 有利方面

行政区经济以 GDP 增长为基础的晋升激励在调动地方官员发展地区经济的积极性方面发挥了重要的作用，给我国经济创造了动力强大的增长引擎，取得了巨大的体制红利。在经济改革初期、计划体制的束缚还相当严重的时期，这个模式的优势尤其显著，主要体现在几个方面：

（1）调动经济发展积极性。行政区政府官员在"对上拼政绩、对下赢口碑"的利益驱动下，想方设法提高本地的经济发展水平，形成了良好的经济发展氛围。在改革开放初期，资本是我国经济发展过程中最为稀缺的资源，行政区经济发展模式的晋升激励在全国掀起了"招商热"，各级政府部门积极投入招商引资工作中，而且绝大部分都是"一把手"亲自抓。招商引资不仅带来了大量的资金，还带来管理经验、国际销售渠道等，这些要素和我们的廉价劳动力优势进行了完美结合，在国内市场规模较小的情况下抓住经济全球化的机遇，通过出口世界市场打造了我国经济起飞的一个重要引擎。2019 年，我国吸引外资直接投资 1 381.4 亿美元，创历史新高，长期稳居发展中国家首位、全球第二位。截至 2019 年底，我国累计设立外商投资企业突破 100 万家①。

（2）加快基础设施建设。各级行政区为了加快本地区经济发展，纷纷加大基础设施建设力度，进行了一轮又一轮的大规模建设。基础设施具有典型的外部性和规模效应，私人部门投资的积极性不高，而各个行政区在财政激励和晋升激励的双重促进下完成了交通、信息化等基础设施建设，已经成为我国在国际竞争中的重要优势。

（3）注重营商环境改善。营商环境是行政区经济保持竞争力的关键因素之一。为了提高各自行政区的吸引力，并防止本辖区企业外迁，地方政府始终非常重视改善营商环境。在经济转轨过程中，营商环境改善对于促进非公有制经济发展具有重要作用。由于行政区之间存在较强的竞争关系，各地区共同努力进而提高了我国整体的营商环境。世界银行发布的《2020 营商环境报告》显示，中国营商环境在全球 190 个经济体中排名第 31 位，较前一年的第 46 位大幅提升。中国连续两年位列营商环境改善幅度全球排名前十②。

---

① 资料来源：http://www.cinic.org.cn/xw/cjxw/716265.html.
② 资料来源：http://www.ce.cn/cysc/zljd/yqhz/201910/24/t20191024_33433156.shtml.

2. 不利方面

行政区经济的激励机制也存在一些消极后果，主要体现在以下几个方面：

（1）区域合作较难。行政区经济就是资源和要素的流动边界，表面上看受市场机制的调节，其实根本上是受制于行政权力的约束，行政权力的边界决定了资源和要素流动的边界，成为区域经济一体化发展中绕不开的"看不见的墙"。行政有疆界，按行政关系运行，每个行政主体都有其特定的行政职能空间与权力空间，在一定的地域范围内自主处理各项事务而不能超越行政边界，因而其对事务的管理具有局部性、封闭性。不同行政主体的不同利益诉求往往使行政边界成为要素流动的门槛，会导致交通不通、市场不畅。各自为政、相互提防，甚至封锁，使经济运行的"碎片化"倾向越来越严重，市场被行政权力严重分割，区域分工与整合难以实现，影响了超大规模国内市场优势的发挥，也很难实现大国经济中的区域联动和协调发展。我国要真正发挥市场在资源配置中的决定性作用，客观上需要在行政区经济发展模式下加强区域合作，消除资源和要素流动的行政边界。

（2）产业同构导致产能过剩较严重。行政区经济还容易造成产业同构和产能过剩。由于各地方政府部门的职能、目标与任务相同，各个地方都力求形成门类齐全的独立体系，这就难以实现在市场经济条件下地区间资源的有效配置，形成优势互补、协调发展。同时，各地政府为了本地区的 GDP 增长，往往会脱离本地优势上马一些大项目和所谓的战略性产业，如国家将新能源定位为战略性产业，在不考虑发展资源和潜力情况下，很多地区将新能源作为本地的主导产业，既造成了地区之间产业同构，也带来了严重的产能过剩问题。在市场经济下，产能过剩问题可以通过企业破产或兼并重组实现出清，但地方政府为了本地 GDP 和就业往往会给予补贴，导致僵尸企业无法退出市场、资源错配，影响经济效率提升。

（3）恶性竞争和重复建设导致资源浪费。各个行政区之间为了招商往往相互进行恶性竞争，如竞相压低土地价格、放松环保标准等，并给予高额补贴，这些现象在改革开放初期尤其严重，近年来有所好转，但恶性招商竞争的现象仍然较为普遍。为了促进地方经济发展，地方政府倾向于盲目规划或投入（或政府主导投入）港口、机场、道路等重大基础设施的建设，导致重复建设，资源浪费。

（三）行政区经济与区域一体化的关系

行政区经济与区域一体化之间存在密切的内在关联。区域一体化发展是一定地域内的人口、资本等生产要素和资源，依据一定的规律和机制不断地流动、配置的过程和结果。其中，市场和政府是对生产要素和资源在区域内流动和配置状况产生至关重要影响的两种因素，也由此导致了区域一体化发展三种逻辑的出现，即市场逻辑、权力逻辑和混合逻辑（陈鹏，2019）。在现实中，由于不同区域的产业基础、要素禀赋等存在差异，因此在不定的发展阶段要采取不同的方式处理行政区经济与区域一体化的关系，使得二者能够协调发展。在经济较为发达的地区，能够形成自然经济增长极，先集聚区域内资源，然后通过扩散效应带动整个区域的一体化发展，这个时候主要发挥市场的作用。在经济欠发达的地区，需要通过调整行政区划，促进资源集聚，推动形成经济增长极。从正确处理政府和市场关系的角度来说，应该在发挥市场对资源配置决定性作用的前提下，更好地发挥政府的作用。在区域经济发展中，可以采用市场主导和政府引导相结合的区域经济发展逻辑。由此可以看出，在经济欠发达地区加快一体化发展需要更多运用行政区域调整手段，而在经济发达地区推进一体化发展主要依靠于市场作用的充分发挥。

在行政区经济下，行政中心与经济中心还表现出了高度的一致性，各地均有意识地限制本地财政投入到行政边界地区，以至于行政边界地区的经济发展越发陷入边缘化的境地。在经济全球化的浪潮中，区域与区域之间的竞争日益凸显，某一个行政区的竞争力越来越取决于其所在区域整体的竞争力，而行政区经济在促进我国经济增长的同时，容易导致行政分割、地方壁垒等现象，阻碍区域一体化发展，破解这个难题十分急迫。实践表明，由于政治、社会、文化、政策等复杂因素存在，行政区经济不是消除就可以解决的，而是必须从国家制度、地方行政、区域市场、地理空间等更广阔的区域权力空间结构的视野来深入研究和理性引导。

（四）长三角行政区经济发展情况

改革开放初期的 1978 年，上海市、江苏省、浙江省和安徽省的地区 GDP 分别是 272.8 亿元、249 亿元、123.7 亿元和 114 亿元，到 2019 年，上海市、江苏省、浙江省和安徽省地区 GDP 分别达到了 38 155.32 亿元、99 631.52 亿元、62 352 亿元和 37 114 亿元，分别是改革初期的约 140 倍、400 倍、504 倍和 325 倍，三省一市的经济总量、经济规模和经济实力都获得了极大提升[1]。从地级市来看，苏州是 2019 年全国地级市 100 强第一名，前 20 名有 11 个城市位于长三角[2]；从县级来看，2019 年全国综合经济竞争力十强县（市）有 8 个来自长三角，并包揽了前 6 名[3]；从创新能力来看，2019 年全国城市科技创新指数前 20 名有 6 个来自长三角[4]。从上述指标可以看出，长三角行政区经济发展在省、市、县等三个层面都处于全国领先水平。长三角地区良好的产业基础为一体化发展创造了良好条件，通过体制机制创新，消除长三角一体化发展的内在障碍，完全可以实现《规划纲要》的战略定位，在促进行政区经济发展的同时，成为中国对外开放与转型升级的引领与示范区域，为全国其他区域一体化发展提供可复制的经验。

二、长三角一体化发展的内在障碍

（一）生产要素流动不畅

市场一体化是长三角一体化发展的内在要求。如果商品和要素不能在区域内自由流动，无法实现资源的优化配置，也就不可能实现高质量一体化发展。近年来，长三角的商品市场一体化程度有了较大幅度提高，基本实现了商品在区域内的自由流动，但要素市场的分割程度依然较高，各个地区往往对生产要素市场化配置进行行政限制，

---

① 1978 年资料来源于《中国统计年鉴 2018》；2019 年资料来源于三省一市的统计局网站。

② 资料来源：http://health.cnr.cn/jkhyrd/20191130/t20191130_524878763.shtml.

③ 资料来源：http://www.chinanews.com/cj/2019/12-06/9027302.shtml.

④ 资料来源：http://cx.xinhuanet.com/2020-01/06/c_138681277.htm.

如户籍限制、劳动力流动限制、要素流出限制等。在地方政府强烈追求自身利益最大化的动机驱使下，政府干预经济的现象依然较为严重，从而使区域经济运行带有强烈的地方政府行为色彩。正是这种行为，使行政区划界线如同一堵"看不见的墙"对区域经济横向联系产生刚性约束，跨区域流动严重受阻，一体化难以实现。

从图 2-1 可以看出，经过多年的建设，长三角地区消费品和资本品市场一体化有了较大幅度提高，它们的市场分割指数的演变趋势没有显著差异，均呈现不断震荡波动但波幅逐渐变小的稳定收敛趋势①。然而，劳动力的市场分割指数不仅远远高于消费品和资本品，而且呈现较大的波动性，还没有出现收敛的趋势，这表明长三角地区劳动力一体化程度还比较低，该要素在区域内流动的障碍还比较多。

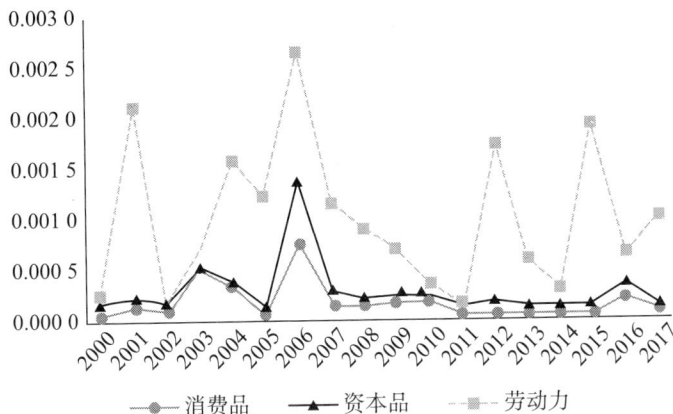

图 2-1　2000—2017 年长三角地区市场分割指数发展变化

资料来源：刘志彪，孔令池. 长三角区域一体化发展特征、问题及基本策略 [J]. 安徽大学学报（哲学社会科学版），2019（3）：137-147.

长三角要素市场一体化程度较低，主要是行政区经济中的地方

---

① 商品和要素的流动主要取决于价格差或回报率变化，故而衡量市场一体化程度通常采用基于"一价定律"的相对价格方差法，衡量地区间价格或回报率（变化）是否趋于一致。市场分割指数具体计算方法请参考刘志彪和孔令池（2019）。

保护主义思想导致的。贾让成等（2007）基于一个简单的财政收入博弈分析了两个同质地区的竞争，并假设两个厂商均展开"古诺寡头竞争"，证明了实行市场分割是地方政府博弈存在唯一的纳什均衡，即地方政府的最优策略均为实行地方保护主义策略。此外，官员晋升博弈、落后地区赶超战略等导致国内市场处于分割状态，而基础设施建设有利于打破市场分割。从影响来看，市场分割与地方经济增长存在倒 U 形关系（陆铭、陈钊，2009），而产业同构是市场分割促进区域经济增长的重要媒介（付强，2017）。从欧盟的发展经验来看，实现区域经济一体化高质量发展首先要着力提高市场一体化程度，清除商品和要素流动的障碍，真正发挥市场配置资源的决定性作用。这方面是长三角高质量一体化发展需要补的"短板"。对于长三角地区来说，一体化的关键是通过制度创新进一步降低区域间要素流动的障碍，深化区域内分工，为产业协同发展创造更加良好的条件。从长远来看，区域内各类生产要素都应发挥市场机制的决定性作用，包括资金、人才和技术的流动按照市场规律进行。

（二）地区合作激励不强

长三角区域一体化升级为国家战略以后，各级政府部门都积极参与其中，在国家层面成立了"推动长三角一体化发展领导小组"，在省市层面成立了"长三角区域合作办公室"。2019 年 3 月，李克强总理在政府工作报告中明确提出，将长三角区域一体化发展上升为国家战略，编制实施发展规划纲要。同年 11 月 1 日，长三角生态绿色一体化发展示范区（以下简称"一体化示范区"）正式挂牌成立。目前，政府之间的协调机构在国家、省市之间组建完成，《规划纲要》和《长三角生态绿色一体化发展示范区总体方案》也已经开始实施，但在既有的行政管理体制下，每一个地方的基础设施建设、财政收支、社会保障等各方面相对独立运转，都有最大化本地投资和经济增长的动机。从经济社会发展水平来看，不仅沪苏浙皖之间存在差别，各个省市内部的发展水平也参差不齐，各个地区参与一体化都有自己的计划和目的，没有良好的合作激励机制很难实现高质量一体化发展。深入分析会发现，长三角一体化高质量发展遇到的很多障碍源于地区之间合作的激励机制不强，跨区域协调机制的建设仍面临支持政策、立法、资金等保障机制不完善、利益协调机制不完善等现实挑战，依靠行政推动的一体化措施在实际落实时往往被打折扣，形成了实质性的阻碍力。

（三）政府横向放权不够

在行政区经济发展模式下，政府是长三角地区一体化发展的重要影响因素。近年来，通过长三角地区各级政府不断深入的"放管服"改革，纵向简政放权已经取得了很大成就，但横向放权改革力度不够，并成为长三角一体化发展的内在障碍。一些本来属于市场、企业、社会团体等享受的权力，仍然掌握在政府的手中，民间强大的经济动能还有待激发。例如：企业在长三角地区按照市场行为进行兼并重组还面临各级政府主管部门的批准和审核，影响了区域内的资源优化配置。又如：长期以来形成的针对民营企业的"隐形门""旋转门"等还存在，本来属于企业享受的权利还没有从政府手中释放出来，企业自治的空间还远远不够。尽管长三角地区各级政府改革已经有了明确的方向，即减少政府的直接管理权力、加大政府的服务能力、为企业和个人提供服务，但横向放权依然不够，"强市场"和"强政府"的边界还没有完全厘清，在一定程度上阻碍了长三角高质量一体化发展。

（四）产业协同水平不高

长三角是我国综合经济实力最强的地区之一。以 2019 年为例，长三角三省一市以占全国不到 4％的土地面积，聚集了全国约 16％的常住人口，产出了占全国约四分之一的经济总量。尽管从比较优势看，长三角地区各具特色——上海的文教卫体发达、科技研发能力突出，江苏的实体经济基础雄厚、制造业先进，浙江的市场氛围浓厚、商业模式创新活跃，安徽的技术创新优势蓄势待发，但从区域一体化发展现状看，地区间无论是在现代服务业还是在先进制造业的项目协作抑或产业合作的机制尚未形成，各地未能完全基于自身比较优势的差异和产业结构升级的规律进行产业布局。长三角地区是我国重复建设和产能过剩较为严重的地区之一，城市之间的产业同构现象严重，地区之间分工协作水平不高。在"分灶吃饭"的财政体制和 GDP 考核压力下，长三角城市间产业竞争激烈，"捡到篮子里的都是菜"成为各地招商引资和产业项目竞争的真实写照，具有典型的行政区经济特点。地方政府揠苗助长式同构现象严重，在资本密集型产业和新兴产业领域尤为突出，钢铁、水泥、平板玻璃等传统行业过剩产能还没有消化掉，新能源汽车、生物产业等新兴产业和现代服务业又扎堆上马，很多新产品市场需求尚在培育中，供给已被人为放大。总体来看，长三角各城市产业的专业化分工协作水平不高，同构化程度较为严重，不利于区域内资源的优化配置，无法实现"1＋1＞2"的协同效应，是高质量一体化发展的重要内在障碍。

除了受行政区经济发展模式影响以外，造成产业协同水平低的另外一个重要原因是长三角区缺乏世界级的行业领军企业，很难形成企业主导的区域内协作分工。在市场经济下实现区域经济一体化高质量发展，内生动力主要来自市场主体——各类型企业。从纽约、伦敦、东京等世界上著名的都市圈一体化发展来看，拥有一定数量的全球行业领军企业是一个区域能够实现高质量一体化的必要条件。在特定区域内，市场在配置资源中发挥决定性作用，在行业领军企业的周边将会集聚大量的上下游配套企业，企业之间协作分工水平很高，形成具有全球竞争力的产业集群。如珠三角地区，随着华为、腾讯等行业领军企业的不断壮大，在深圳、东莞等地集聚了大量的上下游配套企业，通信、信息等产业在该地区形成了协同水平很高的分工体系，而长三角地区直到目前为止仍缺乏这类型企业，很难形成高水平的协同分工。

（五）制度障碍难以消除

制度一体化是区域一体化发展的基本保障，不同地区行政主体的政策和制度存在很大差异，如果分散的行政权力没有协调发展的制度机制作为支撑，那么必然发生各种或明或暗的冲突或矛盾。长三角合作起源于 1992 年建立的长三角 15 个城市经济协作办主任联席会议制度，1997 年升格为长三角城市经济协调会，2018 年升级为国家战略。经过多方共同努力，基础设施、公共服务、产业等一体化取得了一定进展，长三角区域合作不断深化，但区域一体化的核心问题——打破一体化的制度障碍进展非常缓慢，已经成为阻碍长三角一体化高质量发展的最大障碍。在我国经济转轨过程中，无论中央政府还是地方政府惯常使用的"非均衡战略"，本质上是创造政策差异，形成政策"洼地"，实质上就是一种政策歧视，是当前中国地区间难以一体化发展的主要制度障碍（刘志彪，2019）。制度障碍难以消除导致长三角区域之间的分割、藩篱甚至掣肘多且难突破。未来，长三角一体化应该由中央层面来推动解决制度层面的障碍，要加快形成推动高质量发展的指标体系、政策体系、标准体系、统计体系、绩效评价、政绩考核。

第三节　破除制约一体化发展的体制机制障碍

鉴于行政区经济发展模式带来的市场分割、区域合作难度大等一系列问题，有人认为将长三角的行政区合并或设立一个级别高于三省一市的行政机构就可以实现一体化。实际上，区域的界线永远都是有形的，即便在大范围内调整行政区划，也会引发新的更大范围的"行政区经济"问题，单纯靠行政区划调整必然陷入"行政区划调整→更大的行政区经济→行政区划再调整"的恶性循环。显然，这个方法不仅没法解决地区合作难题，还有可能引起新的问题，现实中即使在一个省内部也存在巨大发展差异，城市之间的合作同样很难。要解决这个问题，还是要寄希望于体制机制改革。

一、创新政绩考核方式，提高地区合作积极性

政绩考核是行政区经济的指挥棒，长三角地区之间的合作发展首先需要从此着手。以 GDP 为主要考核指标的"晋升锦标赛"，在改革开放初期、发展经济积极性不高时对地方政府具有非常强的激励作用，但也导致了各个行政区都最大化本地收益的行为，与周边

地区不仅存在经济上的竞争，在官员晋升方面也是竞争关系，进行地区之间的合作意愿很低。协调行政区经济与长三角一体化的首要任务，就是通过创新绩效考核方式，树立区域合作共赢的新发展理念。只有在这种新发展理念的指导下，地方政府才能逐步认识到合作才是带动地方经济长期发展的王道，逐步取消妨碍区域经济一体化的相关制度与政策规定，取消妨碍资源、生产要素自由流动的政策，为实现区域经济一体化、带动地区经济发展而努力。

具体来说，可以从三个方面进行改革：一是在政绩考核和官员晋升中降低经济指标权重，设立更加全面的考核指标体系，从多个层面反映综合治理和综合能力，如弱化单个省（市）及其管辖的下级政府的绩效考核评估，强化一体化区域、城市群的整体绩效考核评估；弱化单一的以 GDP 为中心的考核评估，强化区域之内以功能分区为基础的考核评估；弱化短期经济增长的考核，强化中长期经济社会发展质量和发展潜力的考核。二是借鉴江阴—靖江工业园发展模式，建立利益共享共赢机制，在市场机制基础上，不同行政主体应借助市场手段，通过发挥自身的自然资源、劳动力、资金、技术等比较优势获取相对利益，分享 GDP、税收等，提高跨区合作的积极性。三是进一步扩大官员跨省跨市任职比例，增强跨区的信任和交流，避免"以邻为壑"，促进合作。长三角可以从政务服务、市场监管、社会治理、生态保护、公共服务等方面创新编制一体化高质量发展的指标体系，纳入三省一市的政绩考核，为全国区域之间合作和统一大市场建设提供新的可复制、可推广的经验。

二、深化横向放权改革，激发市场主体活力

行政区经济阻碍长三角一体化，其根源并不是行政区划本身，而是在由计划经济体制向社会主义市场经济体制转轨过程中，政府未能及时地、充分地向市场还权，政府职能未能跟上经济发展的节拍。长三角地区的"简政放权"改革已经取得了阶段性成果，但主要集中在纵向放权，增强地方的自主权，而在横向放权，即政府让渡本该属于市场主体权力方面做得还远远不够。长三角一体化主要

依赖市场主体参与和建设，面对当前的内在发展障碍，需要在横向放权方面加快体制机制创新，实现市场主体与行政主体以及不同行政主体之间的利益共享共赢。依靠产权链，建立企业之间的联系；依靠供应链，在更大范围内进行细化和分工基础上的合作，通过企业推动区域一体化发展。

当前可以围绕以下几个方面加快横向放权力度：一是进一步厘清政府和市场的边界，将本该属于市场的权力让渡出来，激活市场主体活力。"强政府"主要体现在提供更多高质量的公共服务，不干预市场在资源配置中的决定性作用。随着"负面清单＋备案制"改革不断深入，长三角地区在市场准入方面的横向放权激发了市场主体活力，下一步可以在企业兼并、资产重组等方面加快横向放权步伐。二是鼓励民间社会团体、行业协会等在法律许可范围内发展，为实现市场主体自治提供组织保障。需要强调的是，横向放权不是一放了之，而是通过壮大长三角地区民间组织实现自治，激发市场主体活力，提高治理水平。三是可以对标国际上尤其是欧盟等区域一体化组织在横向放权方面的做法，加快长三角地区体制机制改革，给予市场主体尽可能多的自主权，真正发挥其在一体化发展中的决定性作用。

三、健全公共服务职能，促进要素自由流动

要素流动障碍有很多，就长三角地区而言，除了户籍等行政壁垒外，公共服务管理问题也是一个重要原因。我国的公共服务基本上是以行政区为界进行统筹和分配的。这样的分配体制在一定范围内效率较高，推动了行政辖区公共服务水平的提升。但受经济发展水平、地方政府财政等影响，各自为政和发展不均衡问题比较突出，阻碍了要素流动，不利于区域经济一体化发展。

针对这一问题，可以从以下两个方面进行完善：一方面，打造长三角地区社保和医保的统筹平台，减少人才流动阻碍。人才流动主要受两个因素制约——户籍制度以及社保和医保。户籍制度受一定的特殊国情影响，无法在短期内取消，但社保和医保的一体化还是可

以实现的。目前，长三角地区全部城市已经实现了医保"一卡通"，在一体化方面已经取得了一定进展，但社保的一体化还存在较大障碍，需要长三角地区在省级层面加快推动。另一方面，均衡公共服务资源。长三角地区公共服务资源的严重不均衡导致高端要素向核心地区聚集，无法实现各种经济要素更大范围、更合理的配置，同时导致落后地区担心虹吸效应而人为设置要素流动的行政壁垒，影响一体化发展。为此要增加政府的公共支出份额，着力于让区域内的人民平等享受教育、医疗卫生、文化服务和社会保障等一系列权利，推动教育资源共享、医疗卫生跨地区服务、文化产业联动发展、社会保障互联互通等，不断优化公共服务供给，拓展合作领域和深度。长三角地区要建立优质资源对口扶贫制度，发达地区向重点生态功能区、农产品主产区、困难地区提供帮扶，减轻公共服务不平衡程度。

四、扩大对外开放力度，倒逼体制机制改革

作为"一带一路"和长江经济带的交汇点，长三角地区对外开放的空间还很大。尽管长三角地区一直是我国对外开放的前沿阵地，外向型经济的各项指标引领全国发展，但与《规划纲要》给予长三角的战略定位——新时代改革开放新高地，还存在很大差距。长三角地区扩大开放不仅可以虹吸更多的全球高级生产要素，更能够倒逼体制机制改革，清除一体化发展的障碍，后者作用更加重要。现阶段，重点可以围绕以下几个方面扩大开放：一是加快长三角自由贸易试验区体制机制创新，并尽快复制推广贸易自由化便利化政策，推动市场一体化建设。上海自贸区的自由贸易政策体系已经基本形成，国际贸易单一窗口制度对标最高标准的国际贸易和投资规则，极大地提高了贸易自由化和便利化水平。长三角各地区的商检、运输、工商等部门密切跟踪这方面的政策创新，第一时间在本地区复制，加强政府机构之间合作，解决商品和要素市场一体化的"最后一公里"问题，消除影响商品和要素流动的体制机制障碍。二是发挥好中国国际进口博览会的平台优势，沪苏浙皖主动扩大进口，通过引入外部竞争者打破一些产品的垄断，进一步提高长

三角地区市场一体化水平。三是降低新能源汽车、新材料、电子信息等行业进入门槛，积极招引全球 500 强和行业龙头企业，在长三角地区建立全球创新链、产业链、供应链，发挥市场主体在推进一体化建设方面的主动性。

五、加快一体化示范区建设，提供可复制经验

一体化示范区于 2019 年 11 月 1 日正式揭牌，标志着长三角高质量一体化发展进入新阶段。一体化示范区要在区域合作、生态保护、利益协调等方面进行大胆的政策创新，探索破除长三角一体化发展面临体制机制障碍的新路径新方法。一体化示范区要与上海自贸区、江苏自贸区、浙江自贸区建立联动机制，在制度创新、信息共享等方面加强沟通，形成互动融合关系，放大制度创新的经济效应和示范效应。根据长三角高质量一体化发展的需要，一体化示范区也可以借鉴江阴—靖江工业园的"飞地模式"，在沪苏浙皖建立"飞地式"示范区，如长三角创新一体化发展示范区、沪苏浙高科技生态产业带等，赋予更加广阔的制度创新空间，为破除长三角一体化发展体制机制障碍积累更多宝贵经验。考虑到可操作性，在实践中可以根据政策创新的类型采取不同的策略，难度适中的政策复制可以在苏浙皖全面铺开，而对于一些比较谨慎的政策，可以采取渐进的方式进行复制，首先在三个自由贸易试验区内复制，然后在综合保税区、出口加工区、创新示范区、高新区、开发区等特定区域复制，最后在整个长三角地区复制。

六、发挥互联网优势，打造统一服务平台

长三角一体化高质量发展要充分发挥互联网优势，以技术为基础加快破除体制机制障碍。由于长三角一体化涉及三省一市，为了降低要素和商品自由流动成本，提高效率，可以利用互联网打造统一服务平台：一是打造统一的政务服务平台。综合江苏的"不见面审批"、浙江的"最多跑一次"、上海的"一网通办"、安徽的"一张网一扇

门"等的优点，发布标准化指引，打造统一的政府服务平台，各地的
审批结果实现互认，降低企业跨地区经营的时间和经济成本，解决商
品和要素在区域内自由流动的"最后一公里"问题。统一规范省、
市、县各级政府的责任和权力清单。在市场准入领域，要统筹建立透
明、统一的市场准入政策，实施统一的市场准入负面清单。二是打造
检测和标准认证统一服务平台。加快推进长三角地区共认"一个章"
的行动，推动证、照在地区之间互认，减少企业跨省市经营的障碍。
加强各地在标准、计量、检测认证等基础领域的合作。在通关建设领
域，要加快长三角地区国际贸易"单一窗口"建设，尽快实现"一次
申报、一次查验、一次放行"目标，大幅度提升通关效率。三是打造
一个数据库，把长三角地区的数据目录、口径、格式、接口等都统一
起来，并把相关的政府数据、社会数据和行业数据按标准统一纳入数
据库，实现跨地区的共享应用。

第四节　建立健全长三角一体化
发展的指标体系

一、长三角一体化发展的评价体系

长三角一体化发展的评价体系是指有针对性地设计激励一体化
的指标体系，解决考核与利益分配的体制机制问题。在转轨经济中设
计各种激励一体化行为的经济指标，不仅可以纠正各级政府官员的各
种非一体化的行为方式，有利于实现既定政策目标，而且可以对长三
角一体化发展进程进行综合评价，从而也有利于补短板、锻长板，进
而推动一体化区域总体经济高质量发展，为其他区域一体化及协同合
作提供经验范本，为经济发展与监管创新探索新的路径。

长三角一体化发展应实现统一、开放、竞争、有序的标准和目
标。统一是指由局部联结成为整体，子系统合并为总体系的过程，实

现矛盾、零散、单独的"经济—行政—社会—生态"子系统同一化与整体化。其中，市场一体化与行政一体化可以纠正政府对市场的过度干预，发挥市场资源配置的决定性作用；城乡一体化能促进环境、生态、经济、社会在城乡之间的协调相融，使城乡经济整体、持续、稳定、协调发展。开放是指行政单元内部以及行政单元之间的市场体系是互联互通、对内与对外双向开放，不能人为设置壁垒、不能画地为牢，应该符合生产社会化、市场经济一体化与经济全球化的需求。竞争是指生产与市场主体提供的产品、要素、服务、劳动力的价格符合市场供求规律，而非依靠政府力量和市场势力长期持续获取垄断利润，政府清理和废除妨碍统一市场和公平竞争的规则体系，使资源与要素可以在全球产业分工和国际国内市场中自由顺畅地流动。有序是指一体化过程中产业、市场、生态、行政、城乡、基础设施等子系统内部可持续、高效的发展，以及子系统之间保持协同耦合，从而使得一体化的总体系维持统一有序的良性状态。

表2-1是长三角一体化发展的具体评价指标。

表2-1　长三角一体化发展评价指标体系

一级指标	二级指标	三级指标	四级指标	指标含义
长三角区域一体化	市场一体化	商品市场	商品市场价格指数	零售商品相对价格方差
		服务市场	劳动力市场价格指数	职工平均实际工资的相对价格方差
		信贷一体化		银行信贷/GDP
		金融市场	金融自由度	衡量政府对金融业的干预程度，包括对外资金融机构的准入限制、投资股权比例限制、并购审批制度、机构设立形式、高管人员要求等，以及金融市场的发展程度

续前表

一级指标	二级指标	三级指标	四级指标	指标含义
长三角区域一体化	市场一体化	要素市场	固定资产价格指数	固定资产投资品相对价格方差
		市场环境	对外开放	贸易依存度
				对外投资度
				海关管理效率
			市场化进程	中国分省份市场化指数
	产业一体化	结构差异化	地区相对专业化指数	某一地区与地区平均水平的制造业结构差异程度
			区域间专业化指数	两个地区间制造业结构的差异程度
		空间集聚	集聚程度	SP 指数
		产城融合	产业化与人口城镇化融合	工业产值增长率/常住居民增长率
			产业化与社会城镇化融合	工业产值增长率/社会消费品零售总额增长率
		产学研融合	公共技术服务平台建设	公共技术服务平台数量
			合同研究投入	合同研究经费
			合作项目绩效	合作获得的专利授权数量
		协同创新	创新投入	合作的 R&D 总投入/R&D 总投入

续前表

一级指标	二级指标	三级指标	四级指标	指标含义
长三角区域一体化	产业一体化		创新产出	合作新产品销售收入/新产品销售收入
	城乡一体化	城乡经济	城乡收入差异	城乡居民收入增加幅度比
			城乡消费差异	城乡居民人均消费支出比
		城市化进程	城镇化指数	人口城镇化率
			城乡空间融合程度	城乡人均道路面积比
		城乡福利	城乡居民生活水平差异	城乡居民恩格尔系数比
			城乡居民生活保障差异	城乡最低生活保障标准比
	生态环境保护一体化	生态质量	绿化覆盖率	绿化垂直投影面积之和/占地面积
			空气质量	PM2.5浓度
			降雨质量	酸雨频率
		环境保护	退化土地治理率	土地侵蚀面积/区域面积
			化肥农药递减率	当年化肥与农药的使用量与前一年的比值
		环境管理调控	企事业单位污染治理达标率	实际完成的污染治理项目数/需要完成的项目总数
	社会一体化	文化	文体旅游消费支出水平	居民家庭文体旅游消费支出比重

续前表

一级指标	二级指标	三级指标	四级指标	指标含义
长三角区域一体化	社会一体化	文化	文化机构数	万人拥有艺术表演场馆、体育馆、图书馆、博物馆数
		医疗卫生	卫生技术人员数	万人拥有卫生技术人员数
			医疗机构床位数	万人医疗机构床位数
		教育	公共教育	万人拥有高等、中等职业、中小学学校教师数
		社会保障	教育投资	财政教育支出比例
			养老保险	基本养老保险覆盖率
			医疗保险	基本医疗保险覆盖率
	基础设施一体化	信息化基础设施	互联网基础设施	互联网普及率
			支付交易系统开发	支付交易系统覆盖率
			信用信息共享平台	信用信息覆盖率
			光缆宽带	每平方千米长途光缆线路长度
		交通基础设施	铁路交通	铁路网密度
			公路交通	公路网密度
		能源基础设施	供电	地区城乡居民生活用电量/地区年末总人口
			供水	地区居民生活用水量/地区年末总人口
			供气	(地区人工煤气供气总量＋地区液化石油气供气总量)/地区年末总人口

续前表

一级指标	二级指标	三级指标	四级指标	指标含义
长三角区域一体化	行政一体化	经济壁垒指数	市场准入门槛	产品或服务进入一个市场的最低标准与难易程度
			规模经济壁垒	规模经济形成的进入壁垒
			贸易体制壁垒	阻碍自由、多边贸易的条款、规定
		制度壁垒指数	税制壁垒	税制、税负差异
			行政壁垒	地区与部门之间办事的协调程度
			法律法规壁垒	政府制定与执行法律法规的差异性
			地方政策壁垒	政府制定与执行经济与优惠政策的合理性
		政策体制协调	战略规划协调	各项区域战略规划方案和政策举措的协调性
			决策领导机构成立情况	区域一体化决策领导机构数量
			利益协调与争端解决	利益表达、利益调节、利益补偿、利益约束和利益争端矛盾解决的程度与后果
			政府工作效率	电子服务能力指数

二、长三角一体化的政府绩效考核体系

（一）政府绩效考核的必要性

改革开放以来，官员"晋升锦标赛"的最实质性变化是考核标准的变化，地方首长在任期内的经济绩效取代了过去一味强调的政治挂帅。这种转变的契机是自党的十一届三中全会以来，全党以经济建设为工作重心，经济绩效成为干部晋升的主要指标之一（周黎安，2004）。而市场分割的制度背景及持续性表现与地方政府行为密不可分。无论是渐进式改革、赶超发展战略，还是以分税制为核心的财税制度改革，在"政治集权，经济分权"的中央与地方政府关系之中，基于政治晋升与财税竞争"双重"激励主导并影响了地方政府官员的决策与行为，地方官员表现出主要对上负责而非对下负责的态度（徐现祥等，2011）。因此，地方政府官员唯 GDP 论英雄，为了不在晋升博弈与"晋升锦标赛"中掉队，尽可能追求更高经济增长和 GDP 排位，避免在政绩考核中被一票否决，从而形成了"层层加码"和"自上而下的标尺竞争"（张晏、龚六堂，2005）。虽然这种为增长而竞争的激励在很长一段时间内，特别是计划经济时代成为中国政府推动经济增长的动力源泉，却滋生了严重的地方保护主义、形形色色的"产业大战"与恶性竞争行为，"以邻为壑"的政策更是比比皆是，最终牺牲了区域发展的一体化，导致了非一体化的市场分割（陆铭、陈钊，2009）。长三角地区位于沿海，是经济开放前沿和重地，靠近沿海的城市更倾向于参与国际一体化合作、吸引外资，反而弱化了本地跨区域合作的激励，这也是官员晋升博弈的一个重要表现（孙博文等，2016）。虽然短期市场分割对本地的产业和就业有一定的程度的保护作用，对本地经济增长有促进作用，但这种增长是以牺牲资源配置效率、合作倍增效应为代价，长期将损害整体规模效应，导致经济增长偏离了长期最优路径。此外，目前劳动力与土地市场一体化进程的速度也比较缓慢，户籍制度限制了劳动力跨区域自由流动，城乡建设用地指标的跨区域交易机制尚未完善，不仅不利于劳动力与土地实现跨区配置效率

的提升，还容易加剧城乡二元结构矛盾、减缓城乡一体化发展。

在影响和扭曲长三角一体化的各种因素中，能产生系统性、长期性、关键性作用的是政府的行政力量和行政壁垒（刘志彪，2014）。刘志彪（2004，2019）指出，地方政府在市场运行中"越位、错位、缺位"的根本原因，与现行干部管理体制下地方政府官员自身的政治利益有关，即按地区经济增长业绩考核、提拔、任用干部的体制问题。因为各行政地区制定的战略规划，基本是带有明显的本地特色、局限在省级行政区范围内的经济合作圈，缺乏更大范围跨区域合作的动力。因此，在经济绩效考核官员晋升体制下，省市的地方保护政策导致长三角互设市场藩篱以及重复建设的难题，造成长三角一体化的巨大潜力难以发挥。皮建才（2008）指出，财政激励、晋升激励以及分工激励，是影响中国市场分割与市场一体化的三大"逆市场"力量，都可以统一在中国地方间政府官员竞争这一制度框架。

（二）传统政府绩效评估的短板

政治晋升、官员激励与官员绩效考核直接挂钩。在我国具体的政府管理实践中，绩效评估是政府工作的"指挥棒"，指引着政府工作的方向，各级地方政府均按照上级政府制定的绩效考核指标，有针对性地安排本地的工作重点和发展重心。虽然各种政府绩效评估制度正处于日趋发展和不断完善的探索性阶段，但政府绩效评估仍然存在认识上的误区、价值导向上的偏差，绩效评估制度的规范化以及评估主体、内容、标准等方面还有待改进。其中最突出的问题包括：一是政府绩效评估存在主观随意性，缺乏统一的制度和法律保障，缺乏系统的理论做指导，各地区评估标准千差万别，未形成一套完整统一的绩效评估体系，可比性不强；二是绩效评估与政府职能和岗位职责脱节，没有真正起到引导政府工作向科学化、理性化方向发展的作用，政府绩效评估主要内容与评估导向片面地将GDP增长等同于政绩，用表面化、简单化的经济指标来评估政府官员绩效，只会进一步助长地方政府官员把主要精力放在见效快、形象好的行政事务上，完全把个人私利、地区经济效益摆在公共利益、社会效益之上，有意挥霍公共财政、制造政绩工程满足谋取个人晋升筹码；三是评估程序没有规范化、程序化，存在随意性，评估过程缺乏透明、公开与应有的监督，早期出现了偏离国情和现实情况的趋势；四是评估方法缺乏科学性，没有将定性方法与定量方法有机结合，"运动式""评比式""突击式"评估的时效性差，忽视了持续性评估；五是评估的工具性强于功能性，功能的定位没有注重通过科学合理和可量化的绩效目标、绩效标准来规范行政行为，不是把绩效评估作为提高政府官员行政能力、规范行政行为有效措施，而是被当作一种纯粹的工具、策略，作为消极防御、事后监督与制裁的手段。

以往单纯强调经济发展和 GDP 增长的绩效评估标准，显然已经不再适应新时代一体化发展的需要。绩效指标体系的建构和完善是评估一体化进程中政府职责、行为的核心，决定着政府绩效评估的公正与科学程度，也影响着地方政府工作的公正与科学程度。为了适应新时代治理体系与治理能力现代化需求、政治合法性基础的现代转型，法制、社会、民生建设与政府职能转变逐渐成为政府的工作重心，新的衡量政府绩效的价值规范逐渐成形，政府工作的具体价值标准也应该由对经济的单方面关注转向经济、效率、效益、民主、公平、正义、秩序、环境等方面的综合协调发展。因此，如何构建一套科学合理的政府绩效指标体系，是进一步推进政府绩效评估实践并逐步趋向科学化的关键所在，也决定着整个长三角一体化进程的成败。

（三）一体化发展的政府绩效考核评价指标体系

地方政府绩效是指地方政府在一定时期内行使其功能、实现其意志过程中体现出的行政管理能力，是对长三角经济和社会事务进行宏观规划、引导和管理所取得的效果和效益，集中表现在行政管理、经济治理、社会公平、思想观念、工作作风等方面。因此，对于政府绩效的评价应该是全方位的评价，指标体系应构成一个多层次的系统。结合国内外政府绩效的评价指标，以及长三角一体化评价指标体系构建原则，以满足长三角一体化发展与推进国家治理体系和治理能力现代化要求，在遵循经济、效率、公平的基础上，从政府行政能力、政府廉政建设、政府服务能力、政策制定与执行状况、政府经济治理能力5个领域构建长三角一体化发展的政府绩效考核指标体系，如表2-2所示。

表2-2　长三角一体化发展的政府绩效考核指标体系

一级指标	二级指标	三级指标	指标含义
政府绩效考核	政府行政能力	领导班子团队建设	领导班子团结的能力和民主执政水平
		政府规模	行政就业人员占总就业人员的比重
		突发事件应急处理能力	重大灾害事件、突发公共事件的应急处置能力
		行政成本	行政管理费用占财政支出的比重
		政府机关办事效率	政府简政放权、放管结合的力度
		政府信息化管理水平	地方政府信息化水平和网络信息处理能力
	政府廉政建设	机关工作作风	贯彻落实党的路线、方针、政策的情况
		政府廉洁度	政府腐败涉案人员占全体公务员的比重
		公民评议状况	公民评议监督平台、机制与流程情况
	政府服务能力	政务透明度	决策公开、管理服务公开、执行和结果公开、政策解读与回应情况
		政府规章制度的完备性	政府规章制度的全面性、覆盖面情况
		政府工作人员的业务素质	政府工作人员参加培训、考试的情况

续前表

一级指标	二级指标	三级指标	指标含义
政府绩效考核	政府服务能力	政府公信力	公众对政府行为的信任程度
		公民对政府管理的满意度	公众对政府管理、服务的期望、感知与认同感
	政策制定与执行状况	政策的稳定性	政策熨平经济运行不确定的程度
		政策的连续性	政策制定的一致性
		政策的科学性	政策制定的规范性、合理性
		执法的公正性	行政执法中坚持公开、公正、公平的程度
		决策的民主性	决策反映民意的调查
	政府经济治理能力	居民失业率	城镇登记失业率
		通货膨胀	居民消费价格指数
		经济增速	GDP 增长速度
		居民家庭恩格尔系数	食品支出总额占消费支出总额的比重
		收入分配公平程度	基尼系数
		贫困发生率	低于贫困线的人口占全部人口的比重
		市场壁垒	市场进入、退出的自由程度
		环境立法情况	新立法、修正或清理旧法情况，含法规、法案、条例等
		公共物品供给情况	公共物品供给规模
		政府收支结构	财政收支平衡情况
		居民福利水平	居民社会保障覆盖率

参考文献

[1] 陈鹏. 行政区划改革与区域经济协调发展[J]. 西华师范大学学报(哲学社会科学版),2019(5):106-112.

[2] 付强. 市场分割促进区域经济增长的实现机制与经验辨识[J]. 经济研究,2017(3):47-60.

[3] 贾让成,楼伟波,李龙. 政府绩效考核机制:长三角经济一体化中政府竞争的源泉[J]. 上海经济研究,2007(5):75-79,86.

[4] 刘志彪. 以市场化、国际化推进"长三角"发展一体化[J]. 南京社会科学,2004(7):1-8.

[5] 刘志彪. 区域一体化发展的再思考——兼论促进长三角地区一体化发展的政策与手段[J]. 南京师范大学学报(社会科学版),2014(6):37-46.

[6] 刘志彪. 长三角区域高质量一体化发展的制度基石[J]. 人民论坛·学术前沿,2019(4):6-13.

[7] 刘志彪. 建设优势互补高质量发展的区域经济布局[J]. 南京社会科学,2019(10):18-26.

[8] 刘志彪. 长三角一体化发展的基础在市场一体化[N]. 学习时报,2019-9-30(A7).

[9] 刘志彪,孔令池. 长三角区域一体化发展特征、问题及基本策略[J]. 安徽大学学报(哲学社会科学版),2019(3):137-147.

[10] 陆铭,陈钊. 分割市场的经济增长——为什么经济开放可能加剧地方保护?[J]. 经济研究,2009(3):42-52.

[11] 皮建才. 中国地方政府间竞争下的区域市场整合[J]. 经济研究,2008(3):115-124.

[12] 孙博文,李雪松,伍新木,王磊. 长江经济带市场一体化与经济增长互动研究[J]. 预测,2016,35(1):1-7.

[13] 徐现祥,王贤彬,高元骅. 中国区域发展的政治经济学[J]. 世界经济文汇,2011(3):26-58.

[14] 习近平. 在庆祝改革开放40周年大会上的讲话[M]. 北京:

人民出版社，2018.

［15］周黎安．晋升博弈中政府官员的激励与合作——兼论我国地方保护主义和重复建设问题长期存在的原因［J］．2004（6）：33－40.

［16］周黎安．中国地方官员的晋升锦标赛模式研究［J］．经济研究，2007（7）：36－50.

［17］张晏，龚六堂．分税制改革、财政分权与中国经济增长［J］．经济学（季刊），2005（1）：75－108.

第三章　创新长三角政策制定与执行的协同机制

长三角一体化发展，关键是要创新长三角政策制定及其执行的协同机制，重点是要完善地方间协商机制、实行统一的市场准入制度、建立统一的招商引资与招才引智政策、建立地方立法和执法工作协同常态化机制，以及提高政策协同执行与执法联动的实施效率。

第一节　完善地方政府间协商机制

打破行政区划的利益分割，从区域利益一体化角度制定、修改和完善政策体系，实现共建、共保、共通、共享，是确保长三角区域一体化国家战略有效落地的重要保障。适应行政区经济向区域型经济的转变，使推进长三角一体化发展的政策制定更加科学、执行坚强有力、效果提升显著，需要建立一个包容性区域协调新体制与新机制（郁鸿胜，2018）。适应政府职能从管制型向服务型转变，完善政策制定与执行的地方政府间协商机制，对于保证长三角政策制定与执行决策的科学化、提升运行效率、提高治理水平与增强治理能力意义重大。

一、长三角地方政府间协商机制现状评述

经过多年实践，长三角地方政府间协商机制在组织框架、协商内容、政策制定和协商机制建设方面积累了不少经验，已进入多形式、宽领域、深层次的实质性深化提升阶段。

（一）初步建立"三级运作、统分结合"的地方政府间协商组织框架

2003 年 3 月，时任浙江省委书记的习近平同志就明确指出：进一步完善合作机制，在沪苏浙三省市经济合作与发展座谈会制度的基础上，建议建立沪苏浙三省市党政主要领导定期会晤机制，以及相关的专项议事制度，定期举办"长江三角洲经济一体化发展论坛"（郭占恒，2019）。为适应从行政区经济向区域型经济转变，在更大范围制定科学有效的政策，实现资源配置与利用最佳效率，激发各省（市）参与区域合作的内在动力，长三角三省一市建构起了基于决策层、协调层和执行层"三级运作、统分结合"的地方政府间协商组织框架，并在该框架下开展了以金融、民生、产业、基建、园区、环保等为专题的诸多合作事项（张则行，2017）。其中，决策层协商主要以省（市）主要领导座谈会为载体，重点协商深化合作的领域及国家战略的联动实施；协调层协商主要以长三角协调发展联席会议为载体，重点结合长三角一体化发展新形势和工作进展协商具体合作事项和安排工作任务；执行层协商主要以各省的职能部门、专业委员会、市长联席会议等为载体协商具体合作事项或工作任务的执行。

（二）不断拓展地方间政府协商管理的领域和内容

地方间政府协商在长三角区域有悠久的历史与良好的传统。早在国家颁布《规划纲要》之前的若干年，长三角区域的地方政府就围绕资源配置的有效性、发展成果的包容性、发展的可持续性三大微观合作领域的重要任务，在打破地区封锁、生态环境协同管理、提供均等化公共服务等若干具体事项上加强了协商管理。在深化跨

区域的商务合作方面，建立了更具开放性、包容性和互动性的产业协同发展体系（魏丽华，2018）。例如：为打破地区封锁和行业垄断，长三角商务部门在"规则体系共建、创新模式共推、市场监管共治、流通设施互联、市场信息互通、信用体系互认"等方面确立开展物流标准化、农产品流通、商品市场转型及打击侵权假冒的全方位合作。又如：在推动生态环境协同保护方面，在区域大气污染和重点流域水污染开展联防联控；形成海洋生态环境保护的一系列专题研究；全面推进海洋特别保护区建设；共同开展长江沿岸地区及杭州湾的污染综合治理。在区域公共治理探索方面，开展跨区域的污染治理、食品安全监控等合作；共同开展自然灾害、事故灾难、公共卫生事件和社会安全事件的危机应对。

（三）建立和完善推动地方政府间协商管理的法律与政策体系

运用法律与政策规范地方政府间协商，合理界定地方权限，明确地方政府的权利与义务，强化对不履行合约者的相应制裁，是确保长三角区域合作的系列方案制定科学、落实有力、成效有监督与考核的根本保障。为提高政策制定统一性、规则一致性和执行协同性，长三角区域的各级地方政府针对一些重点领域的制度规则和重大政策加强了彼此协商，取得了一系列建设成果。以生态环境协同保护治理为例，签署《长江三角洲地区环境保护工作合作协议（2008—2010年）》；形成《长三角城市环境保护合作（合肥）宣言》；联合编制完成《长三角近岸海域海洋生态环境保护与建设行动计划》《长江口及毗邻海域碧海行动计划》；制定和发布《长三角地区危险废物环境监管联动工作方案》。

（四）逐步建立与完善推动地方政府间协商管理的执行机制

在完善多层次、多领域协商管理的执行机制方面，长三角地方政府开展了持续探索，如建立和健全重点领域的合作机制、各类市场主体协同联动机制、区域间成本共担利益共享机制等，降低政府政策制定与执行的行政成本，提高了办事效率，形成了一体化的推进力。在执行保障上，初步形成全面地方立法和提升政务服务合作水平、提高政策执行效率的推进机制。在执行考核上，初步建立健全长三角一体化发展的指标体系、评价体系、统计体系和绩效考核体系。在执行主体上，积极鼓励行业组织、商会、产学研联盟参与地方政府间协商管理。在一些具体事项合作与管理方面上，也不断创新与完善相应的推进机制。例如：提出建立长三角区域生态环境治理合作机制；健全区域环境监管机制，完善危险废物跨省转移审批和服务机制；初步建立长三角地区危险废物环境监管联动协调机制；开展突发公共事件的城市合作应对的制度合作，危机管理机制由传统被动联系发展为城市网格化管理平台与应急管理相融合的应急联动管理机制。

二、长三角地方政府间协商机制存在的主要问题

应该看到，实践中推进长三角区域一体化的呼声很高，效果却不十分显著。其中的重要原因是受制于地方政府认识、能力、推进主体、开放意识等因素的制约，区域一体化政策不完善，省区政府之间、中央与地方政府间的政策协调不够。从政策制定与执行的政府协商机制看，亟须改进和完善的地方主要有以下几个方面：

（一）提升地方政府间协商组织架构的运行效率

尽管已建立"三级运作、统分结合"的地方政府间协商组织体系，但从决策、协调、执行和技术4个层面审视执行效率，仍然存在诸多需要提升之处。从决策层面看，现行的合作框架缺少共同领导机构，当横向利益主体产生矛盾或主要利益诉求得不到满足时，同级地方政府间的政策制定与执行联动协同效应难以有效发挥。从协调层面看，面对一些具体项目和问题时，缺乏能够实现利益最大公约数的利益共享和补偿机制，使相对落后地方的政府缺乏协商、制定与落实一体化政策的内在动力，导致恶性竞争。在面临发展目标考核的压力下，落后地方政府更易在经济领域争夺稀缺性生产要素，在政策上出台过度优惠的税收、招商和人才引进政策，在生态环境领域争相"搭便车"。从执行层面看，缺乏合作事项的执行监督反馈平台，影响诸多专题落实跟进。由于缺乏评估、反馈、纠偏和惩戒的标准流程和实施的法律和制度性规定，不少以各种协议、合同、宣言等类法律文本形式呈现的地方政府间协商成果，从决策

转向执行时，由于与地方政府利益不一致或缺乏实施细节性规定，常导致执行过程中走样，甚至被束之高阁或被选择性执行。从技术层面看，融合发展所需的地方政府间信息交流共享平台建设滞后，大数据智能化的成果在一体化协同管理与协商中应用不充分，难以满足通过无缝沟通提升工作效率的需要。

（二）进一步深化或拓展协商管理内容

目前，跨区域共建、共享、共保、共治机制不健全。长三角区域一体化已推出的系列政策较偏向规划性和引领性，相对缺乏可操作的政策措施与工具。具体表现在：一是基础设施建设、生态环境保护、公共服务等方面的一体化发展水平有待提升。如生态环境协同保护治理缺乏统一规划和统筹实施，有效的生态补偿机制仍在不断探索中；如何加强区域内流动人口的管理还没有出台比较成熟的操作细则。二是阻碍经济高质量发展的行政壁垒仍未完全打破，地方标准不统一，准入门槛有差异，统一开放的市场体系尚未形成。如自贸区向长三角地区周边的复制推广力度不足；上海、南京、杭州、宁波、合肥5个海关"一体化试点"可向更多城市或地区推广；口岸执法部门信息互换、监管互认和执法互助还存在一定障碍。长三角区域内12个海关通关一体化以及特殊监管区域及保税监管场所执行大通关政策时，因海关部门与公共平台对接不力导致跨区域外贸货物流动受限；因缺少区域性分中心导致对区域性政策调节空间不足。三是布局重大基础设施不均匀，缺乏从区域协商层次的统筹安排。如在交通基础设施布局上，长三角港口群各主要港口规划定位缺乏整体协同，导致港口建设中普遍存在着不合理竞争、重复建设、岸线利用粗放等。四是在一些重要的微观合作领域，政策的配套执行程度不高，影响政策的落地执行。如相邻省市之间、同一省市城乡之间，在公共服务、社会保障以及社会福利等方面的差距较大，影响人口与劳动力的区域间流动，特别是省市间企业员工的"五险一金"不一致，导致企业负担的差距，制约着同区域不同地方企业的竞争力提升。

（三）在顶层设计框架下进一步加强政策与法律法规体系协同

一是规划体系衔接不够紧密，如各类专项发展规划与国家和长江流域发展规划的衔接不足；重大经济布局与重大基础设施、重要资源开发和突发公共事件应急资源衔接不足；地方的区域功能定位与长江流域总体功能布局衔接不足等。二是相关的法律和政策还需加强和完善。如长三角各地在招商引资、外贸出口、土地批租、技术开发、信息共享等方面，没有统一适用的规范区域一体化发展的政策法规；落实"谁受益谁补偿"原则的横向生态补偿、区域环境联防联控联治等，缺乏可操作的实施细则，影响地方政府间合作的有效开展协商（孟涛，2009）。三是一体化政策服务能力尚需提升。如地区间社保经办机构间的沟通协作不足，地区养老保险关系转移接续沟通机制有待完善；区域性医疗保险信息化管理合作平台与信息化水平有待提高；食品安全联动协作机制和风险评估机制缺乏统一协调。

（四）完善政策制定与执行的地方政府间协商推进机制

一是行政体制与推进机制的耦合性还需增强。以应急体制为例，长三角跨行政区域协调、指挥主要采用跨区域的联席会、沟通会或者区域领导人高层会议的形式，当跨区域突发性公共事件发生时，地方政府往往通过临时应急指挥部来处理紧急事务，很难实现区域内跨越行政区或功能区界限的公共服务合作，难以保证协调结果。二是地方政府间协商推进机制在解决某些重大问题上欠缺效率。如推进长三角区域内政府间合作，主要依靠非制度化合作协商，在面对重大事项协商处理或应对突发公共事件时，一般采取集体磋商或者应急联络的形式，缺乏固定的谈判机制。因此，在涉及实质性利益问题时，各地方政府往往由于分歧太大而无法协调合作。三是尚未建立政府、专家、企业和公众广泛参与的一体化协商机制体系，特别是政府与专家的积极姿态与企业和公众参与活跃度不够形成鲜明对比，鲜见以企业为主体的长三角主题高层论坛或研究智库，公众献计献策不积极，在很大程度上会影响地方政府间协商成果的落地实施效率，影响推动一体化发展的各项政策制定与执行。

三、完善长三角地方政府间协商机制的主要对策

针对上述存在的问题，应重点从以下五个方面思考改进的对策。

（一）进一步完善地方政府间协商的体制机制

一是重点围绕提升地方政府间协商组织架构的运行效率弥补短板。在决策层面，建议由国务院牵头成立长三角一体化发展的领导和协调机构，从整体和长远利益出发，整合各方的利益诉求，促进地方政府间加强对话协商、达成共识和签署协议。在协调层面，重点解决好在横向利益存在矛盾时的利益补偿标准和方式，切实增强地方政府间协商解决重大问题或推进重大项目时的内在动力。在执行层面，要完善重点领域制度规划和重大政策沟通协调机制，确保地方政策的制定与执行能在一致性的基础上增强协同落地能力。二是加强大数据智能化成果在地方政府间协商中的运用。大数据为基础的智能新技术，为推进"数字政府"建设、推进国家治理体系和治理能力现代化提供了有力支持。地方政府要抓住"互联网＋"数字经济大发展的历史机遇，打造整体协同、高效运行的"数字政府"，通过全面提升政府数字化治理能力，为加强地方政府间协商创造良好条件。三是尽快建立一套制度化的协商制度体系。重点建立、健全和完善信息公开机制，制定并公布协商事项目录；健全和完善社会动议机制，畅通政策动议的渠道；健全和完善决策咨询机制，细化决策咨询程序；健全和完善衔接工作机制和行政问责机制，把协商民主贯穿在政府工作的全过程。四是地方政府间协商要尊重市场一体化的内在规律，充分发挥市场的主体地位和积极作用，减少因政府干扰资源配置所导致的市场扭曲现象，使区域内要素自由流动，为优化区域生产力空间格局和增强企业自生能力提供坚实保障。

（二）加快推出战略与战术层面的顶层设计与统筹协调

长三角统筹要走出新路子，必须在战略与战术层面有新突破。一是在研究《规划纲要》提出的目标、任务和重点工作的基础上，

认真审视地方政府已制定或即将制定的规划与其衔接的内容、渠道和机制，保持规划与实施方案的纵向一致与横向协同，并使之能成为地方政府间加强协商的纲领性文件。二是加强重点领域（如科技创新、要素培育、基础设施建设、产业发展与空间布局、生态保护、城乡空间规划等）的政府协商。依据具体事项，确定短、中、长期重要协商事项，为落实区域一体化国家战略寻找有效的切入点和推进方向，形成以点带面的局面，逐步提升长三角区域一体化的合作范围与执行深度。三是构建共建共享的一体化发展平台。充分利用大数据智能化快速发展的机遇迅速组建一批科技、教育、人才、金融、医疗、旅游、环保、开发区、示范区等大平台。充分利用共建共享的功能扩大应用场景和降低建设成本，同时为地方政府发现短板、找到努力方向、确立合作重点事项、避免地方恶性竞争而开展的地方政府间协商提供科学依据。

（三）推动地方政府完善协商机制的法律与制度体系

发挥好地方立法对推进长三角一体化发展的推动作用，探索地方人大执法检查工作协作，为长三角高质量一体化发展提供有力的法治保障。一是可制定一些关于地方政府在区域一体化方面义务与责任的法律和法规，如《地方政府合作法》《生态补偿法》等，使地方政府间对于一体化发展政策的协商有制度化和可问责的依据；进一步明确如部门、地区间跨区域合作机制的主要形式、权利与义务，并强化区域合作监督考核。二是加强各地政府制定和修改地方法规与制度时的协商。充分利用数字政务平台加强地方政府立法信息交流。在实际起草、修改和审议地方性法规和政府规章时，兼顾与区域其他地区实际立法的相容性，逐步修正和统一区域内地区性法规和政策，废除与区域经济有冲突的地方政策和法规。三是进一步完善地方政府协商机制相关的制度。例如：加快完善涉及经济社会发展重大问题、重大公共利益或重大民生的事项、重大工程、重点工作的协商制度建设。重点完善吸纳社会公众特别是利益相关方参与协商，吸纳民主党派、工商联和无党派人士参与决策咨询、政策风险评估等制度建设，进一步完善民主恳谈会、民主听证会、居民论坛等形式和实施方式，使地方政府间协商的政策制定与执行能得到尽可能广泛社会力量的配合与支持。

（四）以增强人的意识与能力为核心提升地方政府间协商效率

从资源配置和推进主体角度看，相关经济行为参与人的决心、努力方向和操作技巧，对于推进长三角高质量一体化发展至关重要。提高地方政府间协商效率，关键在增强人的意识与能力。为此，一是要建立和完善区域各层级干部跨界互派挂职制度，通过增进干部队伍的换位意识、加强沟通与互相学习，消除隔阂和凝聚共识，为后期制定和落实更为具体的一体化政策和实施方案创造有利条件。二是以企业为主体举办长三角主题高层论坛或成立研究智库，充分调动各种民间主体为长三角一体化献计献策的积极性，使政府和专家自上而下的指导、宣传与动员能与各种民间主体自下而上的配合和参与密切结合，使一体化发展所制定的政策更具落地操作性，走深入实。三是构建政府主导、企业主体、社会组织和公众共同推进的合力机制。政府机构及智库论坛在研究推进一体化发展时，应主动吸纳、听取企业和民间代表的意见，更多发挥企业、社会组织和公众的主体作用。

（五）围绕区域一体化的重点任务加强微观层次的跨区域协商

微观层次的跨区域协商是长三角地方政府间协商更为经常性的内容；政策制定与执行效率是评价地方政府间协商机制运作是否有效的最重要标准之一；区域一体化在微观层次的合作包括三项重点任务：一是通过产业差异化与特色化发展体现区域资源配置的有效性；二是通过公共服务均等化与社会福利的共同增长体现区域发展成果的包容性；三是通过经济与社会发展协调、人与自然和谐体现区域发展的可持续性（程必定，2019）。长三角地区各级地方政府在开展微观层次的事项协商时，应围绕完成上述 3 项重点任务，本着因地制宜和双赢或多赢的原则，在遵循总体发展规划的前提下充分利用本区域资金、政策、人才、学校、土地等方面的优势，加强在生产要素、产业布局、金融支持、招商引资、重大项目上的协商。例如：地方政府可拟出区域一体化合作可供选择的内容清单，根据自身发展阶段与条件，逐步推进。充分调动长三角区域民间资本充足的优势，通过成立共同创业基金、人才奖励与扶持基金、战略性新型产业引导基金等形式，夯实促进新型中小企业健康成长和传统隐形冠军企业改造升级的要素支撑。适应建立现代经济体系的要求，充分研究"区域产业链—技术链—人才链—金融链"所存在优势与不足，加强招商引资、项目融资平台、特色园区、特色产业、重要项目安排等方面的协商，形成区域发展"一盘棋"的格局，使产业发展的联动与辐射效应充分释放。在具体事项的协商上，更多地引入市场化手段，以城市群和都市圈为核心，鼓励多层次化、多样化的区域合作，实施更为灵活的合作机制。加强探索在横向利益存在矛盾时的利益补偿标准和方式，切实增强地方政府间协商解决重大问题或推进重大项目时的内在动力。

第二节　实行统一的市场准入制度

《规划纲要》明确提出，在长三角地区全面实施全国市场准入负面清单，实行统一的市场准入制度。通过打造稳定、公平、透明、可预期的市场环境，长三角地区共建规则统一的市场准入制度体系，有利于充分保护和激发各类市场主体的内生活力，有利于夯实长三角建设经济增长极的微观基础。

一、长三角实行统一的市场准入制度是大势所趋

（一）市场准入制度是现代市场经济的"标配"

市场准入制度作为国家对市场主体参与市场活动所制定的行动规则，是市场经济条件下处理政府与市场关系的核心概念。在市场经济条件下，市场准入制度成为影响经济活动中制度交易成本的核心变量，对于市场主体行为选择具有重大影响。负面清单是市场准入制度的重要实现形式，其核心机制是通过明确列出市场主体必须被排除或限制的领域，在清单之外实现"法无禁止皆可为"，在充

满不确定和新的可能性的市场空间中，为最大限度拓展市场主体活动空间提供制度支撑（郭冠男，2019）。在开放经济条件下，对外商主体而言，负面清单制度本质上是对外商主体给予实质性国民待遇的制度保护，从根本上压缩政府对外商投资行为的"剩余决定权"，让内外资企业都能在清晰的边界中开展投资决策。

实施统一的市场准入制度，将政府与市场、内资与外资的行为边界置于清晰的制度框架之内，是成熟市场经济的"标配"，是我国社会主义市场经济体系改革的重要方向，也是区域一体化发展的重要目标。一方面，通过对"市场准入"的条件进行前置设定，预防市场主体进入损害公共利益、不利于公平竞争或其他具有负外部性的"市场失灵"领域；另一方面，市场准入制度的实施，既为企业等市场主体划定了活动边界，也为政府行为划定了边界，对政府干预经济活动的范围给出制度性约束，从而对政府权力形成规范和制约。

显然，统一的市场准入制度将让基于行政区划、地方政府"歧视性"政策形成的行政壁垒消散于无形，从而有利于彻底打破市场分割和地方保护，实现公平竞争。因此长三角一体化机制体制建设，必然要把实行统一的市场准入制度作为战略任务，坚决破除制约一体化发展的行政壁垒和体制机制障碍，建立统一规范的制度体系，形成要素自由流动的统一、开放市场。

（二）长三角地区实施统一的市场准入制度具有基础优势

长三角地区在实行统一的市场准入制度方面已积累了丰富经验。2019年初，长三角三省一市签署长三角市场体系一体化建设合作备忘录，将在统一企业登记规范、开展失信联合惩戒、加强食品安全监管协作、推动检验检测认证结果互认互通等方面进一步加强合作，建立跨区域市场监管合作机制，联合探索新业态包容审慎监管，共同营造良好的营商环境，促进区域市场融合发展。近年来，长三角各地致力于优化营商环境，"一网通办""最多跑一次""不见面审批"等改革成为全国品牌。持续优化的营商环境，为长三角地区高标准实行统一的市场准入制度奠定坚实基础。在落实《规划纲要》的实施方案中，长三角三省一市均对推动实行统一的市场准入制度做出明确安排。如上海提出优化办理流程，简化登记材料，加强市场准入标准统一和市场监管执法协同联合；江苏提出全面实行统一的市场准入制度，在企业登记、土地管理、环境保护、投融资、财税分享、人力资源管理、公共服务等政策领域建立政府间协商机制，形成协同方案，制定协同措施。可以预期，长三角各地采取举措实行统一的市场准入制度，未来区域行政壁垒将逐步消除，一体化制度体系更加健全，从而为全国其他区域一体化发展提供示范。

二、长三角地区实行统一市场准入制度的战略取向

（一）持续优化营商环境

实行统一的市场准入制度是改善和优化营商环境的重要举措。2019 年国务院出台的《优化营商环境条例》规定，国家鼓励和支持各地区、各部门结合实际情况，在法治框架内积极探索原创性、差异化的优化营商环境具体措施；对探索中出现失误或者偏差，符合规定条件的，可予以免责或者减轻责任（李建伟，2019）。长三角地区既要严格落实国家关于实行市场准入制度的统一性要求，也要按照打造世界一流营商环境的目标，全面对标国际高标准市场规则体系，勇于创新，大胆探索，打造稳定、公平、透明、可预期的市场环境，发挥市场准入制度的最大价值。

（二）注重增强制度匹配性

长三角地区在实行统一的市场准入制度过程中，要高度重视市场准入制度与其他制度安排之间的有序衔接，减少或避免因不同制度之间的不匹配或不兼容带来的效率损耗和实施障碍。例如：注重市场准入制度与法律法规的协同，对照国家发展改革委、商务部发布的《市场准入负面清单（2019 版）》等文件要求，清理不符合中央最新精神要求的地方法律和政策；注重市场准入制度与行政审批制度改革的协同，进一步强化两者之间的有效衔接，根据国家负面清单修订的最新要求深化"放管服"改革，及时取消或下放相关行政审批事项，为各类市场主体提供稳定的制度预期；注重清单事

项的协同，高水平实施全国统一的清单编码体系，实现清单事项标准化、统一化，实现市场准入负面清单与政务事项清单相匹配。

（三）注重破除市场隐形壁垒

各种事实上隐形壁垒的存在，是影响市场准入制度有效实施的重要因素。2019 年，全国人大常委会针对《中华人民共和国中小企业促进法》实施情况的调研显示，市场准入仍有隐形壁垒，虽然已全面实施市场准入负面清单制度，但清单外部分的经营效益好或者市场前景好的行业和垄断行业，仍存在违规设立准入许可或者设置隐形门槛等"名松实严"的情况。清单内的准入限制依然较多，与清单相关的行政审批事项繁多、程序复杂、时间过长、过程不透明，"准入不准营"问题依然突出，这些问题在长三角地区均有所体现。为此要切实放开市场准入、解决门槛高的问题，重点加大反垄断和反不正当竞争执法力度，有效预防和制止市场经济活动中的垄断行为、正当竞争行为以及滥用行政权力排除、限制竞争的行为。

（四）注重政府监管能力建设

实施市场准入制度后，政府对市场主体的监管重心从事前审批转向事中事后监管。这一重大转变，对政府的事中事后监管职责和任务提出了巨大挑战。更具根本性的变化在于，政府以往在事中事后监管过程中所采取的方法手段，在负面清单制度新的制度环境下不再有效，亟待建立基于全新理念、全新方式的新型监管体系。负面清单市场准入制度框架下，政府监管能力建设包括根据负面清单的内容制定系统化监管清单、政府负责市场监管职能机构的整合、从事监管人员业务培训等，确保市场准入既"放得开"，也"管得住"。

三、长三角地区实施统一市场准入制度的对策建议

（一）高标准落实全国标准

根据《国务院关于实行市场准入负面清单制度的意见》（国发〔2015〕55 号）要求，我国按照"立足国情、循序渐进、整体规

划、分步实施，取得可复制、可推广经验后全面推开"的要求，逐步实施市场准入负面清单制度。《市场准入负面清单（2019 年版）》更加强调全国统一性，要求从中央到地方实行"全国一张清单"，未经国务院授权，各地区各部门不得自行发布市场准入负面清单。长三角地区要高标准落实"全国一张清单"管理模式，全面清理现有的行政审批范围，严格对标，对列入国家负面清单之外的行业、领域、业务等，确保各类市场主体可依法平等进入。

（二）深化市场准入行政审批跨区域"一网通办"

积极构建长三角一体化政务服务体系，强化政府信息在各区域间的互联互通，在长三角不同区域之间实现"一网通办、异地可办、就近办理"。

一是充分发挥长三角政务服务"一网通办"平台功能，总结各地在市场准入审批一地认证、全网通办、异地可办、就近办理等环节形成的有益经验，如江苏设立"全链通"平台，为企业开办事项提供网上集成办理服务，规避了以往企业开办"工商注册—印章刻制—银行开户—涉税事项办理"的串联式业务流程的弊端，进一步整合功能、提升效能，打造市场准入审批精准服务、精细治理的长三角样本。二是统一市场准入事项审批标准。总结和提炼长三角一体化发展示范区等地在"跨区域通办"中形成的有益经验，实现跨区域身份认证，统一准入、统一审批，构建覆盖申请、审批等全流程"零见面"服务体系。三是制定"一网通办"区域标准，总结《长三角 G60 科创走廊"一网通办"专窗管理规范》地方标准制定经验，探索在市场准入环节制定覆盖长三角全域的"一网通办"标准。建设长三角数据中心和政务数据交换共享平台，推进电子证照共享互认，促进区域数据资源互通共享、统筹调动和创新应用，实现区域数据广泛共享和应用。

（三）合力推进政府事中事后监管能力建设

决定市场准入制度成效的关键，不仅在于市场准入本身是否合理、富有效率，政府事中事后监管能力如何也格外重要。用市场准入负面清单制度取代传统的行政审批制度，政府职责的重心后移，市场主体的"宽进"需要政府事中事后的"严管"相配合。长三角地区实行统一的市场准入制度，合力推进政府事中事后监管能力的建设是关键一环。

一是切实增强政府事中事后监管的严肃性。针对由于事中事后监管不到位导致行业管理失控和运营失序等问题，要强化监管、全面覆盖，避免出现监管盲区；针对由于事中事后监管不力导致企业违规行为得不到及时发现与惩罚的现象，要强化监管权威性，坚决预防劣币驱逐良币现象的发生。二是有效提升政府事中事后监管的包容性和适应性。针对共享经济等新经济、新业态大量涌现对传统监管方式和手段提出的新挑战，长三角地区要发挥身处全球创新前沿的优势，在新经济、新业态等前沿领域事中事后监管创新上大胆探索，不仅为打造高水平市场环境夯实政府监管基础，也为全国探索和提供有益经验。三是积极探索多元化主体监管机制。发挥长三角地区专业化社会主体发达的优势，鼓励行业协会、第三方中介机构等社会机构参与事中事后监管，将资质认定、质询与监督等服务职责交给专业化社会机构，织密市场准入事中事后监管网络。四是加强地方立法探索，健全事中事后监管法律体系。《外商投资法》取代"三资企业法"，为负面清单模式和事后监管提供了高位阶的立法支撑，但在事中事后监管上仍达不到系统化、科学化的程度，监管法律环境仍不健全。长三角地区要发挥自贸区等先行先试区的制度创新优势，同时强化地方立法探索，总结提炼市场准入制度落地过程中形成的有益经验，及时将部分具有前瞻性、指导性的政策文件以地方立法方式加以固化，对市场准入事中事后监管主体、内容、程序、责任等进行细化，为政府事中事后监管能力建设提供有力法治支撑。

（四）以信用体系一体化增进市场准入监管效能

信用是市场经济的基石。对市场准入制度的遵守程度直接影响市场主体的信用评价。加强信用信息的区域整合，构建覆盖长三角全域的信用体系，既是长三角一体化的基础性工作，也是长三角区域市场建设的关键环节。针对市场准入负面清单制度，对政府监管能力提出更高要求的实际，长三角地区要持续深化信用一体化建设，以信用建设增进区域市场准入监管效能。

一是充分利用市场准入环节所生成的大数据信息，强化大数据信息加工处理与运用，让大数据赋能区域信用体系建设，从根本上规避以往被动式、滞后性、运动性监管方式的弊端。二是持续深入推进"信用长三角"品牌建设，重点加强行政审批等环节的信用大数据应用，着力破除异地公共信用信息、信用报告共享面临的体制壁垒、区域壁垒和观念壁垒，率先打造标准统一、高效便捷的区域信用信息共享制度。三是硬化市场准入诚信条件，建立市场主体违规违法信息共享机制，发挥守信联合激励的示范效应，强化失信联合惩戒的警示效应，完善异地信用修复机制。四是开展社会信用体系与大数据融合发展试点工作，加强区域信用大数据在行政审批等领域的应用，最大限度减少信息不对称带来的管制盲区，让守信守法者畅行无阻，让失信违法者寸步难行。

（五）建立健全长三角全域统一的市场化退出机制

发挥市场准入制度的效能，既要充分保障市场准入制度本身得到公正严格执行，增强市场准入制度的统一性和严肃性，也要实行统一的市场化退出机制，形成市场主体从事经营活动的进入—退出闭环，以高效率的市场出清释放市场竞争的巨大能量。但受到保障就业、维护社会稳定以及传统体制惯性等复杂因素影响，包括长三角地区在内，我国仍普遍存在破产难、僵尸企业退出难等问题。长三角地区要建立内部畅通的区域市场体系，尤其要在全域统一的市场化退出机制上率先发力，立足于发挥市场配置资源的决定性作用，规范区域市场竞争秩序，保持市场微观主体的内生活力。

一是在长三角区域市场构建过程中，着力强化市场出清功能的自动实现。对于缺乏市场盈利能力、主要依靠政府补贴或银行贷款维系经营、连续亏损的僵尸企业，制定区域性统一政策，引导企业主动申报，按照破产程序依规退出。二是加强企业退出过程中的司法协同。坚持法治化原则，规范市场主体退出方式，完善市场主体退出规则。对于达到破产条件的，推动市场主体依法通过破产程序进行清算，或推动利益相关方庭外协议重组，避免僵尸企业挤占社会资源，盘活存量资产；对于需要强制解散退出的，要设定救济程序，依法保障退出市场主体和利益相关方的合法权益。三是强化跨区域的司法与行政协调配合。明确政府部门承担破产管理人监督管理、政府各相关部门协调、债权人利益保护、特殊破产案件清算以及防范恶意逃废债等破产行政管理职责，稳妥处置长三角地区市场主体退出过程中可能出现的各类问题。积极构建市场主体退出资产资源优化利用制度，发挥区域性产权交易市场功能，促进市场退出主体的资产流转与变现，实现资产有效配置、合理利用。

第三节　建立统一的招商引资与招才引智政策

推进要素市场化改革，其中推动最活跃的要素——资金和人才的自由流动，是市场取向改革的关键环节。当前，招商引资与招才引智（以下简称"双招双引"）仍旧是区域间资金和人才配置的重要途径，如何统一协调"双招双引"政策也就成为长三角一体化发展的必答题。

一、统一"双招双引"政策的意义

市场一体化有利于资本和人才要素效率最大化，实现资本和人才效率最大化将驱动其他要素在区域间的重新配置。一方面，市场一体化既可以改善区域存量资源配置效率，也可以增强对外部资源的吸引力，从而获取一体化红利。另一方面，区域间资源重新配置将引起利益重新分配。这一双面效应决定了资金和人才流动的重要性——既是实现长三角一体化发展的目标，也是推进长三角高质量一体化发展的难点。

当前，竞争性市场机制引导资金和人才流动的格局并没有在长三角完全形成，地方政府主导或引导的"双招双引"才是驱动区域间资金和人才流动的重要抓手。"双招双引"可能带来地方保护主义和重复建设问题，但也具有集中力量办大事和弥补市场失灵的功能，对加速资金和人才集聚、促进经济快速增长具有重要意义。在长三角一体化过程中，"双招双引"仍旧备受地方政府重视，例如：某市在长三角高质量发展推进会上强调"双招双引"是应对城市激烈竞争、增创发展新优势的迫切需要；提出建立健全考核激励机制，形成比学赶超浓厚氛围（周江勇，2019）。

以经济增长和财政收益为目标的地方竞争机制，在现有体制下必然强化地方政府深度参与资金和人才的配置过程。由于 GDP 增长偏好和财政收入激励，地方政府对资金和人才的需求长期处于饥渴状态，这容易使"双招双引"政策层层加码，导致普遍和严重的市场壁垒、行政垄断和产业同质化问题，使市场调节机制失效。解决这些问题需要寻求一体化发展新动能（肖金成、李清娟，2020）。"斯密—杨格定理"表明，市场规模扩大将会促进分工以实现经济增长，而市场分割将会限制分工从而不利于经济增长。区域一体化与要素自由流动，能够促进企业总收入提升和地区经济增长，这也得到了微观调查问卷数据（龚冰琳、徐立新、陈光炎，2005）和宏观数据计量实证的支持（张治栋、吴迪、周姝豆，2018）。

长三角地区约占全国经济总量的25%，是我国经济最活跃和创新能力最强的区域之一。区域集成电路和软件信息服务产业产值分别占全国的50%和34%，拥有全国近25%的"双一流"高校和国家重点实验室与工程中心，区域科技创新人才培育与集聚优势明显。长三角也是我国开放程度最高的地区之一，2018 年进出口和外商直接投资总额分别约占全国的37%和39%，拥有 14 个自贸区片区。统一长三角"双招双引"政策，推进一体化机制高效运行，实现要素自由流动，对提升全球资源配置能力、构建国内国际双循环新格局都具有较强示范和引领作用。

二、统一"双招双引"政策的实践

资金和人才的跨区域发展在长三角具有历史传统。近年来，由地方政府合作与市场主导的"双招双引"政策协调和统一工作也进行了多层次的探索与实践。

(一) 行动方案对统一 "双招双引" 政策相关工作的明确

三省一市的《推进长江三角洲区域一体化发展行动方案》都对"双招双引"核心问题进行了原则性明确,"双招双引"一体化趋势已成为一种共识。

为了进一步发挥核心城市功能和龙头带动作用,上海实施方案提出充分发挥集聚辐射优势。一方面,面向全球,上海将着力构筑战略新优势,显著增强全球高端资源要素集聚能力。另一方面,着力增强辐射能力,引领长三角共筑全国强劲活跃增长极。例如:方案提出"鼓励临港、漕河泾、张江、市北高新等品牌园区输出开发管理标准和品牌,支持沪苏大丰产业联动集聚区、上海漕河泾开发区海宁分区等一批跨省合作载体发展,推动产业链优化布局"。对于招才引智,上海突出制度和路径率先创新,提出在上海自贸试验区新片区"建立外国人在区内工作许可制度和人才签证制度",提出"制定相对统一的人才流动、吸引、创业等政策,完善长三角高校毕业生就业、参保等信息共享机制"等有关措施①。

江苏省的行动方案提出,要"全面实施市场准入负面清单,实行统一的市场准入制度,在企业登记、土地管理、环境保护、投融资、财税分享、人力资源管理、公共服务等政策领域建立政府间协商机制,形成协同方案,制定协同措施"②,同时提出了"探索建立区域一体化标准体系,协同建立长三角区域标准化联合组织,在农产品冷链物流、环境联防联治、生态补偿、基本公共服务、信息体系等领域,先行开展区域统一标准试点"③。

浙江省的行动方案也提出"加强长三角人力资源协作,建立统一的人才一体化评价和互认体系,强化信息共享、政策协调、制度衔接和服务贯通,探索建立户口不迁、关系不转、身份不变、双向选择、能出能进的长三角人才柔性流动机制"④。

安徽省的行动方案,则突出了"提升发展皖江城市带承接产业

---

① 参见《上海市贯彻〈长江三角洲区域一体化发展规划纲要〉实施方案》。
②③ 参见《〈长江三角洲区域一体化发展规划纲要〉江苏实施方案》。
④ 参见《浙江省推进长江三角洲区域一体化发展行动方案》。

转移示范区""高水平打造皖北承接产业转移集聚区"和"完善承接产业转移支撑体系"三大重点，并对"高质量共建合作园区"给予了高度重视，明确了具体任务：搭建产业转移供需信息对接和磋商平台，支持各市县选择 1 个开发区、1 个主导产业高质量承接，推动全省各地与沪苏浙开展多种形式的产业合作。针对产业合作园区难点问题，安徽省提出建立健全成本共担利益共享机制，"探索建立跨区域产业转移、重大基础设施建设、园区合作的成本分担和利益共享机制，税收利益分享机制和征管协调机制，利益争端处理机制。完善重大经济指标协调划分的政府内部考核制度"①。

（二）G60 科创走廊对统一"双招双引"政策的灵活实践②

《长三角 G60 科创走廊高质量一体化发展指标体系》表明，G60 科创走廊一体化发展指数，由 2016 年的 116.5 上升到 2018 年的 124.8，在推动区域经济联系方面发挥了示范引领作用。其中，G60 科创走廊在 9 城"双招双引"方面，也进行了颇有成效的灵活实践。G60 科创走廊制定了《产业集群高质量一体化发展行动纲要》《产业合作示范园区协同发展指导意见》《共建共享 G60 科创走廊人才新高地行动方案》等文件，推动产业链与创新链一体化示范发展。尽管这些文件并非明确针对"双招双引"，但客观上对协调"双招双引"政策具有指导作用，也是对近期统一"双招双引"趋势的探索。

第一，G60 科创走廊对招商引资政策的协调。在不强制改变利益格局的背景下，产业联盟有利于加强沟通和快速形成共识，是能以较低成本实现较大范围资源调配的合适实践。在一体化发展初期，产业联盟是协调招商引资政策的务实选择。为了实现各扬所长、优势互补，G60 科创走廊建立了"1＋7＋N"产业联盟体系。首先，依托苏州工业园区成立了产业园区联盟，促进九城战略性新兴产业合作实现从"点对点"到"片连片"合作，加速战略新型产

① 参见《安徽省实施长江三角洲区域一体化发展规划纲要行动计划》。
② 关于长三角 G60 科创走廊的含义以及发展历程，可以参见其官网介绍：http://g60.songjiang.gov.cn/WebSite/Introduce_1.aspx。

业集聚效应形成。其次，先后成立智能驾驶、新能源、网联汽车、人工智能、生物医药、集成电路、智能制造、智能安防、通航产业等产业联盟，瞄准关键技术研发、设施设备共享、政策资源互通、产业标准制定，共同发力、协同推动产业链整体能级提升。G60 科创走廊产业联盟集聚了 9 城 1 682 家头部企业，2019 年开展了 300余场要素对接活动，签署了 86 项区域一体化重大合作项目，投资额达 2 192 亿元。产业联盟体系通过信息共享、政策互通、资源共享、对接活动和项目合作等灵活安排，绕过政策统一的时滞周期，以企业为主体，通过发挥市场机制推动了资金和人才的一体化配置。

产业合作示范园区是"政府搭台、市场唱戏"的另一重要平台，尽管距离统一政策目标具有较大差距，但也是协调招商引资政策的现实方案。G60 科创走廊以 9 城成长型、专业化产业园区为聚焦点，在合肥、松江、苏州、金华、宣城、湖州、芜湖等地挂牌成立了 10 个产业合作示范园区，通过合作模式创新促进产业链上下游协同发展，实现优势产业聚集和协同发展。为了提升产业联盟和合作示范园区工作实效，在政策方面，G60 科创走廊强化了对二者的指导评价；在实施环节，组建了联合招商联盟，加强内部沟通协调，提升国内外招商效率。

第二，G60 科创走廊对人才招引政策的协调。G60 科创走廊在人才招引方面也进行了一系列创新实践。2019 年发布的《共建共享 G60 科创走廊人才新高地行动方案》（以下简称《行动方案》）提出"建立不求所有、但求所用，不求所在、但求所为的人才柔性流动机制和一体化便利化的人才服务机制"，对统一人才招引工作具有重要指导意义。与协调招商引资工作类似，人才联盟建设也是人才招引一体化工作的先行模式。G60 科创走廊成立了长三角人才一体化发展城市联盟，灵活务实推进人才一体化创新发展，以自由流动提升区域内人才资源配置效率，提升长三角全球人才集聚竞争力。《行动方案》提出了深化"人才工作 18 条"，对互认互通人才培养机制、人才招募机制和人力资源服务业联盟等工作进行了部署。《行动方案》还提出，要探索建立人社部门认定的专业技术和技能人才，以及遴选的高端人才之间的互认方案；每年汇集重点企事业单位、高校、科研院所等高层次紧缺人才需求，借助重大人才活动影响力，集中向全球发布人才招募令，打造 G60 人才高地。

（三）以利益共享加速统一"双招双引"政策的市场化实践

没有股份制，世界上可能至今还没有铁路，而股份制可以有效地将技术可能性转化为市场可行性。股份制同样在统一"双招双引"政策过程中具有重要意义。通过建立合资公司，发挥公司治理机制功能，按持股比例和补充协议对开发、招商和管理工作以及收益分配进行安排。运用股份制来建设的"飞地经济"，这些年在长三角得到了广泛发展，在推动资金和人才要素自由流动方面发挥了重要作用，是迄今为止最有效的以市场为基础的"双招双引"的合作实践模式。例如：仅上海就和江苏南通就合作设立了上海市北高新（南通）科技城、上海外高桥集团（启东）产业园、上海杨浦（海安）产业园等多家共建园区。其中，上海外高桥集团（启东）产业园由上海外高桥保税区联合发展有限公司与启东滨海工业园开发有限公司按 3∶2 出资成立，双方约定收益五五分成（马骏，2018）。

随着我国经济增长由投入驱动转型为创新驱动，在传统园区共建"飞地经济"模式的基础上，"创新飞地"和"人才飞地"成为长三角资金和人才要素一体化实践的热点。与园区共建不同，"创新飞地"和"人才飞地"呈现逆向发展路径。由于上海高校、研发机构和企业总部集聚，科创资源与高层次人才丰富，成为"创新飞地"和"人才飞地"首选目的地，浙江、江苏和安徽纷纷在上海设立专业科技孵化器、众创空间、重点实验室等公共平台。例如：上海张江（衢州）生物医药孵化基地、嘉善国际创新中心（上海）、瑞安市（安亭）飞地创新港等"创新飞地"在"研发在上海、生产在浙江"协同创新模式方面进行了创新实践。

（四）以改革创新加速统一"双招双引"政策的制度性实践

建立高效的投资与税收利益共享机制，有利于生产要素自由流动和高效配置，是《规划纲要》的重要任务，也是统一"双招双引"政策的关键和难点。在激励区域发展和推动一体化发展的均衡选择中，以对经济发展较小的负面影响，建立有利于长三角一体化发展的理想财税制度，是一个不断探索完善的过程。在这一过程中，国家部委和有关部门也进行了多项灵活渐进改革，创新政策支持和服务长江三角洲区域一体化发展，也为统一"双招双引"政策创造了良好环境。例如：2019 年 12 月，国家税务总局推出了便利企业跨省迁移业务办理、便利跨省涉税事项报验业务办理、便利跨省房产土地税源管理业务办理等 16 项措施推进征管一体化、办税便利化。其中，便利企业跨省迁移业务办理对降低长三角区域内资金配置成本具有积极意义。新政策出台前，纳税人跨省迁移需先在迁出地办理税务注销登记，再到迁入地办理开业登记，过程较为烦琐。而新业务实施后，因住所、经营地点在长三角区域内迁移，需变更主管税务机关的 A、B 级纳税信用企业，实现了税务登记信息跨省无缝对接，为生产要素合理流动提供了便利条件。

三省一市和国家职能部门有关支持与服务长三角一体化发展的改革创新举措，对推动统一"双招双引"政策创造了良好环境，"双招双引"政策也取得了初步成效。但是，目前实践工作尚处于不断探索、积累经验的单兵独进阶段，距离实现"让生产要素能够基于经济规律自由流动，实现资源在空间上的优化配置"还存在较大差距。

三、建立统一"双招双引"政策的建议

根据当前长三角一体化发展的实际情况，"双招双引"应重点关注以下几点：一是还权于市场，限制地方政府干预市场的权力，弱化其出台"双招双引"非公平竞争政策的可能性，培育公平竞争市场环境；二是完善地方政府激励体系，完善经济统计和财税分享制度，改变其对市场分割和一体化的偏好顺序，激发其主动推进统一"双招双引"政策的内在积极性；三是通过更大范围实施开发区公司化运作改革，释放"飞地经济"模式市场化运作能级，发挥市场化主体高效资源配置优势，加速市场"双招双引"势力培育，以实力和实效推进"双招双引"政策统一，替代市场分割与行政壁垒。

（一）培育公平竞争市场环境

作为变通的渐进模式——产业联盟、人才联盟和招商联盟，有利于参与各方信息沟通和达成共识，对增进"双招双引"的政策统一具有重要意义，但作为"政府搭台、市场唱戏"模式的探索，"飞地经济"既具有市场机制运作的特征，也无法避免谈判成本高和规模效应有限的不足。它作为先易后难的渐进措施（便利企业跨省迁移税收业务），虽有积极意义，但也并未触及制约"双招双引"一体化的核心难题。总之，这些实践探索多是针对长三角内部要素自由流动的非系统性探索，尚未真正触及制约长三角要素自由流动的关键问题。

统一"双招双引"政策，需全面贯彻落实中央《关于新时代加快完善社会主义市场经济体制的意见》和《关于构建更加完善的要素市场化配置体制机制的意见》，进一步转变政府职能，培育公平竞争市场环境，形成企业在跨区域协同、合作、转移中的主体地位。在这一过程中，政府应有所为有所不为：一方面，要限制地方政府参与市场活动和干预经济活动的权力边界，管住政府设置"双招双引"壁垒的手，让其无力"市场分割"；另一方面，完善的竞争政策是推进长三角市场一体化的制度基石（刘志彪，2019），只有提供竞争政策的供给，健全市场化、法治化和国际化营商环境，才能培育有利于"双招双引"统一政策效率提升的发展环境。

在培育公平竞争环境方面，不仅要关注资金和项目的市场化，还需率先落实国家人才竞争政策。2016 年《关于深化人才发展体制机制改革的意见》就明确要破除人才流动障碍，打破户籍、地域、身份、学历、人事关系制约。长三角在这些方面已进行了积极探索，还应积极争取有关部门支持，全面深化人才评价机制、人才认定标准、个税减免优惠、绩效奖励改革，逐步清减不适合一体化运作的地方性人才引进、使用、培养、流动政策。近期，《关于构建更加完善的要素市场化配置体制机制的意见》再次提出深化户籍制度改革，实现长三角城市户籍准入年限同城化累计互认，试行以经常居住地登记户口制度，建立城镇教育、就业创业、医疗卫生等基本公共服务与常住人口挂钩机制，等等。这些都为长三角一体化提供了政策机遇，三省一市应推广 G60 科创走廊发展经验，在国家有关部门支持下尽快落实中央精神，实现统一"人才招引"政策全面深化。

（二）完善经济统计和财税分享制度

2016 年国务院颁布的《长江三角洲城市群发展规划》就已提出研究建立合理的税收利益共享和征管协调机制问题。2019 年颁布的《规划纲要》再次提出，要探索建立区域互利共赢的税收利益分享机制和征管协调机制，促进公平竞争。

统一长三角"双招双引"政策，还需完善财税共享和地方统计制度。国家有关部门需以 2019 年中央经济工作会议提出的"要把坚持贯彻新发展理念作为检验各级领导干部的一个重要尺度"为指导，以长三角为试点地区，率先健全和完善长三角一体化发展统计制度，创新中央与地方、地方与地方之间的财税分享机制。在财税分享机制方面，既要借鉴《京津冀协同发展产业转移对接企业税收收入分享办法》，探索建立互利共赢的跨区域开发建设和利益分配机制，也要考虑个人所得税税源与享受公共服务相匹配的地区利益分配机制，还需清理和规范不利于一体化发展的地方税收政策，逐步减少地区间的政策差异。

（三）加速市场"双招双引"势力培育

关上了优惠比拼和创造市场壁垒的"双招双引"之窗，还需尽快打开"双招双引"的市场之门，并用事实证明"一体化"和"市场化"比过去更有效率。经过多年创新实践，作为跨区域合作的试验田，"飞地经济"涌现了园区共建、创新飞地、人才飞地等多种形式，有利于发挥比较优势，优化资源配置，实现了资金和人才自由流动。但是，"飞地经济"终究属于"政府搭台、市场唱戏"模式，其"行政烙印无法避免，受行政体制影响，双方政府横向联系、协商途径和渠道较少，双方发展需求很难对接，双方的共赢点也不易找准"（丁胡送、吴福象，2012）。这些"飞地经济"模式普遍存在谈判成本高和决策周期长的不足。此外，作为一种点对点的合作模式，其规模效应和可复制性也相对有限。

统一的"双招双引"政策实施需要市场化程度高、经济实力强的市场主体来组织实施。长三角三省一市是我国经济开发区最集中的区域，截至 2019 年末，共有各类开发区 507 个，其中，国家级开发区约占全国四分之一，国家级经开区占比近三分之一，是全球资源配置的重要载体。因此，充分发挥开发区的带动功能，是助推长三角一体化发展的重要途径。2019 年，国务院《关于推进国家级经济技术开发区创新提升打造改革开放新高地的意见》提出："优化开发建设主体和运营主体管理机制，支持地方人民政府对有条件的国家级经开区开发建设主体进行资产重组、股权结构调整优化，引入民营资本和外国投资者，开发运营特色产业园等园区"。在推进"双招双引"政策统一的过程中，长三角可以试点开发区建设与运营市场化改革，利用多元投资和股改上市，培育市场化竞争主体，发挥开发区作为推进资金和人才自由流动的主平台和主战场的实力水平。

此外，在强调制度改革和政策完善推动"双招双引"政策统一的路径探索之时，也应重视技术手段对"双招双引"政策统一的影响。随着 5G、区块链、人工智能等先进技术手段的成熟和广泛利用，人类社会信息透明和共享将进入新的时代，也将对空间经济发展产生深远影响。统一"双招双引"政策也需要评估新技术和新商业模式对一体化发展带来的新机遇，充分发挥长三角"一网通"公共服务效率，主动适应其他技术工具变革趋势，降低资源配置成本，提升一体化资源配置效率。此外，"双招双引"政策统一不仅是长三角内部的一体化，也包括统一对外"双招双引"政策，发挥长三角城市群品牌优势，提升对外招商引才效率，建设全球资源配置高地。

第四节　建立地方立法和执法工作协同常态化机制

一、地方立法与长三角一体化发展结合，建立协同常态化机制

长三角一体化机制体制的落脚点是制度安排，地方立法可以为

此做出基础保障。中国各地社会和经济发展的情况差异很大，但是长三角地区人文相亲、经济相近，在一体化背景下，尤须建立协同常态化机制。

2019 年 12 月 2 日至 3 日，沪苏浙皖三省一市人大推动长三角地区医保一体化发展论坛在上海举行。四地人大相关负责人表示将在制度上进一步发挥好人大的法治保障作用，加强长三角地区人大协作，支持和推动长三角地区医保一体化发展工作。由于地方人大的有力推动，长三角医保一体化建设在立法协同、推进医保标准化和信息共享等方面取得了长足的进展。

江苏、浙江已将医疗保障地方立法工作提上日程。截至 2019 年，江苏省所有统筹地区实现与上海市门诊费用双向直接结算。2020 年 4 月，江苏省所有统筹区实现与浙江省所有统筹区的门诊异地就医直接结算。预计到 2020 年底，江苏省加快实现与安徽省的门诊医保直接刷卡结算，最终实现三省一市区域全覆盖。

长三角三省一市人大开展立法工作协作早，有一定的工作基础和经验。关于建立地方立法工作协同常态化机制，目前长三角的主要探索可以分为前后两个阶段。

早在 2007 年，苏浙沪三地就开始探索通过立法协作推动区域协调发展。2014 年，长三角地区首次就大气污染防治开展区域立法协作。上海市人民代表大会常务委员会通过的《上海市大气污染防治条例》就规定了建立长三角区域大气污染防治协调合作机制。2016 年 5 月，长三角区域水污染防治立法协作会在安徽省合肥市召开。会议认为，建立和完善长三角三省一市之间的立法协作，是促进长三角一体化发展的必然要求和有效之举。2018 年 6 月，长三角三省一市完善立法协同会议在上海市召开，会议焦点为长三角区域协同发展、共建共治的制度供给。

在中央提出长三角一体化发展的国家战略后，长三角三省一市制定的《长三角地区一体化发展三年行动计划（2018—2020 年）》提出，要立足地方人大职能，发挥地方立法对长三角一体化发展推动作用。

2018 年底，长三角各地人大相继表决通过各自省份的《关于支持和保障长三角地区更高质量一体化发展的决定》，都提到了把长三角一体化发展已经形成的好机制、好做法固定下来，努力为政府先行先试提供法治支撑；制定经济社会发展规划、相关重大专项规划等与周边对接；制定的地方性法规、政府规章逐步在长三角地区做到标准协调、监管协同；健全跨区域的污染防治立法工作协同机制。

长三角三省一市全面依法治省（市）委员会成立了长三角一体化法治协同机制，下设立法协同小组，设立专门的办公室或指定专门机构从事立法协同工作。立法协同的具体事务一般由地方人大常委会办公室负责。长三角三省一市地方立法协作，要在坚持法制统一的前提下，区域内各地方立法主体以节省立法资源、提高立法质量、实现区域地方法制相对统一而进行横向合作。

一些具体的做法有：（1）地方立法沟通机制。长三角各地沟通立法计划安排，平衡地方立法工作。（2）地方立法备案机制。长三角各地地方立法在长三角一体化立法工作协同机制内备案，以审查地方立法冲突，便于地方政府施政和行政执法。（3）地方立法合作机制。整合立法效能，不但是在地方立法项目上技术和信息共享，议定立法主题，立法规范对象和调整手段也尽可能一致。由各自人大增加个性化条款，审议制定。对纳入立法协助的项目，还可以采取成立联合起草工作组，或一省市牵头起草、其他省市参加，或一省市独立起草、其他省市共享立法成果的地方立法协同机制。

除了省级层面建立协作机制以外，长三角26个城市地方人大之间的交流也在进行中。例如：近年来，江苏南通与上海嘉定、崇明等地区人大系统相互联系，在创新资源共享、跨江园区共建、生态空间共保和长江污染共治方面进行地方立法协同工作。另外，长三角地区还在探索人大代表跨区域履职活动。

省级人大内部也展开了工作协同。2019年7月，长三角地区人大监察和司法委员会在上海召开了长三角地区人大监察和司法工作协作会议。会议签订了《关于深化长三角地区人大监察和司法工作协作机制的协议》，明确通过建立定期交流机制、实行联络员制度、完善信息共享渠道等方式开展协作。

上海市人大监察和司法委员会主任委员顾伟强介绍，以三省一市司法体制改革综合配套试点为契机，以长三角地区率先实现跨域立案为突破口，推动长三角地区法院诉讼服务工作协调联动、提档升级，并且要加强司法信息共享，推动建立长三角司法数据共享平台，实现信息共享、数据共联、情况互通。

地方立法协同常态化机制的建立，对于长三角一体化建设具有局部的"顶层设计"意义。开展立法工作协同，长三角省市间整合立法资源，实现信息共享，优化制度供给，共同提升区域整体法治环境，对于保障长三角各区域规划对接、战略协同、市场统一等都具有重要的现实意义和实践价值。

二、长三角一体化需要执法工作协同

长三角一体化需要更高要求的执法工作协同常态化。执法工作的协同一方面是执法力量的协同，另一方面是区域一体化下的执法平衡的协同。

执法工作协同是一个难点。不同于司法，司法一般有全国性的法律规范指引，即最高人民法院的司法解释确定。同时，法院系统内部对法院工作在全国范围的协同有着具体而明确的规定，特别是在案件的立案与执行等方面。行政执行工作的法律渊源是全国人大及其常委会颁布的各类法律。但是由于我国地区差别很大，行政执法在程序上并没有一部统一规范的法律。行政执法既依赖于行政处罚法等专门法律，具体处罚幅度更依赖于部门行政规章和地方法规。

据 2020 年 11 月不完全统计，浙江省（包括省会城市和较大的市）现行有效的地方性法规和法规性决定共有近 500 件；江苏省省级共有 435 件，省会城市和较大的市共有 511 件；上海市市级共有 176 件。安徽省（包括省会城市和较大的市）共有 647 件。

例如：浙江省人大常委会制定的《浙江省流动人口居住登记条例》将居住证分为《浙江省临时居住证》和《浙江省居住证》。《浙江省临时居住证》的有效期为六个月至三年，三年后，可以申领

《浙江省居住证》。上海市政府发布的《上海市居住证管理办法》则将申领《上海居住证》的条件限制为在本市办理居住登记满半年。

长三角地区人员流动密集，地方法规的限制不同，带来执法机关的执法幅度不同，给群众带来了一些困扰。

例如：2020 年 4 月，人力资源和社会保障部等七部门制定了《关于应对新冠肺炎疫情影响实施部分职业资格"先上岗、再考证"阶段性措施的通知》。其中第三条规定，尚未取得法律职业资格证书的高校毕业生，符合国家统一法律职业资格考试报名条件和申请律师执业实习其他条件的，可先申请实习登记，在律师事务所实习。实习期满经律师协会考核合格并取得法律职业资格证书的，或者自收到考核合格通知之日起一年内取得法律职业资格证书的，可以按规定申请律师执业。然而，上海市为实行该政策需要提交的材料中有《上海市居住证》。对照《上海市居住证》办理条件，政策实施效果有所下降。为此，上海市律师协会采取变通措施，要求可以暂不提交居住证，只要求提交居住证办理证明。

在交通运输和环境保护领域的地方立法不尽相同更是常见，这使得执法工作中出现同案不同罚的现象，不利于消除执法洼地。

以公路收费改革之前的货车通行费为例，江苏的标准是 200 元/吨位，浙江是 210 元/吨位，安徽是 190 元/吨位，这导致了交通行政执法的处罚标准不一，而同案不同罚不利于执法权威的树立。

执法工作按照属地原则，执法信息难以共享，造成被处罚人违法状况不明，不利于准确执法。有必要强化公共数据交换共享，构建跨区域政务服务网，共享执法信息和数据。为此，长三角一体化法治协同机制设有执法协同小组。在同类型的案件执法中，联合行动，突破之前只是单纯的移交案件线索，转送书面材料的做法。

例如：2018 年 11 月，安徽省合肥市市场监管部门调查合肥宝辰电器商贸有限公司贴标假冒"BOSCH"蓄电池一案，发现涉案货物系从上海江森自控国际蓄电池有限公司流出。而该公司又是博世汽车技术服务（中国）有限公司的合法代工企业。经过缜密调查，发现博世公司因蓄电池业务产品线升级，于 2018 年 6 月与江森公司签署协议，取消了已生效的订单，并给予其 180 余万元经济补偿，要求其消除该批蓄电池上的博世商标标识和包装物。但是江森公司在去除产品的包装和商标标识后，却将该批无标识的蓄电池销售给上海中之杰贸易有限公司等 6 家公司，销售数量共计 4 万余只，销售总金额达 800 余万元。

2019 年 7 月 2 日，上海市市场监管局执行总队协同江苏、浙江、安徽开展长三角地区市场监管部门的首次联合执法，案件查办取得理想效果。同月，上海市市场监管局以"友好协作、优势互补、信息互通、共同发展"为原则，与长三角其他省级市场监管部门签订《长三角市场体系一体化建设合作备忘录》，采取多种方式推动建立长三角地区执法办案协作机制。三省一市将积极贯彻落实长三角区域一体化国家战略，部署推进优化营商环境；建设市场主体基础数据库，加大联合执法的密度、力度和强度，搭建区域性执法协作平台，提升执法办案能力水平，在更高层次上推进长三角一体化进程。

作为行政执法的救济手段之一，行政复议也在进行协同常态化工作。2020 年 6 月 17 日，长三角生态绿色一体化发展示范区行政复议委员会组建工作座谈会在上海市青浦区召开。跨区域的行政复议委员会的组建在国内是首次，主要目的就是通过行政复议义务交流、信息共享、平台共建、标准协调等机制体制创新统一审议相关案件，推动长三角地区行政复议机关审理标准统一，做到同案同判。

综合以上，在长三角一体化发展的机制体制中，地方立法起到提纲挈领的示范作用。地方立法的协同对于长三角一体化发展的机制体制建设具有关键作用。立法的均衡化做好了，执法的协同常态化机制才能运转良好。

长三角区域一体化成功的关键在于体制机制的创新。在发挥地方主观能动的基础上，以地方立法为依托，建立完善立法执法和执法协同常态化机制，对长三角一体化的发展起到促进和保障作用，打造出长三角区域公平的社会环境，为消除区域制度性行政壁垒，构建统一开发的市场做出贡献。

第五节　提高政策协同执行与
执法联动的实施效率

长三角一体化的关键问题是实现包容性的区域协调制度一体化（郁鸿胜，2008）。长三角区域各地方政府为推进政策协同执行与执法联动，先后制定了《关于协同推进长三角港航一体化发展六大行动方案》《长三角地区治理货物运输车辆超限超载合作协议》《沪苏浙皖政法系统关于推进更高质量平安长三角法治长三角建设的总体方案》等政策文件，金融 16 条、G60 科创走廊九城市扩大开放 30 条等执行协同实施细节，并在生态环境治理、公共服务供给等方面开展执法联动。这对提升长三角区域一体化各项政策、重大项目、重要事项落地效率发挥着重要作用。随着长三角区域一体化发展上升至国家战略，打造世界第 6 大世界城市群与都市圈的任务变得更加急迫，如何在更加复杂多变的国际国内新形势下，通过努力提高政策协同执行与执法联动的实施效率，为长三角一体化深度和持续推进保驾护航，成为一个值得深入探讨的时代新课题。可通过夯实基础管理工作、聚焦工作重要目标、完善工作推进机制，进一步提升政策协同执行与执法联动实施效率。

一、夯实政策协同执行与执法联动的基础管理工作

基础管理为政策协同执行与执法联动提供依据和实施条件、准则和机制等，是提高政策协同执行与执法联动实施效率的重要前提。加快这方面的工作推进还需重点加强以下基础管理工作：

（一）加强重点领域的标准化管理

制定和完善政策标准，使政策协同执行与执法联动有严谨和科学的执行依据是首要的基础工作。例如：在生态环境领域，可通过

实施区域协商和征询工作机制，在相关产业准入、淘汰、节能环保指标等方面尽快建立污染物排放标准。在基本公共服务领域，要落实国家基本公共服务标准体系，在长三角区域各地方政府推进制度衔接和统一标准，在实现省（市）基本公共服务均等化的基础上，保持长三角全域基本公共服务水平大致相当。在经济社会发展的若干领域，如产业准入、园区选址与布局、生产要素自由流动、统一市场体系及运行监管上，要进一步统一政策执行与考核标准，为加强相互合作、制定执法联动相关工作规范提升科学与务实的理论依据。

（二）提升地方法律规章与地方行政执法的联动发力能量

区域联防联控执行效率不高的最根本原因，在于当跨越行政区针对某一重点事项采取统一行动时，法律文本的规定过于原则性或者模糊，让执行环节产生极大伸缩空间，从而使法律的权威性大打折扣（方明，2020）。一个法律体系下的不同地区，如果没有相应的行政力量作为法律力量的补充，使政策协同与执法联动具有可精确化和因地制宜的实施细则，区域联防联控的执行不仅会缺乏工作依据，而且效率也会大受影响。为此，要以重点解决"一地一政策""一地一标准"为目标，加强研究制定相关法规规章，促进法律适用标准统一，推动重点领域政策与执法实现联动发力。具体包括：一是要聚焦"一带一路"国际合作、长江经济带发展、"五个中心"、"自贸试验区"、"国家科学中心"、"国际一流营商环境"等重大建设和改革任务，推动重点领域执法司法合作；对知识产权、金融、海事等带有普遍性的问题，加强长三角各区域的执法司法协作。二是要通过密切区域律师业务交流合作、建立法律服务领域重大疑难和复杂敏感事项的情况通报与联动解决机制、加强跨区域公共法律服务协作等举措，加强跨区域法律服务和惠民便民合作。三是在区域司法体制综合配套改革、智能辅助办案系统等方面，推进司法体制改革深度合作。四是在推动区域经济一体化、加强全面深化改革开放、推动社会治理领域法治保障等方面，开展重大法治问题联合攻坚。

（三）夯实政策协同执行与执法联动的大数据智能化基础设施

充分利用云计算、物联网、大数据、人工智能等先进技术，进一步推进大数据智能化基础设施建设，为提升数字政务在政策协同执行与执法联动中的应用效率奠定扎实基础，这是完善现代治理体系和提升治理能力的重要内容（唐龙，2020）。提升长三角地区在若干重要领域政策协同执行与执法联动的效率，需努力通过推进"数字政府"建设降低行政成本，提高管理精细化和精准化水平，进一步完善基础信息数据库和提升信息互联与共享范围。要力争在国家及省级数据归集、网络基础设施、业务信息化、大数据应用成效、数据资源平台基础框架、卫星遥感"空天一体"技术体系等方面取得突出成绩，在一些重点领域的智能化监管与协同执行上要取得明显成效，初步建成信息"指挥舱"、形成管理"一张图"。重点工作是围绕体系完善、数据归集与共享、平台系统整合、应用范围与渠道扩张、综合运用效能提升等核心问题，提出政策协同执行与执法联动的重要任务、政策发力点和相关对策，使信息系统整合能力、业务协同水平、政务服务效能显著提升，让智能化监管为政策协同执行与执法联动提供可靠和高质量的技术保障。

二、聚焦工作重要目标提升政策协同和执法联动的实施效率

提升政策协同和执法联动的实施效率，目的是通过长三角地区坚持协作互助、优势互补、信息互通、资源共享，加强政策协同制定与行政执法合作，摆脱各自作战的窘境，提高行政效率。主要可围绕以下4项工作重要目标提升政策协同和执法联动的实施效率。

（一）围绕增加优质生产要素的有效供给提升政策协同水平

满足高质量发展与高品质生活的首要前提，是增加优质生产要素的有效供给水平。以教育资源为例，可在分析长三角区域一体化发展规划对教育资源需求变化的基础上，协同制定适合本地实际情况的教育现代化指标体系和人才评价标准，并据此开展对教育发展

水平和运用效率的监测评估（吴兰，2019）。统筹高等院校、科研院所、职业教育院校的学科建设、研发平台和专业布局，努力保持人才培养、科学研究和社会服务水平的领先性，鼓励大学、大院、大所开展跨区域全面合作，推动建设志在高远的各种类型开放性研发平台，积极推进校校、校地、校企协同创新；联手打造具有国际影响力的一流大学和一流学科，协同做大和做强联合职业教育集团。鼓励各地政府围绕本地经济社会发展目标对人才的迫切需要，积极引进区域内一流大学、科研院所在当地设立分支机构，推动本地大学与科研院所和世界或区域一流大学与科研院所联合办学或加强交流合作。进一步加强区域内各大学与科研院所师资队伍的交流合作，积极探索教授或博士工作站、利用学术年假到企业带薪开展应用性研究与开发等灵活性人才柔性引进机制，助推提升本地教育和人才对经济社会发展的支撑能力。围绕区域内各地重点产业发展对技能人才的急迫需要，协同加强紧缺急需技能人才培养和开展大规模职业技能培训，夯实产业发展的人才支撑。

（二）聚焦工作便利性提升政策协同与执法联动水平

提升工作便利性，"让信息多跑路、让群众少跑路"，不仅能极大降低工作成本，也能不断增强人民群众的幸福感和获得感，使区域内生产要素的流动与有效配置能得到更好的落实。以住房公积金为例，可在长三角范围内探索建立住房公积金缴存、提取、贷款、服务渠道等共享协查机制，推动住房公积金转移接续和缴存信息互认，联动治理违规提取使用住房公积金，协同开展涉及住房公积金领域的司法扣划工作。这不仅能使区域内高端人才与技能性人才可放心根据产业布局合理流动，也能使区域住房公积金政策能最大限度地承担起政策性金融功能。

（三）聚焦重点工作任务提升政策协同和执法联动的实施效率

提升政策协同和执法联动的实施效率，要依据《规划纲要》及长三角本地各项战略发展规划所提出的重点工作任务及实施目标，这也是把政策协同和执法联动走深入实的重要途径。以公共服务的政策协同与联防联控为例，要适应经济社会发展和跨区域人员流动趋势，加强协作联动，逐步提升基本公共服务保障水平，逐步增加保障项目，提升保障标准（沈正平、简晓彬，2019）。加强公共服务的政策协同可从三个方向重点发力：一是推动公共服务资源均衡化配置。进一步加强区域内高端优质医疗卫生资源统筹布局，采取合作办院、设立分院、组建医联体和专科联盟等形式，加强相对发达地区优势医疗资源品牌和管理向落后地区的输出。逐步建立统一的急救医疗网络体系。统筹规划和建设异地康养基地，推进养老服务机构设施建设标准、服务标准、照护需求评估标准互认衔接，引导区域养老服务机构品牌化、规模化、连锁化、均衡化发展。二是持续提升异地公共服务便捷度。共建全民健康信息平台，探索异地就医备案互认，深化推进异地就医直接结算。充分利用互联网技术的快速发展成果，进一步完善远程医疗服务，实现双向转诊、转检、会诊、联网挂号。三是完善突发公共卫生事件应急联动机制，加强重大传染病疫情信息通报和卫生应急联动。

（四）聚焦治理体系与治理能力的现代化加强政策协同和执法联动

推进治理体系与治理能力的现代化，提升共治共建共享水平，防范和化解社会风险，营造安全的发展环境，是提升政策协同和执法联动实施效率的根本保障。进一步完善劳动保障监察跨区域协查制度、劳动者工资支付和异地救济制度，制定协同处理劳动人事争议案件的指导意见。探索加强欠薪治理，强化拖欠农民工工资"黑名单"共享和联动惩戒的管理办法。探索异地就医备案互认，深化推进异地就医直接结算，完善异地就医协同监管体制和运行机制的实施细则。推动建设一体化城市管理和社会治安防控体系，联手开展执法整治行动，完善联控联管机制和重大活动的协作、维稳和安保。积极探索建立城市公共安全风险防控与应急联动机制及工作标准，加强重大风险防范和重大事件的合作处置。统筹应急救援的基地建设规划，推动跨地区和部门信息共享、预警联动、演练协同，实现区域防灾、减灾和救灾联防联控。探索建设和推广标准明确、管理规范、联动高效的城市综合管理、指挥和监督体系。完善文明城市（区）、文明乡镇、文明村庄的协作共建，推进信息互联互通、资源共建共享和项目协同推进。

三、完善提高政策协同执行与执法联动实施效率的工作推进机制

(一) 加强政策协同执行与执法联动的组织领导

以完成重点任务和工作目标为基础成立工作领导小组，定期研究解决重大问题。统筹协调政府相关部门的任务分工，明确各部门责任，进一步完善工作协同与执法联动的协调机制，形成多部门齐抓共管的工作合力。完善政府主导、企业担责、公众参与、社会监督的工作推进机制，加强全社会的行为自律，协同做好政策协同执行与执法联动工作。督促市场各经济行为主体严格依法依规推进工作、做好风险防控、确保重点事项稳定达标；对违法违规并造成极大损害的，应承担相应法律责任。

(二) 建立政策协同执行与执法联动实施目标责任制

将政策协同执行与执法联动实施情况纳入长三角各级或各地政府目标责任书的重要内容。分解落实目标任务，分年度对各项重点工作推进情况进行评估，评估和考核结果作为对领导班子和领导干部综合考核评价的重要依据。对年度评估结果较差或未通过考核的部门，提出限期整改意见。限期整改不到位的，约谈相关部门负责人。对失职渎职、弄虚作假的，根据情节轻重，予以诫勉、责令公开道歉、组织处理或党纪政纪处分；对构成犯罪的，依法追究刑事责任，已经调离、提拔或者退休的，要终身追究责任。

(三) 加强政策协同执行与执法联动实施的能力建设

制定政策协同执行与执法联动能力提升计划，加强重大政策、重大项目、重要事项政策协同执行与执法联动的标准化建设。改善执法联动的实施条件，配备协同执行与执法联动所必需的现代化执法装备。建立健全培训制度，每年组织政策协同执行与执法联动相关的专业技术培训，提升应急管理、技术支持和处置救援能力。强化应急救援能力建设，加强应急专家队伍的建设与管理，建立健全重大事件应急的快速反应机制，提升应急处置能力。加强重点项

目、重要区域、重要事件的政策协同执行与执法联动监管，建立行政执法与刑事司法联动机制，形成打击违法犯罪行为的合力。推动"三官一律"主动深入基层网格，掌握社情民意、指导纠纷化解、提供法律服务，力争实现群众满意度、司法公信力、社会治理水平"三提升"。

（四）引导社会公众对政策协同执行与执法联动的实施进行监督

鼓励社会公众通过热线、信函、电子邮件、微信等途径，对政策协同执行与执法联动中存在的不及时、不规范或违法行为进行投诉和监督。推进政务公开，实现阳光政务，加强法律法规政策宣传解读纳入党政机关、学校、工厂、社区、农村等宣传和培训工作，营造政策协同执行与执法联动的良好社会氛围。加强跟踪分析，动态掌握政策协同执行与执法联动的重点任务落实情况。完善市场评估制度，适时组织第三方评估机构对政策协同执行与执法联动落实效率进行评估。建立信息通报制度，定期将政策协同执行与执法联动情况和第三方评估结果向领导小组报告，并在一定范围内通报。加强考核管理，研究将政策协同执行与执法联动工作成效和第三方评估结果纳入部门和单位绩效考核的内容。

参考文献

[1] 程必定．地方政府之间是平等的 搞协议不执行没办法[EB/OL]．[2019 - 04 - 01]．http://finance.sina.com.cn/hy/hyjz/2019-04-01/doc-ihsxncvh7358790.shtml.

[2] 丁胡送，吴福象，王新新．泛长三角城市群产业转移中的异地产业园区合作机制及模式研究[J]．科技与经济，2012，25(6)：96 - 100.

[3] 方明．长三角区域一体化法治建设思考[J]．群众，2020(1)：69 - 70.

[4] 龚冰琳，徐立新，陈光炎．中国的地方保护主义：直接的微观证据[J]．经济学报．2005 (2)：1 - 18.

[5] 郭冠男．如何认识并全面实施市场准入负面清单制度[J]．高等学校文科学术文摘，2019(2)：52 - 53.

[6] 李建伟. 推进营商环境法治化、改革开放制度化——评《市场准入负面清单（2019年版）》[J]. 中国经贸导刊，2019(23)：17-18.

[7] 刘志彪. 长三角区域市场一体化与治理机制创新[J]. 学术月刊，2019(10)：30-38.

[8] 马骏. 产业融合发展引领长三角飞地经济升级对策[J]. 科技发展，2018(8)：32-40.

[9] 孟涛. 论长三角经济一体化面临的三大困境[J]. 生产力研究，2009(19)：98-99，108.

[10] 沈正平，简晓彬. 在长三角一体化大机遇中提升协调发展质量[J]. 群众，2019(5)：19-20.

[11] 唐龙. 提升新基建对扩大智能化运用的支撑力[N]. 重庆日报，2020-04-30(11).

[12] 魏丽华. 京津冀与长三角产业协同的比较与分析——基于投入产出表的视角[J]. 经济研究参考，2018(31)：44-55.

[13] 吴兰. 沪苏浙皖加强区域协同 为长三角一体化提供教育支撑[EB/OL]. [2019-12-18]. http://www.chinanews.com/gn/2019/12-18/9037415.shtml.

[14] 肖金成，李清娟. 促进长三角经济一体化高质量发展. 宏观经济管理[J]. 2020(4)：27-30.

[15] 郁鸿胜. 长三角一体化的关键是建立包容性的区域协调新体制[J]. 上海企业，2018(12)：26-29.

[16] 翟令鑫，段进军. 长三角一体化背景下开发区发展研究——以苏州工业园区为例[J]. 中国名城，2020(2)：4-11.

[17] 张则行. 长三角府际合作机制：困境透析与变革构想[J]. 福建行政学院学报，2017(6)：11-20.

[18] 张治栋，吴迪，周姝豆. 生产要素流动、区域协调一体化与经济增长[J]. 工业技术经济，2018(11)：58-65.

[19] 浙江融媒体. 之江会客厅 | 创新长三角一体化发展的体制机制[EB/OL]. [2019-10-16]. https://baijiahao.baidu.com/s?id=1647506003469116408&wfr=spider&for=pc.

[20] 周江勇.掀起新一轮招商引资、招才引智热潮,推进长三角更高质量一体化[J].杭州(周刊).2019(31):6-8.

[21] 周天蕙,高凌云.进一步完善负面清单制度方略[J].开放导报,2020(2):75-78.

第四章　长三角统一的标准体系管理制度建设

　　刘志彪和孔令池（2019）认为，推动长三角地区更高质量一体化发展，需要构建经济联系紧密、区域市场统一、产业分工合理、创新协同、交通完备、信息资源共享、贸易开放、公共服务便利、生态环境优质、制度协调的发展体系。他们从空间、市场、产业、创新、交通、信息、贸易、公共服务、生态环境以及制度 10 个维度，分析了长三角区域一体化发展特征，认为目前上海作为"龙头"的扩散效应仍不如极化效应，消费品和资本品的市场一体化程度趋于增强，劳动力市场一体化发展趋势不够明显，交通一体化发展为促进更高质量一体化发展奠定了优越的载体条件，信息基础设施建设和信息化应用的内部差异不断缩小，教育、医疗卫生的内部差异逐渐趋于收敛，但社会保障的差距趋于扩大。

　　长三角区域在取得经济高速增长的同时，面临着区域内发展不平衡、产能过剩严重、资源环境压力较大等问题。真正可能长期地、持续地扭曲一体化进程的主要力量，可以归结为制度方面的阻碍因素（刘志彪，2019）。为此要建立标准统一管理制度，加强长三角标准领域合作，加快推进标准互认，按照建设全国统一大市场要求探索建立区域一体化标准体系。具体是要协同建立长三角区域标准化联合组织，负责区域统一标准的立项、发布、实施、评价和监督；在农产品冷链物流、环境联防联治、生态补偿、基本公共服务、信用体系等领域，先行开展区域统一标准试点；推进地区间标准互认和采信，推动检验检测结果互认，实现区域内重点标准目录、具体标准制定、标准实施监管三协同，建立层次分明、结构合理的区域协同标准体系。本章尝试从创新标准统一的管理制度角度，探讨标准体系的需求、构建及监督实施，为提升长三角一体化水平提供理论支持。

第一节　标准体系建设与区域一体化

一、政策与技术的标准化

（一）标准的定义

《现代汉语词典》定义标准为"衡量事物的准则"，在更规范意义上，标准是指对一定范围内的重复性事物和概念做出统一规定的文件。国际标准组织（ISO）以及世界贸易组织（WTO）的《技术性贸易壁垒协定》（TBT 协定）对标准做出了权威定义。ISO 的《ISO/IEC 导则第 2 部分：制定国际标准的方法》对标准的定义是："为在一定范围内获得最佳秩序，对活动或其结果规定共同的和重复使用的规则、导则或特性的文件。该文件经协商一致制定并经一个公认机构的批准。"TBT 协定对标准的定义为："经公认机构批准的、规定非强制执行的、供通用或重复使用的产品或相关工艺和生产方法的规则、指南或特性的文件。该文件还可包括或专门关于适用于产品、工艺或生产方法的专门术语、符号、包装、标志或标签要求。"我国国家标准《标准化工作指南第 1 部分：标准化和相关活动的通用词汇》（GB/T 2000.1-2002）将"标准"定义为："为了在一定范围内获得最佳秩序，经协商一致制定并由公认机构批准，共同使用和重复使用的一种规范性文件。注：标准宜以科学、技术的综合成果为基础，以促进最佳的共同效益为目的。"该定义基本采用 ISO 对"标准"的定义。

（二）标准的特征

标准主要有以下一般特征：（1）它是一种规范性文件；（2）标准最重要的特征体现为共同使用和重复使用；（3）制定标准的目的是"获得最佳秩序""促进最佳的共同利益"；（4）标准的制定要以科学、技术的综合成果为基础；（5）标准的制定应经充分协商一致，并由公认的机构批准。

与一般管理制度相比，标准作为比较基础采用的一个规范和模型，是对活动或其结果规定共同和重复使用的规则、指南或特性的文件，既可以是上级制定的，也可以是共同体共同制定的；标准以科学技术和实践经验的成果为基础，通过简化、统一、协调、优化而形成；标准运用 5W1H（由谁做、做什么、做到什么程度、何时做、何地做、怎么做）方法编写，有定量要求，有明确的目标值和具体要求，易操作和考核；在格式上，标准有统一的编写格式，内容和编排要按照标准统一规定的格式进行书写，要求条文层次清楚，结构严谨；标准有统一的审批发布程序，履行严格的审查程序后，由标准化委员会或公认机构统一批准发布；标准制（修）订必须严格按照标准的有关程序进行，需要协商一致，比较谨慎，标准一旦发布，在一定时期内相对稳定，有较强的严肃性。

二、标准化体系对区域一体化的促进机制

标准以其科学性为基础，使得不同空间上主体可以共同接受；通过"促进最佳的共同利益"，使得不同区域一起获得利益最大化，便于不同主体主动接受；通过共同使用和重复使用的规则，使得不同空间上主体可以共同规范和相互承认。因此，标准化体系有利于促进区域一体化的形成。反过来，标准化的落后以及标准化工作的缺陷都将严重阻碍区域一体化的进程。所以，应该废除阻碍区域一体化的规制壁垒，对于各地区间一些不一致的规制，各地需要协调并进行统一。只有建立起标准化的一致的规制体系，才会减少规制的不确定性，减少要素在区域间的流动成本，促进区域的协调发展

（张淑芹，2015）。

标准化不仅通过促进科学技术的完善和向生产力的转化，助推社会发展，还可以增强不同区域甚至世界各国间的相互沟通和理解，消除技术壁垒，促进国际间的经贸发展和科学、技术、文化交流与合作。区域标准化合作，对推动区域互联互通、统筹协调，促进区域一体化发展，具有重要意义。统一的标准能促进经济一体化的发展，具体表现为基于交易成本降低、贸易创造和规模经济的商品流动效应，以及区域内生产要素的流动效应。标准通过保障商品和服务的安全性和互通性使其获得不同区域主体的认可，实现区域间的信任。商品和服务的标准化程度越高，交易成本越低，贸易规模越大。生产和要素的标准化程度越高，跨区域投资规模越大。而社会生活标准化程度越高，人才一体化水平越高。正是全球按照同一标准组织生产、贸易，提供各类生态环境保护及疾病控制等公共服务，人类创造的物质财富和精神财富才能在全世界范围内为人类所共享。

历史上，我国统一王朝的建立就是一个国内标准统一的过程。最著名如秦朝的统一度量衡和"车同轨，书同文，行同轮"，开创了我国 2000 年的中央集权制度，有力促进了我国各民族的融合。欧盟较早意识到技术性贸易壁垒问题，进而积极推进区域标准化措施。1986 年欧共体成员签署的《单一欧洲法案》为欧共体技术标准化确定了方向，将技术标准交由欧洲标准化组织制定，并制定了详细的执行和监督方法，规定成员国必须将新方法指令转换成国内立法，形成欧洲标准化委员会、欧洲电工标准化委员会、欧洲电信标准学会三大欧洲标准化组织。欧共体推动合格评定和 CE 标志，消除了技术性贸易壁垒产生的根源，完善了欧洲标准化格局，这些标准化工作极大地促进了欧盟区域经济一体化的发展（侯俊军、王耀中，2007）。当前世界已经处于贸易全球化、市场一体化时代，正是各类国际标准在其中发挥桥梁和纽带的联结作用，各个国家和地区被高度发达的信息和贸易联成一体。

三、我国区域一体化中标准化体系的建设

(一) 京津冀区域一体化中标准化体系的建设

在京津冀一体化进程中，标准起到重要的先导作用。2014 年 10 月，北京环卫集团与张家口联合组建京张环境公司，张家口地区从崇礼到怀来等申奥沿线的环境卫生，将采用北京环卫标准。2015 年，北京市、天津市、河北省三地签署《京津冀质量发展合作框架协议》，提出推动建立统一的标准体系，在环境治理、产业对接、交通等方面发布一批区域标准 (关桂峰，2015)。2016 年，按照环保部 (现生态环境部) 要求，京津冀统一了预警分级标准，考虑了污染物单日高浓度值的因素。为减少挥发性有机物 (VOCs) 排放，推动京津冀区域大气环境质量改善，2017 年，三地共同制定了《建筑类涂料与胶粘剂挥发性有机化合物含量限值标准》，并于同年 9 月 1 日起同步实施该标准。2019 年，三地住房城乡建设主管部门提出，将根据新版国家标准《绿色建筑评价标准》，共同组织开展京津冀协同标准编制工作，形成京津冀三地统一的绿色建筑评价要求。2020 年 4 月，三地共同组织制定《医学检验危急值获取与应用技术规范》《五米以下小型船舶检验技术规范》两项京津冀协同地方标准。

(二) 长三角前期区域一体化中标准化体系的建设

在长三角区域一体化过程中，区域标准机构及其他相关部门、团体也一直在努力开展标准化体系建设工作 (如表 4－1 所示)。2003 年 9 月 26 日，沪苏浙三地省、市级标准化机构在杭州举行了长三角标准化服务合作倡议签字仪式，倡议在长三角城市的标准化服务领域中开展广泛和实质性的合作，以达到资源共享、互惠互利、服务于长三角区域经济社会发展的目的。同年，三地共同签订了《长三角食用农产品标准化互认 (合作) 协议》，推动长三角食用农产品的标准化互认。

表 4-1　长三角区域标准化体系建设状况

序号	年份	标准名	范围
1	2003	长三角食用农产品标准化互认（合作）协议	上海、江苏、浙江
2	2009	长三角地区企业环境行为信息评价标准（暂行）	上海、江苏、浙江
3	2013	房车旅游服务区基本要求（DB31/T-2013）	上海、江苏、浙江、安徽
4	2014	空气污染预警标准	上海、江苏、浙江
5	2019	长三角开发区营商环境建设标准	上海、江苏、浙江、安徽
6	2019	家政服务机构信用划分与评价等级	上海、江苏、浙江、安徽
7	2019	《沪苏浙皖社区服刑人员外出管理办法（试行）》社区矫正标准	上海、江苏、浙江、安徽
8	2020	长三角地区妇科单病种质量控制标准（2020 版）	上海、江苏、浙江、安徽

2017 年 11 月，苏浙沪赣皖质监、商务、标准化机构等部门和单位，在上海召开了长三角标准化工作会议。参会代表共同倡议并正式发布《长三角标准化活动 2017 上海倡议》。

2018 年 7 月，长三角旅游标准化合作研讨会召开，研讨制定《采摘体验基地旅游服务规范》长三角区域标准，充实和丰富长三角旅游标准化区域品牌。2018 年 8 月，三省一市就在长三角地区联合实施《食品和食用农产品信息追溯》标准进行了充分讨论，并达成初步共识，一致认为推动建立统一、高标准的食品安全信息追溯体系，将极大推进长三角地区标准一体化发展，推进一体化市场体系建设，推进建设规则相同、标准互认、要素自由流通的统一市场。三省一市将在上海市地方标准《食品和食用农产品信息追溯》的基础上，尽快开展调查研究，广泛征求企业和部门意见，及早促成该标准在长三角的共同实施。2019 年 9 月，三省一市卫生健康委共同签订了《长江三角洲医疗质控一体化发展合作协议》，同时启动了长三角地区质控中心合作建设。为扎实推进长三角区域交通运输标准一体化相关工作，2019年11月7日，三省一市交通运输部门共同组织召开了长三角区域交通运输标准一体化建设第一次工作会议。会议商定签署了《长三角区域交通运输标准一体化建设工作框架协议》，明确了相关的组织架构、职责分工、工作要求和保障措施，建立了长三角区域标准"统一研究、同步立项、统一审查、同步发布、同时实施"的项目协调机制。

2019年12月1日，《规划纲要》印发，提出安排创新一体化发展体制机制，提出建立标准统一管理制度，明确了"加强长三角标准领域合作，加快推进标准互认，按照建设全国统一大市场要求探索建立区域一体化标准体系。协同建立长三角区域标准化联合组织，负责区域统一标准的立项、发布、实施、评价和监督。在农产品冷链物流、环境联防联治、生态补偿、基本公共服务、信用体系等领域，先行开展区域统一标准试点。推进地区间标准互认和采信，推动检验检测结果互认，实现区域内重点标准目录、具体标准制定、标准实施监管三协同，建立层次分明、结构合理的区域协同标准体系"的建设任务。

2019年12月10日，三省一市市场监管局负责人共同参加长三角标准一体化工作会议并签订了共建国际标准化长三角协作平台协议和共建长三角一体化标准化智库协议，提出通过国际标准化长三角协作平台建设，促进长三角国际标准化水平的整体提升，目前已形成《关于贯彻落实〈长江三角洲区域一体化发展规划纲要〉推进长三角标准一体化的实施意见》讨论稿。

（三）长三角区域生态环境一体化中标准化体系的建设

长三角既是经济发达和人口密集地区，也是生态退化和环境污染严重地区。区域能源消耗集中、废弃物排放强度大，特别是城市间大气污染相互作用明显，污染传输影响突出，跨界污染和污染纠纷频繁发生。城市群跨行政区环境污染的严峻形势要求长三角地区构建区域生态环境保护共同体，推进生态环境保护标准一体化，协调一致开展污染防治和生态环境保护（王玉明、王沛雯，2018）。

1. 区域性环境合作机构

2002年，沪苏浙三地提出建设"绿色长江三角洲"，为加强区域生态保护与治理合作，长三角部分科研机构率先于 2003 年联合成立长江三角洲地区环境安全与生态修复研究中心，此后又陆续成立了各类区域生态环境科技协作组织。2004 年，长三角建成国内首个跨省、跨地区气候环境监测评估网络，这一监测网对城市生态、湿地或湖泊生态以及农业生态开展监测。2010 年世博会期间，由环保部（现生态环境部）牵头，组织沪苏浙三地构建了区域空气质量监测数据共享平台。2014 年，长三角区域大气污染防治协作小组决定成立长三角大气污染预测预报中心，预测预报中心包括一个区域中心、四个分中心（沪苏浙皖）。预测预报中心具备可视化会商、监测数据共享、排放清单管理、预报预警、区域预报信息服务 5 个功能系统，为南京青奥会和乌镇世界互联网大会期间区域空气预警管理提供了依据。这些区域生态环境科技协作组织为长三角一体化解决生态环境问题提供了大量的技术支撑。

　　随着区域性环境问题越来越突出，区域性环境管理合作机构相继建立为长三角跨域环境治理提供了组织保障。2013 年 5 月，长三角地区跨界环境污染纠纷处置和应急联动工作领导小组成立，由沪苏浙皖三省一市环保部门分管环境应急工作的厅局级领导组成，主要负责牵头制定整体工作规划，协调、处置重大跨界环境污染纠纷和突发环境事件。领导小组设一名执行组长，由三省一市环保部门分管领导轮流担任，主要负责牵头制定和实施当年工作计划；领导小组下设办公室，由三省一市环境应急机构主要负责人和分管负责人组成，主要负责组织实施当年工作计划和召开联席会议，联席会议原则上每半年召开一次，交流工作进展，讨论完善相关制度，及时研究解决各种问题，根据具体情况不定期组织召开。领导小组办公室下设联络员，由三省一市环境应急机构分别指定一名分管领导担任，主要负责三省一市之间的信息沟通和联络工作。2014 年 1 月，长三角区域大气污染防治协作小组成立，长三角城市群大气污染防治协作机制正式启动。协作小组的主要工作是贯彻落实中央关于大气污染防治的方针、政策和重要部署；推进区域大气污染防治联防联控；协调解决区域突出大气环境问题；交流区域大气污染防治工作；通报大气环境质量状况；推动环境标准的逐步对接；推进信息共享、预报预警、应急联动、联合执法和科研合作。大气污染防治协作小组每年召开一次工作会议，下设协作小组办公室，负责决策落实、联络沟通、保障服务等日常工作。2016 年 12 月，长三角区域水污染防治协作小组成立，与大气污染防治协作机制相衔接，机构合署、议事合一。

2. 区域性污染联防联控机制

2001 年，苏州盛泽和浙江嘉兴于王江泾交界断面建立了水质自动监测站，构建水污染防治合作机制。2004 年 6 月，沪苏浙共同签署了国内第一份关于区域环境合作的宣言——《长江三角洲区域环境合作宣言》，明确提出要加强跨区域边界合作以解决环境问题。此后，开始了制度化的区域流域污染联防联控。2007 年太湖“蓝藻事件”后，国务院两次召开会议，对太湖水污染应急处置和环境综合治理做出重要部署。2008 年 5 月，国家发展改革委、环保部（现生态环境部）、住建部、水利部、农业部（现农业农村部）制定出台《太湖流域水环境综合治理总体方案》，推动流域内两省一市共同实施一批重点治污工程，加强太湖主要出入湖和跨界河流的综合整治。2008 年 12 月，沪苏浙共同签订了《长江三角洲地区环境保护工作合作协议》，提出重点推进太湖流域水环境综合治理，完善跨界水污染防治中的联合办公、监测预警和信息共享等制度，强化联合执法检查，共同打击环境违法行为；加强区域大气污染控制；健全区域环境监管与应急联动机制；完善区域环境信息共享与发布制度；建立区域环境监管与应急联动机制；执行危险废物转移联单制度；建立完善跨界水、大气、核与辐射等环境预警和应急机制。2009 年 4 月，长三角环境保护合作第一次联席会议确定了环保合作具体工作方案。2009 年 7 月，沪苏浙共同制定《长三角地区跨界环境污染事件应急联动工作方案》，对区域环境污染事件应对达成共识。2010 年 5 月，国务院颁布《长江三角洲地区区域规划》，强调区域生态环境的共同建设、共同保护和共同治理，完善长三角区域污染联防机制，推进区域环境保护基础设施共建、信息共享和污染综合整治；建立海洋重大污染事件通报和海区关闭制度；健全环境违法行为联合惩处机制，加强联合执法检查；完善跨界污染防治的协调和处理机制；研究推进排污权交易和建立生态环境补偿机制。2013年6月，沪苏浙皖三省一市制定《长三角地区跨界环境污染事件应急联动工作方案》，提出建立各级跨界环境污染纠纷处置和应急联动机制；开展联合执法监督和联合采样监测；协同处置应急事件；妥善协调处理纠纷；做好信息互通共享；加强日常预警；开展事后督查。2013年底，环保部（现生态环境部）会同三省一市起草《长三角区域落实大气污染防治行动计划实施细则》，要求在大气重污染预警应急联动，建立环境信息共享长效机制，建成区域大气污染预测预报体系，推进大气污染防治政策和标准的逐步对接等十个方面开展协同合作。2014年7月，长三角区域大气污染防治协作小组会议审议通过了《长三角区域协作保障南京青奥会空气质量工作方案》《长三角区域协作保障青奥会空气质量应急预案》《长三角区域空气重污染应急联动工作方案》，统一了预警启动条件和主要应急措施，明确信息互通和会商机制，统一重污染情况分析口径。此外，长三角地区还通过建立交界区域联合治污、交界区域联合执法、异地交叉执法等方式，加强了对交界区域环境违法行为的查处。

3. 区域性生态环境标准一体化

在区域生态环境统筹治理的安排下，长三角从污染防治的联防联控基础上进一步推进标准的一体化。2008年1月，沪苏浙共同制定《长三角两省一市环境合作平台建设工作计划》，寻求在区域内实施更加严格、相对统一的建设项目环境准入标准、主要污染物排放和排污收费标准；共同制定环境资源价格形成机制，共同开展化学需氧量、二氧化硫排污权有偿分配和交易试点等。同年12月，沪苏浙共同签订了《长江三角洲地区环境保护工作合作协议（2008—2010年）》，提出提高区域环境准入和污染物排放标准，逐步推进统一的污水处理费和企业排污费征收标准。2009年4月，由江苏省牵头制定了《长三角地区企业环境行为信息评价标准（暂行）》。随着长三角城市群不断扩容，长三角区域生态一体化的制度建设也在不断加快进程。2013年4月，长三角22个城市在合肥签署《长三角城市环境保护合作（合肥）宣言》，明确提出将共同制订区域环境保护防范体系标准。2014年青奥会期间，沪苏浙两省一市实施机动车统一环保标志管理，统一空气污染预警标准。
2018 年 6 月，沪苏浙皖三省一市信用办及环保部门于长三角地区主
要领导座谈会期间，签署了《长三角地区环境保护领域实施信用联
合奖惩合作备忘录》，发布区域严重失信行为认定标准、联合惩戒
措施等。2018 年 10 月，三省一市共同签署了《长三角区域环境保
护标准协调统一工作备忘录》。2019 年 11 月，为贯彻落实《长三角
区域环境保护标准协调统一工作备忘录》精神，三省一市在上海召
开了长三角环境标准一体化工作讨论与座谈会，研讨了长三角区域
标准一体化工作机制架构、标准制定和发布流程，以及生态环境部
门和市场监管部门联动等，并就制药工业、工业涂装、LDAR 技术
规范三个一体化标准提出建议。

第二节　标准化体系需求及制定

一、区域一体化对标准化体系的需求

标准是经济社会发展的技术支撑，是国家治理体系和治理能力
现代化的基础性制度。区域一体化的关键是管理标准的一体化，统
一市场的前提是统一各地区的政策（张淑芹，2015）。为此，我们
结合《规划纲要》和《国家标准化体系建设发展规划（2016—2020
年）》等国家相关文件，尝试探索区域一体化对标准化体系的需
求，为构建长三角标准统一的管理制度提供参考。

标准化已前所未有地融入经济社会发展的各个方面，逐渐从生
产领域向贸易领域、服务领域延伸，从经济层面向社会治理、文化建
设、生态文明以及政府治理层面拓展，进入了全方位、广覆盖、多维
度的"大标准"时代。长三角区域一体化对标准化体系的需求包括经
济建设（农业农村、工业、服务业）标准化、基础设施标准化、社会
治理标准化、生态文明标准化、文化建设标准化和政府管理标准化，

具体如表4-2所示。

表4-2 区域一体化对标准化体系的需求

领域	方向	建设内容
农业农村领域标准	农业	绿色农产品标准、农业安全种植和健康养殖、农兽药残留限量及检测、农业投入品使用、产地环境评价、动植物疫病预测诊治、农业资源合理利用、农业生态环境保护、农业废弃物综合利用等标准
	林业	林产品质量安全、森林病虫害和有害生物防治、野生动物驯养繁殖、森林功能与质量、森林可持续经营、抚育效益评价、林地保护利用、资源综合利用等标准
	水利	农田水利、高效节水灌溉技术等标准
	农业社会化服务	农资供应、农业生产、农技推广、动植物疫病防控、农产品质量监管、农产品流通、农业信息化、农业金融、家庭农场经营等领域的管理、运行、维护、服务及评价等标准
	美丽乡村建设	农村公共服务、农村社会管理、农村生态环境保护和农村人居环境改善等标准
工业领域标准	能源	油气产品、风能、太阳能技术、智能电网、微电网及分布式电源并网、电动汽车充电基础设施等标准
	材料	新钢铁、有色金属、石化、化工、建材等标准,新型功能材料、先进结构材料和高牲能复合材料等标准
	消费品	消费品安全标准和配套检验方法标准,消费品标签标识、全产业链质量控制、质量监管、产品召回、特殊人群适用型设计和个性化定制等标准
	信息通信与智能制造	工业互联网、物联网、云计算、大数据、智慧城市、智慧家庭、智能汽车等标准,智能传感器与仪器仪表、工业通信协议、数字工厂、制造系统互操作、嵌入式制造软件以及工业机器人、服务机器人和家用机器人等标准

续前表

领域	方向	建设内容
服务业领域标准	交通运输	交通规划衔接、运输节能环保及安全应急、机动车营运、运输管理服务、公路收费、货物多式联运基础设施标准，取消高速公路省界收费站
	金融	银行业信用融资、信托、理财、网上银行等金融产品及监管标准，保险业消费者保护、巨灾保险、健康医疗保险、农业保险、互联网保险标准
	商贸物流	统一批发零售、住宿餐饮、售后服务标准，物流信息和管理标准、配送、装卸搬运、库存控制、物联网技术等现代物流技术标准，农产品冷链物流区域标准
	旅游	统一网络旅游、度假休闲旅游、生态旅游、健康旅游、乡村旅游、文明旅游、景区环境保护和旅游公共服务标准，统筹跨界江河湖荡、丘陵山地、近海沿岸等自然与人文景观保护开发
	新兴服务	信息技术服务、研发设计、知识产权、检验检测、数字内容、科技成果转化、电子商务、创业孵化、科技咨询、标准化服务等商务服务标准，构建开放、协同、高效的共性技术研发平台，建立区域性工业互联网平台和区域产业升级服务平台，打造长三角技术转移服务平台
基础设施领域标准	交通	协同建设一体化综合交通体系，构建区域高品质快速轨道交通网，建设省际高速公路，打通省际待贯通路段，整合港航资源，优化港口布局，健全一体化发展机制
	网络	构建新一代信息基础设施，共同打造数字长三角，推进5G网络建设，支持电信运营、制造、IT等行业龙头企业协同开展技术、设备、产品研发、服务创新及综合应用示范，深入推进IPv6规模部署，打造下一代互联网产业生态，统筹规划长三角数据中心，加强长三角现代化测绘基准体系建设，实现卫星导航定位基准服务系统互联互通
	水利	统一水文监测标准，统筹中小河流治理、流域防汛抗旱减灾、江河湖库水系连通、水源战略储备工程，建立长三角区域内原水联动及水资源应急供给机制，提升防洪（潮）和供水安全保障能力

续前表

领域	方向	建设内容
社会领域标准	教育	学校建设、学科专业和课程体系、教师队伍建设标准、学校运行和管理标准，教育质量评价、教育装备、教育信息化、教育公平化标准，鼓励学校跨区域牵手帮扶，深化校长和教师交流合作机制
	劳动就业和社会保险	统一专业技术人员认证体系、劳动人事争议调解仲裁和劳动监察、就业信息公共服务网络建设、社会保险风险防控、医保、工伤康复等标准，推进社会保险异地办理，建立拖欠农民工工资"黑名单"共享和联动惩戒机制
	基本医疗卫生	医疗机构管理、医疗服务、保健服务、临床检验、医院感染控制、职业卫生、环境卫生、卫生应急管理等标准，建立传染病联防联控机制，建立统一的急救医疗网络体系，建立异地就医结算机制
	食品安全	重要食品和食品添加剂标准，食品品质检测方法、食品检验检疫、食品追溯技术、地理标志产品等标准
	公共安全	信息安全、社会消防安全管理、危险化学品管理、化学品安全生产、废弃化学品管理和资源化利用、安全生产监管监察、职业健康与防护、事故应急救援、安防、特种设备质量安全等标准，推进防灾减灾救灾一体化
	基本社会服务	统一妇女儿童保护、社会救助、基层民主、社区建设、社会福利、慈善与志愿服务、康复辅具、老龄服务、婚姻、收养、殡葬、社会工作等标准，实施民生档案跨区查档服务项目，建立互认互通的档案专题数据标准体系
	社会信用体系	统一信用信息采集和信用分类管理标准，信贷、纳税、合同履约、产品质量等信用标准，信用评价、信息共享和应用，实行失信行为标准互认、信息共享互动、惩戒措施路径互通的跨区域信用联合惩戒制度，建设长三角公共信用信息共享平台
	城镇基础设施	城镇给排水、污水处理、节水、燃气、城镇供热、市容和环境卫生、风景园林、邮政、建筑节能、城镇市政信息技术应用及服务标准

续前表

领域	方向	建设内容
环境资源领域标准	自然生态系统保护	统一自然生态系统保护、修复、评价以及生态系统服务、生态风险评估、野生动植物及濒危物种保护、生态保护红线、生态保护地、环境承载力等领域的标准，统筹山水林田湖草系统治理和空间协同保护，加快长江生态廊道、淮河—洪泽湖生态廊道建设，建设沿海、长江、淮河、京杭大运河、太湖等江河湖岸防护林体系
	土地资源保护	土地资源规划、调查、监测和评价标准，城市开发边界和永久基本农田红线划定标准，不动产统一登记等标准
	水资源保护	区域流域水资源开发利用、用水效率、水功能区限制纳污配套标准，重点行业节水标准、水资源承载能力监测预警、流域水资源调度标准
	地质和矿产资源保护	区域矿产资源保护、矿产资源开发与综合利用技术标准，地质灾害监测及防治标准
	环境保护	统一区域流域环境质量、污染物排放、环境监测网络及方法、工业品生态设计标准体系，重点行业清洁生产标准，有毒有害物质管控标准，再制造、大宗固体废物综合利用、园区循环化改造、资源再生利用、废旧产品回收、餐厨废弃物资源化等标准，推动跨界水体环境治理，共同制定长江、新安江—千岛湖、京杭大运河、太湖、巢湖、太浦河、淀山湖等重点跨界水体联保专项治理方案，建立长江、淮河等干流跨省联防联控机制，推动大气联防联控，统一固废危废防治标准，推动固体废物区域转移合作，完善危险废物产生申报、安全储存、转移处置的一体化标准和管理制度
	节能低碳	能效、能耗限额等强制性节能标准以及在线监测、能效检测、能源审计、能源管理体系、合同能源管理、能源绩效评价等标准，高效能环保产品、环保设施运行效果评估标准，碳减排量评估与审核、产品碳足迹、低碳园区、碳资产管理、碳汇交易、碳金融服务相关标准

续前表

领域	方向	建设内容
文化领域标准	文化艺术	公共图书馆、文化馆（站）、博物馆、美术馆、艺术场馆服务数量、服务设施、服务信息质量要求、运行指标体系、评价标准，推动美术馆、博物馆、图书馆和群众文化场馆区域联动共享，实现城市阅读一卡通、公共文化服务一网通、公共文化联展一站通
	文物保护	文物保存环境质量检测、文物分类、文物病害评估、文物风险管理及长三角文化传承等标准
	体育	公共体育服务、全民健身、体育场馆设施以及国民体质监测、体育项目经营活动、竞赛表演业、健身娱乐业、中介活动、体育用品等标准
政府管理领域标准	权力运行监督	行政审批事项分类编码、行政审批取消和下放效果评估、权力行使流程及运行监督、满意度评价等标准
	基本公共服务	统一公共采购规制，基本公共服务分类与供给、质量控制与绩效评估标准，社区服务标准，行政服务平台建设、检验检测共用平台建设、基本公共服务设施分级分类管理、服务规范等标准
	投资管理	降低股权限制、审批限制，降低创业门槛、消除涉税法规和手续的异质性，协调企业税收和社会保障缴款手续相关的规程，优化收购、破产程序标准，提升合作园区开发建设和管理水平，建立区域创新收益共享机制
	执法监管	区域基层执法设备、行为规范、抽样技术等标准，市场监督、节能节水、安全等市场准入和公共卫生、环境保护、消费者安全等标准的统一监督
	电子政务服务	电子公文管理、档案信息化与电子档案管理、电子监察、电子审计等标准体系，互联网政务信息数据服务、便民服务平台、行业数据接口、电子政务系统可用性、政务信息资源共享等政务信息标准

第一，以经济建设标准化支撑转型升级。构建区域创新共同体，加强产业分工协作，推动产业与创新深度融合。以统一市场规则为着力点，加快区域现代农业和新农村建设标准化体系建设，完善长三角重点工业领域标准体系，加强生产性服务业标准制定及试点示范，促进战略性新兴产业的整体创新能力和产业发展水平提升，促进经济提质增效升级，推动长三角区域经济向中高端水平迈进。

第二，以基础设施标准化保障改善民生。统筹推进跨区域基础设施建设，形成互联互通、分工合作、管理协同的基础设施体系，增强长三角一体化发展的支撑保障。协同建设一体化综合交通体系，共同打造数字长三角，协同推进跨区域能源基础设施建设，加强省际重大水利工程建设。

第三，以社会治理标准化保障改善民生。以改进社会治理方式、优化公共资源配置和提高民生保障水平为着力点，建立健全教育、就业、卫生、公共安全等领域标准体系，推进食品药品安全标准清理整合与实施监督，深化安全生产标准化建设，加强防灾减灾救灾标准体系建设，加快社会信用标准体系建设，提高长三角社会管理科学化水平，促进社会更加公平、安全、有序发展。

第四，以生态文明标准化服务绿色发展。坚持生态保护优先，加强生态空间共保，推动环境协同治理，夯实绿色发展生态本底，努力建设绿色美丽长三角。推进生态及矿产资源保护标准化体系建设，提高节能、节水标准，加快能效能耗、碳排放、节能环保产业、循环经济以及大气、水、土壤污染防治标准研制，推进区域生态保护与建设，提高绿色循环低碳发展水平。

第五，以文化建设标准化促进文化繁荣。建立健全文化行业分类指标体系，加快文化产业技术标准、文化市场产品标准与服务规范建设，完善公共文化服务标准体系，建立和实施基本公共文化服务指导标准，促进基本公共文化服务标准化、均等化，促进长三角文化繁荣。

第六，以政府管理标准化提高行政效能。以推进区域各级政府事权规范化、提升公共服务质量和加快政府职能转变为着力点，加强权力运行监督、公共服务供给、执法监管、政府绩效管理、电子政务等领域标准制定与实施，构建政府管理标准化体系，促进区域投资便利化，树立依法依标管理和服务意识，建设人民满意的政府。

标准体系建设是一个动态的过程，随着国际国内环境的变化以及新技术的出现，一些需要统一规制的领域也应该加入监管范围中，并随着时间的演变不断补充完善。

二、建立长三角区域标准化联合组织

长三角地区一体化发展进程是以政府为主导多主体协同推进的，这个多主体，包括园区、企业以及社会组织的有机结合。区域一体化标准选择机制通常有两类：一类是市场选择标准机制，另一类是政府选择标准机制。市场机制可能包括团体或联盟，甚至是垄断性企业本身，通过市场的竞争来决定一体化市场中谁成为统一的标准。在一体化标准形成过程中，尽管由厂商主要参与制定的"市场导向"标准是标准供给的重要部分，但"市场失灵""自然垄断"等因素可能导致标准化过程中标准的缺失、标准的兼容性不强、厂商偏向及对非主导厂商和技术常新的压制等问题。因此，政府就可能直接干预一体化标准的选择，解决市场失灵的问题，确保标准的公共物品性质和兼容程度，使标准化最大限度地有利于区域市场一体化的进程（侯俊军、王耀中，2007）。长三角区域标准化政府机制联合组织可能包括国家相关标准管理及研究机构、地方标准管理及研究机构协作组织、地方相关行业管理及研究机构协作组织、专门区域协调管理机构、区域相关团体。

（一）国家相关标准管理及研究机构

国家市场监管总局作为全国标准主管部门，是长三角区域一体化标准建设的领导和指导单位。同时，国务院其他各部委局在其各自职责下负责指导长三角区域一体化标准的建设。而各部委局下属国家级标准研究机构，则是区域标准制定的重要技术支持单位。

（二）地方标准管理及研究机构协作组织

目前，各地市场监管局作为标准主管部门，积极参与长三角标准合作，加快推进标准互认，探索建立区域一体化标准体系。各地标准研究院等专门研究机构作为技术支撑，也主动参与到长三角一体化的标准研究中。

2019年12月10日，上海、江苏、浙江、安徽三省一市市场监管局负责人共同参加长三角标准一体化工作会议，会上签订了共建国际标准化长三角协作平台协议和共建长三角一体化标准化智库协议。三省一市将依托区域内产业、技术、人才等合作基础，通过国际标准化长三角协作平台建设，进一步推进区域协作，拓宽协作领域，提高协作水平，形成优势互补、互利共赢、共同发展的新格局，促进长三角国际标准化水平的整体提升。同时，三省一市的质量和标准化研究院将按照"资源共享、优势互补、信息互通、能力提升、共同发展"的原则，围绕智库工作协同、研究协作、资源共享、人才培养和宣传推广等方面开展深度合作，共建长三角一体化标准化智库，实现共同发展。国际标准化长三角协作平台将在国家标准委的领导下，由三省一市市场监管局组织建设，省（市）区域内国际 TC/SC 秘书处单位为轮值主席，国际标准化工作有关单位为成员。平台以共同提升长三角地区在国际、国家标准化活动中的地位和水平为宗旨，将积极推进区域协作、拓宽协作领域、提高协作水平，形成优势互补、互利共赢、共同发展的国际标准化工作新格局，促进标准"走出去"和"引进来"，支撑具有全球影响力的世界级城市群建设。

（三）地方相关行业管理及研究机构协作组织

标准的管理还涉及各个行业主管部门，因此，三省一市的相关行业管理及研究机构协作组织也是长三角区域标准化建设的重要力量。如2019年9月，三省一市卫生健康委就共同签订了《长江三角洲医疗质控一体化发展合作协议》，推动医疗一体化标准合作建设。2019年11月7日，三省一市交通运输部门签署了《长三角区域交通运输标准一体化建设工作框架协议》，推动长三角区域交通运输标准一体化建设。

（四）专门区域协调管理机构

专门区域协调管理机构是国家为协调区域发展设立的专门管理机构，它们在推进区域标准制定方面具有天然的优势。以生态环境领域为例，在长三角就有水利部太湖流域管理局、生态环境部太湖流域监督局、生态环境部华东督察局三个正式国家管理机构及长三角区域大气（水）污染防治协作小组办公室一个协调机构具有相关职能。水利部太湖流域管理局作为水利部派出机构，代表水利部在太湖流域、钱塘江流域和闽江等东南诸河区域内行使水行政主管职责。生态环境部太湖流域监督局是依据法律、行政法规的规定和生态环境部的授权或委托，负责太湖流域水资源、水生态、水环境方面的生态环境监管工作的副局级派出行政机构。2017 年 11 月，原环保部华东督查中心转制为生态环境部华东督察局，成为具有执法和"督政"职能的生态环境部派出行政机构。2014 年 1 月，长三角三省一市会同 8 部委共同成立了长三角区域大气污染防治协作小组。2016 年 12 月，长三角三省一市会同 12 部委组成长三角区域水污染防治协作小组，该小组与大气污染防治协作机制相衔接，机构合署。

（五）区域相关团体

目前，各地市场监管局提出积极推进长三角团体标准的制定与合作，通过各类协会、联盟等的合作，建立起更加全面的区域一体化标准体系。

三、区域一体化标准的制定

可以参考《国家标准制定程序的阶段划分及代码》（GB/T 16733－1997)开展长三角区域一体化标准的制定。《国家标准制定程序的阶段划分及代码》明确了我国标准制定的程序，将标准制定具体分为几个阶段，分别是：预阶段、立项阶段、起草阶段、征求意见阶段、审查阶段、批准阶段、出版阶段、复审阶段和废止阶段。

（1）预阶段——对需要立项的新项目进行必要的论证，并在此基础上提出新工作项目建议，包括标准草案或标准大纲（标准的范围、结构及其相互关系等），交由三省一市的主管部门协调机构对收到的新工作项目建议进行审查上报。

（2）立项阶段——三省一市的标准化行政主管部门或行业标准管理部门的协调机构将审查、汇总、协调、确定的新项目列入标准制、修订项计划，明确标准编制目标要求等，并下达编制单位。

（3）起草阶段——具有实施的区域标准制定主管部门及其委托的技术支撑编制单位落实项目计划，项目负责人组织标准起草工作组，依据立项要求起草标准草案征求意见稿。

（4）征求意见阶段——将标准草案征求意见稿发往三省一市有关单位征求意见，提出征求意见汇总处理表，完成标准草案送审稿。

（5）审查阶段——三省一市的标准化行政主管部门或行业标准管理部门的协调机构对标准草案送审稿组织审查，在审查协商一致的基础上，形成标准草案报批稿和审查会议纪要或函审结论。若标准草案送审稿没有被通过，则应分发第二标准草案送审稿，再次进行审查。

（6）批准阶段——三省一市的标准化行政主管部门或行业标准管理部门对标准草案报批稿及报批材料进行程序、技术审核。标准技术审查机构对报批材料进行技术审查，在此基础上，对报批稿完成必要的协调和完善工作。完成相关程序后由标准化主管部门批准、发布地方标准。

（7）出版阶段——将标准出版稿编辑出版，提供标准出版物。

（8）复审阶段——对实施周期达5年的标准进行复审，以确定是否确认（继续有效）、修改（通过技术勘误表或修改单）、修订（提交一个新工作项目建议并列入工作计划）或废止。

（9）废止阶段——对于经复审后确定为无存在必要的标准予以废止。

第三节　长三角标准统一管理制度的协同实施与监管

一、建立协同实施与监管机制

为了在长三角协同实施标准统一的管理制度，有必要建立起全过程的协同实施与监管机制，即领导机制、责任落实、信息共享、统一监管、生态补偿和考核奖惩。

（一）领导机制

长三角各省市形成协调领导，党委和政府要坚持将统一标准作为长三角一体化的重要抓手，把创新长三角标准统一的管理体现到各项目工作中去。健全党委统一领导、政府负责、市场监管部门统筹协调的工作领导体制。建立实施标准统一的管理体制，推动领导责任制，实行在中央支持下三省一市党政领导负总责、市县抓落实的工作机制。同时，强化领导人联席会议机制，做实长三角协调机构，协调推动各省市全面制定、实施、监督落实。

（二）责任落实

将一体化标准管理具体职责分解到各级党委政府，市场监管部门及各专门管理部门依据其权责列出责任清单。党政一把手是第一责任人，市县书记抓工作实施，当好一体化标准管理的"一线总指挥"。三省一市政府每年要向人大或其常务会报告推进一体化标准管理的进展情况。

（三）信息共享

构建长三角三省一市信息共享机制。建立信息共享平台，既要在各省市标准管理部门之间形成规范的信息共享机制，也要在各省市行业管理部门之间形成规范的信息共享机制，还要明确标准信息的研究、公众参与、发布机制，使标准真正能够共享共用。

（四）统一监管

为了在长三角协同实施标准统一的管理制度，有必要建立起全过程的协同实施与监管机制，构建统一的监测网络，协调统一的执法队伍及检验、执法装备，明确统一执法相关规范要求，在区域或相关流域实施统一的监管，构建跨区域、跨流域执法协作机制。

（五）生态补偿

构建区域流域生态补偿机制是推动长三角协同实施标准统一的管理制度的重要保障机制。由于在执行标准统一的管理过程中必然伴随这部分区域的利益受损和整个区域、流域或另一部分地区的受益，因此，有必要以生态补偿的方式来鼓励可能受损地区有效的标准执行。

（六）考核奖惩

建立长三角协同实施标准统一的考核奖惩管理制度，构建考核指标体系和考核办法，明确考核周期、考核主体、考核对象，并据此形成配套的奖惩机制，将考核结果与长三角相关基金的使用等挂钩。

二、实施生态补偿

（一）生态补偿的必要性

生态补偿有利于平衡因统一标准带来的扭曲。长三角地区三省一市时空一体、山水相连，生态环境休戚相关。在长三角区域一体化发展上升为国家战略、大力推进生态文明建设、打好污染防治攻坚战的大背景下，更要求长三角地区构建其区域生态环境保护共同体，深化区域生态环境保护协作，推进生态环境保护标准一体化，协调一致开展污染防治和生态环境保护。与此同时，标准是由一个国家基本经济条件决定的，不同的标准水平反映着不同经济体之间的客观差别，不同经济体选择同样的标准和法规必然带来实际执行的困难。因此，有必要根据标准统一的管理过程中不同的利益受益及受损情况实施生态补偿，以平衡因统一标准带来的新的扭曲。

生态补偿有助于减少区域内污染转移。长三角内部区域之间生产要素禀赋、产业基础与产业分工不同，在区域一体化的过程中都面临着产业的梯度转移。长三角的产业在从中心向外围地区转移过程中，既加速了区域经济一体化进程、扩大新增了就业机会、缓解了发达地区人口资源和环境压力，也带来了一定的环境污染的转移（曹卫东等，2012）。太湖流域产业的空间转移破坏了水源涵养区、河湖湿地和农田系统，对流域水质造成较大影响（杨桂山等，2003）。因此，实施区域间生态补偿有助于减少这样的区域内污染转移。

（二）长三角生态补偿的发展

长三角各省市在生态补偿机制建设方面也开展了积极探索。从2004年起，浙江开始全面实施森林生态效益补偿基金制度。2005年浙江发布了《关于进一步完善生态补偿机制的若干意见》。2009年上海也发布了《关于本市建立健全生态补偿机制的若干意见》，开始对黄浦江上游水源保护区涉及的区县进行水源地生态补偿，并于2010年在《上海市饮用水水源保护条例》中确定了饮用水水源保护生态补偿制度的法律地位。此后，长三角杭州、南京、合肥等地也陆续出台了生态补偿实施的细化办法。2014年4月28日，江苏苏州出台全国首个生态补偿地方性法规，对生态补偿适用范围、补偿原则、政府职责等内容以法律的形式进行了规定，无锡则于2019年发布了该市生态补偿条例。江苏开展了较为广泛的生态补偿，形成了对生态红线、耕地、生态公益林、湿地、南水北调等的补偿方案。2012年起，在有关部门的指导下，浙江和安徽在新安江流域率先实施了全国首个跨省流域生态补偿试点实施。浙江省内八大水系的源头地区，从2018年开始全部建立上下游的生态横向补偿机制，钱塘江流域衢州市域和浦阳江流域上下游地区已全部建立横向生态补偿机制。安徽也依托新安江经验，在全省铺开市级横向补偿为主、省级纵向补偿为辅的地表水断面生态补偿机制。

（三）水生态补偿机制

长三角地区水污染尤其是跨界水污染问题依然突出，上下游、左右岸间在治污排污上的矛盾依然存在。由于长三角区域具有独特的自然地理及经济社会行为，区域内水污染现象日益突出且沿河网扩散移动，形成跨界水污染。同时，太湖流域为中间低、四周高的特殊地势，而且流域范围内河流众多、水网密集，这样的地势条件使该流域内的水污染容易在太湖湖区内积聚，并向周围河网扩散，从而引发大面积的环太湖的沪苏浙三地的跨界污染。位于长三角中心地区的沪苏浙交界地区是跨界水污染的重点发生地区。

早在 2009 年 3 月，在长江三角洲城市经济协调会第九次会议上，针对长三角流域跨界水体污染问题，长三角各省市积极加强环保联动与协调，形成了长三角跨界水体生态补偿机制总体框架。在建立行政区交界断面水质目标双向考核制度的基础上，通过确定双方责任、制定补偿标准、核算补偿金额等方式，形成一种污染赔偿或者受益补偿的制度。长三角流域跨界水体的生态补偿机制，采取受益补偿与污染赔偿相结合的补偿方式。补偿的形式主要是资金补偿，也鼓励上下游各方通过协商，采用政策补偿、项目补偿、智力补偿等形式来代替。与此同时，配套建立长三角流域跨界断面水质联合在线监测、长三角流域跨界水体生态补偿纠纷仲裁等制度。在此框架下形成若干典型试点经验，其中，最具有代表性的是皖浙两省开展的新安江流域生态补偿试点。实施 7 年间，安徽共获得生态补偿资金 45.9 亿元，新安江水质稳定在全国最好水平。通过构建流域生态补偿合作机制，打破目前跨行政区水污染的严重状态，全面改善和治理流域水系污染，缩小上、下游的经济与生态差距，解决全流域水生态安全问题。经中国环境规划院评估，新安江生态系统服务价值达 246.5 亿元，水生态服务价值达 64.5 亿元。

今后应在总结新安江建立生态补偿机制试点经验的基础上，进一步完善跨流域跨区域生态补偿机制。建立健全开发地区、受益地区与保护地区横向生态补偿机制，研究建立跨流域生态补偿、污染赔偿标准和水质考核体系。按照《长三角生态绿色一体化发展示范区总体方案》要求，在长三角生态绿色一体化发展示范区试点，探索建立多元化生态补偿机制。同时，在太湖流域建立生态补偿机制，推进建设新安江—千岛湖生态补偿试验区。

（四）固废生态补偿机制

除了跨界水污染外，固废的跨界污染问题也非常突出。长三角

地区固体废物产生量占全国总量比重大，2017 年，长三角地区固
废产生量为 30 119 万吨，占全国总量的 9.08％；危废产生量为
1 015.91 万吨，占全国总量的 14.65％。与此同时，长三角区域内
各省市存在严重的利用处置能力与范围不匹配的问题。以上海和安
徽为例，2017 年，上海核准危废利用处置能力为 82.34 万吨，距当
年危废产生量 110.44 万吨有 28.1 万吨的缺口。而当年安徽核准综
合利用能力达到 283 万吨、处置能力达到 26 万吨，远远超出同期
127.68 万吨的危废产生量。能力不匹配，加上跨省转移审批复杂、
信息不通畅等因素，导致向外地偷倒垃圾现象依然时有发生。据不
完全统计，在生态环境部对长江经济带 11 省（市）的"清废行动
2018"检查中，长三角地区共发现 327 个问题，占总问题数的四分
之一。想要有效解决长三角固废的跨区处置，就要在推动跨区域利
用处置的同时推进区域固废生态补偿机制。

　　因此，有必要从补偿主体、补偿方式、补偿标准等方面构建固
体废物跨区域生态补偿体系，对固体废物的来源和属性进行分类，
从政府、企业等明确不同的补偿主体和补偿路径，并依据固废本身
的价值和处置成本、危害特征等确定补偿标准。

参考文献

[1] 曹卫东，王梅，赵海霞．长三角区域一体化的环境效应研究进
　　展[J]．长江流域资源与环境，2012，21(12)：1427 – 1433.

[2] 关桂峰．京津冀将在多领域实施统一的区域标准[EB/OL]．
　　[2015 – 03 – 07]．http://www.gov.cn/xinwen/2015-03/07/co-
　　ntent_2829821.htm.

[3] 侯俊军，王耀中．标准化与区域经济一体化 [J]．山东社会科
　　学，2007 (4)：65 – 68.

[4] 刘志彪．长三角区域高质量一体化发展的制度基石 [J]．人民
　　论坛·学术前沿，2019 (4)：6 – 13.

[5] 刘志彪，孔令池．长三角区域一体化发展特征、问题及基本策略
　　[J]．安徽大学学报（哲学社会科学版），2019 (3)：137 –147.

[6] 王玉明，王沛雯．长三角城市群跨域环境治理中的政府合作

[J]. 成都行政学院学报，2018（1）：4－10.

[7] 杨桂山，王德建，等．太湖流域经济发展·水环境·水灾害
    [M]. 北京：科学出版社，2003.

[8] 张淑芹．我国地区市场的一体化特征及规制壁垒——以山东省
    为例 [D/OL]. 北京：对外经济贸易大学，2015 [2016－05－
    04]. http://d. wanfangdata. com. cn/thesis/D723321.

第五章　长三角公共服务一体化发展与创新

增进民生福祉是发展的根本目的，而公共服务直接关乎民生福祉，因此推动长三角区域一体化发展，必须坚持以人民为中心的发展思想，一方面加快各地区的公共服务高质量发展，另一方面积极推进公共服务在整个长三角区域范围内更加便捷共享，真正实现公共服务一体化发展。这是实现一体化高质量发展的重要支撑与必要条件，毕竟，实现公共服务更加便捷共享的一体化发展，有助于促进人员在更大范围内的合理流动与有效配置，为长三角一体化高质量发展提供强有力的人力资源支撑。在社会主要矛盾已经发生根本性转变的新时代，实现公共服务在更大范围内的一体化发展，还是满足人民群众日益增长的多层次、多样化美好生活需要的客观要求。鉴于此，有必要分析长三角公共服务一体化发展的基础、实践进展及进一步可为的空间与可能面临的障碍，并提出有针对性的改革创新思路，以加快推进以人为中心的长三角公共服务一体化高质量发展。

第一节　长三角公共服务一体化发展的要义与意义

提供公共服务离不开公共财政的支持。在现行财税体制与行政区域管理模式下，各地的公共服务供给绝大多数都是面向行政区域内的户籍人口，尽管也有一些地区的部分公共服务已经在一定程度上拓展到非户籍常住人口，但这种情况还并不普遍。

考虑到长三角区域在经济发展水平以及公共财政水平等方面都存在着不小差距，而且这差距不是在短期内能够消除的，因此长三角公共服务一体化发展就是要在各地区努力实现以人民需求为导向的公共服务高质量发展的同时，一方面加快整个长三角区域范围内基本公共服务均等化进程，另一方面则要突破行政地区的边界，创新服务供给与治理体制机制，加快推进公共服务在长三角区域范围内更加便捷共享，进而更好地满足跨地区流动人口的多层次、多样化美好生活需要。

首先，公共服务一体化是推进长三角区域一体化发展的应有之义。加快推进长三角区域一体化发展，目的就是消除不同行政地区之间的体制机制障碍，一方面促进生产要素在更大范围内更加自由、顺畅、合理地流动与配置，实现地方之间更高水平的专业化分工与协调，推动经济社会更高质量的发展，另一方面则是在更大范围内形成统一开放、竞争有序的区域大市场，在支持区域经济社会高质量发展的同时，进一步培育与增强产业竞争优势，进而以更具竞争力的区域产业集群、更具集成性的国内产业链参与国际市场竞争，赢得国际竞争优势（刘志彪等，2019）。为此，《规划纲要》提出要从产业体系、基础设施、生态环境、公共服务、对外开放以及体制机制等多个领域推进区域一体化发展，而公共服务一体化则是其中的重要方面。

其次，公共服务一体化是区域一体化高质量发展的重要支撑。当前国际环境日趋不确定，国内经济下行的压力也不断加大。在此严峻的国内外形势下，进一步推动经济社会高质量发展，是可行的应对之策。长三角一体化高质量发展离不开更加便捷共享的高质量公共服务的强有力支撑，毕竟，发展的主体是人，区域一体化高质量发展需要各级各类人才更加自由顺畅的流动与配置来提供人力资源支撑。而人不同于机器，有各种各样的生活需求，公共服务即是满足这些生活需求的最重要途径。鉴于此，只有在推动各地区公共服务高质量发展的同时，实现公共服务在长三角区域甚至更大范围内更加便捷共享，才能更好地服务与支撑各级各类人才的自由顺畅、合理有序的流动。

更为重要的是，推进公共服务在更大范围内一体化高质量发展，还是积极践行以人民为中心的发展思想、更好地满足人民群众不断增长的美好生活需要的必然要求。发展既要依靠人，又要服务于人，增进民生福祉是发展的根本目的。新时代的中国，不仅积极倡导"以人民为中心的发展思想"，而且社会主要矛盾已经转化为人民群众日益增长的美好生活需要和不平衡不充分的发展之间的矛盾。加快推进长三角一体化发展，既是促进区域协调发展的重要举措，也是更好地满足人民群众不断增长并持续升级的美好生活需要的客观要求。实际上，长三角地区本来就地缘相近，人文相亲，往来密切，但是因为一些体制机制因素而影响了更高质量的一体化发展，其中包括在公共服务方面，如交通通信、医疗卫生、教育服务、养老服务、社会保险、住房公积金等跨统筹地区的使用。因此，迫切需要加快各地区公共服务高质量发展，推进基本公共服务均等化，并在更大范围内实现公共服务更加便利共享，进而创造高品质生活，使区域一体化发展成果更多更公平地惠及人民群众。

第二节 各地公共服务：长三角公共服务一体化发展的基础

当前，长三角三省一市的经济发展水平存在着不可否认的较大差距（如表5-1所示），由此决定的财力水平又会影响到公共服务的供给水平。如果地区之间的发展差距太大，不仅会加大基本公共服务均等化的难度，而且在推进公共服务一体化发展过程中，还必须充分考虑民众消费的"趋高"行为可能给优质公共服务带来的"挤兑"问题，尤其是优质的医疗卫生、义务教育和高水平的社会救助等社会保障等（高传胜，2019）。因此，了解和把握各地公共服务发展状况（包括各地内部的发展差距），是研究推进长三角公共服务一体化发展的重要基础。推进长三角公共服务一体化发展，不仅需要各地加快公共服务高质量发展、缩小自身内部的发展差距，还要进一步提高公共服务在更大范围内的便捷共享程度。鉴于此，以下将主要选择与民生息息相关的部分公共服务为重点进行分析，其中包括医疗卫生、教育、养老、公共文化以及社会救助等社会保障。

表5-1 2018年长三角地区经济发展水平与财政收入状况 单位：元

区域	指标	
	人均 GDP	人均地方一般公共预算收入
全国	64 644	7 016
上海	134 818	29 324
江苏	115 011	10 719
浙江	97 956	11 501
安徽	47 449	4 821

资料来源：《中国统计年鉴2019》。

一、各地医疗卫生服务发展状况

随着经济发展和医疗卫生条件不断改善，长三角三省一市的居民健康状况已经有很大改善，这不仅反映在人均期望寿命的不断延长上，也体现在婴儿死亡率、孕产妇死亡率在总体上呈现的不断下降趋势上。进一步看三省一市的医疗卫生服务发展状况（如图 5-1、图 5-2 和图 5-3 所示），可以发现不仅四地之间存在着明显的差距，而且每一地区的内部都存在着城市和农村发展严重不平衡的客观现象。

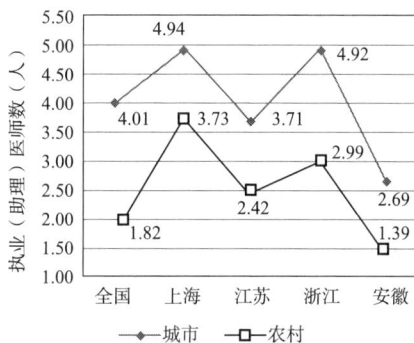

图 5-1　2018 年每千人口执业（助理）医师数

资料来源：《中国统计年鉴 2019》。

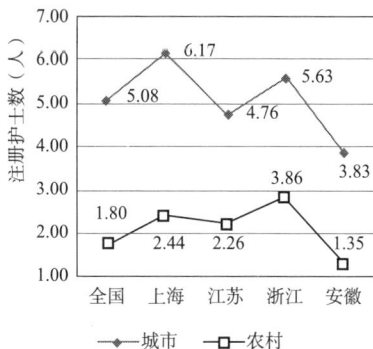

图 5-2　2018 年每千人口注册护士数

资料来源：《中国统计年鉴 2019》。

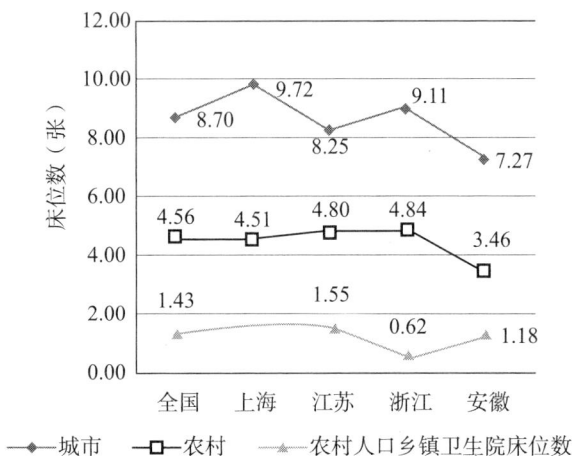

图 5 - 3　2018 年每千人口医疗卫生机构床位数

资料来源：《中国统计年鉴 2019》。

图 5-1 和图 5-2 分别反映了 2018 年三省一市和全国的每千人口执业（助理）医师和注册护士数，从中可以看出：（1）每一个地区的情况跟全国情况类似，都存在着较大的城乡差距，其中医师的城乡差距比注册护士要稍微小一些。（2）长三角三省一市的情况也是参差不齐，上海医师的城乡差距虽然小一些，但注册护士的城乡差距非常大，甚至超过其他三个省份。相较而言，安徽的情况在长三角三省一市中是最差的，医护人员数在四地中最低，甚至低于全国平均水平。图 5-3 反映的每千人口医疗卫生机构床位数大体上亦是如此。上海的城乡差距仍是长三角三省一市中最大的，尽管它的城市状况比较好，安徽仍然是最差的，而且仍然是低于全国平均水平。综合三个指标的状况看，江苏医疗卫生服务的城乡差距相对小一些，但是总体水平并不高，基本上都低于上海和浙江，只是略高于安徽。由上可以看出，长三角医疗卫生服务一体化发展，还有相当长的路要走，不仅各地要加快发展，不断缩小城乡差距，而且各地之间的鸿沟也不是一天便能填平的，连江苏这样的经济大省都未能将医疗卫生服务水平提升起来，更不用说经济最弱的安徽了。

二、各地教育服务发展状况

图 5-4 反映了 2018 年长三角三省一市和全国的各级学校生师比状况。从中可以看出，总体而言，上海的情况最好，安徽的情况最差，甚至还达不到全国平均水平，而江苏、浙江的情况则比较接近，但都略逊于上海。如果结合表 5-2 反映的每十万人口各级学校平均在校生人数看，则可以发现上海的优势与问题之所在。一方面，上海高校在校生多，这反映出上海的高等教育优势与人才优势；另一方面，上海的学前教育、小学、初中、高中的在校人数均非常低，小学和高中甚至连江苏的一半都不到，这在某种程度上也说明了地区之间实现教育服务更加便捷共享的必要性与可能性。

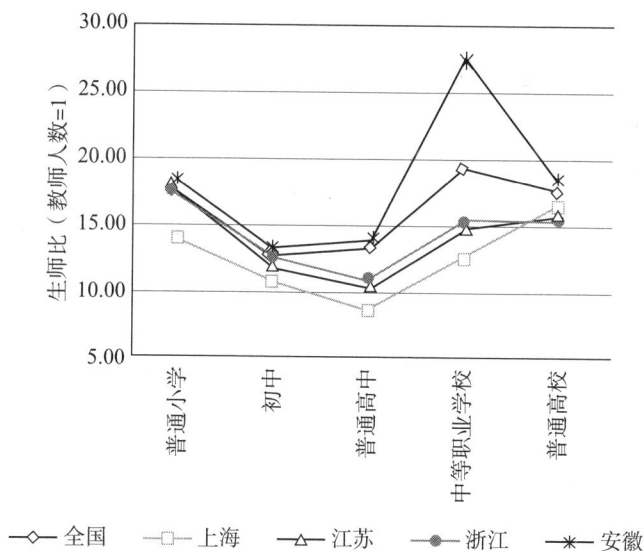

图 5-4 2018 年各级学校生师比

资料来源：《中国统计年鉴 2019》。

表5-2   2018年每十万人口各级学校平均在校生数   单位：人

区域	阶段				
	学前教育	小学	初中	高中	高等教育
全国	3 350	7 438	3 347	2 828	2 658
上海	2 363	3 309	1 789	1 082	3 517
江苏	3 183	6 980	2 812	2 323	3 143
浙江	3 419	6 374	2 854	2 581	2 370
安徽	3 313	7 304	3 344	3 065	2 245

资料来源：《中国统计年鉴2019》。

三、各地养老服务发展状况

养老服务是保障老有所养、老有所依的重要民生性公共服务。在全国范围内，长三角地区基本上都属于老龄化水平比较高的地区，尤其是上海和江苏。如表5-3中的数据所示，2018年上海的人口老龄化水平高出全国平均水平约3个百分点，即使是三省一市中老龄化水平最低的浙江，也比全国平均水平高出1个多百分点。如果进一步结合劳动年龄人口状况来考虑老年抚养比，那么情况则更加不容乐观。如表5-3中的数据所示，尽管上海和江苏人口老龄化程度的差距稍微大一些，但两地的老年抚养比都比全国平均水平高出了3个多百分点，而且两地的情况非常接近。而反映养老服务供给水平的重要指标——每千老年人口养老床位数，其状况与此却并不相称。如图5-5所示，在长三角三省一市中，人口老龄化水平和老年抚养比最高的上海，每千老年人口养老床位数却最低，甚至低于全国平均水平，而人口老龄化水平和老年抚养比都比较低的浙江，每千老年人口养老床位数则是最高，江苏尽管人口老龄化水平与老年抚养比在三省一市中居于第二位高，但养老床位数也比较高，二者大体相称。综合来看，长三角四地的养老服务确实有分工协作的一体化发展空间。

表5-3　2018年老年人口占比与抚养比　　　　单位:%

区域	65岁以及以上人口占比	老年抚养比
全国	11.94	16.77
上海	14.95	19.88
江苏	14.30	19.86
浙江	12.99	17.71
安徽	13.20	19.35

资料来源:《中国统计年鉴2019》。

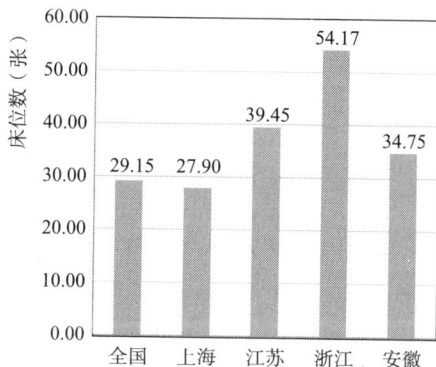

图5-5　2018年每千老年人口养老床位数

资料来源:《中国统计年鉴2019》。

四、各地公共文化服务发展状况

随着人们物质生活水平的不断提高，精神文化需求的要求也随之上升，因而公共文化服务亦应与时俱进，不断提升供给水平与质量。仅以公共图书馆资源状况来看，如图5-6所示，2018年长三角三省一市的情况仍然是参差不齐。从人均拥有公共图书馆藏量来看，上海是最高的，达到3.26册，是最低的安徽的约7倍；安徽的人均拥有公共图书馆藏量甚至比全国平均水平还低了0.28册，只有0.46册；居中间水平的江苏和浙江，都未能达到上海的一半。

如果从人均拥有公共图书馆建筑面积来看，在三省一市中浙江最高，达到 208.8 平方米，上海位居第二，安徽仍然是最低的，只有 80.7 平方米，而全国平均水平为 114.4 平方米。因此，仅以公共图书馆资源反映的公共文化服务状况看，长三角地区同样有加快高质量发展的自身要求，以及在更大范围内实现更加便捷共享的可为空间。

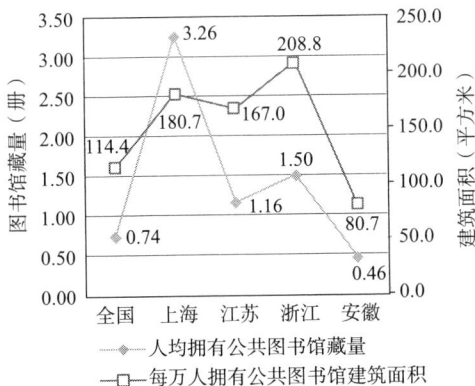

图 5-6　2018 年公共图书馆资源状况

资料来源：《中国统计年鉴 2019》。

五、各地社会救助等社会保障水平状况

社会救助、社会保险等社会保障是保障民生的重要公共服务。目前各地的统筹层次比较低，大多数都是面向行政管理区域内的户籍人口。由于各地在经济发展水平、居民生活水平、物价水平等多方面存在着客观差异，因而，各地的社会保障水平也必然存在差距。社会救助中的最低生活保障制度简称低保。图 5-7 反映了 2019 年第 4 季度长三角三省一市的城乡低保标准和全国平均水平，从中可以看出其差距是较为明显的。以城市低保标准为例，最高的上海是每人每月 1 160 元，最低的安徽只有 597 元，比全国平均水平还要低一些。农村低保标准的情况也大体如此，只不过安徽的标准超过了全国平均水平。

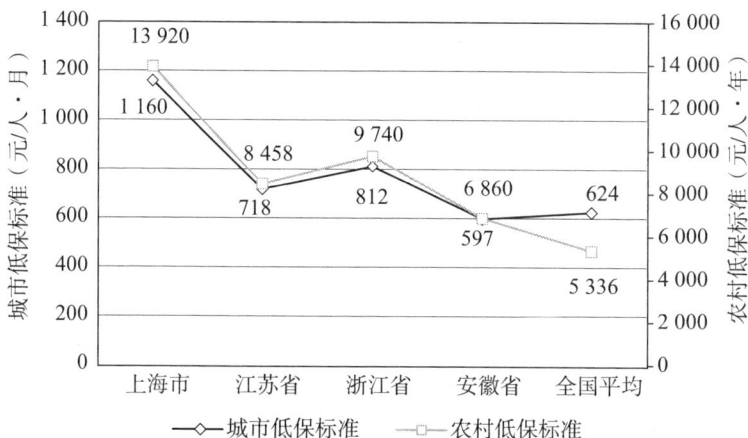

图 5 - 7　2019 年第 4 季度低保标准

资料来源：民政部《2019 年第 4 季度统计季报》。

　　由于没法获得各地区社会保险待遇水平的统计数据，因此，这里选择与整个社会保障制度相关的转移净收入（包括社会保险、社会救助、社会福利等）来比较各地之间社会保障水平的差距。图 5 - 8 和图 5 - 9 分别反映了 2018 年农村和城镇居民人均可支配收入及其中转移净收入占比的情况，可以看出，不仅各地的城乡之间存在着天然的差距，而且不同地区之间的差距也较为明显。在长三角三省一市中，无论是农村居民还是城镇居民，上海的转移净收入占人均可支配收入的比例都是最高的，大约占到四分之一；对农村居民收入调节程度最低的是浙江，仅占到十分之一左右，比全国平均水平还低了近一半；对城镇居民收入调节程度最低的是安徽，只有 15.01%，比全国平均水平低了近三个百分点。这些差距说明，长三角地区要推进社会保障一体化发展，不仅还有很多工作要做，而且难度不小。

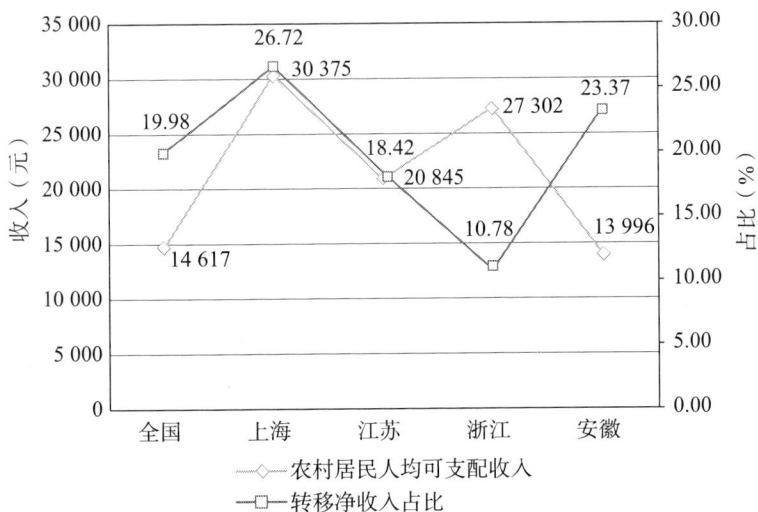

图 5-8　2018 年农村居民人均可支配收入及其中转移净收入占比

资料来源:《中国统计年鉴 2019》。

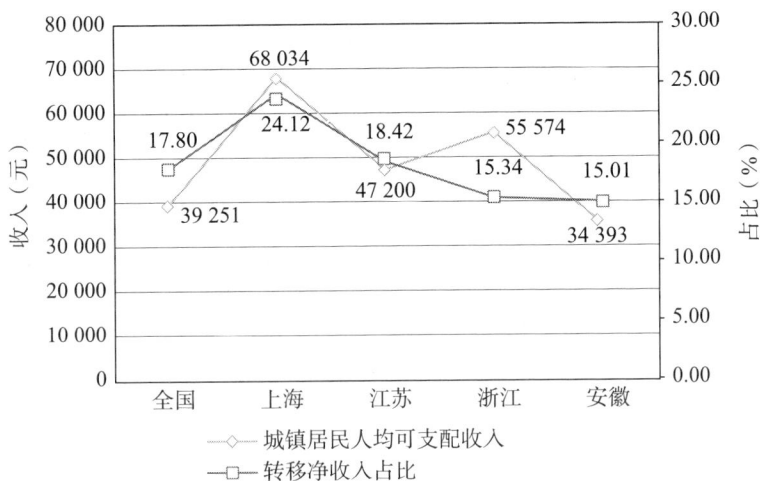

图 5-9　2018 年城镇居民人均可支配收入及其中转移净收入占比

资料来源:《中国统计年鉴 2019》。

第三节　长三角公共服务一体化发展的地方实践与积极探索

　　如前所析，长三角各地在公共服务方面存在着不小的差距。这意味着要加快推进长三角公共服务一体化发展，首先，需要各地政府切实承担财政事权，履行支出责任，加快本行政区域内的公共服务发展，不断缩小城乡、地区之间的差距，一方面推进基本公共服务均等化，另一方面引导非基本公共服务高质量发展，更好地满足本地居民不断增长的多层次、多样化需求；其次，需要加强地区之间的分工与协作，这样既可以实现优势互补、达到合作共赢，又可以满足在更大的区域范围内实现公共服务更加便捷共享、更好地服务人员流动的现实需要。这些年，长三角各地在推进公共服务一体化发展方面虽然进行了一些探索并取得了一些经验积累，但是离实现公共服务一体化高质量发展还有很大的可为空间。

一、打通各种"断头路"，实现基础设施互联互通，便利百姓工作与生活

　　交通通信、网络等基础设施与服务的互联互通，是推进长三角一体化发展的重要基础。安徽滁州和江苏南京是隔河相望的，随着包括安徽在内的长三角一体化发展上升为国家战略，昔日的"断头路"已经变成了通途。如今，滁州市区到南京河西只要 40 分钟车程，两地跨省公交实现了无缝换乘，跨省城市轨道——滁宁轻轨预计于 2022 年投入运营。此外，南京与镇江、扬州、芜湖、马鞍山、滁州等市，都已实现高铁或动车在 1 小时内的直达。苏州的地铁亦将穿过苏州工业园区、昆山市区，与上海地铁 11 号线"牵手"。而

位于沪苏浙交界处苏州吴江汾湖高新区的著名的"断头路"康力大道也将提前与上海的东航路实现"牵手"。便捷畅通的交通体系无疑是长三角一体化发展的重要基础，而破除"数据孤岛"，实现电子政务互联互通，同样至关重要。由三省一市全力打造的"全链通"平台，即实现了长三角政务服务"一网通办"，信息资源实现共享互认，"长三角人"足不出户便能跨省办事。2019年5月，苏州签发的第一张线上跨省办理的企业电子营业执照，就是通过这一平台办理的。该投资人虽身在安徽，但借助这一平台，便顺利完成了公司设立及刻章、开户预约和税务事项的办理，其间无须提供纸质材料。

二、建立异地就医、医疗保险直接结算的一体化机制，便利群众异地就医

长三角三省一市之间的人员往来频繁，异地就医、医保直接结算等一直是群众呼声非常高的诉求。2018年9月，长三角区域开通8个医疗保险一体化试点统筹区，试验长三角异地就医门诊直接结算。2019年9月，长三角异地就医门诊费用直接结算系统全面联通，长三角居民使用本地职工医保卡，就能在沪苏浙皖任何一个地级市符合条件的定点医院享受门诊直接结算。截至2019年底，异地门诊结算已覆盖长三角全部41个城市，联网医疗机构达到3 800余家。而从2018年9月到2019年10月，上海市通过异地就医门诊费用直接结算的总量为40.38万人，涉及医疗总费用8 859.08万元。其中，上海参保人员在三省结算与三省参保人员在上海结算的比例为1：1.8。不只是上海，江苏与浙江的异地就医实时结算也给诸多患者带来了极大方便。自2019年10月以来，两省之间实现了双向门诊直接结算9 135人次，结算医疗费用总额183.86万元。其中，浙江到江苏的结算4 580人次，结算医疗费用102万元；江苏到浙江的结算4 555人次，结算医疗费用81.86万元（周二中，2019）。随着异地就医、医保实时结算覆盖范围的不断扩大，越来

越多的参保群众将可以享受到长三角跨省异地就医、医保直接结算的一体化发展福利，进而真正实现"让数据多跑路、让百姓少跑腿"的改革目标。

三、构建多种形式的教育联盟与合作交流平台，实现教育资源的共建共享

推动教育合作交流与互动发展，协同扩大优质教育供给，促进教育充分均衡发展，有助于率先实现长三角区域教育的现代化。近些年来，通过建立长三角高校图书馆联盟，构建联盟门户网站、认证系统、数据库存储和外文期刊数据库共享系统，长三角区域已经有200多所高校师生从中受益；通过建立长三角地区应用型本科高校联盟、长三角教师教育联盟、高水平地方高校合作联盟、长三角区域医药类院校联盟、长三角千校网络结对校际联盟等合作交流平台，长三角区域内各级各类学校之间的互动交流活动越来越频繁……有效的交流合作，不仅可以充分发挥优质教育资源的外溢效应，也有利于教育相对落后地区发挥后发优势，加快补教育短板的进程。正因为如此，安徽省教育厅相关负责人明确提出，要立足安徽省情，深入推进校际、校地、区域之间的联合互动，在高等教育、基础教育、职业教育、干部交流、师资培训等领域加强交流、深化合作（张理想，2019）。

四、建立食品药品安全领域跨地区联防机制，构筑生命安全共建共享堤坝

2015年，上海市牵头与江苏、浙江等省联合签署了《"长江经济带应急协作区"食品药品安全应急协作框架协议》，建立了信息共享通报、事件联合处置、技术互助协作、人才培养合作、预案联合演练等跨地区应急协作制度，强化了跨地区应急协调配合，提升了区域内食品药品安全突发事件处置应对能力，有效地保障了人民

群众的身体健康和生命安全。不仅如此，以构筑食品安全违法犯罪行为联打联防机制为目标，上海市还积极推动跨省、跨部门合作，加大联合打击力度，确保长三角区域内食品安全违法犯罪行为"一处犯事、处处受制"。上海市食品药品监管局还与江苏、浙江等省（市）局建立了监督抽检及核查处置信息通报制度，对于重点案件，相应省、市均进行通报，对存在问题、涉嫌假冒的食品，相应省市组织开展联合查处（国家发展改革委社会司，2018）。这些跨地区的食品药品安全应急协作与联防联打机制的建立，有助于更好地保障长三角地区百姓的生命安全。

五、建立养老与劳动保障领域联合认证机制，积极打造共建共享服务平台

每年4—9月，三省一市的社保经办机构都会联合开展养老保险待遇资格协助认证。2017年，上海市协助苏浙皖三省资格认证49 800人，苏浙皖三省协助上海资格认证71 074人。不仅如此，长三角还加强了劳动保障监察领域的地区间合作，建立了长三角区域劳动保障监察委托协查制度和工伤职工待遇支付委托协查工作机制。具体包括：一是实施劳动者工资支付异地救济申请办法，对于区域内异地就业的三省一市户籍劳动者，因用人单位克扣、拖欠工资导致其劳动保障权益受到侵害的，可通过户籍所在地的劳动保障监察机构申请异地权益救济保护；二是开展工伤保险辅助器具配置项目和标准协作，对工伤职工跨省就医、工伤职工或者工亡遗属生存和社保缴纳及待遇享受情况等进行委托协查。此外，由地级市及以上劳动保障监察机构作为委托协查和受托主体，还加强了劳动保障监察领域的地区间合作。

第四节　推进长三角公共服务
一体化的空间与障碍

推进长三角公共服务一体化发展进一步可为的空间很大，面临的障碍与困难也不少。由于公共服务涉及的领域比较多，因此，这里仅就部分民生性公共服务进行探讨。

一、社会保险与住房公积金的区域一体化管理及障碍

尽管学界通常并不将我国住房公积金制度看作一种社会保险制度，但实质上其功能与社会保险制度类似，只不过它提供的是住房社会保险功能，而且其制度模式具有明显的创新性：一是采取了完全积累制的个人大账户，二是具有基金借贷融通的互助功能。因此，这里将它与社会保险放在一起进行探讨。之所以我国现行社会保险与住房公积金制度并不适应长三角区域一体化发展的需要，至少有以下两个方面的原因：一是其参加对象主要是按照工作关系和户籍进行区分，对职工建立了基本养老、医疗、失业、工伤和生育保险五种社会保险与住房公枳金制度（简称五险一金），而对城乡居民只有按户籍参加的基本养老保险与医疗保险两种社会保险制度；二是统筹层次比较低，目前这些制度绝大多数都还没有统筹到省级层次，仅统筹到市级层次的比较多。因此，人员一旦跨统筹地区流动，就会遇到这些制度的阻碍，这也是百姓对医疗保险异地就医实时结算呼声较高的重要原因。

实质上，其他社会保险与住房公积金制度都有类似的异地接续与使用等问题，而这些保险制度之所以未能适应在更大范围内推进一体化发展而进行改革的深层次根源，主要有两个方面：一方面是这些社会保险实行现收现付制（Pay-As-You-Go System，PAYG）

模式或其中现收现付的比例比较高，提高统筹层次则意味着要在更大范围内分散风险，相应层次的主管部门不仅需要承担更大的管理责任、兜底责任，而且必须能有效规避由此可能产生的逆向选择和道德风险等问题（高传胜，2018）；另一方面则是因为由这些保险制度形成的基金由地方行政部门管理所产生的本位利益，如医疗保险基金使用就关系到当地医疗卫生部门的切身收益，养老保险基金则直接影响到资金转化成的资本的投资收益去向，住房公积金的使用则影响到当地房地产业的发展，等等。因此，在更大范围内推进这些制度一体化管理的障碍是比较明确的，改革的难处亦可想而知。

二、医疗卫生服务的长三角区域一体化发展及治理障碍

健康是人类的基本需求。按照格罗斯曼（Michael Grossman）1972 年的经典研究，健康对个人而言起码有三个方面的角色：一是消费品，因为健康本身就很有价值，能给人带来正的效用；二是投入品，因为越健康，能用于工作的时间越多，工作效率也会越高；三是资本品，因为健康能从一个时期持续到下一个时期，并且一直持续下去，健康能跨时期积累或消耗，促进今天的健康能带来明天更健康（杰伊·巴塔查里亚等，2019）。而医疗卫生服务由于具有预防、保健、诊断、治疗、康复等多方面与健康相关的功能，因而成了人的重要派生需求。正因为如此，人员跨地区流动都需要医疗卫生服务的有效保障。然而，在国家强力推行分级诊疗制度的大背景下，并不鼓励甚至还抑制越级跨地区看病就医，医疗保险报销制度也为此设置各种障碍。

除此之外，在医疗卫生服务领域尚存在诸多进入壁垒的现实状况下，医疗卫生服务不仅总体上存在着供给总量不足的问题，还存在着多方面结构性失衡的问题，城乡差距、地区差距都是发展不充分、不平衡的具体体现。即使不考虑质量差距，上海的医疗卫生服务也比长三角的其他三个地区要强，更不用说实际上还存在着质量差距。鉴于此，要推进医疗卫生服务在长三角区域内的一体化发

展，难免会遇到百姓在医疗卫生服务消费上的"趋高"选择行为可能给优质医疗卫生服务带来的挤兑问题。这其实也是国家积极推行分级诊疗制度的重要考虑之一。然而，优质医疗卫生资源分布格局不改、百姓长期以来形成的医疗消费习惯难改，已经从供给侧与需求侧两方面对分级诊疗制度、医疗卫生服务一体化发展构成了现实挑战（高传胜等，2019），因此长三角医疗卫生服务一体化发展需要探索有效的突破路径。

三、基础教育供给适应人员跨地区流动及其现实障碍

因为我国自古就有重视子女教育的优良传统，所以学前教育、义务教育等基础教育通常是流动人员非常关注的重要公共服务。在社会竞争日趋激烈的当下，"让子女不再输在起跑线上"更是中国相当多的家长现实心态的反映。遗憾的是，目前学前教育、义务教育等基础教育主要是由基层政府负责，并主要面向户籍人口，而且实行的是学区制，这就给跨地区流动的人员解决其子女基础教育问题带来了不小障碍。事实上，不仅是跨省流动人员会遇到这样的问题，即便在同一个市的不同区县也存在类似的问题，而其背后的深层次根源主要在于教育行政管理体制与相应的财政分级负责模式。只要是人随财政资金走，而不是财政资金随人走，学前教育、义务教育等基础教育就必然不能适应人员跨地区流动的现实需要。

因此，要使学前教育、义务教育等基础教育服务供给能够适应人员跨地区流动的现实需求，就必须深化教育行政管理体制与财政体制改革。从学理上而言，财政体制改革似乎并不难，如把用于基础教育服务供给的财政资金以教育券的方式提供给需要接受教育的人，让他们自主选择教育服务提供机构与地区。但问题在于，这样的改革涉及面广，需要给实行改革的机构与人员以相应的激励约束机制与容错机制。相较而言，更难的地方可能还在于基础服务供给难以适应教育需求的流动性，给教育行政管理部门带来较大的现实挑战。更何况，目前基础教育还存在着较大的发展不平衡、不充分问题。前面在没有考虑教育服务质量的情况下，已经发现长三角三

省一市的各级教育存在着参差不齐的状况，如果再考虑教育服务质量方面的差距，问题便会更加突出。关键在于，无论难还是易，这两方面的改革都没人有动力来推进。

四、养老服务长三角一体化发展及其面临的多重障碍

随着长三角区域人员流动频率的提高、密度的增强，养老服务一体化发展必然也会成为重要内容，毕竟，处于工作状态的人员基本上都是上有老、下有小，更不用说他们自己未来也会面临养老问题。长三角三省一市养老服务方面客观存在的差距实际上为各地之间加强分工协作、错位发展、互补互动提供了有利的机会。然而，现实情况可能未必如此，因为基本养老服务涉及政府的责任，而以往政府是倾向于自建养老机构来提供服务，后来越来越多地改成政府购买养老服务，而更进一步则是改成补贴养老机构（如"补床头""补砖头"）、直接补贴老人（如"补人头"）等做法（高传胜，2018）。实际上，地方政府无论采取哪一种承担基本养老服务责任的做法，都希望能够促进本地养老服务业发展，而这恰恰又会给养老服务在更大范围内的一体化发展造成本位利益的障碍。

此外，由于老年人的身体具有不同程度的脆弱性，因此，他们需要的往往不单单是养老服务，通常还需要医疗服务做后备保障，有的甚至需要医疗服务、养老服务与护理服务等相结合。而这不仅涉及各种服务的提供问题，还与对应的社会保险制度密切相关。因此，上述分析的社会保险制度一体化管理面临的障碍和医疗卫生服务一体化治理面临的障碍，同样会影响养老服务的区域一体化发展。概而言之，加快推进长三角养老服务一体化发展，实际上面临着多重障碍。

第五节　加快长三角公共服务一体化发展的改革与创新思路

长三角三省一市的多种公共服务发展水平上的差距和公共服务一体化发展所面临的各种障碍，只有通过深化改革、不断创新，才有可能找到高质量发展的突破路径。

一、深化"放管服"改革，推进公共服务多元化供给

目前首要的任务仍然是继续深化"放管服"改革，让更多的社会力量能够有公平机会、较强激励从事公共服务供给，进而减少对公立机构的过分依赖，真正实现公共服务供给渠道与方式多元化。降低行业准入条件，将更多的行政力量用于加强事中事后监管，并改善政务服务，在让社会力量成为公共服务的供给主力的同时，规范市场竞争秩序。这样，不仅可以为政府购买服务提供更加有利的市场条件，而且为市场组织、社会组织在更大的长三角区域范围内高效组织提供公共服务创造了更加宽松公平的政策环境。不仅如此，公共服务的多元化供给、社会力量成为公共服务的主要供给主体，实际上也为政府承担公共服务支出责任方式的不断改革与创新铺垫了基础。

从理论上讲，从政府自建公立机构来提供公共服务，到政府通过市场购买公共服务，再到政府通过补贴方式资助市场组织、社会组织提供公共服务，最后到政府直接补贴居民、让其自行到市场上购买公共服务，其中的运行机理与可能产生的效应是不同的。相较而言，政府通过直接通过"补人头"方式承担公共服务供给责任，一方面可以给市场组织、社会组织更大的发展空间，让他们得到培育并成长为公共服务的供给主力，另一方面可以通过居民手中的

"货币选票"形成市场竞争机制，迫使服务供给主体更加重视供给效率与服务水平。

二、改革财政支出方式，探索"钱随人走"的新模式

从公共服务角度来看，阻碍人员跨地区流动的障碍主要在于一些公共服务供给本地化，而且通常只有本地户籍人口才有权消费。供给与消费的本地化，其背后根源在于本级财政的支出责任承担方式，即它主要采取支付给服务供给方的方式。如是，居民只有在本地才能消费到这些公共服务，而财政支付给服务供给方又有利于促进本地经济发展。但是，这种方式的负面效应可能是容易在一个较小范围内形成闭环系统，服务供给方也具有一定程度的区域垄断性，缺乏竞争压力来迫使他们提高服务供给效率与水平，更不用说目前很多的公共服务供给机构都是公立组织，缺乏健全有效的激励约束机制来调动其中人员的工作积极性。另外，这种"人随钱走"的公共财政支出方式，不利于公共服务在更大范围内一体化高质量发展，连同一个市、县都很难一体化，更不用说在更大的范围如省、长三角了。

鉴于此，合理可行的改革创新方向就是探索公共财政支出方式向"钱随人走"模式转变。这种新型财政支出方式不仅需要一定的前提条件，而且具体实施起来还有很多细节值得进一步探讨。其中一个重要的前提条件就是社会化公共服务供给主体的培育，让社会力量成为公共服务供给的主力，而不能主要依靠本地化的公立机构。同时，行业监管、市场监管还要能跟得上，以保证市场竞争公平适度、市场秩序规范有序。只有这样，居民才能以手中的"货币选票"在规范的竞争性市场上选择到适合自己的公共服务。但是，采取"钱随人走"的财政支出方式，不仅需要财政思维方式实现较大转变，实施细节也需要不断探索，毕竟，将公共服务的财政支出分到每一个居民手中涉及合理支出水平的确定，既要保障经济困难者的基本需求，又要让中低收入群体得到适当的补助。如果处理不当，则容易引起民愤。

三、加强四地政府协作，提高社会保险制度统筹层次

现收现付制社会保险制度尤其需要提高统筹层次，这不仅是更加充分地发挥社会保险的风险分散功能的客观需要，也有助于人员在更大范围内进行合理流动与有效配置。然而，现实中的社会保险制度却因行政区域管理体制等原因，被切成若干小块，碎片化特征非常明显。尽管国家已经在努力推进部分社会保险制度统筹层次的提高，其中包括基本养老保险的全国统筹、基本医疗保险的异地实时结算等，但进一步可为空间仍然很大，而且统筹层次提高后还可能出现新的问题与矛盾，如养老保险全国统筹后可能产生的基金筹资与偿付管理环节的道德风险问题。值得庆幸的是，社会保险费改由税务部门统一征收可望在一定程度上抑制其中的部分负面影响。实际上，长三角三省一市可以利用长三角一体化发展上升为国家战略的有利机会，加强政府间协作，为国家提高社会保险制度统筹层次积极探索有益的实践经验，这实际上也是国家加快推进长三角一体化发展的重要目的之一。

提高统筹层次，不仅是现收现付制社会保险制度的内在要求，完全积累制（亦称为基金制，Full-funded System）模式也同样需要，其中包括我国的住房公积金制度。碎片化、小块式制度管理模式的"锁定效应"十分明显，不仅影响参加者的权益享受，也不利于人员在更大范围内的合理流动与高效配置。长三角一体化发展的重要目标就是破除阻碍生产要素合理流动的行政体制机制，而社会保险、住房公积金制度及其运行管理方式极大地阻碍了这一目标的实现，理应成为三省一市政府加强协作、积极探索解决办法的重要方面。

四、完善激励与容错机制，鼓励各级主体探索与创新

公共服务涉及每一个居民的切身利益，如果处理得不好，不仅容易招致各方面的质疑、非议甚至批评，还可能引起民愤甚至社会

事件。相较而言，改革创新的倡导者、组织者、实施者能够从改革中得到的微乎其微。改革创新风险与收益的严重不对称性，决定了改革创新者往往甚寡。鉴于此，如果缺乏健全完善的体制保障与机制支撑，就很难调动相关部门与人员的改革、探索与创新的积极性、主动性和能动性。更何况，公共服务领域的改革创新，不仅直接面向广大人民群众，而且涉及面甚广，如纵向的财政体制与支出方式等方面的改革、横向的地方行政管理体制的改革等。因此，必须建立起完备的激励机制与充分的容错机制，一方面给改革创新者以充分有效的激励，另一方面要给他们准备好"防护垫"，做好容错保护工作，以解除他们的后顾之忧。

反观现实，我们鼓励和支持改革创新的激励机制与容错机制并没有建好，更毋论完备了，甚至有的时候反映出来的还是平庸者胜出、改革创新者惨遭淘汰，因为改革创新者做事多，难免会出错，这会直接影响其升迁前程，而那些平庸者虽然没突出成绩，但也没犯什么错误，因此往往能够按部就班地升迁。从相当多案例反映出来的情况看，我们的一些用人体制确实还缺少健全有效的激励机制与包容有度的容错机制，既未能给改革创新者、探索奋进者以公开透明的激励办法，也缺乏针对他们的容错纠错机制。虽然官场不是商场，但同样需要相应的机制设计，以支持和鼓励改革、探索与创新。要加快推进长三角公共服务一体化高质量发展，道理亦是如此。

参考文献

[1] 高传胜. 高质量发展阶段医疗服务业发展与治理的路径选择[J]. 社会科学战线，2019（5）：222-229.

[2] 高传胜. 当前我国社会保障制度存在的问题及改革策略[J]. 社会科学辑刊，2018（5）：70-76.

[3] 高传胜. 新时代实现"老有所养"的战略路径与政策重点[J]. 天津行政学院学报，2018（4）：75-82.

[4] 高传胜，雷针. 高质量发展阶段分级诊疗政策的效果与走向[J]. 中州学刊，2019（11）：65-72.

［5］国家发展改革委社会司．上海：以机制建设助推长三角公共服务共建共享［N］．中国经济导报，2018-11-08(3)．

［6］［美］杰伊·巴塔查里亚，［美］蒂莫西·海德，［美］彼得·杜．健康经济学［M］．曹乾，译．广西师范大学出版社，2019．

［7］刘志彪，徐宁，孔令池，等．长三角高质量一体化发展研究［M］．北京：中国人民大学出版社，2019．

［8］张理想．公共服务，共绘民生幸福景［N］．安徽日报，2019-12-09 (5)．

［9］周二中．共建共享，打造民生"幸福圈"［N］．新华日报，2019-12-10 (1)．

第六章　建设统一开放的长三角
人力资源市场

人力资源是区域经济发展中最重要的资源。人力资源指的是一个国家或者地区，具有为社会创造物质、精神和文化财富的，从事智力劳动和体力劳动的人口的总称（董克用，2015）。而人力资本作为人力资源的基础，指的是体现在人身上可以用来提供未来收入的一种资本，是人类自身在经济活动中获得收益并不断增值的能力（Schultz，1961）。人才则是指在人力资源中，具有一定的知识和技能，能够进行创造性劳动，在某一领域、某一行业或者某一工作中做出较大贡献的人。因此，只有充分发挥人力资源的最大效能，不断吸引人才，才能为经济发展不断地注入创新活力和动力，才能带动区域经济的高效增长。

人力资源市场一体化是长三角区域一体化发展的关键问题之一，是整合区域间人力资源和人才资源的重大战略举措，是长三角区域经济提升、产业结构升级的重要推动力（陈楠、李清娟，2019；李清娟，2019）。只有长三角人力资源市场特别是人才市场一体化，才能培育区域发展新动力，激发区域创新创业活力，推动区域新技术、新产业、新业态的蓬勃发展。

尽管早在2003年，长三角地区19个城市就共同发布了《长江三角洲人才开发一体化共同宣言》，但是由于历史和现实各项因素的制约，长三角地区人力资源市场一体化的建设进展缓慢，受到了行政区划的影响和限制，在人才开发过程中存在着不同的本位主义和各自为政的现象，不仅制约了人才效能的最大发挥，阻碍了人力资源在区域内的自由流动，而且也成为长三角地区一体化发展的重要障碍（姜智鹏，2010）。因此，长三角人力资源市场一体化仍属于一个待破解的难题。

第一节　人才市场一体化的意义和路径

一、人才市场一体化的意义

（一）劳动力市场一体化促进农村城镇化和工业发展

刘易斯提出的二元经济结构理论认为，当农村的边际劳动生产率等于 0 或者为负时，就会存在着大量的显性失业人口，这时候农村剩余劳动力就会涌入城市，为城市的工业发展提供劳动力。他认为农民进城的主要原因是城乡之间实际存在的收入差距。费和拉尼斯改进了刘易斯模型，强调了农业劳动生产率的重要性，指出只有农业劳动生产率提高，农产品和劳动力才有剩余，才能够促进农村剩余劳动力向工业部门的转移。而当工业的劳动生产率和农业劳动生产率相近的时候，就会出现相互争夺劳动力的现象，这时劳动力转移的方向取决于农业部门的收入和工业部门的工资水平的差距。托达罗则从预期收入理论的角度探讨了城乡差距问题，他认为农村人口进入城市，一要考虑城乡工资的差异，二要考虑城市谋得的工作机会的可能性。只有在城乡收入差距大，同时在城市寻找工作的可能性大时，才能促进农村人口向城市人口转移（吴忠涛、张丹，2013）。

作为工业化和现代化的必然发展趋势，农村剩余劳动力向非农产业和城市转移，对于解决农村劳动力就业以及提高农民收入水平具有重要意义，能够促进城乡一体化和农村城镇化，为区域经济发展赋能。一方面，农村人口进城务工就业所获得的劳务收入，能够提高农民的收入水平和实现脱贫致富；另一方面，作为我国城镇化进程中必不可少的重要一步，大规模流动人口进城务工就业，弥补了城市劳动力供给的结构性不足，有效地抑制了区域内劳动力成本的上升速度，为发挥区域内劳动力资源优势、提高企业的竞争力做出了重要贡献。

（二）人力资源市场一体化促进劳动力向城市集聚、提高城市吸引力

农村剩余劳动力向城市转移的原因，除了城乡收入差距以外，还有谋求更好的生活、教育、医疗条件等。博格（1961）提出的推拉模型可以解释农村劳动力流动原因。该模型认为，农村过剩劳动力离开农村进入城市有一定的推力，如农村的收入低、就业机会少、生活环境差、缺少发展机会、不愿意干农活等，但是农村劳动力离开农村也存在一些拉力，主要包括对家乡故土的留恋、熟悉的生活环境、家人团聚等。只有当推力大于拉力时，农村劳动力才会流向城市。当然，城市也有一些推拉的因素，推力是城市生活节奏快、工作压力大、住房拥挤、消费水平高等，拉力主要表现在薪酬待遇好、发展机会多、生活环境好、文化娱乐活动多等方面。熊彩云（2007）认为，我国特殊的二元经济结构和户籍制度的约束，使农村劳动力的流动被置在了"农村推力＋城市拉力＝城镇就业"与"农村拉力＋城市推力＝农村定居"这样两个封闭的循环圈内。国内的相关学者根据我国的实际情况，将推拉模型演变成符合我国实际的三力模型，也就是在"推力""拉力"的基础上又加了一个"能力"，即将劳动者的个体素质在人口流动中所起的作用称为"能力"。一般而言，劳动者个体的能力越强，就越能够适合劳动力市场的需要，其转移自由度和职业选择机会也会相应增加（张学浪、潘泽瀚，2014）。

据此看，推动长三角地区人力资源一体化建设，促进农村剩余劳动力向城市聚集，一方面能够提高城市公共设施的利用率，另一方面，农村劳动力的消费也能够刺激输入地的经济发展，增加城市的财政收入，使其拥有更多资金用于建设公共设施，更好地改善城

市的生活条件，而这反过来又可以吸引更多的人力资源流入城市。

（三）人力资源市场一体化有利于促进人员流动、实现人力资源最优化配置

20世纪70年代，菲尔普斯（1970）提出的工作搜寻理论认为，劳动力市场具有不确定性和不完备性，即雇主拥有足够的有关工作的信息，但难以获得有关求职者的全部信息；而求职者虽然拥有足够的个人信息，却不能获得有关工作的充分信息（李玉梅、程聪，2007）。在这种状况下，人力资源的供需双方都需要花费一定的时间和成本去搜寻相关的市场信息，如此才能够促进人员流动，实现供需匹配。

显然，加强人力资源市场建设，推进长三角区域人力资源一体化，有利于形成区域内具有统一规定和秩序的人力资源大市场，提供更多的工作岗位和就业机会，促进就业信息在不同区域内的流通，为工业的发展提供充足的劳动力，降低人力资源的成本，实现人尽其才、人尽其用。同时，推进人力资源一体化，能够充分发挥市场在人力资源配置过程中的基础作用，充分保障用人单位的用人自主权和求职者选择企业的自主权，促进人力资源在不同地区、行业、职位上的流动，通过公平、高效的市场竞争手段将人力资源配置到最有效率之处，发挥人才的最大效用。此外，推进人力资源一体化，能够促进科技人员的聚集，加强科技信息的交流与传播，有利于促进创新。科技创新的信息可以分为隐性知识和显性知识。显性知识是可以用语言文字来表达的，而隐性知识无法用语言文字来表达，只有在实际工作中才能显现出来（李菲，2010）。创新更需要的是隐性知识。因此，必须加强科技人员的沟通与联系，相互学习，相互启发，才能产生创新的灵感。

（四）人力资源市场一体化有利于吸引全球、全国的高端人才、提高区域创新能力

产业的聚集对人力资源的聚集有重要的影响，产业的聚集带来技术的聚集和人力资源的聚集。当前长三角的产业结构日趋合理，有一些产业已经是世界先进水平，如2020年上海已经成为世界排名第四的国际金融中心，据2018年上海统计年鉴，2017年上海市

GDP 达 30 632.09 亿元，第三产业占 GDP 的比重是 69.2%，人均 GDP 达到 126 634 元，上海市的进出口总额为 4 761.23 亿美元。而江苏省 2017 年 GDP 达 85 900.9 亿元，第三产业占比 50.3%，为 43 169.4 亿元，人均 GDP 为 107 189 元，全年进出口总额为 40 022.1 亿元。浙江省 2017 年 GDP 为 51 768 亿元，第三产业占比为 53.3%，人均 GDP 达 92 057 元，全年进出口总额 3 779 亿美元。安徽省 2017 年 GDP 为 27 518.7 亿元，第三产业占比为 41.5%，人均 GDP 达 44 206 元，全年进出口总额 536.4 亿美元。此外，长三角地区汇聚了全球高水平创新型大学、科研机构和跨国企业研发中心，在光子科学与技术、生命科学、能源科技、类脑智能、纳米科技、计算科学等前沿领域实施了多项重大科学研究项目（曾刚等，2019）。这些重大科研项目不仅能够促进科技人才的交流和合作，而且有利于吸引全球顶尖人才。

二、人力资源市场一体化的实现路径

荷兰经济学家简·丁伯根（1954）认为，经济一体化的核心是消除阻碍经济运行的人为因素，在相互协作和统一的基础上，创造最适宜的国际经济结构。他将市场一体化分为消极一体化和积极一体化。其中，消极一体化主要是指消除歧视和管制制度，通过市场力量推动市场交易自由化的发展；积极一体化主要是指借助政府的强制力量，建立和实施新的自由化政策和制度，纠正自由市场的错误信号，强化自由市场的正确信号。Balassa（1962）则认为"一体化"既可以视为一个过程，也可看作一种状态。一体化过程就是不断地消除国家或地区之间的经济歧视和差别待遇；一体化状态就是国家或地区之间公平竞争，没有各种形式的经济歧视和差别待遇。通过公平、无差异的市场博弈，让价格机制、竞争机制、风险机制等充分发挥作用，实现各种要素的优化配置，激发经济活力，提高经济效益。朱金海（1995）认为，长三角一体化是指冲破行政管理体制的界限，以市场为纽带，以企业为主体，并在政府的宏观调控下，建立分工合理、资源合理配置、产业协调、资金融通、人才自由流动的现代经济一体化区域。刘志彪（2019）提出，一体化发展的真正含义，既不是要求存在一种理想分工格局和发展模式，更不是指各主体之间利益无冲突的一致性行动，而是指在一个尺度较大的区域经济范围中，各个边界清晰的行政单元之间，通过改革和开放，逐步清除各种人为地阻碍资源和要素自由流动的体制障碍，通过相互合作、竞相开放和充分竞争的过程，实现区域高质量发展。因此，更高质量地推进长三角区域一体化，就要充分协调政府和市场的关系，充分发挥政府与市场次序有别的"双强"作用（刘志彪、陈柳，2018）。

虽然学者们从不同的视角对一体化的概念内涵进行了论述，但是综合不同的理论文献可以发现，学者在如何推进经济一体化问题上，都是在强调市场的基础作用和政府的宏观调控作用。因此，长三角区域人力资源市场一体化同样应当从两条路径入手：一是发挥市场在资源配置中的基础作用，通过自由、公平的市场竞争促进人力资源的自由流动，推进人力资源市场一体化；二是发挥政府对经济的宏观调控作用，通过政府推动和引导，消除影响人力资源流动的各种障碍，以制度促进人力资源市场一体化。

人力资源作为最重要的生产要素，按照市场机制把它配置在社会最需要的岗位上，做到人尽其才、才尽其用，是保证社会生产效率的基本要求。发挥市场的力量对人力资源进行有效配置，就是区域内的企业可以在最短时间内找到自己所需要的人才，而优秀的人才也可以在最短的时间内找到自己所心仪的企业。同时，需要完善市场中的人力资源中介企业，通过将企业和人才信息进行高效沟通和交流，从而加快人才资源的合理流动，实现人力资源的最优化配置。

人力资源市场一体化离不开政府的作用。一方面，政府可以通过制定各项政策，消除人力资源的身份、户籍对人才的流动所造成的各种各样的限制，改革现有的城市户籍制度，简化人才落户的各种限制性政策，消除人力资源流动的各种障碍，加速人力资源一体化的进程。另一方面，政府可以加速建立与人力资源市场相关的市场规则和秩序，不断改革和完善现有的人才资源选拔和任用机制，推进对人力资源的社会化，建立区域内统一的人才评价机制，最终形成长三角区域内具有统一规定和秩序的人力资源大市场。

第二节　长三角人力资源市场一体化：现状和障碍

一、长三角人力资源市场一体化的现状

（一）人力资源总体状况

长三角地区是我国人力资源最丰富的地区，为市场提供了大量劳动力，为区域经济的快速增长储备了大量的人力资本。由表6-1可以看出，2010—2018年长三角地区三省一市人口总量呈现逐年增长的趋势。2018年，长三角地区人口总量为22 536万人，比2010年增加了960万人，增长率为4.5%。

表6-1　2010—2018年长三角三省一市人口总量　　单位：万人

年份	上海	江苏	浙江	安徽	长三角人口总量
2010	2 303	7 869	5 447	5 957	21 576
2011	2 347	7 899	5 463	5 968	21 677
2012	2 380	7 920	5 477	5 988	21 765
2013	2 415	7 939	5 498	6 030	21 882
2014	2 426	7 960	5 508	6 083	21 977
2015	2 415	7 976	5 539	6 144	22 094
2016	2 420	7 999	5 590	6 196	22 205
2017	2 418	8 029	5 657	6 255	22 359
2018	2 424	8 051	5 737	6 324	22 536

资料来源：国家统计局网站。

表 6 - 2 列举了 2010—2018 年长三角地区人口占全国总人口比例，可以看出，长三角地区人口数量基本维持在全国总人口数的 16.05%～16.15% 之间，这说明长三角地区人力资源数量供应比较稳定。

表 6 - 2　2010—2018 年长三角总人口占全国总人口比重

年份	全国总人口（万人）	长三角总人口（万人）	比重（%）
2010	134 091	21 576	16.09
2011	134 735	21 677	16.08
2012	135 404	21 765	16.07
2013	136 072	21 882	16.08
2014	136 782	21 977	16.06
2015	137 462	22 094	16.07
2016	138 271	22 205	16.05
2017	139 008	22 359	16.05
2018	139 538	22 536	16.15

资料来源：国家统计局网站。

近些年来，随着城镇化水平的不断提高，大量乡村劳动力向城市转移，长三角地区人口结构不断变化。表 6 - 3 和表 6 - 4 分别给出了 2010—2018 年长三角三省一市城镇和乡村人口数量。从表 6 - 3 和表 6 - 4 中可以看出，长三角地区以及全国的城镇人口数量都在不断增加，乡村人口数量在不断减少。但是，三省一市之间的城镇人口比重差距较大，2018 年上海市城镇人口比重达到 88.11%，江苏省和浙江省分别达到 69.60% 和 68.90%，而安徽省只有 54.69%，与其他三个地区的差距较大，这说明了长三角三省一市之间经济差距较大。

表 6 - 3 2010—2018 年长三角各地区城镇人口数量

年份	各地区城镇人口数量									
	上海		江苏		浙江		安徽		全国	
	城镇人口（万人）	比重（%）	城镇人口（万人）	比重（%）	城镇人口（万人）	比重（%）	城镇人口（万人）	比重（%）	城镇人口（万人）	比重（%）
2010	2 056	89.27	4 767	60.57	3 356	61.61	2 562	43.00	66 978	49.94
2011	2 096	89.30	4 889	61.89	3 403	62.29	2 674	44.80	69 079	51.27
2012	2 126	89.32	4 990	63.00	3 461	63.19	2 784	46.49	71 182	52.57
2013	2 164	89.60	5 090	64.11	3 519	64.11	2 886	47.86	73 111	53.72
2014	2 174	89.61	5 191	65.21	3 573	64.86	2 990	49.15	74 916	54.77
2015	2 116	87.61	5 306	66.52	3 645	65.80	3 103	50.50	77 116	56.09
2016	2 127	87.89	5 417	67.72	3 745	66.79	3 221	52.00	79 298	57.34
2017	2 121	87.71	5 521	68.76	3 847	68.00	3 346	53.49	81 347	58.51
2018	2 136	88.11	5 604	69.60	3 953	68.90	3 459	54.69	83 137	59.58

资料来源：国家统计局网站。

表 6 - 4 2010—2018 年长三角各地区乡村人口数量

年份	各地区乡村人口数量									
	上海		江苏		浙江		安徽		全国	
	乡村人口（万人）	比重（%）	乡村人口（万人）	比重（%）	乡村人口（万人）	比重（%）	乡村人口（万人）	比重（%）	乡村人口（万人）	比重（%）
2010	246	10.73	3 102	39.43	2 090	38.39	3 395	57.00	67 113	50.06
2011	251	10.70	3 009	38.11	2 060	37.71	3 294	55.20	65 656	48.73
2012	255	10.40	2 930	37.00	2 016	36.81	3 204	53.51	44 222	47.43
2013	251	10.39	2 849	35.89	1 979	35.99	3 144	52.14	62 961	46.28
2014	252	12.39	2 769	34.79	1 935	35.14	3 093	50.85	61 866	45.23
2015	299	12.11	2 670	33.48	1 894	34.20	3041	49.50	60 346	43.91
2016	293	12.29	2 582	32.28	1 845	33.21	2 975	48.00	58 973	42.66
2017	297	11.29	2 508	31.24	1 810	32	2 909	46.51	57 661	41.49
2018	288	11.89	2 447	30.40	1 784	31.10	2 865	45.31	56 401	40.42

资料来源：国家统计局网站。

在某一国家或地区，人力资本总体存量是由具有不同层次人力资本存量的个体组成的。我们根据各地区居民的教育程度，分别将人力资源分成初级、中级和高级三个类别。其中教育程度为"未上过学""小学"为初级人力资本，"初中""高中""中等职业教育"为中级人力资本，"大专""本科""研究生"为高级人力资本。表 6－5 为 2007—2016 年长三角地区人力资本存量的状况，从纵向上来看，长三角三省一市的高级人力资本存量逐年增加，但是地区之间的差异同样较大，2016 年，上海市高级人力资本所占比重为44.6%，接近总人力资本的一半，而江苏省和浙江省高级人力资本所占比重分别为 24.6% 和 25.2%，安徽省高级人力资本所占比重仅为 13.8%。

表 6－5　2007—2016 年长三角各地区人力资本存量状况　　单位：%

年份	各地区人力资本存量											
	上海			江苏			浙江			安徽		
	初级	中级	高级	初级	中级	高级	初级	中级	高级	初级	中级	高级
2007	9.7	62.6	27.68	31.2	62.2	6.66	37.7	54.2	8.03	44.4	52.2	3.42
2008	9.6	61.1	29.21	29	64.4	6.6	36.6	54.4	8.9	41.5	54.5	4.07
2009	7.8	60.9	31.32	28.1	64.7	7.27	34.1	55.4	10.38	38.6	57.5	3.89
2010	10	61.7	28.25	22.6	65.5	11.96	28.8	59.6	11.49	32.9	57.7	7.52
2011	7.7	60.1	32.13	19.3	67	13.66	22.4	61.7	15.96	30.3	61	8.7
2012	7.4	59	33.69	17.6	67	15.45	22.7	59.7	17.7	27	63.3	9.73
2013	6.2	58.7	35.05	17.7	65.4	16.99	21.8	59	19.16	28.5	61.4	10.11
2014	4.4	52.8	42.85	17.8	63.9	18.29	22	56.5	21.52	25.6	62.8	11.6
2015	5.7	50.4	43.9	15.1	61.9	22.9	19.2	56.1	24.7	28	58.8	13.3
2016	5.3	50	44.6	15.2	60.1	24.6	18.1	56.7	25.2	27.4	58.8	13.8

资料来源：国家统计局网站。

（二）长三角地区人力资源流动状况

2018 年，在长三角 26 个核心城市中，共有 16 个城市人口实现了净流入，其中 7 个城市的人口净流入量超过 100 万人，分别是上海、苏州、宁波、杭州、无锡、南京和嘉兴，除上海外，主要分布在苏南和杭州湾沿岸。其中，上海的人口净流入最多，达到了976.21 万人；制造业大市苏州的人口净流入达到了 368.62 万人，宁波和杭州的人口净流入也都超过了 200 万人。

不仅如此，2018 年 10 月清华大学与上海科学技术政策研究所联合发布的《长三角地区数字经济与人才发展研究报告》显示，长三角地区对国内（长三角地区以外）高水平人才存在吸引力，人才流入/流出比为 1.06，其中吸引力最大的城市是上海，人才流入/流出比达到 1.41。同时，长三角地区对国内的数字人才存在非常明显的吸引力，数字人才流入/流出比达到 1.35，其中吸引力最大的城市是杭州，人才流入/流出比达到 1.74。从人才职位等级流动的维度来看，杭州发挥着人才中转站的作用，引入国际及港澳台的优秀人才，并将自身的优秀人才输出到国内其他地区；南京主要承担输送初级人才的重任，但比较缺乏人才进一步成长的环境；苏州在国际及港澳台流动人才、国内流动人才和长三角区域内流动人才这三类流动人才的职位等级分布上都比较均衡；上海在人才的成长过程中起着重要作用，为其他地区的人才结构优化提供了重要支撑。

从长三角地区内各城市之间人才流动的维度来看，对高水平人才吸引力最高的城市也是上海。根据 2018 年 12 月国家卫健委发布的《中国流动人口发展报告 2018》，长三角城市间流动人口的来源地空间分布，呈现明显的分散化特征。上海市来自苏浙皖三省的流动人口中，50% 来自盐城、南通、合肥、芜湖和泰州，这 5 个城市均位于上海以北，说明上海与长三角北翼地区人口联系更加紧密。

二、长三角人力资源市场一体化存在的障碍

（一）产业高度相似，各地互相争夺人才

一个区域的产业结构会随着经济的不断发展和居民收入的不断增加而发生变化，在不同的经济发展阶段，三次产业结构的比重也会发生变化。1965 年，江苏省的三次产业结构比重为

43.3％∶31.8％∶24.9％，呈现明显的"一二三"结构。到了改革开放之后，随着经济的发展，第一产业比重不断下降，第三产业比重不断上升，而第二产业比重则是经历了先上升后下降的趋势，到2019年，江苏省三次产业结构比重为4.3％∶44.4％∶51.3％。而浙江省自1978年以后，产业结构一直呈现"二三一"模式，而随着经济的不断发展，第一产业比重也呈现较快下降趋势，第三产业呈现较快增长趋势，到2019年，浙江省三次产业结构比重为3.4％∶42.6％∶54.0％。安徽省自1978年改革开放之后，第一产业比重逐年下降，第三产业比重迅速上升，而第二产业比重稳步上升，并最终在1994年达到顶峰50％之后经历了稳中有降，到2019年，安徽省三次产业结构比重为7.9％∶41.3％∶50.8％。上海市的三次产业结构与江苏、浙江和安徽三省不同，在1978年，上海市的第一产业比重就降到了4％，而第二产业比重高达77.4％，而随着经济的不断发展，在2004年上海市第二产业和第三产业所占比重大致相当，此后第三产业比重开始超过第二产业所占比重，到2019年，上海市三次产业结构比重为0.3％∶27％∶72.7％。通过分析同一时期长三角三省一市的三次产业结构，可以发现上海市的第一产业比重远远低于江苏省、浙江省以及安徽省，但第三产业比重增长速度则远远高于其他三省。同时，江苏省和浙江省的三次产业结构的相似程度较高（何娜，2013）。

陈建军（2004）以三次产业分类或二次产业内部的大分类的数据为基础，计算结构相似系数，得出长三角地区产业相似过高、结构趋同的结论。王志华等（2016）选取相应指标，通过将长三角地区与发达国家高技术产业发展状况，对高技术产业同构现象进行测度，研究结果显示长三角高技术产业处于低端同构状态。刘志彪和孔令池（2019）在研究中提出，长三角地区克鲁格曼专业化指数基本保持在0.2左右，数值偏低，说明地区间专业化分工水平仍然不高，长三角地区生产力布局出现重复性和盲目性，产业结构趋同化现象依然比较突出。

长三角地区相似程度较高的产业结构和产业布局会带来巨大的隐患，一方面，许多地方不顾实际情况，忽视自身优势条件和资源禀赋，争相发展高科技产业，造成区域内产业结构日趋相似，城市之间的互补缺失，竞争优势削弱，而且严重的、无序的竞争和过度的、盲目的重复建设，无法在动态竞争博弈中实现"三方共赢"的良好结局，只会在某种程度上消耗彼此的发展实力（刘志彪，2005）。另一方面，产业结构相似会带来对创新人才的需求同质，使得长三角地区对于某一产业或行业的创新人才需求量激增，创新人才在任何地区都是稀缺资源，必然导致供不应求的现象。而为了尽可能地吸引本地区所需要的创新人才，各地会采取各项措施相互竞争，造成内耗，不利于长三角一体化高质量发展。

（二）缺乏合作治理，协调机制有限

长三角区域合作治理机制的缺失，导致长三角始终无法跳出单一行政区经济的圈子。由于缺乏有效的区域协调机制，加上不合理的政绩考核体系造成地方政府各自为政，地方保护主义屡见不鲜（刘志彪，2005），不仅严重影响了长三角地区整体的协调发展，而且制约了资源在区域内的高效配置，特别是对人力资源的优化配置。

值得注意的是，缺乏协调机制的问题似乎已被国家有关部门和领导所注意到，并且已逐渐开始了一些尝试和探索，如表6-6所示。从1992年所建立的联席会议制度，到2018年成立长三角区域合作办公室，都是加速推进长三角一体化高质量发展的重要举措。但是，目前联席会议作为协调机制仍存在一些不足：（1）联席会议作用有限。主要表现在联席会议目前来看工作协作不紧密，且在联席会议中所制定的各项涉及长三角一体化发展的各项规章制度也并未得到切实的落实和执行，缺乏强有力的监督。（2）联席会议成员有限。目前，进入联席会议的成员主要是三省一市的人才服务机构及人事部门，而社会保障、组织部门等尚未进入联席会议（姜智鹏，2010）。这使得三省一市政府在开展人才合作开发的过程中，很难与其他相关部门进行有效沟通，从而导致人才开发政策整体性、协调性相对不足，覆盖范围相对有限。

表 6-6　长三角一体化领导机构和协调机制

年份	主要内容
1992	长三角 15 个城市经济协作办主任联席会议制度建立
1997	联席会议升格为长三角城市经济协调会
2001	沪苏浙两省一市发起由常务副省（市）长参加的"沪苏浙经济合作与发展座谈会"制度
2004	沪苏浙三省市主要领导座谈会制度启动
2008	正式印发《国务院关于进一步推进长三角地区改革开放和经济社会发展的指导意见》
2008	长三角政府层面实行决策层、协调层和执行层"三级运作"区域合作机制。决策层即"长三角主要领导座谈会"，协调层即"长三角合作与发展联席会议"，执行层包括"联席会议办公室"和"重点合作专题组"
2009	沪苏浙两省一市吸纳安徽作为正式成员出席长三角主要领导座谈会、长三角地区合作与发展联席会议
2011	安徽作为轮值方成功举办长三角主要领导座谈会和长三角合作和发展联席会议
2016	国务院批复《长江三角洲城市群发展规划》
2018	长三角区域合作办公室成立

（三）人才跨区域流动受阻

2003 年，长三角地区 19 个城市的人事部门共同发布《长江三角洲人才开发一体化共同宣言》，计划用 5 年时间搭建自由流动、没有壁垒的统一的人才流动框架。此后，一些城市借此机会，在人才招聘、人才派遣方面开展了系列合作，如上海市杨浦区自 2005 年起定期与江苏、浙江两省其他城市定期合作举办"长三角青年人才科技创新成果展示交流会""江浙沪三地百家企业大型人才招聘会""上海东部高校应届毕业生就业招聘会（长三角专场）"等活动，通过互设人事人才合作常设机构、合作开办人才培训班、开展高端人才交流互访等形式，积极推动人才柔性流动。需要指出的是，这些举措对于探索推动长三角地区人才一体化高质量发展是有益尝试，但是仅仅停留在异地招聘、人才派遣合作和人才资格证书互认层面。长三角区域内真正的人才自由流动尚未实现，仍旧面临着许多障碍。

第一，户籍制度束缚了人才的自由流动。在计划经济时代，作为一种社会控制手段，户籍制度在加强人口管理、限制人员流动方面发挥了重要的作用。但是在市场经济体制下，生产要素自由流动是实现合理配置的重要前提。劳动力作为重要的生产要素，对其流动附加的任何限制，都会使社会总成本增加，而户籍制度在市场经济中对人口流动的控制，正日益显现出"人才壁垒"的局限性（郭将、谭梅，2018）。

虽然我国的户籍制度通过不断改革有所放开，但是仍然跟不上人力资本发展的步伐。特别是在当今社会，各行业的发展状况不同，发展机遇也随时会出现，对于求职者个人来讲，为了追求更高的收入和更好的职业发展机会，一年间转换几份工作的情况也时有发生，但国家对户籍自由调动的限制往往成为他们跨区域、跨城市流动的绊脚石。此外，在我国现行制度下，户籍往往还会对人才的职称申报、专利的申请、就业机会、社会保障以及子女教育等诸多方面产生重要影响。针对长三角地区而言，一方面，发达城市特别是上海这种优质资源聚集之地，户籍管理制度更加严格，往往是一"户"难求，会使得许多人才望"户"兴叹，从而造成人才流失。另一方面，长三角地区其他城市较为严格的户籍管理制度也在一定程度上限制了农村地区剩余劳动力向城市的自由转移。因此在市场化条件下，人才按照供求规律、竞争规律以及价值规律流动，如果没有开放、自由的户籍管理政策，长三角区域要实现人才一体化是不可能的。

第二，社保体系不统一。在我国目前的社会保障体系中，对于流动人口的社会保障仍旧比较薄弱，相关制度和政策并不完善，而这在一定程度上制约了人口流动。长三角地区由于隶属不同的行政区域，不同城市社保制度差异较大，主要体现在：第一，社保政策覆盖的范围不同。例如：根据上海市人力资源和社会保障局所制定的"上海外来人员综合保险"政策，其社保政策覆盖的人员范围为

"符合本市就业条件，在本市务工、经商但不具有本市常住户籍的外省、自治区、直辖市的人员"。而根据宁波市人力资源和社会保障局出台的《宁波市外来务工人员社会保险实施细则》，其社保政策覆盖的人员范围为"在国家规定的劳动年龄段内，与本市用人单位建立劳动关系但不具有本市常住户口的人员（不含外国籍、港澳台地区人员）"。第二，社会保险的范围不同。例如：上海市外来人员的社保范围包括工伤（或意外伤害）、住院医疗和老年补贴等三项保险待遇。宁波市外来务工人员社保范围包括工伤保险、大病医疗保险、养老保险、失业保险和生育保险。而南京市针对外来务工人员提供的社保主要是养老保险。

第三，缺乏统一的人才认定标准。目前，长三角地区尚未建立起完善健全的人才跨区域流动的体制，三省一市在人才政策、资源和服务等方面存在较大差异，为区域间人才流动造成一定障碍。以人才资格认证标准为例，虽然近些年来，上海市在推动长三角地区人才互认共享方面开展了有益的探索，如 2018 年 5 月，在上海举行的首届"长三角民政论坛"闭幕时，沪苏浙皖三省一市相关部门共同推出"注册地在长三角地区的用人单位聘雇的外籍人员，可在上海就近办理外国人工作许可"以及"公务员异地挂职锻炼"等相关举措。但是，这些举措是指针对特殊人群，对于在更广范围内的人才资源互认和共享，如高级专业技术人才和高技能人才，目前沪苏浙皖的人才认定口径标准并不统一，职业资格和技术等级尚未实现互认，导致二省一市人才市场处于相对独立的分割状态。

（四）国际高端人才比例低

研究全球化和城市化的英国智库 GaWC，每隔两年将全球城市分为 alpha＋＋、alpha＋、alpha、beta 形式的等级，同时集中城市在国际联系和全球影响力方面的参考指标，来反映一个城市的国际化程度。根据 2016 年的相关数据，GaWC 认为等级为 alpha＋＋ 的城市主要有伦敦和纽约两个城市，等级为 alpha＋ 的城市主要有 7 个，其中中国香港、北京和上海三个城市分别位列第二、第四和第七名。由此可见，上海市的国际化程度不仅难以与伦敦、纽约这样的国际大都市相比较，而且与国内的香港和北京相比，也存在一定差距。

　　据国家外国专家局统计，2018 在沪工作的外国人数量为 21.5
万人，占全国的 23.7％，上海市常住人口 2 424 万人，外国人占比
4.6％，远远低于伦敦、纽约和香港等城市的比例。此外，据上海
市统计局统计，自 2016 年外国人来华工作许可制度在沪试点实施
以来，截至 2018 年底，上海市共办理外国人来华工作许可证 10 万
余份，其中外国高端人才（A 类）1.8 万份，占比仅 18％。

第三节　长三角人才市场一体化发展的策略

一、加大对高层次人才的吸引力度

　　对国内外高层次人才的吸引力度，直接反映了长三角产业发展
水平和发展环境。具体可以通过下列方式来加大对高层次人才的吸
引力度：

　　第一，借鉴西方发达国家先进经验，建立完善的吸引海外高层
次人才制度。例如：美国政府一直以来都通过不断加大资金投入、
改善科研环境、修改移民政策等多种措施，吸引世界各地的高科技
专家、企业家、留学生等人才流入本国。法国也针对优秀的海外人
才建立了"优秀人才居留证"制度，即持证人在获得赴法签证的同
时，就自动获得在法国居留 3 年的权利。法国政府还特别规定，外
籍科研人员在申请居留证时与法国本土同级研究人员必须薪酬一
致，在福利待遇方面也不能有任何歧视。此外，法国政府针对国家
级海外研究人员设立了归国奖励基金，只要是在海外从事专门领域
研究的顶尖学术带头人回到法国，就可以拿到 20 万欧元的特殊奖
励，而且其家属的工作和保险事宜也全由政府解决。

　　通过整理分析西方发达国家吸引海外高层次人才的政策，可以

发现，虽然近年来长三角地区凭借其独特的区位优势以及较快的经济发展势头，吸引了一些国内外优秀人才的加盟，但是与世界上国际化程度高的城市，如与伦敦和纽约相比，无论在吸引人才的力度还是开放领域的广度上都处于落后地位。因此，长三角地区在推进人力资源市场一体化的过程中，需要充分借鉴国外先进经验，在结合自身实际状况的条件下，出台一套吸引海外高层次人才制度，例如：修改移民政策，简化海外人才居留证制度，加大资金投入，设立海外高级人才回国奖励基金，改善科研环境等，以吸引更多优秀人才为推进长三角一体化高质量发展做出贡献。

第二，建立完善的人才服务体系，克服水土不服。完整的人力资源管理过程包括"选、用、育、留"四个环节，缺一不可。也就是说，仅仅吸引海外高层次人才加盟，只是完成了人才工作的第一个环节，如何恰当使用这些优秀人才？如何促使这些优秀人才发挥自己的优势？如何避免高层次人才在新的工作环境中可能出现的"水土不服"现象？如何留住高层次人才？解决这些问题的关键在于建立一整套完善的人才服务体系。深圳市历来重视海外人才的招揽工作，并出台了一系列人才服务政策：1993年出台《关于企业取消干部、工人身份界限，实行全员劳动合同制若干重大问题的意见》，深化企业劳动、人事制度改革；2008年颁布《深圳市高层次专业人才认定办法（试行）》；2010年通过深圳经济特区关于引进海外高层次人才的"孔雀计划"，每年投入不少于10亿元培养和引进海内外高层次人才和团队，对引进的高端团队和项目给予特殊的资金支持；2011年，在原有政策的基础上，颁布《深圳市产业发展与创新人才奖暂行办法》，根据不同层次人才对深圳市产业发展、自主创新等的贡献，最高奖励金额为100万元。

当人才引领发展的共识形成时，一个城市的吸引力更多体现在看不见的人才生态环境上。长三角地区可以借鉴深圳市和国内其他城市的一些先进做法，在引进人才的同时，要做好人才服务工作。例如：针对高层次海外科研人才和团队，在团队搭建和初期启动阶段，可以给予适当的资金支持；针对高层次创业项目，可以围绕创业全周期配置要素资源，如推出"人才服务银行2.0版"，形成

"人才卡""人才贷"和"人才惠"等产品系列，完善人力资源服务产业园公共服务功能；建立一批具有学术休假、交流研讨、项目对接等功能的"院士之家"。此外，长三角地区还可以围绕海外人才出入境便利程度、国际人才生活服务舒适度、外国人才来华工作许可流程等方面，着力构建"类海外"生活环境。

二、加强长三角区内产业协作，避免人才的恶性竞争

城市圈内部分工合理是城市圈形成竞争合力的重要条件。长三角苏浙皖三省产业发展基本处于同一发展阶段，二、三产业并举促进经济的快速增长，产业发展长期以来重叠较多，竞争激烈，存在同构现象。而这种不合理的产业布局又在一定程度上造成了区域内企业人才需求同质以及相互争夺人才资源的现象，不利于区域经济又快又好发展。因此，为推进长三角一体化高质量发展，应当在了解三省一市各自优势和竞争力的情况下，重新审视各自产业的布局和定位，在三次产业布局、产业发展方向上要各有侧重、各有分工，按照产业链形成合理的产业布局，并根据产业布局合理配置人才。刘志彪和孔令池（2019）认为，对于上海而言，应加快创建系统性制度化的对内开放体系和平台载体，主动逐步退出一般性的、劳动密集型、能耗高的制造业，集中发展现代服务经济，加快壮大国内民营经济参与国际竞争；对于江苏和浙江而言，应加快建设世界级先进制造业集群，协调发展好制造业集群与服务业集群，以产业集群为载体将行政边界模糊化，形成合理的空间布局和产业链配套，从而将长三角地区打造成为交易成本和制造成本综合较低、具有全球竞争力的世界级城市群。对于安徽而言，应立足实际，加快经济追赶步伐，避免高端要素被虹吸的边缘化风险，同时主动与沪苏浙对接。

三、加强人力资源协作，促进人才信息共享

要建立统一、开放的长三角人力资源市场，关键在于充分利用

市场机制配置人才资源、促进人才流动，将区域内人才市场、劳务市场、就业市场整合为统一运作的区域大市场。而要实现这个目标，就需要长三角各地区进一步加强人力资源协作，共享人才信息。具体而言，可以从以下方面入手：

第一，建立完善人才信息共享机制。在人力资源市场中，信息在实现资源配置过程中起到关键性的作用。有关岗位的充分信息，有利于求职者个人做出正确的职业选择；有关求职者的充足信息，也有利于用人单位获得符合本企业需求的人才，并最终实现资源的优化配置。人力资源市场一体化发展的重要步骤就是打破固有的行政区域界限，建立完善的人才信息共享机制，长三角三省一市的人事部门和组织部门可以在相互协调的基础上，建立人才信息和岗位信息共享数据库，将长三角地区的人才信息和企业用工信息录入数据库中，并定期更新和维护，有人才需求的企业可在该网站上按照设置的搜索条件搜索求职者的相关信息，并与求职者取得联系；而求职者同样可以登录该数据库，按照搜索条件寻找自己心仪的企业和工作机会，以充足的信息实现人力资源在更广范围内的优化配置。

第二，联合开展就业洽谈会和专场招聘会。目前，上海市杨浦区已经与浙江和江苏一些城市定期合作举办了"江浙沪三地百家企业大型人才招聘会"和"上海东部高校应届毕业生就业招聘会（长三角专场）"等活动。值得肯定的是，这些活动是促进长三角人力资源市场一体化的有益尝试，也取得了比较好的成果。但是，目前这一做法还处在试点阶段，尚未在长三角范围内广泛开展，且由于缺乏专门的制度和政策规定，这些活动的持续性和稳定性目前还未可知。因此，推进长三角人力资源市场一体化，可以在更广范围内，联合更多的长三角城市举办就业洽谈会和专场招聘会，给予求职者个人和用人单位广泛范围内的自主选择权，促进人力资源的优化配置。

第三，联合开展人力资源职业技术培训，推动人才资源互认。随着长三角地区产业结构的进一步调整，以及城镇化的加快推进，许多农村剩余劳动力由于受教育程度较低和掌握技能不足，可能难以在城市中寻找到合适的工作，因此需要对他们开展职业技术培训，使其掌握专门的工作知识和技能。针对这一情况，长三角三省一市可以充分发挥各个地区职业学校和培训机构的优势，联合开展职业技术培训，以市场需求为导向，建立统一的职业技术培训体系。同时，在培训结束之后，培训学员所取得的相关资格证明能够得到长三角范围内所有企业的认可，并且可以在长三角范围内选择合适的企业就业。

四、打破区域间壁垒，促进区域内人才自由流动

区域人力资源一体化发展是指为了促进各个地区的经济、文化等各方面的发展，使人才资源在一定区域范围内可以实现自由流动以达到本区域发展繁荣的过程和方案。由此可见，作为重要的生产要素，人力资源在区域内的自由流动是实现市场在资源配置过程中起到基础作用的前提。因此，要实现长三角人力资源市场一体化发展，就需要积极打破阻碍人才流动的政策壁垒，为长三角人才自由流动创造条件，以实现区域内人才资源的合理利用和优化配置。具体而言，可以从以下方面入手：

第一，改革户籍制度，打破城乡界限。随着我国经济的发展和城镇化水平的不断提高，越来越多的农民离开了赖以生存的土地，进城务工或经商。农村剩余劳动力向城市转移，不仅满足了城市发展的劳动力需求，而且可以为农村劳动力赢得较高的收入和较好的职业发展机会，有利于缩小城乡差距。然而，现有的户籍管理制度却在一定程度上限制了城乡人口的自由流动，同时附加于户口之上的福利和权益差别日渐引发城乡矛盾。长三角地区要促进城乡人口自由流动，推进人力资源一体化，就需要对原有的户籍制度进行改革，打破城乡之间的不合理界限，逐步消除政策制定中的城市中心主义倾向，从而促进城乡劳动力在同等条件下合理有序竞争。根据基本国情，虽然我国的城镇化不能完全照搬西方模式，上海这种公共资源较为丰富的特大型城市不可能完全放开户籍限制，否则会使公共资源变得拥挤不堪，会遭到本地居民的强烈抵制和反对（刘志

彪，2019)，但是长三角地区三省一市可以尝试放开小城镇的户籍限制，实现人才自由迁移，优先解决当地发展所需人才和劳动者的户口迁移。

第二，打破区域内外的界限。近些年来，围绕长三角人力资源在区域内自由流动和共享协作，三省一市开展了一系列的有益尝试，但是这一难题尚未破解的根本原因就在于隶属不同的行政区域。一方面，体制性的原因和行政级别差异会导致各地政府在人才合作时存在心理障碍；另一方面，各自为政的绩效考核方式也使得地方保护主义时有发生，各地政府都希望优秀人才能够留在本地区内。因此，要推动长三角人力资源市场一体化，首先需要各地政府改变传统思维，充分认识到人才合作和共享对长三角区域高质量发展的重要意义，并采取相关措施打破行政区域的界限，例如：改革社会保险制度，实现长三角区域内社保的有效衔接；建立统一的人才评价标准、职业资格和技术等级实现互认；等等。

参考文献

[1] 陈建军. 长江三角洲地区的产业同构及产业定位[J]. 中国工业经济，2004(2)：19 - 26.

[2] 陈楠，李清娟. 打破流动壁垒　促进长三角人才市场一体化[J]. 群众，2019(18)：42 - 43.

[3] 董克用. 人力资源管理概论[M]. 4 版. 北京：中国人民大学出版社，2015.

[4] 郭将，谭梅. 劳动力流动对区域经济增长差距的影响研究[J]. 技术与创新管理，2018(2)：185 - 189.

[5] 何娜. 中国长三角地区产业结构相似性分析[J]. 改革与战略，2013，29(7)：92 - 94.

[6] 姜智鹏. "长三角人才一体化"七年之困[J]. 就业与保障，2010(3)：34 - 35.

[7] 李菲. 基于知识管理的区域一体化人才战略分析[J]. 安徽农业科学，2010，38(24)：83 - 85.

[8] 李清娟. 打破长三角人才流动"孤岛"[N]. 解放日报，2019 -

01-22(9).

[9] 李玉梅,程聪.劳动力市场工作搜寻理论及其启示[J].首都经济贸易大学学报,2007,9(2):98-102.

[10] 刘志彪.长三角区域高质量一体化发展的制度基石[J].人民论坛·学术前沿,2019(4):6-13.

[11] 刘志彪.长三角区域合作建设国际制造中心的制度设计[J].南京大学学报(哲学·人文科学·社会科学版),2005,42(1):47-55.

[12] 刘志彪.长三角更高质量一体化发展的三个基本策略问题分析[J].江苏行政学院学报,2019(5):38-44.

[13] 刘志彪,陈柳.长三角区域一体化发展的示范价值与动力机制[J].改革,2018(12):65-71.

[14] 刘志彪,孔令池.长三角区域一体化发展特征、问题及基本策略[J].安徽大学学报(哲学社会科学版),2019(3):137-147.

[15] 王志华,陆玉梅,刘文霞.长三角高技术产业低端同构现象的现实考查[J].科技管理研究,2016,36(7):99-103,116.

[16] 吴忠涛,张丹.城乡预期收入差距对农村人口迁移的影响——基于托达罗模型[J].西北大学学报(哲学社会科学版),2013,43(4):74-79.

[17] 熊彩云.农民工城市定居转移决策因素的推—拉模型及实证分析[J].农业经济问题,2007(3):74-81.

[18] 曾刚,曹贤忠,倪外,滕堂伟.长三角科技人才区域一体化障碍及其因应之道[J].科技中国,2019(12):73-78.

[19] 张学浪,潘泽瀚.城镇化进程中的农村人口转移与分布空间[J].华南农业大学学报(社会科学版),2014,13(4):88-100.

[20] 张心淼.中国人才区域流动问题研究[D/OL].天津:天津大学,2010[2011-10-31].http://d.wanfangdata.com.cn/the-sis/Y1925983.

［21］朱金海. 论长江三角洲区域经济一体化［J］. 社会科学，1995
　　 （2）：11 - 15.

［22］Bela Balassa. The Theory of Economic Integration［M］. Lon-
　　 don：Allen & Irwin，1962.

［23］Jan Tinbergen. International Economic Integration［M］. Am-
　　 sterdam：Elsvier Publishing，1954.

［24］John C. H. Fei，Gustav Ranis. Development of the Labor Sur-
　　 plus Economy：Theory and Policy ［J］. The Economic
　　 Journal，1967，77(306)：480 - 482.

［25］Theodore W. Schultz. Investment in Human Capital ［J］.
　　 American Economic Review，1961，51：1 - 17.

［26］W. Arthur Lewis. Economic Development with Unlimited
　　 Supplies of Labour［J］. The Manchester School，1954，22
　　 （2）：139 - 191.

第七章　资本市场分工协作
制度的创新

充分发挥超大市场规模的优势，需要让资本冲破区域行政的界线自由流动，实现更高的生产效率。积极推进长三角区域资本自由流动，不仅有利于全要素生产效率提升，对于当下全球大国之间日益白热化的竞争，战略意义更加显著。长三角地区要对资本市场分工协作制度进行创新，重点在于建设长三角产权交易共同市场、联合共建金融风险监测防控体系和鼓励金融机构在全区域一体化运作。

第一节　经济高质量发展与
区域资本自由流动

一、区域资本自由流动是实现区域经济一体化的内在要求

区域经济一体化既是一个过程，更是一个结果，本质上是各种要素在地区之间无摩擦、无障碍的自由流动和进行生产要素配置的

过程，以最终达到地区之间要素边际收益相等。显而易见，资本要素的区域自由流动是区域经济一体化的主要内容和内在要求，如果同一个区域的不同地区之间资本的收益率差异较大，地区间就可能存在严重的市场分割；反之，资本收益率越接近，则说明区域资本已经趋于自由流动，区域经济一体化的特征显著。

"人往高处走，水往低处流"，资本与人类似，也要往高处走。这里的"高"并不是资本短缺的意思，而是资本的综合收益高，该指标越高就越吸引资本；反之，资本就会撤退、逃离。一些人存在误解，认为资本会流向资本短缺的地区，该观点显然未能理解资本流动规律。长期以来，我国中西部和东北地区一直非常缺少资本，但事实上，大规模的资本早已流向东南沿海地区，因为东南沿海地区能为资本创造更高的收益。在全球范围内，可以观察到，美国是全球最吸引资本的国家，因为美国的资本收益率最高。也就是说，只要资本综合收益在地区之间存在一定的差异（扣除必要的交易成本之后），就必然存在区域资本自由流动的内在冲动。但是，如果地区之间条块分割，地方政府以地区"维稳"为理由，设置重重关卡截留和保护本地资本，增加资本流动的成本，资本自由流动必然会戛然而止，资本在更大范围内进行高效率配置就几乎不可能。中央将长三角区域经济一体化升格为国家发展战略这样的举措，就是要打破地方利益束缚，转变经济增长模式，提升生产效率，寻求高质量经济发展。

从上海、江苏和安徽的资本收益率水平差异来看，长三角区域经济一体化的空间还非常大。以两省一市的票据贴现利率为例，根据 Wind 数据库统计，2018 年末，上海的票据贴现利率是 3.6%，江苏是 3.8%，安徽是 4.5%（如图 7-1 所示）。票据贴现利率是指商业银行办理票据贴现业务时，按一定的利率计算利息，这种利率称为贴现率，它是票据贴现者获得资金的价格。安徽的资金价格要远远高于上海，几乎接近 100 个基点，这意味着市场主体可以通过票据贴现和转贴现在区域之间进行套利。例如：企业可以从上海的银行套取更多的资金，然后到安徽的银行进行结构性存款，从中获取利润。票据融资是中小微企业融资的重要手段，是政府对中小微企业的金融支持和政策安排，但现在被用来进行金融套现去获取收益，并没有起到支持中小微企业的作用。当然，套现没有善恶之分，归根结底，我国区域经济一体化并没有完全形成，套现是长期以来全国各地单打独斗的结果，体现了十分明显的"行政区经济"特征。

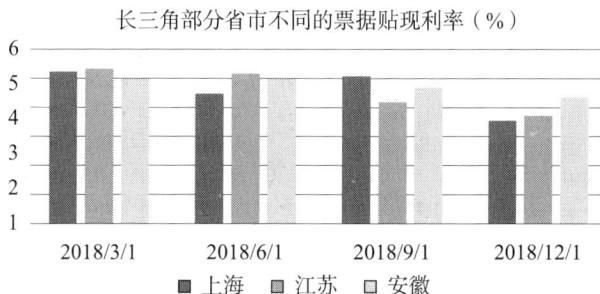

图 7-1　长三角部分省市票据贴现利率差异

资料来源：Wind。

如果长三角区域经济已经基本完成一体化，将会是怎样的情形？或许那个时候"长三角银行"已经建立，三地的票据贴现利率自然是无明显差异，安徽的中小微企业享受到了比之前资本成本低很多的票据融资，长三角地区的规模经济和范围经济已经蓬勃兴起，区域经济竞争力不可同日而语。

二、区域资本自由流动的经济意义：博弈论模型的阐释

传统的"县域 GDP 竞赛"增长模式，从内在就要求各个行政区更多地考虑本地经济增长，而不是从一个国家或区域的整体去思考，甚至地区行政长官更倾向去考虑短期利益，因为 GDP 的增长对自己的升迁有着决定性的影响和作用。本节运用一个博弈论模型来解释这种模式的缺陷，最终将说明在高质量经济增长阶段，"县域 GDP 竞争"模式亟待转变，地区市场分割和资本无法自由流动形成的格局不利于企业做大做强，严重抑制地区和国家竞争力的

提升。

假设一个区域中的两个地区，各自存在生产相同产品的企业 1 和企业 2，所属地区分别是地区 A 和地区 B，由于经营效率和商业模式的差异，其中，企业 2 试图进入地区 A 的市场兼并企业 1，根据"县域 GDP 竞争"模式的逻辑，地区 A 会做出反应，大概率的情形为：地区 A 自然会阻止企业 2 进入（如地区 A 不接受外地企业挂牌交易；或者，如果企业 2 在地区 A 设立分公司，地区 A 要加大检查力度，增加企业生产费用等）。根据博弈论模型或将产生如下几种情形：

第一种情形，企业 2 并不会因为地区 A 的政策阻止而打消进入地区 A 的念头，除非后者的威胁非常可信（如企业 2 进入地区 A 是违法的）。企业 2 可以在地区 A 设立分公司，但地区 A 的政府采取各种手段压制，如通过消防、卫生检查等增加企业 2 费用，迫使其与企业 1 产生均衡，地区 A 的市场一分为二，地区 A 的政府财政收入自然也减少大半，企业 2 分公司的设立带来的就业只能弥补企业 1 因为竞争而导致的裁员，地区 A 的福利水平几乎没有增量。

第二种情形，如果地方政府允许资本自由进入，不阻止企业 2 进入（如假设企业 2 兼并企业 1），意味着企业 2 会占领地区 A 市场，地区 A 市场虽然失去了企业 1 的税收收入，但是企业 1 因为被企业 2 兼并而扩大了规模，提高了效率，从而带来了更多的人口就业，这些新的人口又来带来了额外的消费和投资。结果，因为企业 2 兼并了企业 1 不仅没有使得地区 A 的经济增长减少，反而还带动了地区 A 经济增长，从长远看，地区 A 的福利开始增加。

第三种情形，地区 A 加强企业 1 的内部控制权（如企业 1 是地区 A 政府所管辖的国有企业），为了防止因为企业 2 的兼并而失去内部控制权，地区 A 政府想方设法阻止企业 2 的进入，而企业 2 因为惧怕地区 A 政府的威胁而不敢进入（如要翻企业 2 老板的旧账，要倒查企业家"原罪"等）。这个时候，企业 2 只能在原有地区继续生产，但因为地区 A 的保护，企业 1 的道德风险越来越严重，产品质量越来越低劣，经营效益每况愈下，地区经济越来越差。企业2因为可以进入其他地区而不断壮大（虽然在一些发展条件可能并不如地区 A），进而提升其他地区经济竞争力，结果，地区 A 的经济越来越低迷，整个区域的福利增加也不如第二种情形。

第四种情形，地区 A 并不阻止，企业2也不想进入，这种情况至少短期内还无法看到两家企业和两个地区的博弈情形，但随着时间的推移和企业竞争的加剧，将会出现上述三种情形的一种。

图 7-2 说明了两个企业分属两个不同地区，在企业2进入地区 A 时产生博弈而导致的四种情形。对于区域的整体福利而言，第一种情形，显然地区 A 的阻止降低了区域福利，即便地区 B 的福利增加也难以弥补地区 A 的福利减少。第二种情形是最佳组合，虽然短期看企业2的进入对地区 A 的福利有所冲击，但时间稍微拉长，地区 A 的福利将有所增加，而对于区域整体福利来讲，这种情形所形成的福利得到明显增加。第三种情形，地区 B 的福利相比之前或有增加，但地区 A 的福利损失将是可以预想到的，政府保护之下的企业效益难以得到提高，所以，这种情形之下的区域经济整体福利也遭到了削减。第四种情形不在本文的探讨范围内。博弈的结果表明，第二种情形为最佳组合，利人利己利整体，在这种情形之下，地方政府具备长远的思路和眼光，即允许别的地区企业进驻本地，区域资本自由流动。从短期看，虽然本地政府失去了对本地企业的控制权，财政和税收将减少；但时间稍微拉长，本地企业因为更为优质企业的兼并重组，经营状况得到改善，效率和效益的提升将会吸引更多的人来本地就业，进而带来更多的消费和投资，并进一步引导相关的产业和企业进驻发展，地方政府反而增加了更

	地区 A（U_1）		地区 B（U_2）	
	阻止		不阻止	
进入	U_1-C_1	U_2+I_2	U_1+I_1	$U_2+\cdots\cdots+I_n$
不进入	U''_1	U''_2	U_1	U_2

图 7-2　博弈模型

多的财政和税收收入，结果，区域经济整体快速发展，区域竞争力明显提升，人民福利显著增加。

三、促进区域资本自由流动的应对思路与政策建议

长期以来，我国区域资本自由流动状况非常不理想。以股权市场为例，《关于规范发展区域性股权市场的通知》(国办发〔2017〕11号) 和《区域性股权市场监督管理试行办法》(证监会令第 132号) 等政策已经明确说明，严格限制本地股权市场跨区域经营，地方政府并不欢迎区域资本自由流动，俨然是一副"诸侯经济"的样子。本地政府为什么要限制股权市场跨区域经营呢？根据调研，主要是金融主管部门担心"监管主体不明确"以及其他"非法集资"等问题 (刘志彪，2019)。但这种担心非常经不起推敲，区域股权市场放开并不影响监管主体的确认，难道资本市场中的沪深两市监管主体不明确吗？放开区域股权跟非法集资案件也几乎毫无关系，根据统计，2016—2020 年间，我国非法集资案件数量一直呈上升趋势 (如图 7－3 所示)，说明金融犯罪与跨区域股权交易没有相关关系。

全国非法集资案件数量（2015-2020）

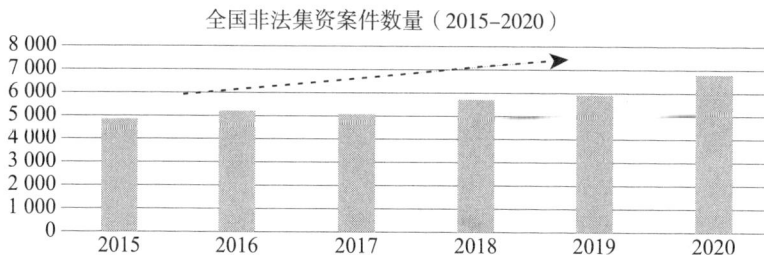

图 7－3 2015—2020 年我国非法集资案件数量

资料来源：财新网，新京报。

由此可见，根本的原因还在于地方政府不愿意放开区域股权市场，担心丧失对本地企业的"控制权"，使本地财政收入减少。这样做的结果就是最终形成了同一区域内部地区之间的"囚徒困境"，

长此以往会导致市场规模萎缩，生产效率下降，利润和收入减少。因此，在追求高质量经济增长的当下迫切需要破局。

首先，要淡化地方 GDP 增速目标，转而以民众收入、生态改善、社会进步等多元化目标为考核依据更为妥当。不可否认，中央长期以来对地方重在以 GDP 增速为考核依据的激励机制意义显著，作用不可低估。在我国经济进入高质量的发展阶段时，继续以 GDP 增速为考核依据，地方政府必然更多倾向于地方保护主义，加大资本等要素投入，制造短期效应，企业倾向于在政府的帮助下做大做强，最终导致对民营经济"挤出"、产能过剩、综合效益低等低质量等后果。淡化地方 GDP 增速目标，并不意味着放弃GDP，而是将民众收入、生态改善和社会进步等多元目标都纳入考核体系，引导地方政府将追求地区发展目标多元化，将眼光放长远，积极与其他地区进行合作，大力推进一体化，挖掘新的增长点，寻求更高质量的经济增长。

其次，积极推进企业混合所有制改革，完善公司治理机制，让市场在资源配置中起决定性作用和更好发挥政府作用。地方政府阻挠区域经济一体化和区域资本自由流动，除了担心本地企业被并购之后的财税的减少等问题，还有部分原因在于，地方政府的官员与本地企业存在千丝万缕的联系，在本地企业那里能够得到实实在在的利益，甚至可以认为，一些企业的内部控制权在实质上为地方政府所拥有。这里面就涉及长期以来我国政企不分的问题，这个问题不解决，其他改革措施就难以有效推进，生产效率就无法提升。十八届三中全会报告已经阐明，让市场在资源配置中起决定性作用和更好发挥政府作用。既然要让市场机制起决定性作用，就需要让企业产权明确，生产独立，经营自主，企业与政府各自边界清晰。如果企业不独立，经营没有激励，地方官员与本地企业的关系千丝万缕，让市场机制起决定性作用就是一句空话。更好发挥政府作用，不是"更多"发挥政府作用，政府应在标准制定、公平交易、基础设施供给、环境保护等领域发挥更好的作用，政府应做到不缺位、不越位和不错位。

再次，鼓励大力探索和制度创新，建立资本交易的载体，建议在长三角地区建立试点，为全国其他区域提供示范效应。党的十九大报告提出，要推动金融创新增强服务实体经济能力，在股权交易市场实施先行先试、开展探索，将有利于提升区域一体化的市场功能。试点是我国改革开放进程中的一大创新方法，试点也可以理解为试错，如果试点成功，则可以为其他地区带来经验；如果试点失败，则可以立即收手，不影响大局。在长三角区域股权交易领域，完全可以先行试点，大胆创新。例如：可以设立长三角股权交易所，通过一定标准的长三角企业都可以在这个股权交易所里挂牌进行交易。在日常交易和运营的过程中，监管机构（可以将权属归为证监会）加强信息披露管理，加大财务审核力度，提高财务作假犯罪成本，以及规范托管清算流程等。通过一段时间的运行之后，可以逐步扩展到其他区域，如京津冀和珠三角等区域。

最后，要破除户籍、土地、交通等多方面限制，与区域资本自由流动齐头并进，共同推动区域经济一体化。任何改革措施都不是孤立的，而是要诸多改革措施齐头并进，相互配合，相互协调。同样，区域资本自由流动也需要其他改革措施加以配合和协调，如户籍制度改革。资本的自由流动往往会伴随着人的自由流动一起进行，参考博弈论中的案例，企业 2 如果能够成功兼并企业 1，企业 2 就会将相应的管理人和骨干员工派往地区 A，而不单单是完成一个资本工商登记的流程，这个时候如果没有地区户籍制度的改革，导致被派遣员工的小孩上学得不到安置，无法自由买房子，就没有人愿意来到一个陌生的地区去工作和生活，在这一现实下谈论区域资本自由流动几乎没有意义。所以，区域资本自由流动只是其中之一，还需要更多的经济一体化措施同步有效推进。

党的十九大报告中，坚持新发展理念成为新时代坚持和发展中国特色社会主义基本方略的重要原则和组成部分。坚持新发展理念需要坚决的改革举措，过去的 40 多年改革发展，只是进行了那些易于推行、具有帕累托优化属性的改革措施，接下来的改革必然要触动既存的利益格局，改革进程将更加艰难。积极推进区域资本自由流动是一个重大改革举措，同时涉及其他方面的改革措施，牵一发而动全身。当我国经济进入新阶段，以及社会主要矛盾转变为人民群众日益增长的美好生活需要和不平衡不充分的发展之间的矛盾之时，向更深层次的改革开放已经是必由之路，当下所面临的与其说是挑战，不如说是重大机遇。在重大机遇面前，地区之间经济走向一体化，资本自由流动，优势互补、群策群力，共谱区域金融资本新篇章指日可待。

第二节 建设长三角产权交易共同市场

一、建设长三角产权交易共同市场的背景与意义

促进长三角区域产权交易共同市场建设与创新发展，是实现全国统一产权大市场的有益探索，是推进长三角经济一体化发展的关键之举，也是深化社会主义市场经济体制改革的重要课题。中国产权交易市场的产生、发展与国有企业改革紧密相连（邓路、孙龙建，2009；左飞，2020）。产权交易是社会经济结构、产业结构、产品结构和企业治理结构的优化过程。相较于其他资本市场，产权交易市场可以更好地发挥资源优化配置的功能。高度发达的产权交易市场是资本市场不可或缺的组成部分，是企业活力的重要保障（施廷博，2011）。

目前，我国共有四大区域性产权交易市场，按照成立的时间先后分别为长江流域产权交易共同市场、黄河流域产权交易共同市场、北方产权交易共同市场和西部产权交易共同市场。其中，长江流域产权交易共同市场是当前我国最大的区域性产权交易市场，是1997年7月由产权交易机构和相关经济组织发起成立的、非营利性的区域性民办非企业合作组织，共同市场区域内集中了一批交易规模较大、经济实力较强且具有较大影响力的产权交易机构，在国有企业改制、国有资本流转、中小企业融资等方面发挥了历史性作用。目前长江流域产权交易共同市场理事成员已经从长江流域发展

到全国 27 个省、市、自治区，拥有 66 家成员单位，包括上海联合产权交易所、江苏省产权交易所、浙江产权交易所、安徽省产权交易中心等。然而由于组织结构松散，并囿于行政区划及地方保护主义思想，长江流域产权交易共同市场的各产权机构基本上各自为政，缺乏区域统一的交易规则和程序、统一的产权交易监管体系，无形中增加了产权跨地区流动和配置的成本，限制了产权跨区域交易。

长三角高质量一体化发展上升到为国家发展战略，有助于从根本上破除区域产权市场一体化发展的行政藩篱，为长三角产权交易共同市场建设提供了重要战略机遇。立足于新的历史起点建设长三角产权交易共同市场，是积极响应、贯彻落实党中央、国务院决策部署，服务于供给侧结构性改革和要素市场化配置，推动长三角高质量一体化发展的关键性举措。

二、长三角产权交易市场发展现状及共同市场建设存在的问题

（一）我国产权交易市场发展现状

我国产权交易市场在服务经济改革中逐步发展壮大，产权交易市场成交宗数和成交金额整体呈现逐年增加的态势，已形成较为完备的市场体系，是为各类企业提供融资服务的非标准化产品交易市场的重要平台，在资源市场化配置、价格市场化形成、国有企业改革及国有资产流转等领域做出了重要贡献（胡彩娟，2016）。目前我国产权交易市场的交易品类涵盖产股权交易、资产转让、诉讼资产交易、金融产品交易、环境权益交易、公共资源交易、技术产权交易、融资服务、文化产权交易、林权交易、矿业权交易、农村产权交易十二大类。

近年来，受益于供给侧结构性改革、国有资本布局优化以及国有企业深化改革政策红利，我国产权交易市场实现了跨越式发展。根据全国产权协会最新统计数据（如表 7-1 所示），2013 年至 2017 年

这五年来，我国产权交易市场累计交易额高达 23.74 万亿元，五年复合增长率为 24.89%。其中，2017 年我国企业国有产权交易机构协会下属的 68 家产权交易机构实现成交项目为 164 万宗，十二类产权交易业务实现成交总额 7.9 万亿元。当前我国产权交易市场已发展成为推动国有企业实现混改的主战场。2017 年全国产权市场共完成国企混改项目 1 091 宗，交易金额达 1 752.5 亿元。据中国产权协会统计数据，2016 年至 2019 年全国产权交易资本市场共完成混改项目 4 583 宗，累计交易额达 8 391 亿元，其中国有企业混改项目 4 351 宗，交易额达 8 116 亿元；由于受到新冠疫情的影响，2020 年 1 月至 8 月，全国产权交易资本市场合计完成国企混改项目 449 宗，交易额为 636.09 亿元，分别同比下降 62.5% 和 52.4%①

表 7-1　2000—2017 年全国产权交易概况

年份	成交数量（宗）	成交金额（亿元）	年份	成交数量（宗）	成交金额（亿元）
2000	—	300	2009	43 428	5 464
2001	—	400	2010	50 132	7 103
2002	—	500	2011	63 662	8 303
2003	—	1 000	2012	364 641	22 498
2004	23 025	1 914	2013	231 310	26 029
2005	31 532	2 927	2014	130 808	15 584
2006	33 541	3 194	2015	840 000	37 600
2007	35 718	3 513	2016	1 329 500	79 200
2008	34 762	4 418	2017	1 640 000	79 000

资料来源：由《中国产权市场年鉴》整理而得。

为了促进产权交易市场有序、繁荣发展，国家相关部门出台了

① 此处统一使用中国产权协会统计数据。数据详情：2016 年至 2019 年全国产权市场共完成国企混改项目分别为 950 宗、1 105 宗、1 349 宗、947 宗，交易金额分别达 1 648 亿元、1 781 亿元、2 652 亿元、2 035 亿元。

一系列关于产权交易的政策和法规文件（如表 7 - 2 所示）。这些政策和法规文件的出台，体现了国家对充分发挥产权交易市场服务国有企业深化改革的支持，也表明了我国促进多层次资本市场体系进一步完善的决心，为新时代产权交易市场的建设和发展提供了强有力的规范与保障。

表 7 - 2　产权交易市场相关政策配套文件

出台时间	文件名称	主管单位
2003.12.31	《企业国有产权转让管理暂行办法》（国务院国资委、财政部令〔2003〕第 3 号）	国务院国资委、财政部
2004.2.6	《关于加强企业国有产权交易监管有关工作的通知》（国资发产权〔2004〕176 号）	国务院国资委
2004.2.23	《关于中央企业加强产权管理工作的意见》（国资发产权〔2004〕180 号）	国务院国资委
2004.3.8	《关于做好贯彻落实〈企业国有产权转让管理暂行办法〉有关工作的通知》（国资发产权〔2004〕195 号）	国务院国资委
2004.7.14	《关于做好产权交易机构选择确定工作的指导意见》（国资发产权〔2004〕252 号）	国务院国资委
2004.8.13	《关于开展企业国有产权转让管理检查工作的通知》（国资发产权〔2004〕261 号）	国务院国资委、财政部、监察部、工商总局
2004.8.25	《关于企业国有产权转让有关问题的通知》（国资发产权〔2004〕268 号）	国务院国资委
2004.8.26	《关于做好企业国有产权交易信息统计试点工作的通知》（国资发产权〔2004〕189 号）	国务院国资委
2005.4.11	《企业国有产权向管理层转让暂行规定》（国资发产权〔2005〕78 号）	国务院国资委、财政部

续前表

出台时间	文件名称	主管单位
2005.11.17	《关于做好企业国有产权转让监督检查工作的通知》（国资发产权〔2005〕294 号）	国务院国资委、财政部、发展改革委、监察部、工商总局、证监会
2006.12.13	《关于企业国有产权转让有关事项的通知》（国资发产权〔2006〕306 号）	国务院国资委、财政部
2008.2.3	《关于建立中央企业国有产权转让信息联合发布制度有关事项的通知》（国资发产权〔2008〕32 号）	国务院国资委
2009.3.17	《金融企业国有资产转让管理办法》（财政部令〔2009〕第 54 号）	财政部
2009.6.15	《企业国有产权交易操作规则》（国资发产权〔2009〕120 号）	国务院国资委
2013.12.18	《关于中央企业资产转让进场交易有关事项的通知》（国资厅发产权〔2013〕78 号）	国务院国资委
2016.7.1	《企业国有资产交易监督管理办法》（国务院国资委、财政部令第 32 号）	国务院国资委、财政部
2016.9.23	《关于国有企业发展混合所有制经济的意见》（国发〔2015〕54 号）	国务院

资料来源：由笔者整理而得。

（二）长三角产权交易市场发展现状

长三角是全国产权交易最为活跃的地区。根据《中国产权市场统计年鉴》统计数据，2015—2017 年长三角三省一市产权交易机构累计完成产股权交易、资产转让、金融产品交易、技术产权交易、诉讼资产交易等十二类产权交易项目 16 298 宗，成交金额达 8 128.2 亿元，如表 7-3 所示。2019 年 6 月—2020 年 4 月，长三角三省一市已完成产权交易项目 3 331 宗，实现交易成交额 406.26 亿元，如图 7-4 所示。

表 7 - 3　2015—2017 年长三角三省一市产权交易所产权交易情况

长三角产权交易所名称	2015		2016		2017	
	交易宗数	成交金额（亿元）	交易宗数	成交金额（亿元）	交易宗数	成交金额（亿元）
上海联合产权交易所	2 478	1 904.0	2 087	2 550.0	2 256	2 074.5
江苏省产权交易所	56	23.2	58	35.7	579	197.4
苏州产权交易所	55	38.1	51	28.0	49	9.8
徐州产权交易所	18	9.2	23	3.1	3	1.1
无锡产权交易所	518	31.9	525	27.5	466	82.4
南通众和产权交易所	18	0.6	30	7.4	0	0.0
常州产权交易所	223	3.1	196	0.3	114	12.2
盐城公共资源交易中心	2	0.0	16	5.4	19	5.0
连云港产权交易所	0	0.0	7	0.9	11	1.0
浙江产权交易所	147	87.9	587	97.4	450	110.3
宁波产权交易中心	88	145.4	170	18.6	93	20.2
杭州产权交易所	367	69.3	360	85.8	828	78.9
温州产权交易中心	63	1.6	61	9.2	18	4.1
台州产权交易所	43	2.3	37	2.2	43	3.8
义乌产权交易所	105	6.6	85	2.7	666	11.3
安徽产权交易中心	95	8.0	170	21.3	348	48.4
合肥产权交易中心	202	4.6	627	44.1	484	26.7
蚌埠产权交易中心	69	30.4	122	52.9	112	82.6
合计	4 547	2 366.2	5 212	2 992.5	6 539	2 769.7

资料来源：根据《中国产权市场统计年鉴》整理而得。

（宗）　　　2019年6月—2020年4月长三角三省一市产权交易情况　（亿元）

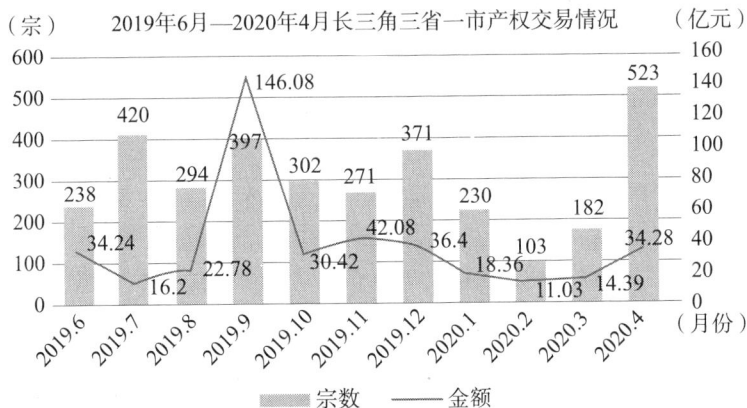

图7-4　2019年6月—2020年4月长三角三省一市产权交易情况

资料来源：根据全国产权信息化服务平台数据整理绘制而得。

（三）长三角产权交易共同市场建设存在的问题

1. 市场壁垒问题

长三角产权交易共同市场建设存在规则壁垒、利益壁垒等方面的问题。各地方产权交易机构往往根据当地产权交易实际情况，制定具体的产权交易运行规则，尽管一定程度上有利于地方产权交易市场的发展，然而差异化的产权交易规则给异地交易造成了诸多不便，制约了地方产权交易规模增长和质量提升，也不利于长三角产权交易共同市场建设。利益壁垒往往与行政干预直接相关，地方政府为了本地利益倾向于人为设置产权跨地区流动的障碍。

2. 同质化竞争激烈

长三角地区产权交易机构数量众多，存在比较严重的重复建设现象。区域内部的产权交易机构彼此之间相互独立、各自为政，具有各自的组织体系，导致整体布局不合理，产权交易信息被人为地分割，无法实现规模经济效应。此外，由于产权交易机构开展的业务类型大同小异，相互之间的同质化竞争较为严重，增加了产权交易市场的运行成本与监管成本，这不仅严重影响了产权交易市场的健康发展，还增加了新的金融风险。

3. 行政干预色彩浓厚

根据法律规定，产权交易机构不能自由设立，必须得到地方政府的批准，并且其经营范围、交易规则、进场企业资格等都必须经由地方政府严格审查通过。地方政府不仅是产权交易市场的参与主体，还是产权交易市场规则的制定者，该双重身份会产生激励不相容现象，造成产权市场扭曲，抑制产权交易市场规模扩大。另外，地方产权机构通常引入金融办、工商、经贸委等行政机构作为产权市场的监管者，使得监管体系交叉、混乱。总体而言，由于缺乏统一规范，地方政府的权力边界不清晰，行政干预对产权交易市场的发展影响巨大。

4. 信息披露渠道不畅

各地方独立运作的产权交易机构为维护本地利益，在地方政府的政策指导下构建层次不一、多头采集的产权交易信息系统，并且多数情况下缺乏产权交易信息共享意识，按照各自的标准披露信息，严重阻碍了长三角地区产权市场之间的信息交流和资源流动，使得与产权交易相关的信息传递受到极大的限制，信息披露渠道严重不畅。另外，由于地方产权交易机构信息披露不透明、内容不完整、格式不统一，产权交易信息的真实性也难以得到充分保障，无形中增加了投资人的潜在风险，抑制了产权交易主体的增加和产权交易市场的发展壮大。

5. 中介机构发展不健全

产权交易市场中的经纪人及中介机构是支撑产权市场交易顺畅的重要因素，共同推动了产权交易市场的发展、繁荣。当前长三角地区的绝大多数地方产权交易市场普遍存在中介机构发展不健全的问题，主要表现为：一是产权交易中介机构内部建设、管理运作不规范；二是对产权交易市场的中介机构缺乏应有的规章制度约束，市场监管严重缺失，导致无序竞争现象时有发生，影响产权交易市场良性发展。

三、长三角产权交易共同市场建设的必要性

长三角产权交易共同市场建设是强化区域产权交易市场功能的必然选择。产权交易市场的核心功能主要体现在信息有效积聚、优化资源配置、价格发现和提供金融服务等方面。分散的产权交易市场不利于产权交易市场功能的充分实现。建设长三角产权交易共同市场有助于突破地方产权交易市场壁垒，使各类信息、要素、资本有效汇聚起来，从而促进产权交易市场功能的强化，具体表现为：第一，建设长三角产权交易共同市场将促进产权交易信息的有效传递、降低交易成本，有助于产权交易顺利达成；第二，建设长三角产权交易共同市场将形成统一的交易制度，这将避免不同行政区划范围内产权交易机构之间的同质化竞争，减少由于恶性竞争导致的摩擦；第三，长三角范围内的产权市场实行集中交易，便于对产权交易行为进行统一监管。

长三角城市之间经济发展不平衡，长三角产权交易共同市场将通过带动区域产业结构调整，促进区域产业布局的空间结构优化，因此，长三角产权交易共同市场建设是协调长三角区域经济发展的需要。长三角产权交易共同市场以区域经济发展为依托，在整合分散的产权交易机构的基础上构建统一的交易规则、监管体系，这有助于促进长三角区域内市场信息的传递和要素、资源的流通，对区域经济协调发展、高质量一体化发展起到积极的推动作用。长三角产权交易共同市场建设作为推动区域资本市场建设的一项重要任务，对提高区域经济整体竞争力具有重大意义。

长三角产权交易共同市场建设有助于化解统一市场和行政分割的矛盾。地方市场分割尽管一定程度上有助于本地财政收入的稳定，却阻碍了要素、资源在区域内自由流转和优化配置，不利于市场机制的充分、有效发挥。长三角产权交易共同市场属于区域性、一体化的产权交易市场，其建设和发展可以使区域内各地方政府之间形成一定的协调和联动效应，有利于推动区域经济一体化发展。此外，区域产权交易市场发展有利于促进企业股权流通和企业间的

并购，加速区域内企业、产业的兼并与整合（王丹，2012），这将会导致强烈的一体化效应，是长三角区域市场一体化的最有效的工具（刘志彪，2019）。因此，长三角区域产权交易共同市场将与证券交易市场共同构成多元化、多层次、多形态的资本权益交易市场体系，这将协同助力长三角要素、资源整合以及经济深度融合，促进长三角区域经济竞争力的提高，有利于长三角地区实现高质量一体化发展。

四、长三角产权交易共同市场建设的路径与政策建议

在新形势下，长三角产权交易共同市场建设如何借助新机遇实现新发展，助力于长三角经济高质量一体化发展？可以着重从以下几方面考虑：

（一）政府角色转型与定位

政府在我国产权市场建设和发展中非常特殊、重要的作用（施廷博，2011）表现在：一方面，基于政府在市场中的特殊角色，为规避政府的行政权力过度介入造成寻租现象，政府应实现主要职能由行政主管向培育公平的交易环境、保障交易主体的合法权益等监管方向转变；另一方面，由于长三角产权交易共同市场建设需要整合不同行政区域之间的产权交易机构，长三角各地方政府要依据区域经济发展的需要和各地实际情况，进行统一规划、整体布局，为产权交易共同市场的构建创造宽松的外部环境，协同推进各地方产权交易机构的整合，打造统一信息发布、统一交易规则、统一审核鉴证、统一收费标准的长三角区域性产权交易市场。

（二）产权交易共同市场平台建设与市场国际化拓展

1. 加强产权交易共同市场平台建设与宣传

长三角三省一市的产权交易共同市场要通过统一平台进行信息发布、组织项目推介和产权资源交易，实现区域各类要素和资源共享，推动区域要素流转，满足各类企业投融资需求，推动区域产权交易市场一体化建设。长三角产权交易共同市场建设要加强产权交易平台的自身建设，增强对潜在市场主体进场交易的吸引力，积极

推进各类资产进场交易，遵循"能进则进、应进必进"的原则，鼓励市场参与主体多元化，吸引各类机构投资者、民营企业和外资企业等进场交易，充分保障产权交易市场的活跃性、流动性。一方面要加强产权交易共同平台运行机制建设，另一方面要加强产权交易市场工作人员队伍的建设，注重人员素质、工作能力、业务水平、工作质量的提高，强调产权交易共同市场运行的阳光性和规范性（赵巍、刘春玲，2017）。同时，要高度重视并加强产权交易共同市场平台的宣传推介工作，积极拓展平台的服务范围和服务领域。借助长三角产权交易共同市场信息门户网站、短信信息平台等工具，向潜在的市场主体宣传长三角产权交易共同市场具备的平台信息优势。要开展多层面、多渠道的宣传工作，利用报纸、电视台以及各种新媒体，通过重要交易项目新闻报道、公益宣传片等多样化形式，向社会广泛宣传长三角产权交易共同市场的宗旨、功能、交易规则和交易内容、典型成功交易案例等，不断扩大长三角产权交易共同市场在全国甚至全球的知名度和影响力。

2. 拓宽产权交易品种与提升产权交易品质

建设长三角产权交易共同市场，要在积极开展传统产权交易品种和业务的基础上，以创新为核心，拓宽产权交易领域，丰富产权交易市场业务种类，如开拓知识产权、文化产权、碳排放权、排污权、用能权、水权、林权、矿权、海洋产权、体育产权、农村产权等新型产权交易业务领域。长远来看，长三角产权交易共同市场发展、繁荣还要注重产权交易标的品质。长三角区域经济发展要积极实施创新驱动发展战略，健全、完善协同创新机制，强化装备制造、新材料、生物制药、信息技术、汽车等高端制造业关键领域创新，发展物流、研发、金融等现代服务业，发展新经济，培育新动能，以高端制造业的发展提升区域产权交易品质。

3. 促进产权交易市场数字化建设

信息革命开启了全新的数字时代，数字化正深度渗透经济社会各领域，重构经济发展格局。建设长三角产权交易共同市场需要实现产权交易信息在区域范围内的共享，促进以产权为纽带的跨地区、跨部门资产的盘活，因而对信息完整披露、畅通传递提出了更高的要求。

要建设和发展长三角产权交易共同市场，推动区域性的多层次资本市场发展，必须加快数字化产权交易市场建设。数字化将推动金融变革，为产权交易共同市场建设拓展全新发展空间。要充分把握数字化大趋势，以数字化拓宽产权交易领域、构建新优势，推进长三角地区产权交易市场一体化及发展升级。具体来说，长三角产权交易共同市场建设要把大数据、区块链等数字化技术应用于跨区域产权交易服务，共同打造产权投资多维信息库，实现受理登记、网上报名、信息发布、路演推介、竞价交易、结算交割等产权交易各环节的全程信息化服务，在长三角区域范围内推动产权交易信息要素互通、实现信息资源共享，降低产权交易成本，促进产权标的快速、畅通流转。

4. 推进产权交易国际化发展

建设长三角产权交易共同市场要积极推进市场国际化发展，进行国际化的市场资源优化配置。充分运用国际国内两个市场、两类资源、两种资本，服务国内外企业跨境投资并购，与境内外资本市场、要素市场协同发展。产权交易共同市场的会员机构之间要形成开放包容格局，在发挥各自优势的基础上，深化产权交易业务整合，相互支持、相互配合、相互促进，协同开展对外国际合作交流，共同将长三角产权交易共同市场打造成为跨境资本、要素、产权交易服务平台。长三角产权交易共同市场要主动服务于"一带一路"建设，借助国家相关的支持性政策，盘活更多的可交易要素和资源，从而进一步活跃区域产权交易资本市场，推进长三角经济国际化水平，助力长三角经济实现高质量一体化与发展。

（三）培育与吸引产权交易人才

产权交易涉及跨学科知识，专业技术性强、复杂程度高。长三角产权交易共同市场建设与繁荣发展，必须要有一支专业化、高素质的人才队伍作为支撑。培育与吸引产权交易人才有如下途径：一是进一步加大对外开放力度，吸引、引进、集聚产权交易国际化人才。建立国际通行的人才使用机制，创新人才使用模式，充分利用长三角在经济、科学、技术、教育、环境等方面的优势，在全球范围内分层次引进产权交易的高端国际化人才。二是加快培养、吸引一批拥有专业职业资格的资产评估师、会计师、拍卖师、经纪师等加入产权交易市场，同时组织好此类人才的选拔、认证、考核及培训工作。三是长三角三省一市之间要相互承认各类专业技术资格证书，并要结合国家户籍制度及社会保障体制改革的要求，加快打破人才资源流动的壁垒，保障产权交易从业人才在区域内实现自由流动。四是根据产权交易业务发展的实际需要，定期和不定期地举办专项培训，加强长三角区域产权交易人才队伍建设。

（四）建立合理的利益分配机制

长三角产权交易共同市场的构建过程实际上是区域经济利益、地方经济利益整合的过程，势必涉及区域内各地方之间的利益调整、重新分配和协调问题。参与产权交易共同市场建设的各方均有各自的利益诉求，建立合理的利益分配机制有助于充分调动地方政府整合区域内的产权交易机构，协同建设长三角产权交易共同市场的积极性，这直接关系到各方合作的持久性与长三角产权交易共同市场的稳定性。合理的利益分配机制设计与建立，也是在长三角产权交易共同市场建设中资源整合、运营模式创新的重要内容。合理的利益分配机制要做到兼顾各方利益，利益与责任之间要相互匹配。

（五）完善相关政策法规

长三角产权交易共同市场作为新型的区域性产权交易市场，在市场建设的推进过程中，一系列创新活动及监管行为需要有相应政策的推动、法律规章的保障，以便于参与产权交易共同市场整合的各方在统一的制度和法规约束的基础上履行各自的职责。长三角产权交易共同市场建设既要充分利用已有的法律、法规及政策，又要根据实际情况制定具体细则，加快配套法规及细则建设，切实促进产权有序、顺畅地流转。另外，构建长三角产权交易共同市场要加强监管制度建设，坚决杜绝政府行政机构越权干预市场的情况发生，保证政府行为不缺位、不越位、不错位，切实维护产权交易主体的合法权益。

（六）提升产权交易中介机构服务质量

中介机构的服务水平和服务质量是衡量产权交易市场发展程度的重要标志。相对于地方性的产权交易市场平台，长三角产权交易共同市场作为区域性的产权交易市场，其对中介机构的要求也相应提高。产权交易中介机构要不断更新服务观念、创新业务种类、提升服务质量，积极向专业化、特色化的发展方向迈进。推进长三角产权交易共同市场建设，需要构建并完善产权交易中介机构体系，包括规范中介机构设立体系、建立科学的中介机构市场评估体系以及中介服务机构信誉评价体系等。除此之外，由于长三角产权交易共同市场建设需要构建跨行政区划的产权交易中介服务体系，因此可以充分利用上海作为长三角区域中心城市的人才与创新资源等优势，开展区域内产权中介服务合作，促进长三角区域产权交易服务水平实现快速提升和均衡化发展。

（七）健全监管体系

健全的监管体系对长三角产权交易共同市场的建设与发展至关重要。监管是否到位、监管制度设计是否合理、监管是否有效，是决定产权交易共同市场有序运行的前提。要从多角度、多层面、全方位构建长三角产权交易共同市场监管体系，切实保障产权交易市场规范、有效运行。第一，加强政府职能部门监管。政府职能部门要明确监管职责，对自身进行科学、合理的定位，并与其他部门形成相互制衡。只有监管部门自身定位科学、合理，才能保证产权市场的主体多元化、地位平等化，促进区域内产权实现有序、有效流转。鉴于产权交易本身的复杂性，政府监管部门应与其他相关部门互动协作，可以由监管部门牵头，国资、工商、监察等部门共同参与，形成联合监管机构，这样既能提高监管效率，又能相互制衡，规避可能的寻租行为发生，实现产权市场交易的阳光操作。第二，发挥产权交易中介机构监督作用。产权市场中介机构是政府和企业联系的媒介，同时服务于政府和市场主体，是产权交易市场体系有效运行不可缺少的重要条件。要推进长三角产权交易共同市场建设，就必须大力发展各种市场中介组织，发挥其服务、协调和监督作用。第三，加强产权市场交易自律性管理。产权交易市场服务对象包括国有、集体、民营、外资等各类性质的交易主体，要构建行业自律和有效的约束监管机制来保护交易双方的利益，积极组织开展行业自律行为，促进产权交易共同市场规范性建设。

第三节　联合共建金融风险监测防控体系

《规划纲要》明确指出："联合共建金融风险监测防控体系，共同防范化解区域金融风险。"伴随区域经济一体化发展，区域金融的网络化和渗透性增强，金融风险的传染性和外溢性也相应增强（中国人民银行货币政策分析小组，2019）。个别地区的微观金融风险极易突破地理边界，在区域范围内累积、传播、扩散，形成区域金融风险，并可能进一步触发系统性的金融风险，影响宏观经济金融的稳定。长三角在我国经济金融全局中具有重要地位，必须在区域层面率先联合共建金融风险监测防控体系，准确识别、及时化解各类风险隐患，确保发现在早、防范在前、处置在小，坚决守住不发生系统性区域性金融风险的底线。

一、联合共建金融风险监测防控体系的紧迫性

当前，长三角处于增长速度换挡期、结构调整阵痛期、前期刺激政策消化期"三期叠加"阶段，经济金融面临的不确定因素很多，风险点多面广。联合共建金融风险监测防控体系，既是遏制金融内在不稳定性的需要，也是应对复杂外部冲击和化解区域金融风险的需要。

（一）遏制金融内在不稳定性的需要

金融涉及资金的跨期融通，沟通过去、现在和未来，不稳定性是其天然的内在特征（明斯基，2015）。经济主体资本的扩张，伴随着"现在货币"与"未来货币"之间的交换，"现在货币"用来

投资、生产产品，"未来货币"是利润，将用于增加资本资产。但未来的利润是预期的、不确定的，其实现程度决定着融资合同中的承诺能否兑现。一般而言，融资结构中直接融资的比重越高，经济主体每个时期以经营收入偿还债务的能力越强，越能吸收冲击、应对现金流方面未预见到的变化。

长三角企业融资以间接融资为主（中国人民银行上海总部、南京分行、杭州中心支行和合肥中心支行货币政策分析小组，2019），中小企业缺乏抵押物、规模小、经营风险大，难以满足正规金融部门的贷款条件，往往由第三方公司或资质好的个人为其进行信用担保，或者企业之间联合抱团互保，形成互保联保贷款模式及"企业—担保公司—银行"复杂链条。当经济下行压力加大，担保圈内任何一家企业因经营不善而出现流动性短缺时，金融风险便沿着担保链传递到原本经营正常的企业，加剧整体恐慌氛围，恶化社会信用环境，并对当地银行资产质量造成严重冲击，区域容易陷入"个别企业出险—不良贷款上升—借贷萎缩—资产价格下降—企业连环出险"的恶性循环。在小企业最为集中的江浙地区，企业互保联保的担保额度大、牵涉面广、涉及银行多，不少互保联保实质上担保不实、链条过长、担保关系过于复杂、质押品被多次重复质押，甚至存在欺诈性担保等问题。2010年，在经济下行和去产能过程中，浙江出现民间信贷风潮，江浙地区钢贸、光伏、船舶等产能过剩行业成为不良贷款高发行业，钢贸行业出现资金链断裂，引发区域性金融风险。

长三角一体化进程中，企业普遍存在投入产出关联、供给需求关联，上下游产业链将不同地区的企业紧紧连接在一起，金融风险也会沿着产业链在区域间迅速传染（裴棕伟、顾伟忠，2019）。联合共建金融风险监测防控体系，密切跟踪金融机构和实体企业经营状况，及时预警，有助于避免由担保链、产业链引发金融风险传导的多米诺骨牌效应，遏制区域性金融危机发生。

（二）应对复杂外部冲击的需要

金融是实体经济的镜像，而金融体系的顺周期性往往会放大经济的波动（周小川，2017）。当前世界经济面临20世纪30年代

"大萧条"以来最严重的经济衰退，长三角经济处于下行周期，好比一辆踩着刹车下坡的车，这车体量很大，是辆重型卡车，经年累月加杠杆使它处于超载的状态，人口、技术、资源、环境等要素供给条件的变化，又使这个坡变得越来越陡峭，实现平稳安全下坡、维护经济金融稳定，是很大的风险挑战。不仅如此，长三角深度嵌入全球产业链、供应链、价值链，内化于世界的长三角，对外部冲击高度敏感。

自 2018 年春季以来，中美经贸摩擦严重扰乱现行国际贸易分工格局，关税的大幅和长期变化重塑国际生产组织结构，损害投资者信心，影响供应链的稳定和安全，冲击劳动力市场，导致极高的转型调整成本。

新冠肺炎疫情的全球蔓延使人流、物流、产业协作流中断，加剧了工业企业特别是中小企业生产经营困难，延缓了投资项目建设进度，抑制了内外商务经贸活动，加大了稳就业压力，已对实体经济造成重创。2020 年 3 月，美股大幅下跌，四次触发熔断机制；2020 年 4 月 20 日，国际原油期货结算价历史上首次跌至负值，金融风险与实体经济低迷叠加共振。我们要应对的疫情二次输入、外需俯冲式下跌、金融市场交叉传染的风险加大，长三角作为全球产业链、供应链枢纽的地位，正经历疫情、经贸、金融等外部冲击的综合压力测试和严峻考验。一旦供应链的反复中断导致产业链的永久转移，就可能触发行业产能丢失替代、经济失速滑出合理区间、短期冲击演变成趋势性变化的系统性金融风险。

（三）化解区域金融风险的需要

由于经济金融结构性因素、体制性因素和周期性因素的叠加，长三角金融风险处于易发高发期，存在非金融企业高杠杆风险、地方政府隐性债务风险、房地产金融风险、地方监管的机构平台风险等诸多风险点。这些金融风险具有跨市场、跨行业和跨区域的特征，需要加强预警，实行联防联控。

一是非金融企业高杠杆风险。杠杆率过高是宏观金融脆弱性的总根源，在实体部门表现为经济主体的过度负债，在金融领域则表现为信用的过快扩张（中国人民银行金融稳定分析小组，2018）。

长三角宏观杠杆率高主要体现在非金融企业部门，在非金融企业部门之内，国有企业的杠杆率较高。究其根源，主要是公司治理的原因。国有企业资产负债自我约束和外部约束机制不健全，所有权人缺乏对企业的控制力，董事长、经营管理层缺乏约束，部分企业通过高负债片面追求规模效应，不愿降杠杆，更不愿出让治理权。

二是地方政府隐性债务风险。新《中华人民共和国预算法》要求地方政府债务全部纳入预算管理，唯一合法举债方式为发行地方政府债券，并通过限额管理给地方政府举债设置上限。在政府显性债务受到严格管控的背景下，一些地方受制于发展路径依赖与政府财力不足的"两难"，稳增长靠投资、稳投资靠举债，违规融资的冲动较为强烈，通过平台公司、购买服务、政府和社会资本合作、各类发展基金和引导基金等隐性负债来满足需求。其中部分涉及明股实债、抽屉协议、承诺回购等违规方式，导致地方政府负有偿还责任的隐性债务快速增长。

三是房地产金融风险。近年来，长三角房地产业高杠杆发展模式和房价过快上涨并存，人均房地产面积超过 40 平方米，行业风险集聚，销售增速放缓，结构出现分化。一线城市和核心二线城市及周边都市圈人口持续流入、成交平稳增长、房价保持坚挺、房价收入比居高不下，其他缺乏产业支撑的城市则表现为空置率高企、去化周期拉长、土地购置面积减少、房价下行压力加大。房地产信贷占比过高、房地产企业债务率较高、居民违规加杠杆购房、楼市降温带来土地市场降温、抵押物的助跌和产业链的波及等风险易波及金融体系的稳定。

四是地方监管的机构平台风险。长三角一些小额贷款公司变相高杠杆放贷，对提供资金的银行、信托公司等金融机构进行兜底承诺，并从中收取高额息费，撬动大量金融机构资金变相放贷；信用风险管理能力缺乏，风控严重地依赖于外部信用评分体系，一旦公司发生信用风险，很可能向相关金融机构传染，导致正规金融的声誉风险和流动性风险。一些地方监管的机构和平台与金融机构合作，介入资产管理业务，承诺"保本保收益"诱导投资者，造成投资者刚性兑付预期，涉众风险突出。

二、联合共建金融风险监测防控体系的框架

防范化解区域金融风险，要构建宏观审慎管理合作机制、健全金融风险监测预警体系，提高金融稳定评估的前瞻性和科学性，发挥压力测试在宏观审慎管理和防范区域性金融风险方面的作用。

（一）构建宏观审慎管理合作机制、健全金融风险监测预警体系

宏观审慎管理旨在抑制金融体系顺周期性、防范系统性金融风险和降低金融危机发生概率（王玉玲，2019）。传统金融监管以微观审慎监管为核心，存在防范系统性风险的空白。加强地方宏观审慎管理是弥补区域金融监管空白、强化地方金融监管协调的重要内容（符瑞武，2009）。要成立包括人民银行、银保监、证监、地方金融管理、国资、财政等地方政府机构在内的区域宏观审慎管理合作机制，发挥多方合力，探索运用复合政策工具，促进辖区金融平稳健康发展。

一是完善区域宏观审慎监测分析。建立完善宏观审慎监测分析数据库，筛选相关监测分析指标，确定若干重点早期预警指标，通过实时跟踪监测"预警指标＋参考指标"，监测分析区域金融体系相关风险状况。

二是开展区域宏观审慎识别评估。通过专项检查、压力测试等方式，按照定性与定量相结合、定期与随机相结合的原则，对辖内金融体系稳健性/系统性风险进行识别和评估，及时提出系统性风险防范化解建议。

三是推动区域宏观审慎管理合作。由人民银行地方分支行牵头辖内银保监、证监以及地方金融管理局等部门建立区域宏观审慎管理合作机制，通过政策协调、信息共享、共同研究处置系统性风险的方式来制定和实施宏观审慎监管。加强同发改、财政、国资、工商、住建等政府部门之间协调联动和信息共享，全面识别评估辖内系统性风险。

四是加强区域系统重要性金融机构宏观审慎监管。定期针对机构整体经营情况或个别业务开展风险评估并定期开展压力测试，视

情况提出额外的监管要求或采取监管措施。对存在违反审慎经营规则或威胁金融稳定的机构，及时做出风险提示、提出调整建议。探索建立恢复及处置机制，确保区域系统重要性金融机构经营失败时能够得到安全、快速、有效处置，避免引发区域性、系统性风险。

五是完善因城施策的房地产金融宏观审慎管理。建立房地产监测分析数据库，紧密跟踪房价收入比、商品房库存去化周期、租金回报率、空置率等衡量房地产市场泡沫程度或健康程度的指标，准确把握区域房地产市场发展和房地产金融运行状况。定期对金融机构房地产金融业务稳健性开展评估，将评估结果纳入宏观审慎评估、信贷政策导向效果评估以及金融机构综合评价中，促进房地产金融平稳健康发展。

（二）提高金融稳定评估的前瞻性和科学性

金融稳定评估要定性与定量相结合。定性分析可从经济金融运行总体情况，促进经济增长和金融稳定的主要举措，经济金融运行中需要关注的问题，银行业、证券业、保险业、社会融资活动的发展运行情况与稳健性，以及支付体系、信用环境等金融基础设施建设等方面展开。

定量分析可参考《中国区域金融稳定报告》分析框架（中国人民银行上海总部金融稳定分析小组，2017），构建如表 7 - 4 所示的区域金融稳定评估指标体系，定期从宏观经济、金融机构和金融生态环境三方面，对长三角整体及三省一市各自的金融稳定状况进行统一的量化评估，进而对影响区域金融稳定的因素进行跟踪分析：

（1）宏观经济主要考察所在地区的经济运行质量，可以从经济增长、固定资产投资、消费增长、对外经济、收入与价格指数、就业情况以及房地产市场七个方面来评估。宏观经济是金融体系稳健运行的根本条件，该指标是金融稳定评估的先行指标。

（2）金融机构主要考察银行业、证券业和保险业三大行业的运营稳定情况，包括金融机构的资本充足性、资产质量、盈利能力以及资产流动性四个方面。需要说明的是，三大行业考察指标有差异，证券业、保险业无"流动性"指标。

（3）金融生态环境主要考察区域金融运行的外部环境和一些基

础条件，包括地方法治环境、地方政府财政能力、市场体系完善程度、信用环境完善程度等要素。

表7-4　区域金融稳定评估指标体系

一级指标	二级指标	三级指标
宏观经济	经济增长	地区GDP增长率（%）
		第三产业增加值增长率（%）
	固定资产投资	全社会固定资产投资增长率（%）
	消费增长	社会消费品零售总额增长率（%）
	对外经济	实际利用外资增长率（%）
		进出口总额增长率（%）
	收入与价格指数	城镇居民可支配收入增长率（%）
		农村人均纯收入增长率（%）
		居民消费价格指数（%）
	就业情况	城镇登记失业率（%）
	房地产市场	典型城市房地产销售价格指数（%）
金融机构	银行业 资本充足性	核心资本充足率（%）
	资产质量	不良贷款率（%）
	盈利能力	资产利润率（%）
	资产流动性	流动比率（%）
	证券业 资本充足性	净资本充足率（%）
	资产安全性	净资本负债率（%）
	盈利能力	资产利润率（%）
	保险业 资产充足性	寿险公司退保率（%）
	资产安全性	应收保费率（%）
	盈利能力	保费收入增长率（%）

续前表

一级指标	二级指标	三级指标
金融生态环境	地方法治环境	法治环境调查综合得分
	地方政府财政	地方财政收入占 GDP 比重（%）
	市场体系完善程度	银行服务密度（亿元/百人）
	信用环境完善程度	征信数据库覆盖率（%）

　　根据综合得分及五个一级指标定量评估结果，分区间评定金融稳定等级：非常稳定（95 分及以上）、稳定（85~94 分）、较稳定（70~84 分）、较不稳定（60~69 分）、不稳定（60 分以下）。将各地评估结果叠加在同一张由五个一级指标构成的雷达图上，可跨地区比较金融稳定情况，一目了然看清各地的长短板。综合同一地区各年历史数据，可考察区域金融稳定各项指标的动态变化趋势。

　　由于上述指标体系中，银行业、证券业、保险业三个一级指标的部分数据不可得，因此暂未对长三角三省一市的区域金融稳定状况进行具体测度，部分指标测算结果见附录。

　　（三）发挥压力测试在宏观审慎管理和防范区域性金融风险方面的作用

　　鉴于长三角目前以间接融资为主、以大中型银行为主的金融结构，各领域风险最终都会向银行业汇聚，有必要对辖区大中型商业银行开展压力测试，以评估银行体系在"极端但可能"冲击下的稳健性状况（中国人民银行金融稳定分析小组，2019）。如表 7-5 所示，测试内容应包括偿付能力宏观情景压力测试、偿付能力敏感性压力测试和流动性风险压力测试。

　　（1）偿付能力宏观情景压力测试覆盖信用风险和市场风险，考察宏观经济下行对银行盈利能力和资本充足水平的不利影响。设置轻度和重度两个压力情景，宏观情景指标包含 GDP 同比增速、CPI涨幅、政策性利率、短期及长期市场利率和人民币对美元汇率等。若参试银行受冲击后的核心一级资本充足率、一级资本充足率和资本充足率任何一项低于监管要求，则不能通过压力测试。

（2）偿付能力敏感性压力测试以整体信贷资产和重点领域的不良贷款率、损失率、收益率曲线变动等作为压力指标，考察特定风险冲击对银行整体资本充足水平的瞬时影响。若参试银行受冲击后的资本充足率低于监管要求，则不能通过压力测试。

（3）流动性风险压力测试主要考察流动性状况恶化对银行现金流缺口的影响。设置轻度和重度两个压力情景，对不同表内资产、负债及或有融资义务分别设置不同的流入率或流失率，计算不同期限下的净现金流缺口。当压力情景下参试银行出现现金流缺口时，银行应采取措施，将合格优质流动性资产变现或质押给央行获得流动性，以弥补缺口。若全部可动用的合格优质流动性资产均已耗尽仍无法弥补缺口，则不能通过压力测试。

表 7 - 5　银行业压力测试情景设计

测试类型	风险类别		压力情景
偿付能力宏观情景压力测试	信用风险	贷款	GDP 同比增速下降至 4%；2%（其他宏观指标根据宏观经济计量模型设定）
		应收款项类投资	
	市场风险	银行账户利率风险	设置轻度、重度压力情景，对付息负债利率、贷款利率、其他生息资产利率分别设置不同升幅
		债券投资风险	设置轻度、重度压力情景，对短期利率、长期利率分别设置不同升幅
		汇率风险	人民币贬值 4%；5%
偿付能力敏感性压力测试	各项贷款风险		不良贷款率上升 100%；300%；700%
	房地产贷款风险		房地产开发贷款、购房贷款不良率分别增加 5 个、5 个百分点；10 个、7 个百分点；15 个、10 个百分点
	地方政府债务风险		不良资产率增加 5 个百分点；10 个百分点；15 个百分点
	客户集中度风险		最大 1 家集团客户违约；最大 3 家集团客户违约；最大 5 家集团客户违约（违约损失率均为 60%）

续前表

测试类型	风险类别	压力情景
偿付能力敏感性压力测试	表外业务信用风险	发生垫款的表外业务敞口余额占比 5%；10%；15%
	投资损失风险	非政策性金融债券收益率曲线上移 400 个基点；非金融企业债券收益率曲线上移 400 个基点；非债券类投资账面余额损失 10%
流动性风险压力测试	表内资产负债及或有融资义务	设置轻度、重度压力情景，对不同到期期限的表内资产负债项目及或有融资义务分别设置流入率或流失率

三、共同防范化解区域金融风险的对策建议

伴随长三角经济由高速增长阶段转向高质量发展阶段，风险形成的条件和机制出现很大变化。防范化解区域金融风险，不应也不可能重走过去债务扩张拉动经济增长进而稀释存量风险的老路，而要立足于标本兼治、主动攻防和积极应对，宏观上深化改革扩大开放，微观上释放市场主体活力，防患于未然。对威胁金融稳定的重点领域风险，采取主动措施进行逐步化解，及时"精准拆弹"。同时，在风险化解和处置过程中，把握节奏力度，适时预调微调，努力做到"慢撒气、软着陆"，防止出现"处置风险的风险"。

(一) 硬化预算约束，降低非金融企业部门杠杆率

非金融企业部门特别是国有企业的高杠杆问题，主要源于软预算的约束，资不抵债的企业无须破产，可以靠不断借钱生存甚至扩大再生产，导致产能过剩与杠杆率猛增，因此，必须硬化预算约束、提高效率，有序推进"僵尸企业"处置，该"断奶"的"断奶"，该断贷的断贷，为效率更高的企业腾出宝贵的实物资源、信贷资源和市场空间。对暂时遇到困难但有发展前景的优质企业开展市场化债转股，由相关主体市场化选择转股对象企业、市场化转让

债权、市场化确定价格、市场化筹集资金、市场化股权退出，通过引入新股东，改善公司原有治理结构，实现金融机构与企业"双赢"。要建立债转股合理定价机制，让转股企业股权和银行债权定价反映公允价值，提高市场主体参与积极性。允许具备条件的交易场所依法合规开展转股资产集中交易，提高转股股权流动性，畅通退出渠道。拓宽社会资金参与市场化债转股渠道，充分发挥私募股权投资基金和私募资管产品在开展市场化转股中的作用，支持金融资产投资公司发起设立资管产品并允许保险资金等投资，鼓励上市公司通过合理方式实施债转股。

（二）消化老债严控新债，严防地方政府隐性债务风险

防范化解地方政府隐性债务风险，要严控增量、消化存量，堵住各类违法违规或变相举债的"后门"。一方面，要加强风险源头管控，硬化预算约束，严格项目审核，严禁违法违规融资担保行为，严禁以政府投资基金、PPP、政府购买服务等名义变相举债，严禁以新增隐性债务方式上新项目、铺新摊子。管住新增项目融资的金融"闸门"，对没有稳定经营性现金流作为还款来源或没有合法合规抵质押物的项目，金融机构不得提供融资。强化违规举债责任追究，终身问责、倒查责任，坚决遏制隐性债务增量。另一方面，要坚持谁举债谁负责，落实地方政府属地管理责任，做到"谁家的孩子谁家抱"，让地方盘活各类资金资产、化解存量隐性债务。发挥地方政府财政重整计划作用，高风险地区要通过实施一系列增收、节支、资产处置等短期和中长期措施安排，恢复财政收支平衡状态。

（三）坚持"稳"字当头，避免房地产市场硬着陆

长三角房地产市场经过几年调控之后，除了少数城市，大部分都面临量价齐跌的市场压力。既不能把房地产作为短期刺激经济的手段，推动房价继续上涨、吹大资产泡沫、影响金融安全、抬高经济运行成本，也不能放任房地产出现过快下滑，这可能触发系统性金融风险。"稳"字当头，就是要稳地价、稳房价、稳预期，通过时间逐步消化楼市的下行压力，并在这个过程中保持市场稳定。住房金融政策稳定是住房市场稳定的最重要条件，要保持房地产金融政策的连续性和稳定性，落实"因城施策"差别化住房信贷政策，合理管控个人住房贷款增长，强化个人住房贷款审慎管理，加强对消费贷款的管理，防止消费贷款、经营贷款等资金挪用于购房行为，抑制居民部门杠杆继续过快增长。对负债率偏高以及大量购置土地、具有囤房囤地和市场炒作等行为的房地产企业进行融资限制，清理规范房地产企业"明股实债"等融资行为，严格落实"企业购地只能用自有资金"的规定，防范房企不当和过度融资行为。推进房地产领域供给侧改革，人地挂钩、以人定地、地随人走，人口流入的大中城市加大住宅用地供应，增加住宅供给能力，更好满足市场需求，使优势地区承载更多产业和人口。同时，加快建立"租购并举"的住房制度，推动"租购同权"，调节长期供求关系。

（四）落实属地监管风险，处置责任筑牢安全防线

建立金融委办公室长三角协调机制，发挥上海金融法院的专业优势，加强长三角地区在金融监管、风险处置、信息共享和消费者权益保护等方面的协作。地方政府要在坚持金融管理主要是中央事权的前提下，按照中央统一规则，强化属地监管和风险处置责任，禁止非法金融活动，取缔非法金融机构，严厉打击无牌照、超范围违法违规经营活动。制定完善小额贷款公司、融资担保公司、典当行、融资租赁公司等的监管规则和办法，健全信用体系，加大金融违法违规行为处罚力度，大幅提高违法成本。加强投资者教育保护，打破"政府兜底"理念，树立"买者自负"风险意识，增强金融机构和投资者的纪律约束，防止逆向激励和监管套利，切实防范道德风险。进一步深化金融改革，开正道、堵歪门，夯实防范风险的长期制度基础，从根本上消除各类违法违规金融活动滋生的土壤。

（五）有效应对外部冲击，维护好实体经济基本面

当前长三角面临的最紧迫的区域金融风险，不是源于金融经济体系的内生问题，而是来自外部的经济冲击。维护金融稳定，不能光盯着金融市场，关键要在外部冲击之下维护好实体经济这一基本面。要统筹推进疫情防控和复工复产，围绕解决企业用工、资金、原材料供应等需求，打通"堵点"、补上"断点"，全面恢复生产生活秩序，使实物消费和服务消费得到回补，把疫情造成的损失降到最低。用好阶段性减税降费政策（刘昆，2020），大规模免除中小企业的税和费，以及所有和政府相关的地租，全面的免、能免的都免，抓好财政贴息、大规模降费、缓缴税款、社保费阶段性减免、失业保险稳岗返还等政策落地，直接帮助企业渡过难关。创新完善金融支持方式，为娱乐、餐饮、交通、旅游、制造等受外部冲击影响较大的行业、民营和小微企业提供专项信贷额度，调整完善企业还款付息安排，加大贷款展期、续贷力度，适当减免小微企业贷款利息，防止企业资金链断裂。全力做好招商、安商、稳商工作，保障外贸产业链、供应链畅通运转，特别要保障在全球产业链中有重要影响的企业和关键产品生产出口，稳定国际市场份额，稳住外贸外资基本盘。

第四节　鼓励金融机构在全区域一体化运作

　　《规划纲要》提出要加强各类资本市场分工协作，并对长三角地区的金融机构一体化运作提出了明确的要求："鼓励地方政府联合设立长三角一体化发展投资专项资金，主要用于重大基础设施建设、生态经济发展、盘活存量低效用地等投入。支持符合监管政策的地方法人银行在上海设立营运中心。支持上交所在长三角设立服务基地，搭建企业上市服务平台。"在现实中，长三角地区对于金融机构一体化运作不断尝试创新，取得了积极进展，但同时存在着地区行政分割带来要素流动障碍、机构垂直管理带来区域合作障碍以及监管体系分割带来协调管理障碍等问题。据此，本节从区域定位与协调发展、直接融资与间接融资、监管体系与信用体系三个方面提出长三角区域进一步实现金融机构一体化运作的可行参考方案。

一、长三角区域金融机构一体化运作的现状成效

实现长三角区域经济一体化，金融一体化是前提和推动力（范从来、林键，2020）。依据《规划纲要》对长三角区域金融机构一体化运行的要求，长三角地区相关政府部门和金融机构积极推进区域金融合作，加快投资专项资金和直接融资服务平台的建设，取得了一定的政策成效（如表7-6所示）。

表 7-6 长三角区域现有金融机构一体化相关政策举措

序号	政策举措	发布时间	参与对象	目标
1	长三角一体化发展投资基金合作框架协议	2018.6.1	沪苏浙皖三省一市	共同发起长三角一体化发展投资基金，重点投向跨区域重大基础设施、生态环境治理等领域，充分发挥基金对一体化发展的促进作用
2	长三角资本市场服务基地落户	2018.11.14	浦东新区政府、上海证券交易所	为长三角企业对接资本市场提供一站式、全方位、个性化、高效率的服务，基地将进一步加强长三角区域的协同创新，增强金融服务实体经济能力，促进金融中心和科创中心融合发展
3	长三角一体化综合金融服务方案	2019.8.1	中国银行	未来五年在长三角区域新增投入10 000亿元信贷资源，满足政府、企业、金融同业等机构和居民的多层次金融需求，推动长三角地区实现更高质量一体化发展

续前表

序号	政策举措	发布时间	参与对象	目标
4	长三角农村金融机构合作宣言	2019.8.2	上海农商银行、江苏省农村信用社联合社、浙江省农村信用社联合社、安徽省农村信用社联合社、紫金农商银行、江南农商银行、张家港农商银行等21家农商银行	在公司金融、零售金融、金融市场等领域共享资源、加强合作、优势互补、互利共赢，提升长三角农村金融机构的市场影响力
5	泛长三角区域金融治理一体化战略合作	2019.12.28	南京、淮安、扬州、镇江、宿迁、泰州、芜湖、马鞍山、滁州、宣城十个城市的地方金融监管局	共同开创泛长三角金融联动发展的新格局，共同打造区域金融改革创新的新动能，共同构建区域金融治理和监管体系的新机制
6	关于进一步加快推进上海国际金融中心建设和金融支持长三角一体化发展的意见（又称"金融30条"）	2020.2.14	中国人民银行、银保监会、证监会、外汇局、上海市政府	一是推进临港新片区金融先行先试，加快上海金融业对外开放；二是从推动金融机构跨区域协作、提升金融配套服务水平、建立健全长三角金融政策协调和信息共享机制三方面进行推进
7	关于在长三角生态绿色一体化发展示范区深化落实金融支持政策推进先行先试的若干举措（又称"示范区金融16条"）	2020.3.27	上海、江苏、浙江相关金融监管部门	侧重一体化金融合作、绿色金融发展以及推进金融信息共享三大领域，与上海临港新片区、浦东开发开放特色形成错位发展

资料来源：由笔者整理而得。

具体而言，长三角金融机构一体化运作的成效主要体现在四个方面：

（一）区域监管机构合作不断强化

金融机构一体化运作的最重要保障来源于金融监管机构在区域内的协同合作，而这也需要地方政府、金融监管部门之间的紧密配合，突破地理边界和行政区划壁垒，从战略高度为长三角金融机构一体化运作提供支持。

早在2015年4月，上海、江苏、浙江两省一市高级人民法院与上海、江苏、浙江、宁波四地银监局就签署了《关于建立长三角区域金融监管与司法联动长效机制的合作备忘录》，旨在金融监管与司法信息交流、支持司法执行和维护金融债权等方面通过优势互补，实现合作共赢。2018年12月，上海浦东新区、江苏（包括南京、淮安、扬州、镇江、泰州、宿迁）和安徽（包括芜湖、马鞍山、滁州、宣城）签署了《泛长三角区域金融业联动发展合作备忘录》，旨在进一步加强地方金融监管合作交流，迈出了防范化解区域金融风险方面的一大步。

（二）银行资金营运中心落户上海

一方面，金融机构的跨区域合作能够有效推进金融一体化；另一方面，异地持牌经营增加了中小银行盲目跨区域经营的信贷风险。因此，2018年12月银保监会发布了《关于规范银行业金融机构异地非持牌机构的指导意见》，避免了"一刀切"政策，在鼓励地方性中小银行立足本地，清理撤销了大量扎堆在北上深的异地非持牌机构的同时，给予异地经营充分的过渡期，通过发放金融许可证的方式允许异地设立资金营运中心。表7-7列出了中小银行在沪资金营运中心批复设立的现状，资金运营中心的设立为金融机构在有效监管的同时跨区域合作奠定了基础。

表7-7　中小银行在沪资金营运中心批复设立一览表

序号	获批银行	批复时间
1	兴业银行	2004.11.03
2	平安银行	2014.12.10

续前表

序号	获批银行	批复时间
3	宁波通商银行	2014.12.19
4	浙江泰隆商业银行	2016.12.23
5	南京银行	2017.12.22
6	江苏银行	2018.11.13
7	宁波银行	2019.03.27
8	杭州银行	2019.06.10

资料来源：由笔者整理而得。

（三）直接融资渠道探索积极推进

长三角地区不仅在间接融资市场拥有中国银联、浦发银行、浙商银行、江苏银行、南京银行等，更有着相对完备的多层次资本市场建设基础，包括上海证券交易所、上海期货交易所、上海票据交易所、上海保险交易所股份有限公司（又称"上海保交所"）等，长三角地区依托这些金融交易机构搭建直接融资服务平台有着天然的优势。

2018年11月14日，上海浦东新区与上交所率先建立长三角资本市场服务基地，并签署战略合作备忘录和基地共建协议，该基地于2019年4月正式启用，旨在为科创板注册制提供"源头活水"。2019年2月15日，G60科创走廊九城市与上海证券交易所签订战略合作协议，对G60科创走廊内横跨沪苏浙皖的九城的上市公司进行梳理并编制发布了上证G60创新综合指数和上证G60战略新兴产业成份指数。

（四）区域信用体系建设初见成效

自2004年开始尝试通过政府层面签署《信用体系建设合作备忘录》构建区域信用体系，到2008年三省一市政府与辖区人民银行联合签署《共建"信用长三角"合作备忘录》，通过每年联合发布备案信用服务机构名单，初步建立起跨行政区划的信用信息共享体系，再到2019年《规划纲要》发布之前，长三角三省一市已经经由相关部门搭建了"信用长三角"平台，并取得了两方面成效：一是以"红黑名单"机制实现了环保、旅游、食品药品和产品质量等重点领域的联合惩戒；二是以平台为基础拓展"信用贷"应用场景积极推动信用惠民建设。

二、长三角区域金融机构一体化运作的现实难点

（一）地区行政分割导致要素流动障碍

长三角地区地理上涉及沪苏浙皖三省一市，客观上存在物理地域边界和行政经济边界，为金融要素跨地区流动和金融资源跨区域配置带来了阻力。

从理论上看，金融控制理论、行政区理论和财政分权理论表明，政府对地方金融控制权有强烈偏好（林键、范从来、蔡欣磊，2020），通过行政干预信贷分配可以有效实现政府对金融资源的控制，从而带来区域间金融发展差异，造成金融市场割裂的现状，无形中产生了资金流动的"玻璃墙"，导致金融资源流动效率低下。

从实践中看，金融基础设施建设往往由地方政府主导，各地区在建设初期就没有形成统一的标准和规范，金融基础设施建设的发达程度也因地区而异，硬件上信息维度差异使得金融基础设施联动建设困难，软件上区域金融信息沟通不畅，难以形成基于跨区域金融基础设施对接的金融信息共享机制。

（二）机构垂直管理导致区域合作障碍

从国有商业银行体系来看，长三角地区的国有银行采用垂直管理体系，虽然有助于总行机构增强宏观调控能力，防止地区垄断与区域间恶性竞争，控制商业银行风险，但同时，在银行垂直管理模式下，总行对各地区分行的内部考核指标使其处于独立经营之下，银行跨区域合作对自身业绩考核无益，反而可能带来客户资源的争夺与竞争，因而国有商业银行的区域合作动力较弱。

从城市商业银行体系来看，长三角地区的六大城商行包括上海银行、江苏银行、南京银行、宁波银行、徽商银行和杭州银行，其区域性色彩更加浓重，跨区域合作经营的愿望也更加强烈，但由于

异地资源和风控能力局限，信息不对称对城商行的稳健经营构成了挑战，在"强监管"之下跨区经营合作也面临较大困境。

（三）监管体系分割导致协调管理障碍

从银行监管部门来看，长三角地区按照行政区划设置银保监局，分设有上海、江苏、浙江、安徽银四个银保监局，具有强属地性，监管的地区分割特征明显，这也是长三角地区开展跨区域业务合作的障碍之一；从金融调控部门来看，中国人民银行在上一轮改制中撤销 31 个央行省级分行，取而代之为 9 大区行，而其中上海分行管辖上海、浙江、福建，南京分行管辖江苏、安徽，这种调控框架也带来了长三角地区金融跨地区协调的障碍。

长三角地区的金融监管与调控都缺乏区域协调机制的顶层设计，尚未完全建立起突破行政区划、覆盖全区域、效率较高的相关制度安排，如《关于进一步加快推进上海国际金融中心建设和金融支持长三角一体化发展的意见》和《关于在长三角生态绿色一体化发展示范区深化落实金融支持政策推进先行先试的若干举措》的监管合作政策也是在 2020 年才刚刚颁布，尚未落地，因而区域金融合作的进程也被耽搁。

三、长三角区域金融机构一体化运作的可行路径

（一）区域定位与协调发展的顶层设计支持

上海金融资源集中，金融市场发育较为成熟，对长三角地区的金融机构吸引力强，在上海设立总部、分支机构或资金运营中心成为诸多金融机构融入核心圈的重要手段；浙江民营经济发达，加之近年来科技金融与互联网金融发展迅速，诞生了如蚂蚁金服等新兴金融业态，也催生了传统业务转型，如"信贷工厂"等模式；江苏制造业基础雄厚，产业链活力充足，尤其是装备制造业和先进制造业发展势头迅猛，为长三角金融一体化提供了强有力的实体经济支撑；安徽相比于长三角其他两省一市具备要素成本低廉的优势，适合通过国际金融服务后台基地等金融业态集聚方式参与长三角金融一体化建设。基于此，打造以上海为国际金融中心、浙江为金融创新基地、江苏为金融

支撑平台、安徽为金融服务后台的错位互补金融体系，有助于实现长三角金融机构的良性竞争、协同发展与一体化运作。

同时，要依托顶层设计，实现长三角地区金融要素的自由流动。一是强化资金营运中心的灵活性与安全性，通过资金跨区域流动缓解地区金融资源的供需矛盾；二是加强金融人才一体化发展，打造人才集聚平台与交流合作平台，提高长三角对金融人才的虹吸能力；三是搭建金融科技交流平台、金融科技成果孵化平台与金融科技产品交易平台，实现金融技术要素在区域内无障碍流动。

（二）直接融资与间接融资的区域创新支柱

在直接融资方面，截至 2020 年 5 月，长三角地区上市公司数量达到 1 303 家，覆盖了所有的一级行业，大量的上市企业面临着对规范化上市企业服务平台的需求，利用上海证券交易所地处长三角核心区的便利，在区域内有条件的城市设立服务基地，有助于更好地服务上市企业和准上市企业；地方产业基金规模在 100 亿元以上的涵盖了集成电路、人工智能、生物医药、数字经济、金融稳定、新型材料、智能制造、知识产权、上市公司并购等多个领域，区域联合产业基金包括长三角协同优势产业基金、长三角一体化发展投资专项资金等，然而尽管产业基金种类繁多，但受制于基金运营能力、基金平台协同性、基金制度等问题，需要通过全区域内的产业基金综合治理与体制机制完善，实现真正发挥产业基金的"引导"作用；创投环境活跃，2018 年私募股权投资长三角地区项目达到 3 643 个，投资金额达到 4 662 亿元，占全国总规模的 43%，主要集中于信息产业、金融传媒、医疗健康产业、高端制造业等，私募基金的蓬勃发展有助于提振长三角地区的科技活力，应当在规范管理和风险可控的前提下大力支持。

在间接融资方面，截至 2018 年 5 月，长三角区域内的商业银行数量就达到 498 家，其中包括交通银行、浙商银行、苏州银行、紫金银行、无锡银行、江阴银行及江苏银行等诸多上市银行，银行体系发达。因此，借助这一优势，长三角区域应当将区域内商业银行按照类型、营运实力、风险管理水平等条件进行分类，促进同一类别的商业银行首先展开信贷合作试点。对于金融相对欠发达地区资本规模小、管理能力欠缺的城商行和农商行，可以通过发达地区商业银行参股形式参与银行建设，推动区域内银行机构的战略重组，实现金融机构一体化协同发展。

（三）监管体系与信用体系的服务平台支撑

长三角金融监管体系和信用体系的一体化建设，是区域内金融机构一体化运行的软件和硬件保障。

从金融监管体系来看，尽管《规划纲要》颁布以来，长三角区域共建金融监管体系一直在尝试推进，但由于区域内涉及三省一市众多金融监管部门和金融机构，各地金融政策和金融发展差异大，政策协调颇具难度，因此，需要依托顶层设计，通过组建长三角金融一体化领导小组，由各省市分管金融的领导携地方金融监管机构共同助推监管体系的共建，改变过去各自为政的金融监管模式，调整中国人民银行对长三角区域的金融调控分区布局，使长三角金融监管体制机制突破行政区划壁垒，同时建立健全跨区域失信惩治"黑名单"机制，加大惩戒力度保证区域金融生态健康，真正做到全区域一体化监督管理。

从信用体系建设来看，当前由三省一市共同搭建的"信用长三角"平台已经初步具备了跨行政区划信用信息共享的功能，但受制于不同部门间利益的协调与数据安全的考虑，税务、社保、电力、征信、海关、法务、通信等方面的信息尚未实现整合，因此，长三角地区应当整合现有的各地综合金融服务平台和大数据中心资源，借鉴苏州等地企业信用平台建设经验，借助区块链技术完善信息获取、端口对接与数据安全建设，真正形成区域信用信息共享共治，风险联防联控。

参考文献

[1] 邓路，孙龙建.中国产权交易市场的创新与发展——从国资流转平台到构建多层次资本市场的跨越[J].云南社会科学，2009（3）：22-26.

[2] 范从来，林键.用制度保障长三角区域信贷一体化[J].群众，2020(2)：43-44.

[3] 符瑞武. 央行区域金融风险监测体系构建中存在的问题及改革建议[J]. 海南金融，2009(6)：49 - 51，60.

[4] 胡彩娟. 混合所有制经济的产权交易市场建设路径——以浙江省为例[J]. 现代经济探讨，2016(10)：54 - 57.

[5] 林键，范从来，蔡欣磊. 长三角金融一体化：实践、绩效与推进路径——基于银行信贷聚合视角[J]. 江海学刊，2020(2)：89 - 97.

[6] 林毅夫，刘培林. 地方保护和市场分割：从发展战略的角度考察[C]. 北京大学中国经济研究中心内部讨论稿，2014.

[7] 刘昆. 积极的财政政策要大力提质增效[J]. 求是，2020(4)：35 - 42.

[8] 刘志彪，长三角区域市场一体化与治理机制创新[J]. 学术月刊，2019(10)：31 - 38.

[9] 孟庆民，杨开忠. 一体化条件下的空间经济集聚[J]. 人文地理，2001，16(6)：7 - 11.

[10] [美]明斯基. 稳定不稳定的经济：一种金融不稳定视角[M]. 北京：清华大学出版社，2015.

[11] 裴棕伟，顾伟忠. 关于区域金融风险传导机制及其防范研究[J]. 价格理论与实践，2019(8)：8 - 11.

[12] 施廷博. 产权交易市场监管法律制度的若干思考——以政府对市场的适度介入为中心[J]. 理论月刊，2011(11)：115 - 118.

[13] 工刀. 区域产权交易市场制度构建[J]. 财会月刊，2012(2)：83 - 85.

[14] 王玉玲. 地方宏观审慎管理的思路[J]. 中国金融，2019(21)：28 - 30.

[15] 张颢瀚. 区域一体化转型与融合体制建设研究[J]. 南京政治学院学报，2013(1)：69 - 76.

[16] 赵巍，刘春玲. 基于国企改革的国有资产公开市场交易问题研究[J]. 当代经济，2017(4)：25 - 27.

[17] 中共中央国务院. 长江三角洲区域一体化发展规划纲要[M]. 北京：人民出版社，2019.

[18] 中国人民银行金融稳定分析小组. 中国金融稳定报告(2019)[M]. 北京：中国金融出版社，2019.

[19] 中国人民银行金融稳定分析小组. 中国金融稳定报告(2018)[M]. 北京：中国金融出版社，2018.

[20] 中国人民银行上海总部金融稳定分析小组. 中国区域金融稳定报告(2017)[M]. 北京：中国金融出版社，2017.

[21] 中国人民银行货币政策分析小组. 中国区域金融运行报告（2019）[R/OL]. [2019 - 07 - 19]. http://www. pbc. gov. cn/zheng-cehuobisi/125207/125227/125960/126049/3861967/3862882/ind-ex. html.

[22] 中国人民银行上海总部货币政策分析小组. 上海市金融运行报告(2019)[R/OL]. [2019 - 07 - 19]. http://shanghai. pbc. gov. cn/fzhshanghai/113589/3862478/index. html.

[23] 中国人民银行南京分行货币政策分析小组. 江苏省金融运行报告(2019)[R/OL]. [2019 - 07 - 19]. http://nanjing. pbc. gov. cn/nanjing/117514/3862631/index. html.

[24] 中国人民银行杭州中心支行货币政策分析小组. 浙江省金融运行报告(2019)[R/OL]. [2019 - 07 - 19]. http://hangzhou. pbc. gov. cn/hangzhou/2927497/3862456/index. html.

[25] 中国人民银行合肥中心支行货币政策分析小组. 安徽省金融运行报告(2019)[R/OL]. [2019 - 07 - 19]. http://hefei. pbc. gov. cn/hefei/122346/3862488/index. html.

[26] 周小川. 守住不发生系统性金融风险的底线[N]. 人民日报，2017 - 11 - 22(6).

[27] 左飞. 产权市场的制度意义及其评价——一个制度变迁的视角[J]. 当代经济，2020(3)：21 - 23.

[28] Bela Balassa. The Theory of Economic Integration[M]. London：Allen&Unwin，1962.

附录　长三角区域金融稳定体系的指标测度

总分为 100 分，五个一级指标每个 20 分。

一、宏观经济（20 分）

一级指标宏观经济下有七个二级指标、十一个三级指标。考虑到数据的可得性和完整性，剔除房地产销售价格指数，如附表 1 所示。长三角区域三省一市得分情况如附表 2 所示。

附表 1　宏观经济指标

一级指标	二级指标	三级指标	作用方向
宏观经济	经济增长	地区 GDP 增长率（%）	＋
		第三产业增加值增长率（%）	＋
	固定资产投资	全社会固定资产投资增长率（%）	＋
	消费增长	社会消费品零售总额增长率（%）	＋
	对外经济	实际利用外资增长率（%）	＋
		进出口总额增长率（%）	＋
	收入与价格指数	城镇居民可支配收入增长率（%）	＋
		农村人均纯收入增长率（%）	＋
		居民消费价格指数（%）	－
	就业情况	城镇登记失业率（%）	－

注："＋"表示对应三级指标数据越大，得分越高；"－"则相反。

附表 2　长三角区域三省一市得分情况汇总

三级指标	区域			
	上海	江苏	浙江	安徽
地区 GDP 增长率（2 分）	1	1	1.5	2
第三产业增加值增长率（2 分）	2	0.5	1	1
全社会固定资产投资增长率（2 分）	0.5	0.5	2	2
社会消费品零售总额增长率（2 分）	0.5	0.5	1	2
实际利用外资增长率（2 分）	2	0	1.5	0.5
进出口总额增长率（2 分）	0	0	2	2
城镇居民可支配收入增长率（2 分）	1.5	1.5	1.5	1.5
农村人均纯收入增长率（2 分）	1.5	1	1.5	2

续前表

三级指标	区域			
	上海	江苏	浙江	安徽
居民消费价格指数（2分）	2	0.5	1	1.5
城镇登记失业率（2分）	0	1	1.5	1.5
合计得分	11	6.5	14.5	16

二、金融生态环境（20分）

一级指标金融生态环境下有四个二级指标、四个三级指标。考虑数据的可得性和完整性，剔除征信数据库覆盖率，如附表3所示。长三角区域三省一市得分情况如附表4所示。

附表3　金融生态环境指标

一级指标	二级指标	三级指标	作用方向
金融生态环境	地方法治环境	法治环境调查综合得分	＋
	地方政府财政	地方财政收入占GDP比重（%）	＋
	市场体系完善程度	银行服务密度（亿元/百人）	＋

注："＋"表示对应三级指标数据越大，得分越高；"－"则相反。

附表4　长三角区域三省一市得分情况汇总

区域	三级指标			合计得分
	法治环境调查综合得分（6分）	地方财政收入占GDP比重（7分）	银行服务密度（7分）	
上海	4	6	6	16
江苏	4	3	5	12
浙江	4	4	5	13
安徽	3	4	2	9

由于银行业、证券业、保险业的一级指标部分数据不可得，因此，暂未对长三角三省一市的区域金融稳定指标进行总体测算。

第八章 城乡统一土地市场制度的创新

　　土地作为重要要素一直对中国经济快速增长起着关键的推动作用，也是地方政府获得财源的一个重要手段。中国人多地少，土地资源紧缺，既需要必要的土地来种植粮食，养活 14 亿人口，又需要增加建设用地来促进制造业和服务业的扩张，满足人民改善居住条件的要求。基于历史和现实原因，中国土地市场受到严格管制，在区域之间以及产业之间严重割裂，并没有形成统一的市场。这既降低了土地的利用效率，又带来了土地细碎化，造成了很多土地资源浪费，如建设用地在大城市里面价格畸高，在乡镇又存在建设土地浪费现象。

　　长三角虽然是中国经济最发达的地区，但是其内部三省一市之间的经济结构和城乡建设用地还存在一些结构性差异（如表 8－1所示）。土地要素如何在长三角地区形成城乡统一的市场制度，对长三角一体化的成败至关重要。本章从完善城乡建设用地"增减挂钩"政策、完善形成统一的建设用地市场，以及完善跨省补充耕地的国家和区域统筹机制这三个方面，来论述如何在长三角创新建设城乡统一土地市场制度。

表 8-1　长三角三省一市主要经济和城市建设用地统计指标（2016 年）

地区	指标					
	人均 GDP（元）	单位城市建设用地面积产生 GDP（亿元/平方千米）	城市建设用地占市区面积比重	单位人均 GDP 占用城市建设用地面积（平方千米/万元）	人均耕地	永久基本农田保有率
上海	116 562	14.73	30.17%	678.88	0.197	89.03%
江苏	100 650	22.80	8.44%	438.58	0.882	85.76%
浙江	96 383	25.64	7.72%	390.02	0.602	81.01%
安徽	35 092	13.80	6.21%	724.64	1.252	84.00%

资料来源：《中国城市统计年鉴 2017》《中国国土资源统计年鉴 2017》。

第一节　在长三角地区扩大实施和完善城乡建设用地"增减挂钩"政策

　　城乡建设用地"增减挂钩"政策（以下简称"增减挂钩"）是在我国人多地少的基本国情及城镇化进程持续推进的大背景下产生的，其实质是在计划配额管理机制下，在控制建设用地总量、确保耕地面积不减少的基础上，对城乡建设用地的结构调整与优化，也是政府的土地宏观管理权对农民土地产权的重新界定。

　　从最初地方政府占用耕地不受限制，到严格保护耕地的基本国策下"土地置换""指标折抵"政策，再到"增减挂钩"与精准扶贫背景下的节余指标跨省域流动，"增减挂钩"政策的设计与演进显示出以下 6 个特点：（1）"增减挂钩"形成的建设用地指标为计划外指标，与地方政府的年度新增建设用地计划指标相结合形成指标"双轨制"；（2）除少数拥有政策特权的地区（如深度贫困地区与对口支扶地区）外，建设用地指标的形成与交易均被限定于县域范围内；（3）"增减挂钩"的实施可以同时形成耕地占补平衡指标与新增建设用地指标，相比单纯的"占补平衡"或计划指标在推进城市建设方面更有优势；（4）由于土地开发和整理需要一定周期，因此政策设计出"周转指标"，允许"先占后补"，耕地复垦验收合格后归还周转指标（周期一般为三年）；（5）相比于"60%指标折抵"政策，"增减挂钩"形成的新增耕地面积与建设占用耕地的补偿指标之间是100%的折抵，因此，该政策的导向就是在保持耕地面积不减少的基础上将更多的建设用地配置到城市建设当中，体现的是一种"城市偏向"思维；（6）在目前深化"放管服"改革背景下，省级政府被赋予更大的用地自主权，在农地转用、建设用地指标的使用与分配方面将拥有更多决策权。这些特点对于进一步完善"增减挂钩"政策具有相当的指导意义。

一、允许更大范围内的交易：完善"增减挂钩"政策的可行性

由各级地方政府进行政策创新试点并将试点经验在更大范围内推广实施，被认为是中国能够适应内外部环境变化并取得较好经济成就的重要原因（Heilmann，2008）。就"增减挂钩"节余指标突破县域范围进行交易而言，目前已有不少地区就建设用地指标在省域范围内交易，甚至跨省域交易进行了试点探索，为在长三角地区进行更大范围内的指标交易提供了有益借鉴。

（一）建设用地指标省域范围内调剂：重庆的"地票"制度

"增减挂钩"政策很重要的一个特点是项目实行封闭式运行，拆旧区和建新区须一一对应，且限定于县域范围内。2007年重庆市获批"全国统筹城乡综合配套改革试验区"，政策探索空间进一步扩大，后创新性地探索出"地票"制度，其基本运作流程为：首先，由符合条件的土地产权持有人将其闲置的农村建设用地进行复垦，经验收合格后形成"地票"（即挂钩指标）。其次，土地产权持有人将"地票"统一委托给区县国土部门定期投放到市农村土地交

易所，交易所将零散的"地票"打包后定期组织公开拍卖，"地票"成交价款扣除相关成本后，全部返还给土地产权持有人。然后，拍得"地票"的经营主体可在全市规划区内的建设留用地中选择拟落地的地块，经政府征收和招拍挂后，"地票"指标得以最终落地，"地票"则冲抵新增建设用地有偿使用费和耕地开垦费；若持有"地票"但未在"招拍挂"中获胜，"地票"则由政府原价赎回。因此，在"地票"制度下，建新区和拆旧区不再严格对应，减少农村建设用地形成的指标可以在市域甚至更大范围内交易，指标变得高度抽象化、市场化（谭明智，2014），凡有交易的经营主体均可参与交易所竞拍，交易及交易主体的范围均有所扩大。此外，不同于"增减挂钩"政策的"先占后补"，"地票"制度实现了"先垦再占"，体现了"以耕地保护为先"的原则。最后，通过市场竞拍得到的"地票"价款在扣除成本后，全部返还土地产权持有人，由村集体与农户按照15∶85进行分配，也有利于保障农户的土地财产权利。

除重庆"地票"制度外，2014年原国土资源部允许四川试点"省内跨县、市开展增减挂钩"：2016年初，位于秦巴山区的巴中市将300公顷"增减挂钩"节余指标以每公顷442.5万元（亩均29.5万元）的价格出让给成都高新区，总金额超13亿元（张文，2018），既为巴中市筹集了脱贫攻坚所需资金，也缓解了成都用地指标紧张的状况。2017年原国土资源部发布的《关于进一步运用增减挂钩政策支持脱贫攻坚的通知》也允许省级扶贫开发工作重点县的增减挂钩节余指标在省域范围内流转。

（二）建设用地指标跨省域范围流动：精准扶贫下的政策创新

2016年两办《关于支持深度贫困地区脱贫攻坚的实施意见》提出，深度贫困地区"增减挂钩"节余指标可跨省域流动；2018年国办印发《城乡建设用地增减挂钩节余指标跨省域调剂管理办法》、自然资源部印发《城乡建设用地增减挂钩节余指标跨省域调剂实施办法》，将"增减挂钩"节余指标跨省域调剂的调出地区限定在"三区三州"① 及其他深度贫困县，并确定北京、上海、天津、江苏、浙江、广东、福建、山东 8 省（市）为主要帮扶省份（试点省份包括了长三角的上海、江苏和浙江）。政策文件规定了指标的跨省域调剂由国家统一下达调剂任务，统一确定调剂价格标准②，统一资金收支③，以实现节余指标调剂的资金区域整体平衡。据报道，2018 年 1 月，浙江省嘉兴市嘉善县与四川省凉山彝族自治州木里藏族自治县签订意向性的框架协议，嘉善拟在 3 年内以每亩72 万元价格购买木里 3 000 亩节余指标，并在协议签订后 1 个月内向木里支付 5 000 万元前期工作经费。因此，建设用地指标的可交易范围进一步扩大，即可跨省域流动，并不意味着这种大范围的交易是不可管理的。虽然目前的节余指标跨省域交易政策带有一定的政治意向性，统一确定交易价格标准也会在一定程度上扭曲市场价格，但从浙江嘉善与四川木里的节余指标交易来看，其价格高于四川省内巴中与成都的指标交易价格，也高于重庆的"地票"价格④，从而在某种程度上更能反映出市场的供求情况。

（三）长三角地区各省（市）前期相关试点探索积累经验

在占补平衡指标交易方面，浙江省在 21 世纪之初就探索了省域范围内的交易，形成了"折抵指标有偿调剂""基本农田易地代保"以及"易地补充耕地"三项具有可操作性的政策体系，有学者称之为"浙江模式"（汪晖、陶然，2009）；江苏省 2005 年建立了"耕地异地补充机制"，在苏南和苏北之间有偿调剂使用耕地占补指标；安徽省 2006 年开始探索建立土地整理新增耕地折抵建设用地指标省级交易平台，允许有偿调剂使用折抵指标。

---

① 即西藏、四省藏区、南疆四地州和四川凉山州、云南怒江州、甘肃临夏州。

② 根据《城乡建设用地增减挂钩节余指标跨省域调剂管理办法》，节余指标调出价格根据复垦土地的类型和质量确定，复垦为一般耕地或其他农用地的每亩 30 万元，复垦为高标准农田的每亩 40 万元；节余指标调入价格根据地区差异相应确定，北京、上海每亩 70 万元，天津、江苏、浙江、广东每亩 50 万元，福建、山东每亩 30 万元。

③ 调剂资金分两个阶段向调出省份支出：核定资金总额后支出 70% 调剂资金；确认完成拆旧复垦安置后，再支出剩余 30% 调剂资金。

④ 根据重庆土地产权交易所的数据，"地票"亩均价格约为 20 万元。

在"增减挂钩"政策方面，原浙江省国土资源厅 2018 年出台《浙江省国土资源厅关于做好城乡建设用地增加挂钩节余指标调剂使用管理工作的通知》，允许节余指标跨县域调剂使用，并建立了"浙江省城乡建设用地增减挂钩节余指标跨县调剂系统"作为节余指标交易平台；此外，浙江省 2018 年通过跨省域交易调入 2.54 万亩城乡建设用地指标①，获得了增量建设用地指标。江苏省 2017 年印发《江苏省增减挂钩节余指标流转使用管理暂行办法》，允许省重点帮扶县、扶贫开发重点片区和黄河故道流域、黄桥茅山革命老区节余指标可在省域或市域内流转使用；江苏省 2017 年省域范围内流转节余指标 1.45 万亩，筹集资金 111.45 亿元②。安徽省自 2016 年开始开展贫困县增减挂钩节余指标跨县有偿调剂工作，到 2018 年底，10 个贫困县共调剂出节余指标 3.63 万亩，成交价款 152.7 亿元③；2019 年 1 月出台《安徽省城乡建设用地增减挂钩节余指标有偿调剂管理办法》，明确国家级、省级扶贫开发工作重点县可在省内跨县域有偿调剂节余指标。可见，浙苏皖 3 省在前期的占补指标交易方面积累了一定经验，并且近年来逐步开展节余指标一定条件下在省域内跨县域调剂使用的工作，这对于构建长三角地区的节余指标交易机制打下坚实基础。

二、"增减挂钩"政策的完善：构建长三角区域性节余指标交易机制

如前所述，在城镇化进程持续推进的情况下，如何在控制建设用地总量甚至实现建设用地"减量化"、确保耕地面积不减少甚至有增加的基础上，在城市建设和耕地保护之间形成一个好的平衡，

---

① 参见浙江省自然资源厅网站，"浙江省自然资源厅 2018 年工作总结和 2019 年重点工作"。
② 参见江苏省自然资源厅网站，"江苏省国土资源管理 2017 年工作总结"。
③ 参见安徽省自然资源厅网站，"《安徽省自然资源厅关于印发安徽省城乡建设用地增减挂钩节余指标有偿调剂管理办法的通知》文件及解读"。

是当前国土资源管理以及供给侧改革中面临的重大课题，而长三角区域一体化又是我国经济健康发展的重要支撑，因此，为了更好地促进长三角区域一体化，政策应当给出相当的"允许探索空间"，协调和促进该区域土地管理制度与政策的一体化，构建区域性的、城乡统一的土地市场与土地制度。具体到城乡建设用地"增减挂钩"政策的创新与完善，中央政策应当引导和鼓励三省一市在近期（2年内）实现省（市）域内节余指标自由调剂与流动，在中期（2～5年内）搭建起长三角区域性节余指标交易机制，在长期（5～10年）允许全国范围内的节余指标交易。

（一）"2年目标"：实现省（市）域内节余指标自由交易

基于重庆及其他部分省市已经形成比较成熟的节余指标交易体系，以及江苏、浙江、安徽已经不同程度开展节余指标省域内调剂的工作，建议在近两年内引导和鼓励三省一市允许节余指标在各自辖区范围内，通过省级节余指标交易平台（如土地产权交易平台、节余指标交易系统等独立法人机构）自由跨县域流动和交易，省级平台对每次成功交易收取一定比例（如1‰～5‰）的管理费用，所得费用用于维持交易平台正常运作①；贫困地区的节余指标可优先投入交易，并可免收管理费用，以在助力脱贫攻坚的同时尽量不扭曲市场价格。此外，在逐渐放开节余指标一级市场的同时，应当考虑构建有序的节余指标二级市场，探索节余指标的二次交易机制，并赋予节余指标质押融资功能。

但鉴于节余指标交易体系整体上尚不成熟，且省域内各县（市、区）获得节余指标的边际成本与利用节余指标的边际收益存在明显差异，建议由各县域自然资源主管部门依据本县域土地复垦、农民安置等成本制定节余指标最低保护价，但最低保护价并不意味着交易要实施政府指导价，只有当市场交易价格低于最低保护价时，节余指标持有者可选择由省一级政府土地储备中心按最低保

---

① 除了维持交易平台日常运转之外，考虑到节余指标交易价款数量较大，因而交易平台收取的管理费体量加大，因此可以考虑将管理费的一定比例用于耕地保护专项基金或用于补偿集体和农户的土地产权权益。

护价对节余指标进行收储。

同时，为了避免政策放开可能带来的、部分地区盲目卖出节余指标（而导致自身发展用地无法得到满足）的情况，或者买入方通过"囤积居奇"试图在二级市场上谋利的情况，建议设定节余指标"卖出上限"（如该县域城乡建设用地总量的50%）和/或节余指标"买入上限"①，并将下达各县域的年度计划指标与买卖双方的市场交易指标相挂钩，适当减少交易双方的计划指标，可以在一定程度上避免盲目交易指标，也可能通过逐渐减少计划指标从而推动建设用地"减量化"目标的实现。

（二）"5年目标"：实现长三角区域性节余指标自由交易

在沪苏浙皖三省一市域内节余指标自由交易的基础上，通过联通其各自的省级指标交易平台，搭建起区域性的节余指标交易平台，这也是长三角地区土地市场和土地制度一体化的重要体现。与省（市）域内节余指标自由交易机制的构想类似，长三角区域性的节余指标交易平台也应构建二级交易市场，同时允许贫困地区的节余指标优先交易，将交易平台收取的管理费用用于维持平台的日常运转以及区域性的耕地保护项目等。制定节余指标最低保护价、设定买卖节余指标上限、计划指标与节余指标交易相挂钩等限制性措施也同样应当施行。这里应当注意的是，长三角区域性的节余指标交易平台应当处于自然资源部的监管之下，自然资源部每年下达的计划指标可以与上一年交易的节余指标总量挂钩，从而在长三角地区推动建设用地总量"减量化"，并对长三角地区盘活城市存量建设用地形成一定的倒逼机制，提升长三角地区的集约节约用地水平。

（三）"10年目标"：实现全国范围内节余指标自由交易

在总结各省省域范围内和长三角区域性节余指标自由交易所形成的经验、产生的问题的基础上，以长三角城乡建设用地"增减挂钩"交易平台为基础，在未来5～10年内探索全国范围内的"增减

---

① "买入上限"又可按照节余指标卖出方的比例和/或买入方的比例分别设置。例如：单个买入者购买节余指标数量不能超过自身建设用地总量的一定比例，和/或不能购买单个卖出者超过该卖出者建设用地总量的一定比例。

挂钩"节余指标自由交易。这样，长三角就成为全国土地交易的
中心。

经济欠发达地区的节余指标更多流入经济发达地区，有利于实
现建设用地的优化配置，并有利于推动主体功能区的形成；同样，
将年度计划指标与各省（市、自治区）的节余指标交易量相挂钩，
将推动全国性的建设用地"减量化"，在保障耕地红线的基础上更
好地推进城镇化进程。

三、可能的风险与问题：讨论与防控

虽然学界较为主流的意见是放开对节余指标跨区域交易的限
制，但政策制定者仍然对此持谨慎的态度。中央政府最为主要的担
忧有四点：

（一）节余指标交易范围扩大化可能造成无序的"增减挂钩"，从而加剧耕地保护的严峻形势

无论是省域内节余指标交易，还是区域性的指标交易，抑或是
全国性的指标交易，随着节余指标交易范围突破县域范围，中央政
府担心一旦出现危及耕地保护红线的风险，其对于国家粮食安全的
危害将是难以承担的。这种担忧不无道理，因为在前期的试点中，
部分地方政府以追求增量建设用地指标为重点，而轻视甚至忽视耕
地复垦，出现了"占多补少""占优补劣"的现象，使耕地保护流
于形式。因此，从保护耕地的角度，可以借鉴重庆的"地票"制
度，严格实行"先垦后占"，当复垦的耕地在面积（数量）、产能
（质量）方面验收合格后，其形成的节余指标方可进行交易；或者，
在已有"周转指标"设计的基础上进行完善，首先赋予意愿卖出指
标方50%的周转指标进入平台交易，剩余50%的指标在耕地复垦
验收合格后发放，以改变地方政府追求增量建设用地指标的激励，
更好地保护耕地。

（二）节余指标交易范围扩大化可能导致大城市挤压中小城市、城市挤压乡村、东部挤压中西部，加剧城乡、区域之间的发展不平衡

在市场交易中，节余指标由价高者得，因此中央政府与学界都

担忧"增减挂钩"节余指标会被经济社会发展水平较高的城市（相对于乡村）、东部地区（相对于中西部地区）、大城市（相对于中小城市）所垄断；在长三角区域内部，则可能出现安徽的节余指标大量流入上海、江苏和浙江，从而可能使指标流入区的城市出现盲目性扩张、建设用地粗放利用现象，而指标流出区整体的发展机会受到挤压。因此，在设计更大范围内的节余指标交易机制时，需要强调设定买卖节余指标上限、计划指标与节余指标交易相挂钩等限制性措施的重要性；从国际情况来看，节余指标交易能够在一些限制条件下顺利、有序地进行[①]。

除了中央政府担忧的耕地保护以及发展平衡性问题外，"增减挂钩"政策实施过程中农民的土地财产权益保障也是学界关注的一个重点。

（三）农民居住权利要受到保护，不能采取措施强制农民集中上楼

在实施城建建设用地"增减挂钩"的实践中，很多地方政府为了更多地获得建设用地指标，采取强制措施，强制农民上楼，集中居住，从而对农民生活、农业生产，以及农村文化造成很大的负面影响。据媒体报道，一些地方政府在进行村庄改造、农民上楼后，一方面，农民上厕所都出现了问题，给农民的生活造成了不便；另一方面，集中居住点离农民的耕作地距离遥远，给农业生产、运输和储存带来很多不便；此外，在长三角地区，农村居民大多"依水而住"，居住分散，这是一种历史文化形成的选择，在集中居住后，这种农村文化就丧失了。

固然，集中居住也给农民提供了一些生活方便。但是，集中居住、对村庄实行改造要尊重农民的选择，他们的居住权利要得到必要的保护，不能采取强制手段赶农民上楼。

---

① 美国的土地发展权转移交易（TDR）是根据一些标准先将部分地区划为发送区（即保护区），部分地区划分为接收区（即发展区），再依据潜在的发展价值估计发展权的数量，最后对接收区进行密度限制（Field & Conrad，1975）。

（四）应当公平、合理地分享节余指标交易产生的增值收益

如前所述，"增减挂钩"政策的一个重要特点是体现了政府一贯的政策导向——"城市偏向"（于晓华等，2019）。从宏观层面来说，"增减挂钩"调整的是城乡建设用地的结构，具体到微观层面，就是拆旧区的农民以获得一定补偿为条件放弃了其拥有的建设用地权利，从而通过节余指标调剂或交易为城市建设提供建设用地增量。在重庆的"地票"制度下，指标交易所得的大部分收益由村集体与农民获得；但在全国多数地区，"增减挂钩"项目的主导者多为县级政府，农民所得的增值收益比例偏低，农民的土地财产权利受到侵害，且可能导致其长久生计无法得到保障。例如：在福建某县的"增减挂钩"项目中，村集体和农民获得按固定补助标准计算的挂钩指标补偿，而乡镇政府则得到剩余的全部土地收益①（严金海，2019）；在成都某县的"增减挂钩"项目中，政府通过节余指标交易获得 11 亿元增值收益，扣除全部成本后，县级政府得到近 4 亿元净收益，而失去了宅基地及房屋的农民共仅获得 2 000 万元补偿，仅为地方政府收益的 5%（顾汉龙等，2015）。因此，从保障农户的财产权益、增加农户的财产性收入角度来说，允许村集体和农户进行集体建设用地整理和复垦，形成节余指标进入交易平台进行交易是节余指标交易扩大化的题中之义；在政府主导的"增减挂钩"项目中，对农民的安置费用可以算作成本并按固定标准进行补偿，但在交易后扣除所有实施成本形成的净增值收益，应当允许村集体和农民公平、合理地分享一定比例（如 30%），作为对其放弃建设用地权利的补偿。增值收益形成的基础在于村集体和农民放弃了其土地财产权利，这也是土地增值收益"公私共享"的应有之义。

---

①　这类似于未改革前的土地征收制度。在该制度下，农民仅按照耕地的年产值倍数法获得补偿，地方政府获取了绝大部分土地增值收益。

第二节　长三角地区统一城乡建设用地市场的现实困境与突破路径

一、建立长三角地区统一城乡建设用地市场的必要性

土地是一体化发展的核心要素，但现有的制度安排严重阻碍了土地要素的自由流动（陈学法，2014）。在二元土地制度下，地方政府垄断了建设用地的一级市场，集体经营性建设用地被长期排除在外。长期以来，长三角地区地方政府先以低价方式征收集体建设用地，再以较高的价格在二级市场中出让，从中形成了巨额的土地财政收入。统计数据显示，在 2019 年全国土地出让金排名前 20 位的城市中，长三角地区占据了六席（杭州、上海、南京、苏州、宁波、绍兴）（谢中秀，2020）。这一发展模式存在四个主要弊端：一是不利于市场机制的发挥。在城乡二元土地制度下，城乡土地要素无法自由流动，导致土地要素需求者需要支付更高的要素使用价格，而集体建设用地价值则无法充分体现，这扭曲了价格机制、供求机制、竞争机制的调节功能。二是不利于城乡协调发展。一方面，地方政府的土地征收绝大部分仅以原土地用途进行补偿，而非征地的实际用途，这导致了大量群体纠纷事件，威胁到农村地区的稳定发展；另一方面，较低的征收价格直接损害了农民的经济利益，扩大了城乡之间的收入差距。三是不利于城乡建设用地市场的健康发展。在潜在经济利益的驱动下，大量集体建设用地进入了灰色交易市场，由此形成的大量小产权房屡见不鲜，这严重阻碍了城乡建设用地市场的可持续发展。四是建设土地整体利用效率低下，造成了建设用地细碎化和乡村建设用地的巨大浪费。在以上四方面不利因素的作用下，长三角地区的一体化发展面临巨大挑战。以上分析充分表明，长三角地区的一体化发展已进入制度变革的深水

区，必须着力破除阻碍城乡土地要素自由流动的体制性障碍。

二、长三角地区统一城乡建设用地市场的现实困境

目前，国家层面已形成加快推动城乡统一建设用地市场的一致认识，在法律上也确立了城乡统一建设用地市场的合法地位。这对促进长三角一体化建设尤其重要。然而，关于如何具体推动城乡统一建设用地市场，中央尚未颁布具体的法律法规。就长三角地区而言，长期的城乡二元土地分割制度已形成土地要素自由流动的诸多障碍，这不利于城乡统一建设用地市场的发展。接下来，本节将从四个方面系统分析现阶段长三角地区统一城乡建设用地市场所面临的现实困境。

（一）相关法律规定缺位

新《中华人民共和国土地管理法》（以下简称《土地管理法》）从法律上正式确立了集体经营性建设用地入市交易的合法性，但关于交易过程中的具体细节仍未做出明确规定，这使得长三角地区统一城乡建设用地市场缺乏成熟系统的法律制度框架。具体而言，该修正法案尚未明确提及集体经营性建设用地的入市范围、实施主体以及入市收益分配三个核心方面的具体规定（田国兴、周洋洋，2020）。

首先，入市范围应该如何规定？在目前法律未明确规定的前提下，长三角地区是否能依据自身情况明确集体经营性建设用地，尤其是增量集体经营性建设用地和通过土地调整方式进行整合的土地。其次，集体经营性建设用地的实施主体如何界定？在长三角地区的试点工作中，集体经营性建设用地交易的实施主体所涵盖的范围较广，各地在实践中的操作均有所差异，主要包括农村集体经济组织、镇政府、外部经济组织、乡镇资产经营公司等。在缺乏法律规定下，容易导致责权模糊、利益争端等问题。最后，如何确立集体经营性建设用地交易的收益分配？从理论上看，利益分配主体主要包括国家、集体以及农民。目前长三角地区的试点地政府主要以调节金的形式参与收益分配，但收取的比例各有不同，如江苏省常

州市武进区主要以交易价格为依据，设立了20％～40％的调节金，而浙江省义乌市则以土地用途为主要依据征收相应的调节金。收益分配问题是集体经营性建设用地市场的核心问题，但目前法律上亦尚未做出明确规定。

(二) 区域协调机制不健全

根据新《土地管理法》规定，集体经营性建设用地入市的首要条件是该用地应符合土地发展规划。统一的集体经营性建设用地规划有利于长三角地区高质量一体化发展的区域布局。然而，在区域一体化发展过程中往往面临着一个难题，即如何在区域整体发展利益与各个区域的利益诉求之间寻找一个平衡点。从实践上看，在目前长三角地区的行政分割状态下，各区域更多地追求自身的发展利益，在一体化发展过程中所表现的积极性也不尽相同。而要充分实现集体经营性建设用地入市的经济发展效益，就离不开统一的建设用地规划布局，如江苏省的主要定位是成为国际先进制造业基地，安徽省则着重打造绿色发展样板区，其土地布局特征必然存在一定差异。因此，当区域一体化发展存在利益冲突时，各区域在土地规划方面难以形成有效统一，这不利于长三角地区集体经营性建设用地市场的充分形成与发展。

(三) 主体参与动力不足

长三角地区城乡统一建设用地市场的相关利益主体存在两大主要问题：一是省级政府的积极性不高；二是农民对城乡统一建设用地市场的认知不足。长期以来，在城乡土地二元结构的制度安排下，长三角地区地方政府通过土地垄断获取了巨额的土地财政收入，这主要来源于建设用地一级市场的垄断以及通过"低买高卖"的途径征收集体建设用地。根据有关调查，在江苏省的集体建设用地征收获益分配中，地方政府能够获取高达60％～70％的经济利益，而农民的获益则不足10％。可见，在土地财政作为地方政府财政收入最主要来源的背景下，城乡统一建设市场的推进将在一定程度上影响地方财政收入，这可能降低地方政府参与统一城乡建设市场的积极性。由于长三角地区经济发展水平较高，建设用地的稀缺性普遍存在，虽然有一些县级政府，尤其是经济发展相对落后的地方，愿意积极参与土地市场交易，提供建设用地指标，但省级政府都担忧流出建设土地资源，从而在长期内限制本省的经济发展。

与此同时，对于农民而言，根据学者的调查数据，有相当一部分农民对于集体经营性建设用地入市、集体经营性建设用地产权问题及其交易等问题均存在认知水平较低的现象；尤其是在收益分配方面，绝大部分农民认为自己应当是集体经营性建设用地交易的最大获益者，政府应处于最后（王欢，2019）。当集体经营性建设用地入市的利益分配无法满足农民的利益诉求时，农民参与集体经营性建设用地交易的动机自然也会减弱。

（四）市场交易成本较高

长三角地区统一城乡建设用地市场面临着较高的成本。首先，相比城市建设用地，集体经营性建设用地存在着一定的特殊性，这主要表现在土地细碎化方面。对于交易客体而言，地块细碎化与产权细碎化是农村土地存在的普遍问题，要将细碎化的分散土地有效整合，符合集体经营性建设用地市场需求，需要花费较高的交易成本，也涉及了村集体的组织经营能力。一些地方政府为了获得建设用地指标，采取强制手段改造村庄，让农民集体上楼，通过城乡建设用地"增减挂钩"政策，出售指标获取财政收入。这在一些地区造成了很大的矛盾。

其次，集体经营性建设用地的所有权属于村集体，这就意味着集体经营性建设用地的需求者需要与村民、村干部等多方利益群体进行谈判，即"一对多"的谈判模式，繁杂的谈判过程将提升集体经营性建设用地的交易成本。

最后，如何妥善处置长期遗留的非法集体建设用地问题是长三角地区统一城乡建设用地市场所需解决的问题之一。近年来长三角地区的都市圈快速发展，催生了近郊农村集体建设用地的需求，其建设用地价值不断攀升，这导致了农村集体经济组织或农户对集体建设用地进行非法交易。例如：沪苏浙的都市圈郊外地区大量的小产权房主要来源于集体建设用地的非法交易，处置现有大量的非法集体建设用地仍需投入较大的成本。

三、长三角地区统一城乡建设用地市场的突破路径

（一）积极探索城乡统一建设用地市场的运行机制

1. 建立价格形成机制

合理的土地价格形成机制有助于优化长三角地区城乡统一建设用地市场的资源配置效率。市场理论表明，信息不对称问题可能导致市场交易过程中的溢价现象。然而，当市场透明度较高时，交易双方所掌握的信息就更加完全，有助于交易价格的合理化。目前，城市建设用地市场的价格体系已基本完备，但集体经营性建设用地的价格体系尚未形成。因此，在长三角统一城乡建设用地市场过程中，应充分重视交易信息的透明度，形成城乡统一的地价体系。

长三角地区政府应加快开展城乡建设用地规划及地价评估工作，合理制定不同区域的土地价格体系，为城乡统一建设用地市场交易提供科学的价格指导。同时，长三角地区政府应加大城乡统一建设用地市场交易价格的监督力度，切实保障城乡建设用地交易的公开化与契约化，从而有效降低信息不对称导致的交易成本损耗，保障长三角地区统一城乡建设用地市场的稳定运行。

2. 建立信息公开机制

健全的信息公开机制能够确保长三角地区城乡统一建设用地市场信息的有效流动。具体而言，城乡统一建设用地市场的信息公开应主要涵盖三个方面：第一是政府信息公开。长三角地区政府应及时公开城乡建设用地的基本状况，包括待出租、待开发、待转让的建设用地情况，并向社会发布相关集体建设用地市场的政策信息，实现城乡建设用地市场的信息共享。第二是城乡建设用地的信息公开。规范城乡建设用地市场的交易行为，在进一步完善土地所有权登记的基础上，所有交易的土地必须登记在册，从而建立公开透明的城乡建设用地交易信息。第三是城乡建设用地市场的价格信息公开。长三角地区政府应定期发布城乡建设用地一级市场、二级市场的价格信息（如出让价、出租价），并在此基础上提供科学合理的价格走势预测信息，使相关交易主体充分了解价格信息，提高交易

效率。

3. 建立供求调节机制

有效的供求调节机制是实现长三角地区城乡统一建设用地市场均衡发展的关键所在。在供给机制方面，长三角地区政府首先应基于一体化发展的目标定位，科学制定建设用地的基本规划，并对各类建设用地进行预测。在此基础上，统一制定并发布长三角地区的建设用地供给计划，稳定市场预期。同时，应加强对城乡建设用地进入与退出的动态管理：一是保障存量建设用地的循环流动，可通过信息系统动态监控合同期满的城乡建设用地的使用状况；二是确保新增建设用地的信息公开，这主要包括土地规划过程中通过指标流转、土地整理等方式增加的城乡建设用地。在需求机制方面，可通过合理的税收体系设计保障城乡建设用地的有效需求，如通过建设用地闲置税、地产税等引导需求的合理化发展。此外，应以严格的监管制度保障城乡建设用地的合法利用，严惩各类违规土地利用行为。

4. 建立利益分配机制

合理的利益分配格局是保障长三角地区城乡统一建设用地市场可持续发展的核心问题。具体而言，城乡统一建设用地市场主要涉及三方面利益主体，包括政府、农村集体经济组织以及集体成员。一是需要明确如何调节地方政府与农村集体经济组织之间的利益分配。集体经营性建设用地要实现入市交易，必然离不开政府的土地规划，政府在发展经济的同时推动了集体经营性建设用地的土地增值，因而其理应拥有集体经营性建设用地交易的利益享有权。现阶段，长三角地区政府可适当参考现有城市建设用地交易的税收调节体系，收取适当比例的税费。二是需要明确农村集体经济组织及其成员之间的内部利益分配。两者之间的利益分配可遵循"先集体后个人"的原则，即在扣除农村集体经济组织的留存收益之后，在内部成员之间实行按股分配。但是，要保障农民在交易过程利益不能受损，从制度层面要保证农民个人收益要不低于一定的比例（如上一节中30％的比例）。

（二）加快培育城乡统一建设用地市场的交易主体

1. 城乡建设用地入市主体的培育

长三角地区城乡统一建设用地市场形成的关键在于如何培育入市主体。如前文所言，现有的农村集体经济组织在城乡统一建设用地市场中可能存在信息、组织、认识等方面的劣势，这不仅不利于城乡统一建设用地市场的高效运转，而且难以切实保障农民的经济利益。因此，在未来城乡统一建设用地市场的入市主体培育上，可加快形成一批具备法人资格的城乡建设用地专业交易组织，如土地交易公司、土地资产管理公司、第三方定价机构等。相比农村集体经济组织而言，现代化的专业交易机构具备更加明显的信息优势与组织优势，能够提升集体经营性建设用地交易过程中的议价能力，并充分保障其合法性与交易效率。同时，长三角地区地方政府应发挥监督职能，严格要求各类交易组织在法律框架体系中从事城乡建设用地交易活动，并制定相关政策法规处置各类非法交易活动、规定各类交易的费率上限等，使城乡统一建设用地市场合理、合法、高效地运转。

2. 城乡建设用地需求主体的培育

在传统的城乡土地二元结构体制下，集体建设用地的交易面临着诸多制约，尤其是在集体建设用地的需求主体方面，长三角绝大部分地区主要将集体建设用地的交易主体限定在各类工商企业及相关政府单位，这极大地束缚了集体建设用地的需求主体。供给主体与需求主体的多元化是推动城乡统一建设用地市场的重要力量。对集体建设用地的需求主体进行限制，不仅不利于城乡建设用地的公平交易原则，而且间接影响了集体建设用地的价格传导机制。更为重要的是，随着长三角地区高质量一体化发展的不断推进，城乡建设用地的需求主体必然日趋多元化，对需求主体的限制必然不利于城乡建设用地要素的自由流动，这会影响长三角地区城乡统一建设用地市场的健康发展。从重庆"地票"制度的经验来看，多元化的需求主体确实有利于活跃市场，更好地保护农民的利益。

（三）充分重视城乡统一建设用地市场的风险防控

1. 保障粮食安全

18亿亩耕地红线是我国粮食安全的基本保障。然而，由于受到农村土地非农化的经济利益驱动，非法侵占耕地的行为屡见不鲜。尤其对于长三角地区而言，在一体化发展的驱动下，其经济规模效应日渐凸显，直接带动了农村建设土地价值的快速上涨。因此，在建设城乡统一建设用地市场时，必须严格规范集体经营性建设用地的有序交易，以明确的法律法规严厉打击一切违法交易，从而避免国家粮食安全可能面临的风险。

2. 保护农民权益

如何在统一城乡建设用地市场过程中确保农民的权益，是促进城乡协调发展、实现农村社会稳定的关键。从短期来看，由于信息不对称、谈判能力不足等问题，可能导致在集体经营性建设用地交易过程中，农民的利益分配受损。因此，长三角地区应加快制定集体经营性建设用地交易收益分配的规范性文件，确保农民的合法收益，要明确农民在土地交易中获益的最低比例。从长期来看，集体建设用地的过度交易可能影响农村土地的社会保障功能。在实践中，部分地区可能出现由于土地平整、指标调节等方式导致农民的耕地或宅基地被转换为集体经营性建设用地入市，这可能使得农民失去其在农村生存发展的长期保障。尤其是在农村宅基地是否应入市交易的问题上，目前学界存在较大争议。

3. 控制政府债务

地方政府债务是长三角地区城乡统一建设用地市场面临的另一风险。正如前文所言，土地财政是长三角地区地方政府的重要财政收入来源，而城乡建设用地市场垄断地位的破除必将影响地方政府的财政收入来源。目前，在整体经济增速放缓的现实背景下，若地方政府的财政收入来源大幅下降，部分地区可能面临政府债务危机，这是长三角地区推动城乡统一建设用地市场应当考虑的风险。

（四）在长三角试点共同制定经济发展和土地利用的各种规划

土地征收和利用要符合四项规划：国民经济和社会发展规划、土地利用总体规划、城乡规划和专项规划。为了更有效地利用土地，促进区域协调，长三角地区的省级规划要做好协调机制。随着长三角一体化的推进，三省一市可以一起制定这四项规划，从而代替各个省的规划。

第三节　在长三角完善跨省补充耕地的国家和区域统筹机制

国家统筹耕地占补平衡指标背景下的跨区补充耕地，在全国范围内助推了后备土地资源的开垦，充分挖掘了耕地潜力。土地后备资源指一切可开垦的土地，包括未加利用的宜林的、宜农的、宜草的、可开垦的、荒芜的土地等。实施了 20 多年的"占补平衡"政策后，长三角的后备土地资源已近枯竭，那些可开垦的后备土地资源主要在边远地区，开垦需要大量的资本投入。通过跨省补充耕地"占补平衡"资金以及国家协调，可以有足够的资金把这些土地开垦出来，保障粮食安全。

一、政策提出背景及历史演变

我国人多地少，土地资源相对紧缺，土地政策需要衡量多重目标，既要保障农业的粮食安全底线，又要有效促进非农产业发展，改善人民的居住需求等（全世文、于晓华，2016；于晓华，2018）。改革开放后，我国经济长期保持高速增长，城镇化脚步的加快使土地的需求量急剧增加，对耕地的占用是不可避免的（如图 8-1 所示）。

我国政府对此高度重视，早在 1997 年发布的《关于进一步加强土地管理切实保护耕地的通知》（以下简称《通知》）中，就提出力求保护耕地免于破坏。"耕地总量动态平衡""实行占用耕地与开发、复垦挂钩政策""不占好地"在《通知》中首次被提及，一并被提出的还有"非农业建设确需占用耕地的，必须开发、复垦不少于所占面积且符合质量标准的耕地"，即"占优补优"。具体补偿方式在 1999 年 1 月 1 日正式实行的《中华人民共和国土地管理法》中得以明确：占多少，垦多少。一个月后，"耕地占补平衡"的概念首次被提出①，建设用地占用多少耕地，就用同样大小的新耕地补齐。除少数 7 个省份未履行新政外，这一政策得到了全国大部分地区的响应和支持，取得了一定的成效。针对全国不同步的现象，原国土资源部于次年（2000 年）进一步明确，提出"占一补一"，再次强调要保证耕地占补平衡的数量问题②。

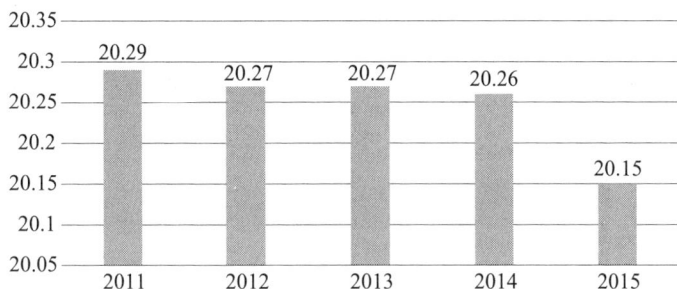

图 8-1　2011—2015 年耕地面积变化（单位：亿亩）

资料来源：《中国国土资源公报 2016》。

虽然我国自 1997 年实行耕地占补平衡政策以来收效显著，粮食安全保障的耕地得到了充分保障，非农发展和城市化也获得了充足的耕地，土地利用效率显著提高。但是，最近 20 年的经济发展又带来了城镇化占用耕地及保护耕地红线之间的尖锐矛盾，尤其是我国各个地区发展不平衡，这些矛盾在经济发达地带尤为突出，特别是东部沿海地区，尤其是长三角的上海、江苏和浙江，已经鲜有耕地可平衡。为此，党中央、国务院于 2017 年首次提出了探索国

① 原国土资源部于 1999 印发的《关于切实做好耕地占补平衡工作的通知》（国土资发〔1999〕39 号）中，解释"耕地占补平衡"即由占用耕地的单位负责开垦与所占用耕地的数量和质量相当的耕地。

② 2000 年，在原国土资源部发布的《关于加大补充耕地工作力度确保实现耕地占补平衡的通知》中，用"占一补一"这一更直白的方式阐述占补平衡。

家统筹补充耕地的改进措施①，允许在本省（自治区、直辖市）无可补充耕地的情况下向国务院申请易地补充耕地。

　　按照实施范围和政策演变，我国耕地占补平衡政策可分为本省范围内的占补平衡阶段以及跨省调剂占补平衡指标的阶段。从1997年正式提出耕地占补平衡以来，无论从空间分布、时间发展还是从理念认识上，耕地占补平衡政策始终伴随着我国经济社会的发展和国情而演变，循序渐进地解决着经济发展占用耕地和保护耕地确保粮食安全之间的矛盾。这两个阶段除了平衡耕地的地理空间不同，侧重点也有很大差别。图8-2是2011—2015年我国增加和减少的耕地面积。

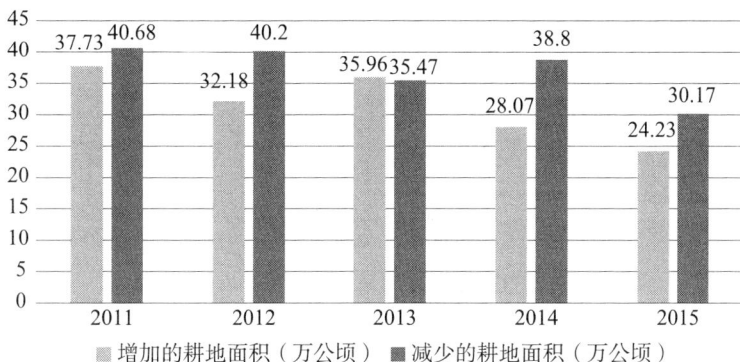

图8-2　2011—2015年增加和减少的耕地面积

资料来源：《中国国土资源公报 2016》。

　　耕地对我国的重要意义不言而喻，是保障粮食安全的重要载体（于晓华等，2012）。守住18亿亩耕地红线不动摇是进行其他经济活动发展的前提和基础。在2008年，我国更是设立了"永久基本农田"保护区，确保粮食安全。但事与愿违，我国总体耕地面积在接下来的十几年内都没能实现增长，耕地占用面积不断增加，耕地面积依然呈现了下滑态势。从图8-1和图8-2可以看出，2011到

---

　　①　参见中共中央、国务院于2017年发布的《关于加强耕地保护和改进占补平衡的意见》。

2015 年，新增耕地都是少于占用耕地数量，占补没有达到平衡，从总量上看，耕地面积还是呈现了下滑趋势。

国家统筹耕地占补平衡指标背景下的跨区补充耕地，在全国范围内助推了后备土地资源的开垦，充分挖掘了耕地潜力。后备土地资源指一切可开垦的土地，包括未加利用的宜林的、宜农的、宜草的、可开垦的、荒芜的土地等。经过 20 多年的"占补平衡"政策实施后，如上所述，长三角的后备土地资源已近枯竭，那些可开垦的后备土地资源主要在边远地区，开垦需要大量的资本投入。通过跨省补充耕地占补平衡资金以及国家协调，可以有足够的资金把这些土地开垦出来，保障粮食安全；这些占补平衡资金也有力地促进了土地补充地区的农村发展和乡村振兴。在长三角地区推动"跨省土地占补平衡"势在必行。

二、跨省补充耕地应警惕的问题

跨省补充耕地在全国范围内统筹是一项实行不久的新政，政策效果究竟如何还有待探索和发现，但是根据过往阶段产生的问题以及可预见的现实情况，有以下几个问题值得我们警惕和思考。

（一）跨省补充耕地面积不实、质量不符的问题

自然资源部于 2020 年 1 月通报了 2019 度关于耕地保护督察的总体情况。其中补充耕地的数量不实作为最突出的严重问题位列第一，涉地面积达到 16.98 万亩，主要体现在耕地验收入库的面积与现有耕地面积不符，验收入库面积大于现有耕地面积。耕地占补平衡的政策最初将范围锁定在本县，一方面是出于方便监督和管理的考虑；另一方面，同地区的耕地质量差别不会特别大，有助于保证补充的耕地面积和质量与被占用的耕地大体一致，也与设立占补政策的初衷一脉相承。

实行跨省补充耕地后，由国家统筹确定承担补充耕地任务的省份和地区，难以保证耕地同质同量。我国地域辽阔，地区之间耕地质量差异巨大，扩充耕地占补地区的实施范围后，应当特别关注耕地质量折算的实施标准和折算方法，保证占与补的同种同质同量。

（二）国家统筹确保市场稳定与要素充分流动之间的平衡问题

耕地占补平衡的地域范围被打破之后，要素将实现跨地区的流动，减少了浪费和不经济。但是如果完全实现要素的自由流动，实现要素市场配置，就要求中央不得不放开国家统筹，允许跨省的自由补充和交易，这是二者之间取舍的关系。若缺少了中央政府统筹控制的核心把关，那么市场可能出现各种乱象，占补可能不能保质保量。即便将耕地占补平衡限制在省域范围内，尚且存在"擦边球"和"上有政策，下有对策"的博弈情况，何况将宝贵的耕地指标放诸四海自由交易？此外，完全实现土地要素市场化将导致的可能结果是，价格由市场的供需决定，将不再稳定，加之逐利行为，可能发生市场失灵的情况。反之，若由中央政府控制全局统筹，那么土地要素就不能完全地自由流动，会损失一部分效率，却可以保证稳定性，保证质与量的总体平衡，从上层管理角度监督控制跨省补充耕地占补平衡，确保平稳。如何在中央政府统筹的前提下实现要素的市场化配置，值得进一步深入思考和探索。

（三）新增耕地和现有耕地一并撂荒的问题

对于东部沿海省份，尤其是长三角这样经济发展水平遥遥领先的地区而言，兼业型农户较多，完全依赖农业生产的生活方式机会成本要远大于其他经济相对欠发达地区的机会成本，耕地撂荒的现象普遍。同时，占补的耕地也可能由于质量不高、区位遥远、生产不经济而发生撂荒现象。我国除了要守住18亿亩耕地红线，还要保障有效的耕地面积，保证粮食安全。1953年，舒尔茨提出农业发展有两个阶段：发展中国家的粮食问题和发达国家的农场问题。2002年，速水佑次郎和神门善久在二者之间又补充了另一个问题——中等收入国家的贫困问题（Yu & Zhao，2009）。所幸我国已经通过逐年递增的粮食产量解决了粮食问题，正为实现"两个一百年"的奋斗目标而解决贫困问题，因此不能重蹈覆辙、舍本逐末，在即将取得脱贫攻坚的胜利果实之时却因有效耕地面积不足而再度面临粮食安全问题，在稳健推行跨省补充耕地国策的同时，要谨防此类现象发生。认真对待占补平衡的耕地指标，实现政策的目的和初衷，这就保障了粮食安全。

三、在长三角地区实施跨省"耕地占补平衡"的政策创新

总体而言，长三角地区经济发达，但是三省一市之间、各个省市内部的经济发展水平还存在不平衡。例如：安徽省就相对落后；在江苏省内部，苏南和苏北之间存在很大差距。因此，促进长三角一体化发展，形成统一的城乡土地市场、耕地跨省补充制度，不仅牵涉区域内省市之间的占补平衡，也牵涉长三角地区和其他省区的占补平衡问题。

（一）全面放开全国范围内的跨省补充耕地前，在长三角地区试行实施

长三角地区作为我国第一大经济区，具备地理环境相近、经济发展速度相当、地区间差异相对较小等特点，可被视作浓缩版的强力发展的中国。通过前文分析，如果耕地占补平衡政策由省域范围实施直接推广至全国，则容易产生诸多不可控因素，影响最初制定政策的初衷。不妨在省内实施和全国推行之间设立缓冲带：将试点放在包含三省一市（上海市、江苏省、浙江省、安徽省）的长三角地区。在此范围内自由交易，既实现了省际耕地占补指标的流动，又缩小了开放区域；既在特定区域实现了要素市场化配置，提升了耕地占补的效率，又在一定程度上缓解了要素流动和整体稳定之间的取舍矛盾，鱼和熊掌兼而有之。进一步地，可总结在长三角地区的政策实施经验，择其善者从之，其不善者改之，再逐步推广至全国。这虽然延长了政策推广至全国的时间，却更加稳健和可靠。

（二）在长三角地区建立有效而统一的耕地监督保护机制

虽然国家在政策实施的各个环节都明确规定了要求，各地呈报的督察情况却显示了"耕地占补平衡"的诸多问题。反馈结果显示，首先，存在着补充耕地选址不当及数量弄虚作假的问题。一些单位将补充耕地的选址定在偏远的山区，那里播种条件差、耕种难度大，在粮食综合产能方面与被占用的耕地差别巨大，实际有效耕

地面积减少。其次，一些单位在补充耕地来源上煞费苦心，将园地、林地、湿地作为补充耕地，用于耕地占补平衡后，又将其调整回到园地、林地、湿地。还有的耕地设施毁损后，由于不及时修复设施，耕地因此难以发挥应有的效能。这些都造成了实际补充耕地投入不足、补充耕地面积不实的乱象。

这些现象一方面说明监督机制在重点问题上有待改善，另一方面说明当前的考核机制是有效的，能够查出实际存在的问题。从自然资源部通报的情况来看，政策实施的重点环节就是普遍问题扎堆出现之处，所以政策始终在围绕着问题的多样化而不断改进。因为有地区占了耕地不补或者补的面积不实，所以才会从"先占后补"变为"先补后占、以补定占"；又因为有地区补了相同面积却质量更差，所以才有了数量与质量换算政策，以及"占一补一、占优补优、占水田补水田"的要求。

这看上去更像是国家与地区之间的博弈。事实上，这不应该是国家在与地区对抗，而应该是帮助各地为保证全国的粮食安全百年大计而回归到正常的做法，因而实施科学的考核机制很有必要。

(三) 设置统一的科学设置考核机制

考核的标准直接体现了政策实施中的重点环节。政策前期的实施究竟是否达到了设立的初衷，要通过考核结果来体现。通常来讲，硬性指标的下达很容易造成"上有政策，下有对策"，即硬性指标虽然被出色地完成，却远没有达到设定的目标。为此，不妨设置更加科学的考核机制及检查方法，如抽查和突击检查等方法，避免让受检单位提前知道检查的重点，为了刻意达到硬性指标而掩盖问题。因此，要科学设置考核标准，实现考核的初衷，以达到政策的预期目标。

中国人要把饭碗牢牢端在自己手中，就要像保护大熊猫一样保护耕地。在任何时候都确保国家粮食安全，对我国的长期发展具有重大的战略意义。

（四）在长三角建立统一的耕地占补平衡政策基础上建立统一的区域农业政策

耕地占补平衡的核心目的是保障粮食安全。于晓华（2019）建议长三角地区可以仿照欧洲国家，在区域内首先实施"共同农业政策"，实现在区域内共同耕地保护政策和生态保护政策。农业生产依赖于土地，具有很强的外部性，这需要区域协调制定政策。在长三角建立统一的耕地占补平衡政策基础上建立统一的长三角共同农业政策，会让长三角一体化更加实质化。

参考文献

[1] 陈学法.长三角统筹土地制度变革的路径——从区域内统筹向跨区域统筹转变[J].复旦学报（社会科学版），2014，56（3）：124-132.

[2] 顾汉龙，冯淑怡，张志林，曲福田.我国城乡建设用地增减挂钩政策与美国土地发展权转移政策的比较研究[J].经济地理，2015（6）：143-148.

[3] 黄志平.国家级贫困县的设立推动了当地经济发展吗？——基于PSM-DID方法的实证研究[J].中国农村经济，2018（5）：98-111.

[4] 刘守英.中国城乡二元土地制度的特征、问题与改革[J].国际经济评论，2014（3）：9-25.

[5] 全世文，亓晓华.中国农业政策体系及其国际竞争力[J].改革，2016（11）：130-138.

[6] 谭明智.严控与激励并存：土地增减挂钩的政策脉络及地方实施[J].中国社会科学，2014（7）：125-142.

[7] 田国兴，周洋洋.集体经营性建设用地入市法律问题研究——基于长三角4个试点地区的经验分析[C/OL].上海法学研究集刊——上海市法学会农业农村法治研究会文集.http://cpfd.cnki.com.cn/Article/CPFDTOTAL-SHFX201912003014.htm.

[8] 汪晖，陶然.论土地发展权转移与交易的"浙江模式"——制度起源、操作模式及其重要含义[J].管理世界，2009（8）：

39－52.

[9] 王欢. 城乡统一建设用地市场的构建研究[D/OL]. 泰安：山东农业大学，2019. http://cdmd. cnki. com. cn/Article/CDMD-10434-1019144249. htm.

[10] 谢中秀. 五大城市群比拼卖地收入，长三角夺魁[EB/OL]. [2020－01－13]. http://www. time-weekly. com/wap-article/265805.

[11] 严金海. 政策网络、行动者互动与土地增减挂钩收益分配——以福建省尤溪县为例[J]. 农业经济问题（月刊），2019(7)：103－112.

[12] 于晓华. 以市场促进农业发展：改革开放 40 年的经验和教训[J]. 农业经济问题，2018(10)：8－13.

[13] 于晓华. 制定共同农业政策推动长三角经济一体化：欧洲共同农业政策的启示[J]. 经济研究参考，2019(22)：5－8.

[14] 于晓华，Bruemmer Bernhard，钟甫宁. 如何保障中国粮食安全[J]. 农业技术经济，2012(2)：4－8.

[15] 于晓华，赵国庆. 中国农业增长研究述评[J]. 经济理论与经济管理，2009，4(4)：633－648.

[16] 于晓华，钟晓萍，张越杰. 农村土地政策改革与城乡融合发展——基于中央"一号文件"的政策分析[J]. 吉林大学社会科学学报，2019(5)：150－162，222－223.

[17] 张红宇. 耕地占补平衡实施情况及跨区调剂研究[EB/OL]. 清华大学中国农村研究院[2019－06－18]. http://www. cirs. tsinghua. edu. cn/u/cms/www/201907/04110606osps. pdf.

[18] 张文. 四川：城乡建设用地增减挂钩如何助力脱贫[EB/OL]. [2018－05－10]. https://www. chinanews. com/gn/2018/05-10/8510301. shtml.

[19] Barry C. Field，Jon M. Conrad. Economic Issues in Programs of Transferable Development Rights[J]. Land Economics，1975，51(4)：331－340.

[20] Sebastian Heilmann. From Local Experiments to National

Policy：the Origins of China's Distinctive Policy Process[J]. The China Journal，2008 (59)：1 - 30.

[21] YU Xiaohua，ZHAO Guoqing. Chinese Agricultural Deve-lopment in 30 Years：A Literature Review[J]. Frontiers of Economics in China，2009，4(4)：633 - 648.

第九章　产学研合作和长三角
经济高质量发展[①]

党的十八大报告明确提出构建以企业为主体的创新体系，将技术进步作为经济增长新引擎，提高经济增长的技术质量，实现从中国制造向中国创造的伟大转型。与此相对应，国务院在《国家中长期科学和技术发展规划纲要（2006—2020 年）》中提出要以服务国家目标和调动广大科技人员的积极性和创造性为出发点，以促进全社会科技资源高效配置和综合集成为重点，以建立企业为主体、产学研结合的技术创新体系为突破口，全面推进中国特色国家创新体系建设，大幅度提高国家自主创新能力。

早在 1985 年，在《中共中央关于科学技术体制改革的决定》中，国家就强调了"经济建设必须依靠科学技术、科学技术工作必须面向经济建设"的战略方针，通过改革拨款制度，开拓技术市场，运用经济杠杆和市场调节，克服单纯依靠行政手段管理科学技术工作，使科学技术机构具有自我发展的能力和自动为经济建设服务的活力。"在组织结构方面，要改变过多的研究机构与企业相分离，研究、设计、教育、生产脱节，军民分割、部门分割、地区分

① 感谢教育部人文社科重点基地项目（18JJD790003）"知识产权，企业融资与技术进步"的资金支持以及刘学悦博士数据处理方面和千茜倩博士相关政策整理上的研究支持。

割的状况；大力加强企业的技术吸收与开发能力和技术成果转化为生产能力的中间环节，促进研究机构、设计机构、高等学校、企业之间的协作和联合，并使各方面的科学技术力量形成合理的纵深配置。"

过去几十年，我国从推进产学研合作的实践中总结出最为重要经验是，只有以企业为主体，产学研合作，才能坚持技术创新的市场导向，有效整合产学研的力量，切实增强国家竞争力。反过来，由政府部门主导的"拉郎配"式的产学研合作项目，往往会因为缺乏明确的市场导向和有效的激励机制，最终都流于形式，造成巨大的社会资源浪费。

第一节　产学研融合与长三角
高质量发展

长三角的创新资源优势非常明显，不但拥有上海张江、安徽合肥2个综合性国家科学中心，还拥有全国约1/4的"双一流"高校、国家重点实验室和国家工程研究中心。与之相对应，长三角年研发经费支出和有效发明专利数均占全国1/3左右，上海、南京、杭州、合肥研发强度（即研发支出占GDP的百分比）均超过3%。同时，长三角作为一个整体还拥有全国最好的基础设施。就传统的交通运输而言，长三角交通干线密度很高，省际高速公路基本贯通，主要城市间高速铁路有效连接，沿海、沿江联动协作的航运体系初步形成，区域机场群体系基本建立；就网络信息传输而言，长三角在光纤宽带、4G网络等信息基础设施水平上更是全国领先。①

由于在非常有限的地域面积上承载了规模巨大的经济体量，长

---

① 本段所引数据均来自2019年12月印发实施的《长江三角洲区域一体化发展规划纲要》。

三角区域的经济活动必然会呈现高度的集聚性，以及由此而来的显著的规模经济和范围经济。同时，因为具有良好的基础设施，长三角货物、人员和信息的流动成本很低，所以不论是从现实结果还是从长期潜能看，长三角经济联动的范围都必然会超越行政区划的边界，进而每个行政区划的经济活动都必然会对其他地区产生某种形式的外部性。尽管长三角在整体上是中国经济最发达的地区，但其内部各地区之间依然在要素禀赋、政策环境以及经济发展水平上存在较大的异质性，故从比较优势理论的角度看，为了最大化长三角经济发展的总体质量，不同行政区划之间必须进行有效的跨区域分工协作。由新经济地理学关于经济集聚的"中心—外围"理论可知，中心城市对周边城市既有可能产生辐射效应，也有可能产生虹吸效应，而到底哪一种效应占优，这不但取决于市场本身的运行规律，还取决于国家战略对不同城市所设定的功能定位。

　　与上述分析相对应，长三角承接了两个层面的多个国家发展战略。首先是上面提到的长三角一体化发展战略，它将长三角与京津冀、珠三角一起视为中国产业升级和创新驱动的三大引擎，在整体上勾勒了长三角的发展蓝图。其他一些国家战略则与上海作为长三角中心城市的功能定位相关，其中包括上海的"五个中心"建设，即要将上海建成国际经济、金融、贸易、航运和科技创新中心，以及上海自贸区建设。

　　与长三角产学研融合和经济高质量发展的主题相对应，特别需要关注的是长三角一体化发展战略以及上海金融中心与科创中心的联动建设。一方面，上海作为长三角的中心城市在教育资源上比周边城市具有显著优势，故从净效应来看，长三角产学研融合必然带有"区域一体化"的性质，需要协调上海与周边城市之间的关系。南京、杭州和合肥作为长三角区域的次中心，与其周边城市也有类似的机制。另一方面，产学研融合也是"产业链"或者"创新链"一体化的概念。现代经济是一个高度分工的迂回生产体系，任何一种产品的生产或者服务的提供都是一个从技术创造到技术使用的复杂过程。就产学研融合而言，高校与科研院所在技术的创造上具有比较优势，而企业则在产业化或者技术的使用上具有比较优势。但如何才能形成分工协作进而将各自的比较优势发挥出来，则需要有效的协调机制（马文聪等，2018）。按照新制度经济学的分析框架，国家创新体系的运行效率主要取决于创新各环节的链接（linkage）效率，而这种链接既可以通过政府指令来协调，也可以通过市场交易的方式来协调。上海金融中心和科创中心的联动建设，就是从政府和市场两个层面为上海、长三角乃至于中国提供了资本与技术相互结合的协调机制。表 9-1 和表 9-2 分别给出了与产学研合作相关的一般性国家政策，以及与长三角产学研相关且针对长三角的相关政策。

表 9-1　与产学研合作相关的一般性国家政策

时间	政策来源	与产学研相关的内容
1995.5	《关于加速科学技术进步的决定》	推动产、学、研三结合，鼓励科研院所、高等学校的科技力量以多种形式进入企业或企业集团，参与企业的技术改造和技术开发，以及合作建立中试基地、工程技术开发中心等，加快先进技术在企业中的推广应用。
1995.9	《关于贯彻〈中共中央、国务院关于加速科学技术进步的决定〉和全国科学技术大会精神的意见》	要进一步大力推动企业、高等院校、科研院所科技力量的结合，鼓励"产学研"联合开发、共建技术开发机构与经济实体，共同参与科技成果转化和高新技术产业化等各种形式的合作。要切实组织好"产学研联合开发工程"，深入研究并探索"产学研"合作、特别是高技术产业化的有效模式及运行机制，提出有效政策措施，逐步建立以企业为主体，研究院所、高等院校、技术服务机构共同推进的技术进步机制。
1999.8	《中共中央　国务院关于加强技术创新，发展高科技，实现产业化的决定》	要加强企业与高等学校、科研机构的联合协作。企业研究开发经费要有一定比例用于产学研合作。

续前表

时间	政策来源	与产学研相关的内容
2006.2	《国家中长期科学和技术发展规划纲要（2006—2020年）》	（1）以建立企业为主体、产学研结合的技术创新体系为突破口，全面推进中国特色国家创新体系建设，大幅度提高国家自主创新能力，确立产学研的战略地位，并且在科技体制改革与国家创新体系建设、若干重要政策和措施、人才队伍建设等方面对产学研做出了详细描述。（2）依托具有较强研究开发和技术辐射能力的转制科研机构或大企业，集成高等院校、科研院所等相关力量，组建国家工程实验室和行业工程中心。鼓励企业与高等院校、科研院所建立各类技术创新联合组织，增强技术创新能力。
2006.12	《科技企业孵化器（高新技术创业服务中心）认定和管理办法》	科技企业孵化器要建立适应社会主义市场经济的运行机制，通过各种途径和手段完善服务功能。在提供高品质服务的同时，逐步实现自收自支、自主经营、自我约束、自我发展的良性循环，同时要充分利用当地科研院所、高等学校、企业和企业服务机构的研究、试验、测试、生产等条件，扩大自身的服务功能，提高孵化服务水平。
2007.12	《中华人民共和国科学技术进步法》	（1）国家鼓励科学技术研究开发与高等教育、产业发展相结合，鼓励自然科学与人文社会科学交叉融合和相互促进。（2）国家鼓励企业同其他企业或者科学技术研究开发机构、高等学校联合建立科学技术研究开发机构，或者以委托等方式开展科学技术研究开发等。

续前表

时间	政策来源	与产学研相关的内容
2009.3	《关于动员广大科技人员服务企业的意见》	构建产学研合作的有效模式和长效机制。广大科技人员要充分发挥产学研合作的桥梁和纽带作用，探索多种服务方式，推动人才、技术等各类创新要素向企业集聚，形成产、学、研之间有效互动的创新模式。
2012.9	《中共中央　国务院关于深化科技体制改革加快国家创新体系建设的意见》	原则上坚持企业主体、协同创新。突出企业技术创新主体作用，强化产学研用紧密结合，促进科技资源开放共享，各类创新主体协同合作，提升国家创新体系整体效能。并且提出加快建立企业为主体、市场为导向、产学研用紧密结合的技术创新体系。
2012.11	《坚定不移沿着中国特色社会主义道路前进　为全面建成小康社会而奋斗——在中国共产党第十八次全国代表大会上的报告》	深化科技体制改革，推动科技和经济紧密结合，加快建设国家创新体系，着力构建以企业为主体、市场为导向、产学研相结合的技术创新体系。
2013.4	《国家重大科技基础设施建设中长期规划（2012—2030年）》	建立完善高效的投入机制、开放共享的运行机制、产学研用协同创新机制、科学协调的管理制度，提高设施建设和运行的科技效益，形成持续健康发展的良好局面。
2013.11	《中共中央关于全面深化改革若干重大问题的决定》	建立产学研协同创新机制，强化企业在技术创新中的主体地位，发挥大型企业创新骨干作用，激发中小企业创新活力，推进应用型技术研发机构市场化、企业化改革，建设国家创新体系。
2015.3	《中共中央　国务院关于深化体制机制改革加快实施创新驱动发展战略的若干意见》	市场导向明确的科技项目由企业牵头、政府引导、联合高等学校和科研院所实施。鼓励构建以企业为主导、产学研合作的产业技术创新战略联盟。

续前表

时间	政策来源	与产学研相关的内容
2015.8	《中华人民共和国促进科技成果转化法》	国家鼓励企业与研究开发机构、高等院校及其他组织采取联合建立研究开发平台、技术转移机构或者技术创新联盟等产学研合作方式，共同开展研究开发、成果应用与推广、标准研究与制定等活动。
2015.9	《深化科技体制改革实施方案》	提出健全产学研用协同创新机制，强化创新链和产业链有机衔接。
2016.4	《促进科技成果转移转化行动方案》	发挥市场在配置科技创新资源中的决定性作用，强化企业转移转化科技成果的主体地位，发挥企业家整合技术、资金、人才的关键作用，推进产学研协同创新，大力发展技术市场。方案对产学研协同开展科技成果转移转化这一重点任务有详细阐述。
2016.5	《国家创新驱动发展战略纲要》	要建设各类创新主体协同互动和创新要素顺畅流动、高效配置的生态系统。明确企业、科研院所、高校、社会组织等各类创新主体功能定位，构建开放高效的创新网络。
2016.7	《"十三五"国家科技创新规划》	加强各类创新主体间合作，促进产学研用紧密结合，推进科教融合发展。
2016.12	《"十三五"国家社会发展科技创新规划》	统筹各类创新资源，兼顾产业发展与社会事业发展，加强军民融合发展，构建"政产学研用"紧密结合的创新网络。在健康产业大力推动产学研医紧密融合，支持科普产学研联盟建设。
2017.10	《决胜全面建成小康社会 夺取新时代中国特色社会主义伟大胜利——在中国共产党第十九次全国代表大会上的报告》	深化科技体制改革，建立以企业为主体、市场为导向、产学研深度融合的技术创新体系，加强对中小企业创新的支持，促进科技成果转化。

续前表

时间	政策来源	与产学研相关的内容
2019.11	《中共中央关于坚持和完善中国特色社会主义制度　推进国家治理体系和治理能力现代化若干重大问题的决定》	建立以企业为主体、市场为导向、产学研深度融合的技术创新体系，支持大中小企业和各类主体融通创新，创新促进科技成果转化机制，积极发展新动能，强化标准引领，提升产业基础能力和产业链现代化水平。
2020.5	《关于新时代加快完善社会主义市场经济体制的意见》	建立以企业为主体、市场为导向、产学研深度融合的技术创新体系，支持大中小企业和各类主体融通创新，创新促进科技成果转化机制，完善技术成果转化公开交易与监管体系，推动科技成果转化和产业化。

资料来源：由笔者整理而得。

表9-2　与产学研合作相关且针对长三角的相关政策

时间	政策来源	与产学研相关的内容
2008.9	《国务院关于进一步推进长江三角洲地区改革开放和经济社会发展的指导意见》	引导创新要素向企业集聚，支持有条件的企业建立技术研发机构和创办海外研发机构，鼓励有条件的企业与高校、科研院所建立技术创新战略联盟。
2010.5	《长江三角洲地区区域规划》	创新产学研合作模式，建立产学研主体之间成果共创、信息互通、利益共享的机制。鼓励发展产学研联盟等多种形式的合作，重点围绕船舶、冶金、石化、风电、太阳能光伏、软件等产业建设一批具有国际先进水平的产业技术研究机构。支持高等院校、科研院所开放科技资源，与企业联合兴办研发机构、博士后工作站、成果转化基地等产学研合作组织。积极推进国际产学研合作，吸引和集聚国外先进技术和人才等创新要素，推动本土企业研发国际化和外资企业研发本土化。

续前表

时间	政策来源	与产学研相关的内容
2016.5	《长江三角洲城市群发展规划》	(1) 深化科研院所改革，推动企业、高校和科研机构加强产学研合作，探索建立具有国际一流水平的创新实验室和创新中心，加快区域科技成果转化。 (2) 打通学科间、院校间、机构间的界限，建设世界级大科学设施集群，打造以基础性和原创性研究为主的协同创新平台。研究建立长三角城市群技术交易中心和专利信息资源库，加强科技资源交流共享。联合组建技术转移服务机构，加快推进国家技术转移东部中心建设，打通高校、科研机构和企业间科技成果转移转化通道，打造主要面向市场和应用的成果转化平台。
2018.6	《长三角地区一体化发展三年行动计划（2018—2020 年）》	以深入实施创新驱动发展战略为主线，以张江、合肥综合性国家科学中心建设为突破口，以构建区域技术转移体系、创新资源共建共享共用为抓手，加快区域协同创新网络建设，引领支撑经济转型升级，增强长三角核心竞争力。
2019.12	《长江三角洲区域一体化发展规划纲要》	(1) 深入实施创新驱动发展战略，走"科创＋产业"道路，促进创新链与产业链深度融合，以科创中心建设为引领，打造产业升级版和实体经济发展高地，不断提升在全球价值链中的位势，为高质量一体化发展注入强劲动能。 (2) 充分发挥创新资源集聚优势，协同推动原始创新、技术创新和产业创新，合力打造长三角科技创新共同体，形成具有全国影响力的科技创新和制造业研发高地。

资料来源：由笔者整理而得。

第二节　基于知识分类和创新分工
看产学研合作

产学研合作有很多种形式，但本质上都牵涉高校与企业之间以知识为核心的"交易"行为，具体可以表现为技术服务的提供或者知识产权的转让。知识本身是研发活动的产物，而高校和企业进行研发活动的目的通常存在很大的差异。我们可以从两个维度来看待研发活动：一是以求知为目的，这着重强调的是研发活动的科学意义，即是否能够对某种自然或者社会现象给出科学性的解释；二是以实用为目的，这着重强调的是研发活动的技术意义，即是否可以针对某种现实需求提出合理的解决方案。

根据斯托克斯（Stokes，1997）的理论，若将科学性和技术性两个维度都简化为高低两种类型，则如图 9-1 所示，按照研究活动的知识性质进行分类将有四种组合，分别被称为：（1）皮特森象限，其中研发活动的科学性和技术性方面都比较低[①]；（2）爱迪生象限，取名于著名发明家托马斯·爱迪生（Thomas Edison），其中研发活动尽管没有带来巨大的科学进步，但会解决具有重大现实应用价值的技术问题；（3）玻尔象限，取名于著名物理学家尼尔斯·玻尔（Niels Bohr），其中研发活动带来了巨大的科学进步，但至少在短期内并没有或者很难预见什么重要的现实应用；（4）巴斯德象限，取名于著名生物学家和化学家路易·巴斯德（Louis Pasteur），其研发活动既受好奇心的驱动，能够显著推进科学进步，又关注现实应用，旨在解决经济社会所面临的重大的技术难题。

[①]　按照斯托克斯的解释，《皮特森北美鸟类指南》对物种的标识和发生率给出了高度系统性的研究，这为鸟类观察者提供了很大的方便，他们或许出于感激之情而愿意将这个象限称为"皮特森象限"。

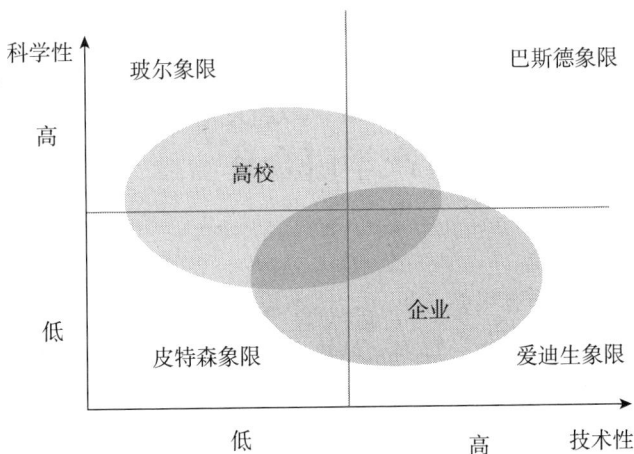

图 9 - 1　知识分类视角下的产学研合作

通常来说，高校尤其是研究型大学的定位是从事基础性科学研究与教学工作，因而主要位于图 9 - 1 中的玻尔象限。创新性企业从事研发活动的主要目标是解决各种实际问题，并由此获得市场利润，因而主要位于图 9 - 1 中的爱迪生象限。按此逻辑推理，位于皮特森象限中的高校或者企业从事研发活动的主要目标不是拓展新的科学前沿或解决非常具有挑战性的技术问题，由此人们通常忽视皮特森象限在科学技术进步过程中的重要性。但实际上，在经济发展初期，大量企业进行的技术模仿行为，或者进行的以实用新型专利为代表的适宜技术，大概都可以归入皮特森象限。此外，因为任何创新都是从模仿开始的，所以皮特森象限活动还有一个重要功能就是为原创性活动培养人才和积累知识。

按照高校和企业的基本功能定位，特别是因为高校通常缺乏技术产品的产业化能力，所以产学研合作最有可能发生在巴斯德象限，其最终结果则是在高校与企业之间科学发展和技术进步之间形成互利互惠的正反馈关系（陈悦等，2019）。从发生过程看，这可能有如下几种不同情形：第一，高校的研究活动产生了某些具有很高科学性的学术成果，但人们随之发现，这些研究成果经过一定的开发之后还可以解决一些重大的现实应用问题，并由此产生可观的市场利润。第二，企业本来只是做一些旨在解决现实问题的开发活动，但人们随之发现，这些开发成果经过提炼和升华之后，还能形成推动科学领域进展的重大学术成果。第三，企业本来只是想解决一些现实应用问题，但在研发过程中却发现，其真正面临的瓶颈并非简单的技术问题，而是在于科学发展的不足；换句话说，只有在相关领域取得突破性的科学进展之后，企业才能在科学理论指引下解决其需要解决的技术问题。

依赖于高校与企业之间进行交易的标的以及合约方式，产学研合作将会面临和所需要解决的问题是不同的，如表 9 - 3 所示。假设我们在现实中可以同时观察到各种合约方式并存的现象，下文将逐一说明这些合约方式本身并没有绝对的优劣之分。

表 9 - 3　不同产学研合约方式所面临的问题以及可能的解决方案

交易方式	面临的问题	可能的解决方案
高校向企业出售技术秘密	阿罗信息悖论	申请专利保护 高校教师创业
高校向企业出售或许可专利技术	地区竞争和地方保护主义导致专利维权困难	弱化地方之间的"GDP 锦标赛" 强化知识产权的中央执法
	"机会主义"导致交易难以进行	加强专利保护
	专利产权界定不清	将知识产权的归属和收益权界定清晰
	信念差异导致交易难以达成	高校教师创业
企业委托高校（教师）进行技术开发	目标不明确导致研发效率低下	由企业主导产学研合作
	目标不一致导致研究活动中存在严重的道德风险	高校将商业开发的市场价值纳入教师的考核体系 企业为高校教师提供商业开发利润的分成

续前表

交易方式	面临的问题	可能的解决方案
多个企业共同出资组成"研究开发联盟"	企业出资和信息共享上的"搭便车"行为	政府协调基础性的研究与开发,构建信息共享平台
高校教师创业	缺乏创业资金	培育和支持风险投资市场发展
	创业风险太高	引入创业假制度;孵化器

资料来源:由笔者整理而得。

第一,如果高校通过技术市场向企业出售具有潜在市场价值的技术秘密,则这种交易会面临所谓的"阿罗信息悖论"难题。具体而言,只有在了解到技术内容之后,企业作为技术需求方,才能比较准确地估计该技术对其所具有的市场价值;但一旦已经知道了技术内容,企业就可能没有购买的积极性了。申请专利保护是解决"阿罗信息悖论"问题的一个有效途径,即高校(教师)对其研发成果申请专利保护。一方面,按照赋能要求,创新者要申请专利,就必须详尽披露其技术内容,以使具有行业水平的其他人可以根据其所披露的信息复制出专利产品或者技术,这无疑有助于技术需求方提前对专利技术的市场价值进行评估,并通过"自选择"的方式找到专利技术的持有方。另一方面,由于专利保护具有排他性,即便创新者或专利持有者公开披露了技术内容,他仍然可以通过法律手段阻止其他人使用该技术,或者说,其他人或者企业要使用该专利技术,就必须要向专利持有者购买或者许可。但必须指出,申请专利保护必须满足适用性、新颖性和创造性,故并非所有的技术创新都是可以申请专利的。另外,专利保护并不是完美的,而在很多情况下,采用商业秘密能够更加有效地保护创新者对技术成果的独占性,可口可乐秘方大概是采用商业秘密保护的最著名案例。不管是因为无法还是不愿申请专利,高校教师若要将其所拥有的技术成果商业化,就需要创业,即不是通过出售生产产品的技术来获利,而是通过出售物化的产品来获利。

　　第二，如果高校通过技术市场向企业出售具有潜在市场价值的专利技术，则这种交易会面临因为信念差异以及"机会主义"所导致的估价困难和交易障碍。如上所述，尽管专利保护的排他性有助于技术成果的交易，但考虑到技术知识的特殊性，专利保护并不能完全解决技术交易所面临的各种问题：（1）专利保护本身并不是完美的，难以有效地排斥模仿者或者侵权者。在中国，知识产权执法通常是在地方政府层面进行的。在执行层面，由于地方保护主义以及执行成本等原因，并非所有的知识产权都会受到尊重和保护。（2）更加微妙的原因则来自与"周围创新"相关的机会主义行为（Williamson，1975）。容易理解的是，知识产权的市场价值与"排他性"的市场范围成正比，而"排他性"则取决于市场中是否具有类似的替代产品。以许可为例，同样一个专利技术，与非排他性许可相比，排他性许可所得利润更高，因而人们为排他性许可的支付意愿更高。但技术知识的"非竞争性"意味着，即便专利技术被排他性地许可了，技术创造者依然是掌握该技术知识的，因而可以基于这些技术知识做出"周围创新"并申请专利；尽管这些"周围创新"的专利对原有专利在法律上是不侵权的，但在本质上却能生产具有替代性的产品或服务，进而会降低原有专利排他性许可的市场价值。倒推回去，如果意识到专利技术拥有者的这种"机会主义行为"，人们就可能不愿意为"排他性许可"支付高价了，其结果是技术交易往往很难就交易价格达成一致意见。（3）专利作为无形资产，其市场价值与市场范围成正比。但是，在专利技术产业化之前，这个市场范围的大小是很难预测的。现实的情况是，潜在交易的技术购买者和出售者可能存在巨大差异，这无疑会给交易带来巨大的成本；而在出售者估价高于需求者时，交易将无法达成。（4）对产学研而言，还有一个特别需要强调的具有中国特色的障碍，即高校专利的权利界定问题（詹莉，2012；李伟、董玉鹏，2014）。此外，在职创新的市场化往往会带来"国有资产流失"的问题，而这也会极大地打击产学研合作的动机和信心。

　　第三，如果企业委托高校（教师）进行技术开发，则往往会因为目标不明确或者目标不一致而出现严重的激励问题。之所以会出现研发目标不明确的情况，通常是因为地方政府出于政绩考虑，有以"拉郎配"的方式促成产学研合作的强烈激励。面对地方政府提供的各种激励措施，不管是企业还是高校，即便没有明确的合作目标，也会在形式上达成并无实际内容的产学研合作协议。这种问题尽管在现实中很重要，但在理论机制上却是非常直观的，无须过多讨论。下面，我们通过一个简单的理论模型，分析企业在向高校（教师）委托技术开发合同时因为目标不一致而导致的道德风险问题。

为了简化起见，不妨假设企业只关心产业化利润，而高校（教师）则具有多重动机，即他们不光关心其从产学研合作中得到的产业化利润（不妨称之为"逐利"动机），还关心由此得到的学术收益（不妨称之为"求名"动机）。更具体地，假设企业有一个待产业化产品，它有两个完全互补的性能维度 A 和 B，而企业需要雇用高校（教师）以改进这两个性能指标（其初始值标准为零）。若将高校（教师）在维度 A 和 B 上的研发努力分别记为 e_A 和 e_B，并假设其总努力成本为 $e_A + e_B$，而两个性能指标变为 $A = a\,e_A^{\frac{1}{2}}$ 和 $B = b\,e_B^{\frac{1}{2}}$，其中 $a > b > 0$，表示维度 A 比维度 B 更容易实现创新。类似于"木桶原理"，产业化利润依赖于 A 和 B 的短边，记为 $\pi = \min(A, B)$。但是，学术成果只看创新性，故即便已经出现产业化"短边"，继续增加"长边"也仍然具有创新性和学术价值，如可以在期刊杂志上发表学术论文；正因如此，作为一种简化，可以认为高校（教师）的学术收益依赖于 A 和 B 的总和，记为 $R = \beta(A + B)$，其中 $\beta > 0$ 是刻画学术收益与创新成果（如论文发表数量或质量）关键的参数，β 越大，则代表高校（教师）的学术动机越强，进而企业与高校（教师）在产学研合作上的目标歧异程度也越大。进一步，假设高校（教师）面临资金约束，企业无法将产业化项目卖断给高校（教师），故在产学研合作过程中，企业只能向高校（教师）提供产业化利润的分成合同，即将 α 比例的产业化利润让渡给高校（教师）（假设其保留效用为零，故产学研合作总能发生）。在这样一个分成合约下，企业的净收益为

$F = (1-\alpha)\pi = (1-\alpha)\min(A,B) = (1-\alpha)\min\left(a\,e_{A}^{\frac{1}{2}}, b\,e_{B}^{\frac{1}{2}}\right)$ ，而高

校（教师）的总收益为 $T = \alpha\pi + R = (1-\alpha)\min\left(a\,e_{A}^{\frac{1}{2}}, b\,e_{B}^{\frac{1}{2}}\right) +$

$\beta\left(a\,e_{A}^{\frac{1}{2}} + b\,e_{B}^{\frac{1}{2}}\right)$ 。

考虑一个两阶段博弈：第一阶段，企业制定高校（教师）的产
业化利润分成比例 α；第二阶段，给定产业化利润分成比例，高校
（教师）选择其研发努力 e_A 和 e_B，双方收益实现。利用逆向归纳法
求解这个两阶段博弈，最终结果如图 9-2 所示。

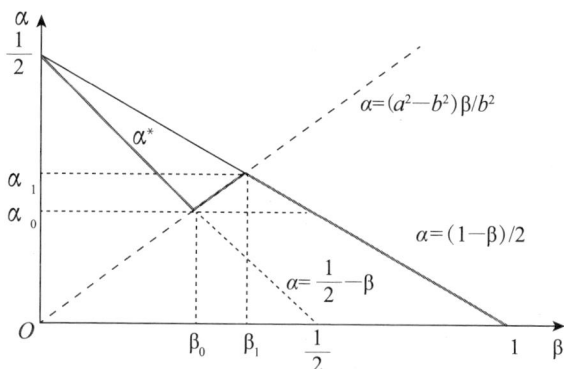

图 9-2 存在目标歧异时的产学研分成合约

最有趣的一个结论是，随着企业和高校（教师）目标歧异程度
（β）的提高，企业向（高校）教师提供的最优分成合约 α^* 不是单
调的，而是一个先减后增再减的非线性的关系，如图 9-2 中扭折
的粗实线所示。下面来阐释这种非线性关系背后的经济直觉。企业
在制定利润分成比例时，需要考虑高校（教师）的两种激励（或道
德风险）问题：第一，提高高校（教师）的整体研发努力（不管是
关于维度 A 还是维度 B 的）；第二，防止高校（教师）为了获得学
术收益而导致产业化利润"短边"出现。如果企业仅仅面临第一种
激励问题，则企业与高校（教师）的关系就完全类似于租佃制
（Sharecropping）下地主与佃农的关系（Cheung，1968；Stiglitz，

1974)，其中企业面临的经典的激励与抽租（Rent Extraction）之间的权衡：提高高校（教师）的利润分成会直接降低企业的利润留成，但这也会增加高校（教师）的研发激励，进而增加双方赖以分割的产业化利润总量。而与租佃制相比，本节的不同之处是引入了上述第二种激励问题。直觉上看，如果高校（教师）的产业化利润分成比例很低，他们就可能主要关注与研发成果对应的学术收益，而根据"木桶原理"的假设，这就可能导致产业化"短边"的出现。但反过来说，如果高校（教师）面临的产业化利润分成比例很高，他们本身就会有激励避免产业化"短边"的出现。综合上述结果，随着"学术动机"持续增加，企业对高校（教师）所提供的最优的利润分成合约将是如图所示的非线性关系。

第四，如果多个企业联合成立相对独立的"研究开发联盟"（Research Joint Venture，RJV），则各企业在研发投资以及信息共享上会存在"搭便车"问题。即便在同一行业中的企业，也不尽然是竞争的关系，也有可能存在合作的关系。如果多个企业位于同一个细分行业，它们在产品市场上将是激烈竞争的，但也正因为它们位于同一个细分行业，所以它们可能面临相同的技术难题。由此，这些企业在研发市场上既有可能是竞争的，如进行"赢者通吃"的专利竞赛，其中最先取得研发成果的企业将获得排他性的专利保护，进而在后续的产品市场竞争中占据优势；但如果攻克这些技术难题不但需要巨大的人力和资金投入，而且在技术或市场方面还有巨大的风险和不确定性，这些在产品市场中相互竞争的企业就可能有积极性"抱团取暖"，即通过组建"研究开发联盟"来降低和分散研发风险。每个企业投入或分享的研发资源越多，"研究开发联盟"成功的概率也将越大，但由于这种研发成果对所有企业而言具有公共品的性质，每个企业都有"搭便车"的激励，即希望别人多出资或者多分享技术信息而自己则享受由此带来的好处。但是，一旦每个企业都如此行事，"研究开发联盟"就会因为资金投入或技术信息分享不足而效率很低。

第五，高校教师创业是产学研融合的重要方式，而在创业时，高校教师面临的严峻问题是如何搭建和管理创业团队以及吸引产业化必需的外部资本。根据前面的分析，如果高校教师获得了具有潜在市场价值的技术成果，但因为"阿罗信息悖论"、专利保护不力或者估价难以达成一致等各种原因，他们无法或很难通过在技术市场中出售技术成果而获得应有的补偿，创业就成为他们从市场中获得创新收益的"最后一根稻草"。若将知识产权理解为生产产品的权利，则从技术成果的利益实现方式而言，创业的本质作用就是将难以估价的无形资产转化为相对更加容易估价的产品。高校教师创业面临很多挑战。首先，他们需要放弃在高校已经习以为常的工作和生活方式以及与之对应的各种收益，而这些收益越高，意味着下海创业的机会成本也越高。其次，他们必须搭建团队成立和管理企业，必须想方设法为技术知识产业化吸引和筹措必需的资本，不但要对市场需求有敏感的反应，而且要尽可能地降低技术风险和生产成本，以便在残酷的市场竞争中存活下来壮大起来。面对巨大压力和失败风险，绝大多数高校教师即便获得了具有潜在市场价值的技术成果，都会对创业退避三舍。但也正因如此，创业带有显著的自选择性，只有那些具有强烈企业家精神的高校教师才会选择创业，通过承担常人不愿意承担的风险而谋取超常规收益。基于高考数据和创业数据，Bai 等（2020）的研究发现了一个有趣的结论，在控制了学校、性别、省份、专业等因素之后，学生的高考分数与创业概率之间存在显著的负相关关系，这主要是因为高考分数高的学生正规就业所得更高，或者说他们创业的机会成本更高。

第三节　专利视角下长三角产学研合作的特征事实

技术创新是产学研合作的核心所在。众所周知，专利并非创新者获取创新收益的唯一方式。实际上，与商业秘密、领先时间和互补性等相比，专利对某些行业、企业而言甚至算不上保障创新收益的关键手段。即便如此，至少从经验分析角度看，专利数据仍有一系列显著的优点：第一，专利度量了创新产出；第二，与研发支出相比，专利数据可获得性高，及时更新，有助于把握最新的技术动态；第三，专利数据本身有很多信息，有助于从各种角度分析区域间、企业间的异质性。

我们将从专利视角，总结和梳理长三角与产学研合作相关的一些特征事实。与长三角一体化战略相对应，本节所述的长三角包括1个直辖市和25个地级市，即上海市，江苏省的南京、无锡、常州、苏州、南通、扬州、镇江、盐城、泰州，浙江省的杭州、宁波、嘉兴、湖州、绍兴、金华、舟山、台州，安徽省的合肥、芜湖、马鞍山、铜陵、安庆、滁州、池州、宣城。我们使用的数据包括如下几个部分：第一，截至2019年底，由中国国家知识产权局所公开的所有中国专利申请数据（2001—2018年）；第二，从Google Patent所得到的专利被引用数据（2017年底观测）；第三，来自国家市场监督管理总局的企业基本信息；第四，来自Wind的企业上市信息以及新三板企业信息。中国专利分为三大类，即发明、实用新型和外观设计，其中发明专利被认为是最具技术含量的核心专利。而利用专利申请人的信息，即是否存在企业与高校或科研院所之间的合作，我们又可以将专利分为企业专利（申请者中没有高校或科研院所）、学研专利（申请者中只有高校或科研院所）和产学研专利（申请者中既有企业，也有高校或科研院所）。我们发现，在产学研专利数据中，外观设计的数量非常少，故在后面的所有分析中，我们都直接忽略外观设计专利。为了将各类专利与长三角以及长三角各地级市匹配上，我们用主申请人的地址代表了专利地址。特别地，产学研专利的地址确定为主申请人（不管是高校还是企业）的地址，而产学研专利中的企业基本信息对应于顺位排最前面那个企业。

图9-3展示了2001—2018年期间的长三角专利申请总量。从中可以发现，发明专利和实用新型专利在总量上基本上相仿，而且呈现指数增长的态势。给定发明专利比实用新型专利更加具有技术含量，则图9-4清楚地表明，在长三角地区，与非产学研专利相

比，产学研专利的平均质量更高，因为在 2001—2018 年整个样本期间，产学研专利在发明专利中所占比例都显著高于其在实用新型专利中的所占比例。为了考察长三角不同城市进行产学研合作时的比较优势，我们对每个地级市都定义了如下指标：$R_i = \dfrac{\dfrac{CIP_i}{IP_i}}{\dfrac{CUP_i}{UP_i}}$，其中：$CIP_i$ 是城市 i 截至 2018 年的产学研发明专利申请总量，IP_i 是相应的发明专利申请总量，CUP_i 是城市 i 截至 2018 年的产学研实用新型专利申请总量，UP_i 是相应的实用新型专利申请总量。这样，R_i 就代表了城市 i 在进行产学研合作时申请发明专利的比较优势。给定上海、南京、杭州具有更加丰富的高校资源且发明专利比实用新型更有技术质量，按照逻辑推理，这些中心城市在进行产学研合作时上更有可能获得高质量的研究成果，但图 9 - 5 展示了相反的结论，即与上海、南京、杭州相比，台州等缺乏高校资源的地级市在进行产学研合作时更有可能申请发明专利。仔细想来，实际上也是可以理解的，这是一种"选择效应"的结果：正因为缺乏高校资源，所以只有产学研合作真的具有市场或技术价值时，它们才会克服空间距离寻找产学研合作。

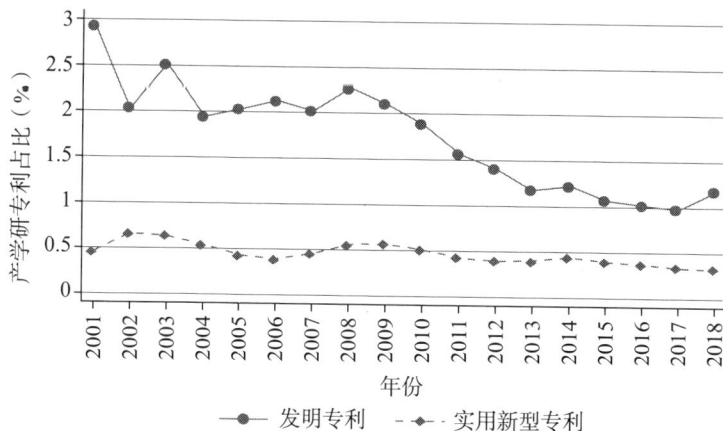

图 9 - 3　长三角专利申请中的发明专利与实用新型专利

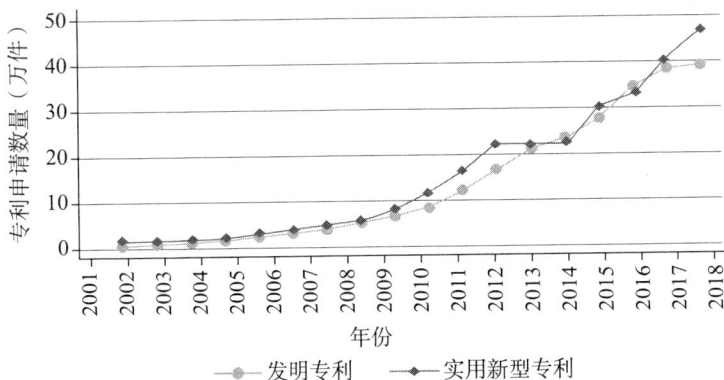

图 9 - 4　产学研专利在长三角专利申请中所占比例

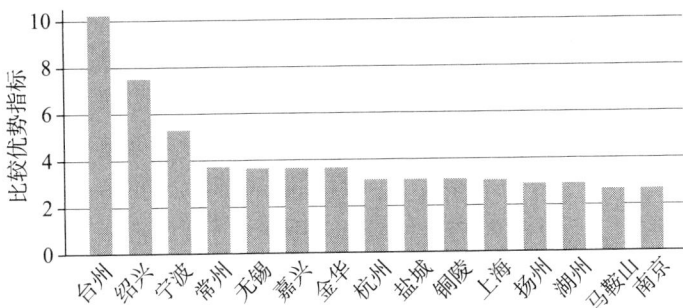

图 9 - 5　长三角部分城市进行产学研合作时申请发明专利的比较优势

基于上述分析，我们给出：

事实 1：考察的长三角地区所有的专利申请中，发明专利和实用新型专利的总量相当，都呈现显著的指数增长态势，而产学研专利在发明专利中的占比显著高于其在实用新型专利中的占比。在地级市层面上，与上海等中心城市相比，中小城市在进行产学研合作时反而相对更容易导致发明专利。

鉴于发明专利是更加核心的专利，下面我们仅仅考虑长三角地区的发明专利。按照申请者的类型，我们将发明专利分为纯企业专利（纯粹由企业申请）、纯学研专利（纯粹由高校或科研院所申请）、产学研专利（申请者中既包括企业，又包括高校或科研院所）和其他类型（申请者为个人或其他组织）。

参考图 9-6 可以发现，在长三角的发明专利申请中，纯企业专利占了绝大多数份额，而且这个份额还在持续上升，现在已经超过总量的 70%；纯学研专利所占份额次之，最高超过三分之一，但逐年下降，近年来维持在 12% 左右；产学研专利所占比例很小，不足 5%，且大致比例保持不变。其他类别专利的动态趋势与纯学研专利类似，但到 2018 年，数量已经变得很小。与本节的产学研主题相关，在后面的分析中，我们仅关心前三种类型的专利。

与采用被引次数来度量论文的学术价值类似，人们也经常用专利的被引次数来度量专利的技术质量。直观上，如果某项专利被更多的后续专利所引用，则该专利至少在技术角度看更有可能是高价值的专利。进一步，考虑到更早的专利更有可能获得更多的被引次数，因而需要进行时间调整，才能对不同"年龄"专利的引用次数做有意义的对比。具体地，将专利类别 i（如产学研专利）在年份 t（如 2008 年）所申请的专利称为组（cohort）it，假设其中共有 n_{it} 个专利，而其在 $\tau > t$ 年所获引用记为 $c_{i\tau}$，则到 T 年（如 2018 年），该组专利累积被引数为 $S_{it}^T = \sum_t^T c_{i\tau}$，而经过年份调整的平均被引次数为 $\dfrac{S_{it}^T}{n_{it}(T-t)}$。这样，从图 9-7 可以发现，在样本期间的所有年份，纯学研专利和产学研专利的平均被引次数都显著高于纯企业专利，这与事实 1 中产学研专利平均质量更高的结论是一致的。需要另外说明的是，因为专利引用具有滞后效应，所以图 9-7 中引证次数呈现倒 U 形曲线正是这种截尾因素导致的。基于上述分析，我们给出：

事实 2：在长三角地区的发明专利申请中，纯企业专利占了绝大多数份额，且在持续上升；纯学研专利的份额次之，并逐年下降；产学研专利所占比例很小，且大致比例保持不变。从专利引证角度看，平均而言，产学研专利和纯学研专利的技术含量显著高于纯企业专利。

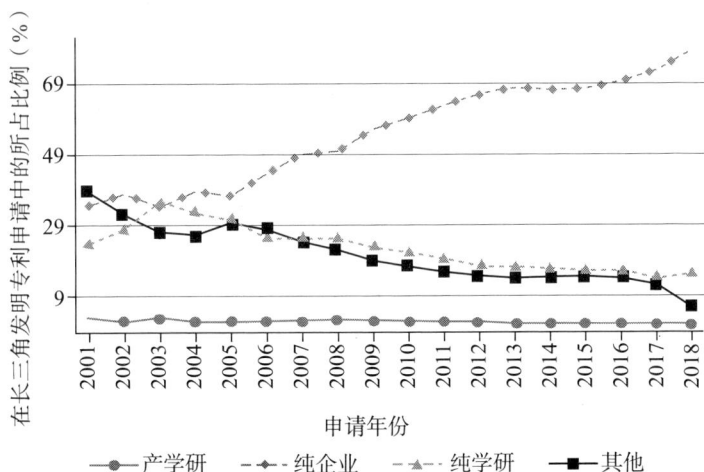

图 9 - 6　长三角发明专利申请中四类专利所占比例

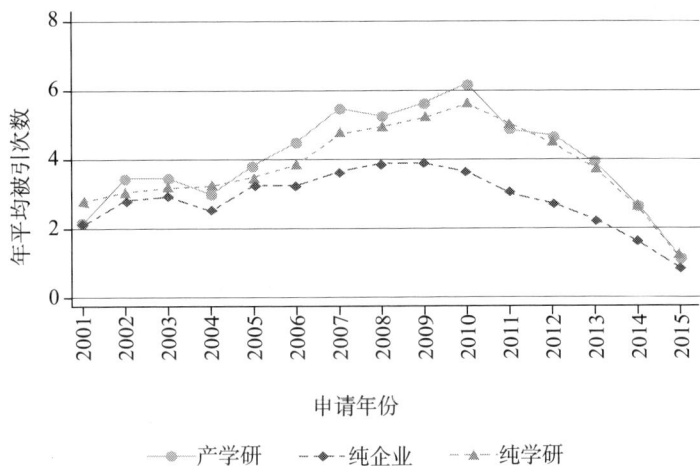

图 9 - 7　长三角三类发明专利的平均被引情况

　　接下来继续考察长三角的三个核心城市，即上海、南京和杭州在产学研专利申请方面的相关表现。图 9 - 8 展示了上海、南京和杭州在长三角纯学研发明专利申请中所占份额的变化趋势。2001

年，三座城市几乎囊括了长三角所有的纯学研发明专利申请，其中上海接近 60%，而南京和杭州也都接近 20%。在此之后，南京和杭州的份额变化不大，但上海所占份额则逐年大幅下降。到 2018 年，三座城市的份额都在 20% 左右。从细节上看，一个特别值得关注的现象是，从 2017 年开始，南京在长三角纯学研专利申请中的所占份额超越了长三角的龙头城市上海。图 9-9 进一步比较了三座城市纯学研专利的平均被引次数（计算方法和前面一样）。从中可以发现一个有待深入挖掘的现象，即南京始终位居第一，一开始杭州低于上海，但从 2004 年之后就反超了上海。基于上述分析，我们给出：

事实 3：就纯学研发明专利申请而言，上海、南京和杭州占据了绝大多数份额。但随着时间推移，龙头城市上海在长三角的相对地位急剧下降，到 2018 年已经与南京和杭州的份额相仿。进一步，从平均被引次数来看，上海的纯学研专利质量也开始落后于南京和杭州。

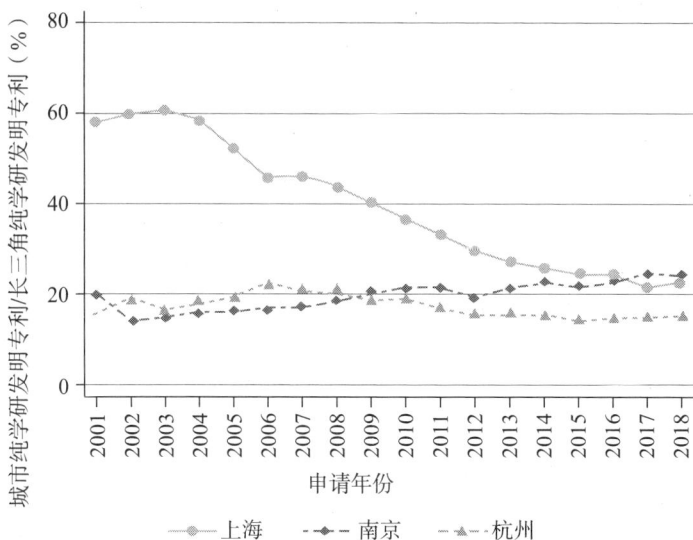

图 9-8　上海、南京和杭州在长三角纯学研专利申请中的份额

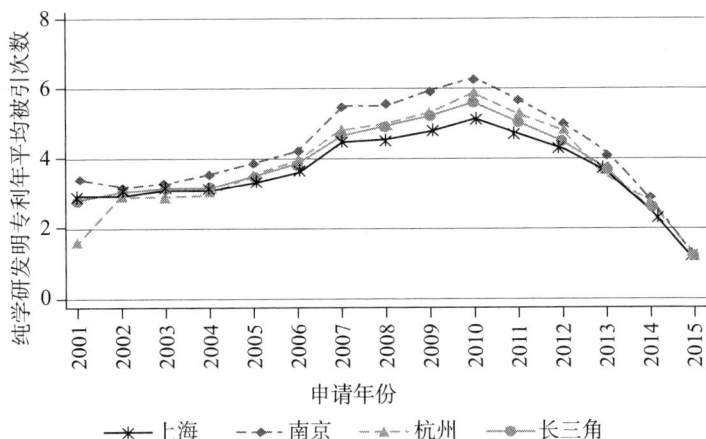

图 9 - 9　上海、南京和杭州纯学研专利的被引情况

图 9 - 10 展示了上海、南京和杭州在长三角产学研发明专利申请中所占份额的变化趋势。与图 9 - 8 对比可以发现，三座城市在产学研发明专利申请上的变化趋势与它们在纯学研发明专利上的变化趋势基本上一致：从整个长三角来看，上海的相对重要性在急剧降低，而南京和杭州的相对重要性则持续增加，截至 2018 年，三座城市所占份额都在 20% 左右，且南京也已超越上海。但与图 9 - 7 对比，也有一些明显的差别之处：在 2001 年，上海一座城市就基本上占据了长三角产学研发明专利近 80% 的份额，而南京和杭州的份额都很低。图 9 - 11 进一步比较了三座城市产学研专利的平均被引次数（计算方法和前面一样）。抛开截尾因素，三座城市产学研专利的平均引用次数似乎没有比较显著的一致性差异。基于上述分析，我们给出：

事实 4：就产学研专利申请而言，上海、南京和杭州占据了绝大多数份额。但随着时间推移，上海在长三角的相对低位急剧下降，到 2018 年已经与南京和杭州的份额相仿。进一步，从平均被引次数来看，上海、南京和杭州在产学研专利质量上没有显著的差异。

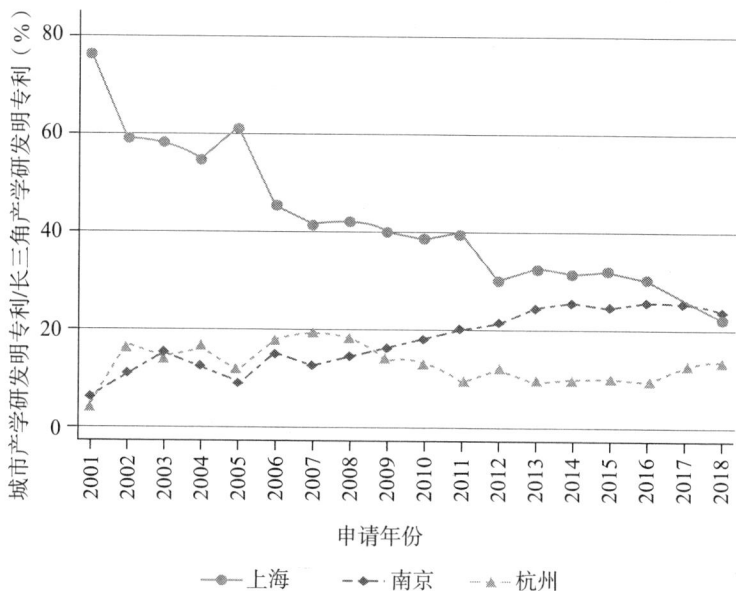

图 9 - 10 上海、南京和杭州在长三角产学研专利申请中的份额

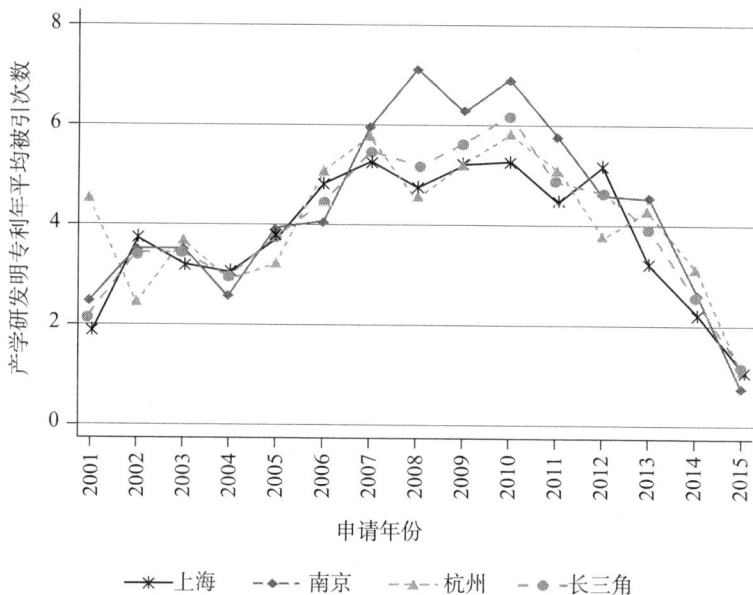

图 9 - 11 上海、南京和杭州产学研专利的被引情况

下面继续从其他维度考察长三角与产学研相关的发明专利申请情况。首先，我们按照工商局注册资本，并将注册资本总额前10％的企业定义为大企业，其他则归为中小企业。图9－12表明，长三角地区产学研合作所产生的发明专利申请中，大企业一直都是主力军，其所占比例基本上维持在80％左右。但是，不管是大企业还是中小企业，在其发明专利申请中，产学研专利不但在所占份额基本上都是相同的（如图9－13所示），而且它们以平均被引次数所度量的技术质量也基本上是类似的（如图9－14所示）。基于上述分析，我们给出：

事实5：大企业构成了长三角产学研发明专利申请的主力，占比一直维持在80％左右。但是，就产学研发明专利占发明专利的比例，以及产学研专利的平均被引次数而言，大企业与中小企业之间没有显著的差异。

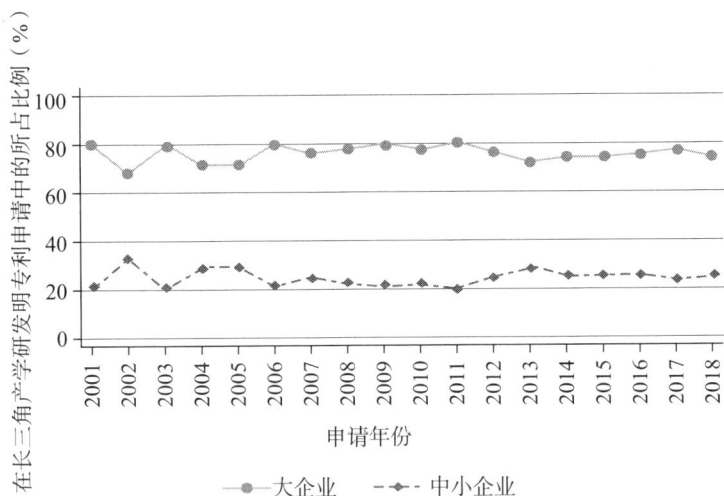

图9－12　长三角产学研发明专利申请不同规模企业的占比

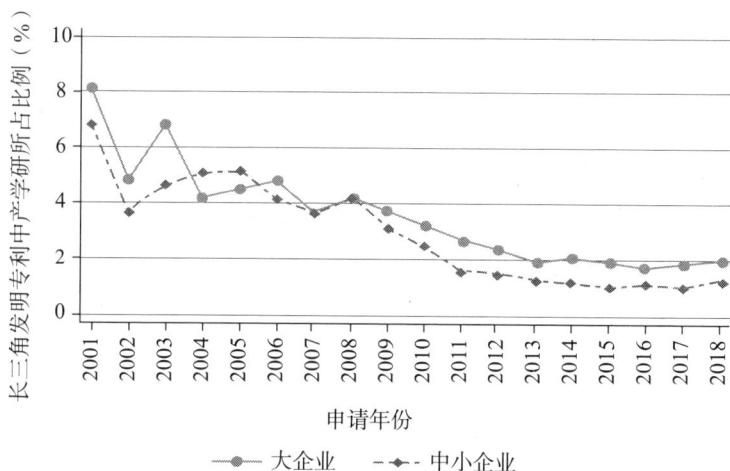

图 9 - 13　长三角不同规模企业发明专利申请中产学研专利申请所占比例

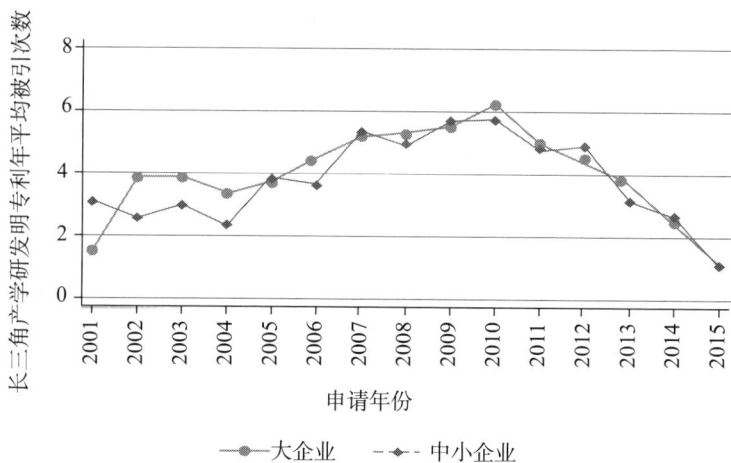

图 9 - 14　长三角不同规模企业产学研发明专利的被引情况

　　其次，我们可以按照工商局的注册登记类型，将企业分为国有企业、民营企业和外资企业，进而考察长三角不同所有制企业在产学研发明专利申请上的表现。如图 9 - 15 所示，在长三角产学研发明专利申请中，民营企业的贡献最大，超过 60％，而国有企业和外资企业的贡献差不多，都接近 20％。考虑到国有企业通常是大企业，这个结论与事实 5 是逻辑自洽的。图 9－16 则展示了长三角不同所有制企业发明专利申请中产学研专利所占比例，从中可以发现，国有企业的平均占比最高，在 6％上下波动；外资企业的平均占比最低，不到 2％；民营企业期初与国有企业的占比类似，但随时间推移逐渐下降，到了近些年则表现几乎与外资企业完全一样。我们没有深入研究其背后的原因，但一个可能的猜测是，近年来民营企业本身的研发能力大幅提高了。从图 9－17 还可以看到，以专利年均被引次数来看产学研合作专利的技术质量，国有企业的质量最高，民营企业的质量最低，但这些差异是否具有显著性有待深入研究。基于上述分析，我们给出：

事实 6：国有企业构成了长三角产学研发明专利申请的主力，占比一直维持在 60％以上；而民营企业和外资企业平分秋色，各占将近 20％。就产学研发明专利占其发明专利的比例而言，国有企业显著高于民营企业和外资企业，但就产学研发明专利的技术质量而言，不同所有制企业之间没有特别显著的差异。

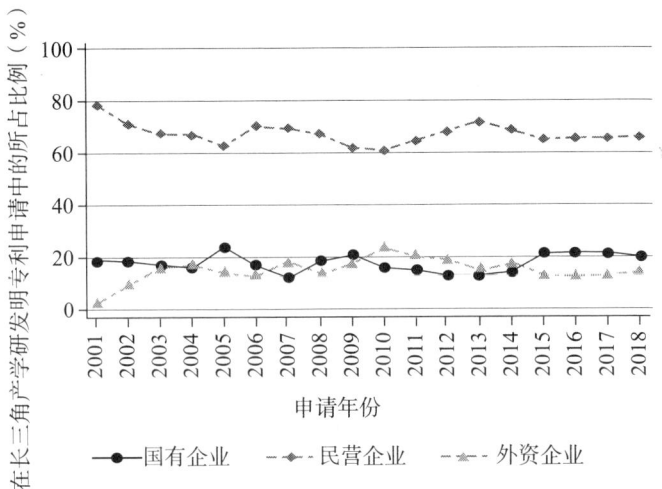

图 9－15　长三角产学研发明专利申请中不同所有制企业所占比例

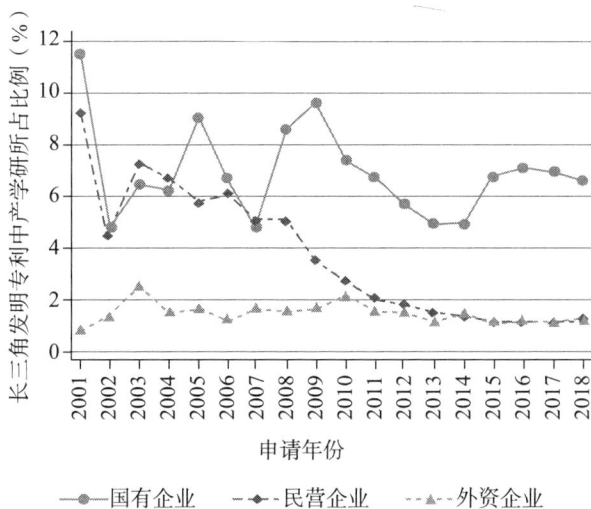

图 9 - 16　长三角不同所有制企业发明专利申请中产学研发明专利所占比例

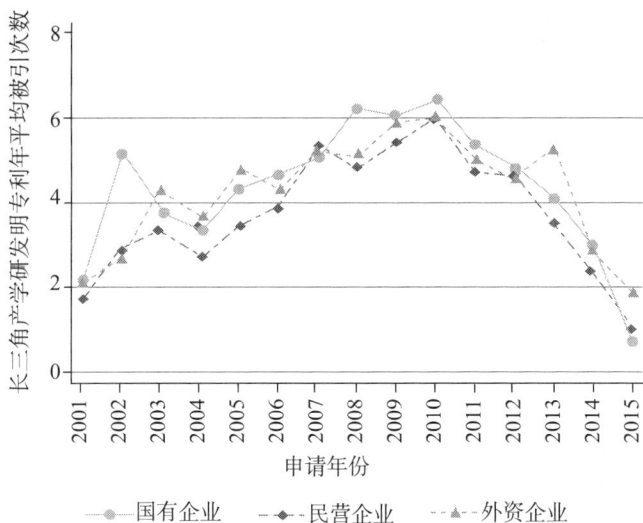

图 9 - 17　长三角不同所有制企业产学研发明专利年平均被引情况

再次，我们也比较了上市公司与非上市企业在产学研发明专利申请上的差别。基于图 9 - 18、图 9 - 19 和图 9 - 20，我们给出：

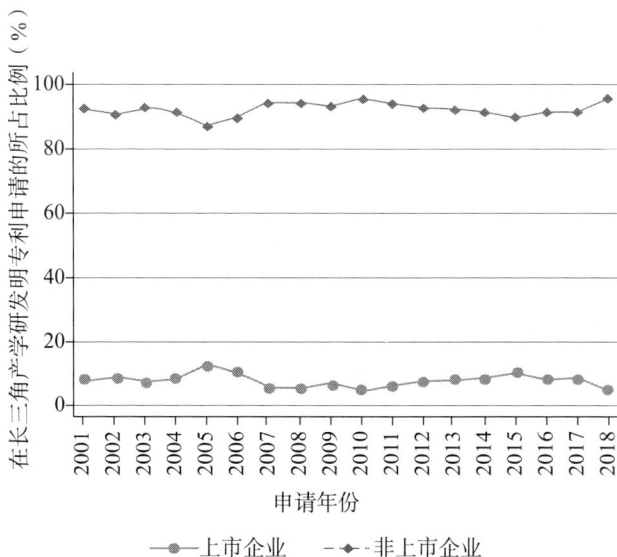

图 9 - 18　长三角（非）上市企业产学研发明专利申请情况

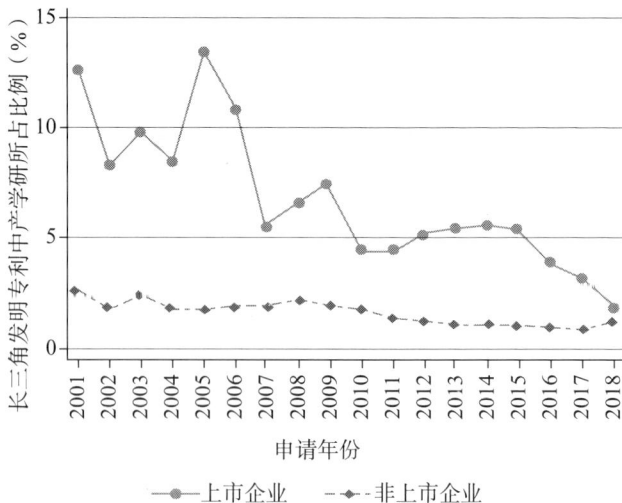

图 9 - 19　产学研发明专利在长三角（非）上市企业发明专利申请中所占份额

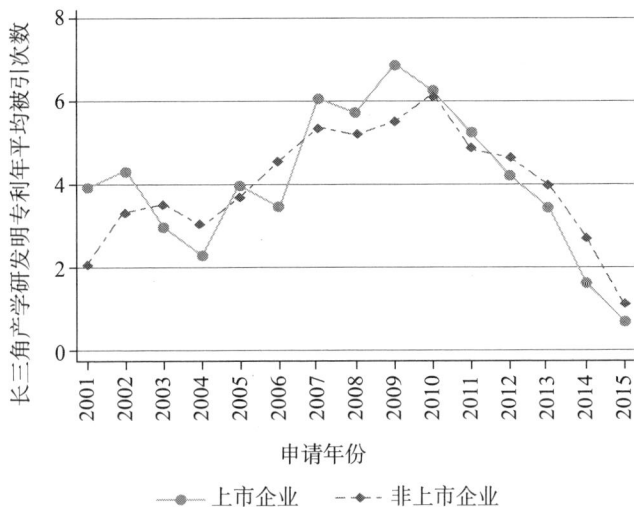

图 9-20 长三角（非）上市企业产学研发明专利的年平均被引情况

事实 7：非上市企业构成了长三角产学研发明专利申请的主力，占比一直维持在 90% 以上，但这主要是上市企业的数量较少所导致的。实际上，就产学研发明专利在其发明专利申请中所占比例而言，上市企业一直是高于非上市企业的。就产学研发明专利的技术质量而言，上市企业与非上市企业没有特别显著差异。

最后，表 9-4 给出了长三角产学研发明专利申请在 35 个技术领域中的分布情况。从中可以发现，在 35 个技术领域，长三角产学研专利基本上都呈现了快速的增长；但在不同技术领域中，产学研发明专利的数量差异巨大。产学研发明专利累计数量最多的技术领域包括测量仪器、电机装备、有机化学、计算机技术、生物化学等。

表 9-4　长三角产学研发明专利申请在 35 个技术领域中的分布情况

技术领域	年份					
	2001	2006	2011	2015	2018	2001—2018 合计
测量仪器	5	35	137	299	459	2 712

续前表

技术领域	年份					
	2001	2006	2011	2015	2018	2001—2018合计
电机装备	3	15	133	261	363	2 280
有机化学	15	102	176	165	189	2 253
计算机技术	2	8	96	185	398	1 824
生物化学	70	19	88	123	210	1 501
化学工程	3	31	73	157	198	1 407
材料与冶金	8	30	94	102	149	1 362
基本材料化学	8	29	94	116	149	1 339
高分子化学	9	50	63	125	151	1 257
环保技术	3	32	74	99	172	1 197
土木工程	0	11	40	111	177	1 045
纺织和造纸机械	2	22	53	66	135	993
其他特殊机械	0	18	56	82	178	989
数字通信	1	33	97	102	111	985
机床	1	11	53	72	202	931
食品化学	1	13	70	90	123	892
管理信息技术	0	2	15	84	223	716
控制调节	0	15	41	81	122	682
医药化学	4	32	48	41	35	619
半导体	0	11	58	43	57	535
电信	8	18	33	47	58	515
表面涂层技术	0	8	30	35	69	491
医疗技术	2	5	22	45	89	437
装卸运输	2	5	25	55	63	428

续前表

技术领域	年份					
	2001	2006	2011	2015	2018	2001—2018 合计
交通运输	1	2	13	46	116	425
热处理与燃烧设备	1	4	22	46	37	422
发动机、泵、涡轮机	2	2	29	40	35	360
视听技术	0	10	29	51	26	337
机械零件	0	8	14	42	59	334
光学仪器	1	10	12	17	39	326
生物材料检验	1	3	8	13	39	191
其他消费品	1	2	10	16	25	160
基础通信处理	0	3	6	9	8	89
家具、运动娱乐	0	1	5	12	17	77
微观结构和纳米技术	0	1	6	6	2	41

第四节　产学研融合促进长三角高质量发展的政策建议

　　根据党的十九大报告，现在我国社会的主要矛盾已经转化为"人民日益增长的美好生活需要和不平衡不充分的发展之间的矛盾"，而要解决这种不平衡性和不充分性，就必须依靠创新驱动和产业升级，提供更加高质量的产品和服务，提高技术创新对经济增长的贡献。进一步，随着当今社会进入百年未遇之大变局，中国与世界其他国家的关系发生了巨大变化，特别地，以中兴断芯、华为断供等事件为代表，美国开始对中国进行前所未有的技术封锁，而要应对和打破这种局面，中国也必须依靠创新驱动发展战略。考虑到长三角对中国经济的重要性，并考虑到产学研对技术创新的重要性，这一节中我们将基于前面的分析，对如何通过促进产学研合作，提高长三角经济高质量发展提供一些政策建议。

第一，加强长三角高校和科研院所的基础研究，为产学研合作提供高质量的技术来源和科学的理论指导，并由政府部门出面组织和协调重大科学技术难题的攻关。

按照前面的分析，在经济发展初期，中国企业从事研发活动的主要目标是追赶发达国家或者跨国公司，因而不论是在科学性上还是在技术性上，都不需要太高的原创性。但随着中国企业逐渐逼近技术前沿，甚至要在某些领域成为全球领导者，它们就必须从事高风险的原创性研发活动，此时基础科学和产学研就变得越来越重要。从研发风险的角度看，技术创新的领导者与模仿者的最大区别就是领导者在从事某项研究时不确知某种技术路径是否可以成功，但模仿者只要观察领导者，就可以确知某种创新产品（如某种新产品，甚至是原子弹和氢弹等）在技术上一定是可行的，模仿者所需要做的只是找到某种具体的实施方案即可。处于技术前沿的领导者当然可以通过不断"试错"来验证或者寻求合理可行的解决方案，但研发活动上的"试错"成本往往是极其高昂的。按照之前对巴斯德象限的分析，面对这种情况，科学理论指导就变得极其重要。无数的经验说明，从科学的"第一性原理"（First Principles）出发进行理论推导、预测和数值模拟，就可以排除诸如永动机、"水变油"之类完全不符合科学原理以及不具有现实可能性的技术方案，进而可以提高研发资源的配置效率。

但是，基础科学研究往往离现实应用比较远，或者在短期内无法看到特别明显的技术应用价值，因而企业本身往往是没有积极性从事这些带有公共品性质的研发活动的。为了解决这种"市场失灵"情况，政府可以采取的切实可行的办法就是增加对高校或科研院所的基础研发投资。与之类似的情形是，在特定发展阶段，许多企业可能面临一种共同的重大技术瓶颈（如芯片制造、软件系统开发），但因为所需投资过于浩大或者企业无法独占瓶颈突破所带来的社会福利，单个企业将无力或者无意进行突破这种重大技术瓶颈。此时，由政府出面协调，组织企业、高校或者科研院所等组成研究开发联盟进行联合攻关，将是现实可行甚至也是势在必行的解决之道。

第二，切实推进长三角一体化，加强知识产权保护，促进创新各环节跨区分工，促进产学研合作。

按照亚当·斯密（Adam Smith）在《国富论》中的分析，国民财富的源泉来自劳动分工所导致的劳动生产率的提高，而劳动分工的深度则受制于市场范围的大小。进一步，除了市场范围，分工深度还受制于协调成本的大小（Becker & Murphy，1992）。综合上述两种观点即可推论，为了促进长三角地区以产学研合作为特征的创新分工及提高整体的创新效率，国家应该采取两个方面的措施：一方面，通过降低交通成本、消除地方保护主义，推进长三角经济一体化，提高长三角地区有效的"市场范围"；另一方面，通过强化专利保护，尤其是在实施层面强化知识产权政策的执行效率，降低创新各环节尤其是技术的创造者与技术的产业应用者之间的协调成本。在落实专利保护方面，张江高新区（示范区）的部分园区已经试行了一些具有推广意义的政策措施。例如：张江核心园对那些进行专利维权诉讼并取得胜诉的企业，出资承担其诉讼费用，甚至进一步提供奖励资助。如果说专利保护的目的是让创新企业获得一定的市场竞争优势，那么，品牌就是企业竞争优势长期积累的自然结果。

第三，加强上海金融中心和科创新中心的联动建设，提高风险投资市场在促进技术创造和产业应用之间的联结作用。

从创新创业角度看，产学研合作通常会催生许多中小微科创企业，但长期以来，"融资难""融资贵"一直是中小微科创企业做大做强的制约因素。中小微科创企业尽管成长潜力巨大，但整体上良莠不齐，筛选难度很大；同时，这些企业普遍具有"轻资产"的特征，缺乏足够的抵押资产，这就使它们很难从以商业银行为主导的间接融资体系获得必需的发展资金。不但在中国如此，即便在发达国家也是如此。而美国硅谷的成功经验表明，数量众多的天使投资、VC（风险投资）和 PE（私募股权基金）等市场投资机构是解决中小微科创企业融资问题的主要资金来源。与传统银行相比，市场投资机构具有更强的专业筛选能力，因而能更加有效地控制风险并获得丰厚的市场回报。

在互联网时代，技术与资本的结合具有典型的"双边市场"特性：投资机构越多，科创企业就越容易获得市场融资，而科创企业越多，投资机构也越容易发现好的投资标的，最终两者之间会形成一种相互加强的"正反馈"机制。有鉴于此，推进上海国际金融中心和科创中心的联动建设，特别是通过大力培育和引进众多市场投资机构来解决中小微科创企业的"融资难""融资贵"问题，会给长三角带来巨大的竞争优势。

在资本与科技的结合过程中，资本实际上发挥着两种不同的功能，一是信息发现功能，即要找到合适的投资标的；二是杠杆功能，即通过外部资金介入，帮助企业迅速做大做强。过去的经验表明，政府引导基金在信息发现上并不擅长，即由政府部门或者官员直接"选项目、选企业"往往会因为能力、激励和时间限制而难以成功。由此，除非前面提到的重大专项，对政府引导基金来说，更好的方式可能不是引导市场去创新，而是通过"选投资机构"的模式来"搭市场的便车"，即跟投业绩优秀的投资机构来"间接"实现政府创新投资的引导作用。"跟投"模式的核心是将政府从其并不擅长的信息发现功能中解放出来，集中发挥政府创投基金的杠杆功能。由于投资机构的投资业绩数据是相对公开透明的，政府部门可以通过设计公开公平的业绩排名指标和市场化的竞标方式来实现对基金和投资机构的筛选，这不但可以提高投资效率，也能在某种程度上压缩原有体制下配置科创资金可能存在的寻租空间。

第四，对高校教师在职创新的知识产权进行合理的确权，强化高校的知识产权办公室的交易撮合功能，促进产学研合作。

阻碍产学研合作有效进行的一个重要原因是高校和科研院所科研成果缺乏明确的知识产权归属和利益分享机制。国内大学或科研院所一般为国有性质，科研前期投入一般被视为属于国有资本投入。《事业单位国有资产管理暂行办法》规定，对专利权等职务发明成果的处置（除另有规定外），必须"严格履行审批手续，未经审批不得自行处置"。根据相关规定，高校对职务发明成果不能自行处置，在科技成果转化转让收入中，个人只能保留奖励金，其余须如数上缴。在现行制度下对于科研成果的产权归属界定，仍缺乏被普遍接受的公允标准，甚至出现科研人员通过成果转化获得一定收益即被视为国有资产流失的极端现象，这极大地限制了高校和科研院所的科研人员产学研合作的积极性，降低了科研成果的实际转化速度。

从美国和以色列等国的经验来看，产学研成功合作的一个重要前提是创新成果所有权以及收益权的明确化。美国 1980 年出台了著名的《拜杜法案》（The Bayh-Dole Act），其中对"联邦资助所完成发明的专利权"，明确规定允许美国联邦政府资助的科研项目及联邦政府合同下的科研项目所产生的知识产权归大学等科研机构本身所有，政府只保留介入权，而科研机构承担确保这些科技成果商业化的义务。美国还规定，对做出有价值的发明并已成功地进行技术转让的联邦政府所属机构研究人员予以重奖，并将专利使用费收入的 15％以上（每年不超过 10 万美元）支付给研究人员。以色列在产学研合作中则实行"三三三分配政策"，即成果转化收益的分配中，单位占三分之一，研究团队占三分之一，个人占三分之一。参照美国和以色列的成功经验，破解当前产学研困境的根本措施在于使科研创新成果的处置权和收益分配权明确到个人，核心是要充分体现创新者在创新活动中的贡献和价值。

第五，落实"创业假"制度，在高校与业界之间建立"旋转门"，降低高校教师的创业风险，促进产学研合作以及技术与市场的有效结合。

造成目前产学研合作成功率低的另一个重要原因是目标差异。通常，企业更加关注科研的市场价值，而高校和科研院所的研究人员则更加关注科研的学术价值，希望通过发表学术论文来争取科研项目或者职称晋升。由此造成的结果是，很多具有学术价值的项目缺乏市场价值，而许多具有市场价值的项目又缺乏学术价值。为了解决这种匹配难题，国内高校可以尝试推行和落实"创业假"制度，即允许高校和研究机构科研人员在规定时期内（如 2～3 年）以停薪留职等形式进行科研成果产业化的创业尝试，"创业假"期满以后，创业科研人员既可以选择离开高校或研究机构继续走产业化的道路，也可以放弃产业化尝试重新回归教学研究岗位。这将有效解决高校和研究机构中很多科研人员既有创业冲动但又对创业失败风险顾虑重重，进而不愿进行成果产业化尝试的问题。

参考文献

［1］陈悦，宋超，徐芳. 我国"科学-技术-经济"产出的动态关系测度研究——基于"科学-技术"交互的视角［J］. 科研管理，2019，40(1)：12－21.

［2］李伟，董玉鹏. 协同创新过程中知识产权归属原则——从契约走向章程［J］. 科学学研究，2014，32(7)：1090－1095.

［3］马文聪，叶阳平，徐梦丹，朱桂龙. "两情相悦"还是"门当户对"：产学研合作伙伴匹配性及其对知识共享和合作绩效的影响机制［J］. 南开管理评论，2018，21(6)：95－106.

［4］詹莉. 高校科研知识产权归属中存在的三个问题［J］. 商情，2012(4)：26，28.

［5］Bai C. E. ，Li H. B. ，Jia R. X. ，Wang X. Entrepreneurial Reluctance：Academic Talent and Firm Creation in China［R］. Working paper，2020.

［6］Donald E. Stokes. Pasteur's Quadrant：Basic Science and Technological Innovation［M］. Washington DC：Brookings Institution Press，1997.

［7］Gary S. Becker. Kevin M. ，Murphy. The Division of Labor，Coordination Costs，and Knowledge［J］. The Quarterly Journal of Economics，1992，107(4)：1137－1160.

［8］Joseph E. Stiglitz. Incentives and Risk Sharing in Sharecropping［J］. The Review of Economic Studies，1974，41(2)：219－255.

［9］Oliver E. Williamson. Markets and Hierarchies：Analysis and

Antitrust Implications[M]. New York：Free Press，1975.

[10] Steven N. S. Cheung. Private Property Rights and Sharecropping[J]. Journal of Political Economy，1968，76(6)：1107 - 1122.

第十章　国资运营平台跨区域合作

　　过去 40 多年，地方政府通过大量的公共支出和密集的投融资活动，建设了大量基础设施，形成了满足本地消费者需求的公共产品和服务，并实现了对产业链上游关键环节的控制。在这个过程中，受地方政府控制的国资运营平台成为公共项目、上游产业和部分基础性行业的市场主导者。当前，推进长三角区域一体化发展，内在地要求地方政府由竞争转向合作（刘志彪，2019），打破国资运营平台囿于行政区域的分割治理格局，逐步迈向基于产业链分工布局和协同发展的一体化治理格局。

　　地方政府对本地国资运营平台实施保护，主要是为了避免国有企业面对异地企业的直接竞争，从而保持投资、经济增长、税收和就业等复杂多样的本地利益（Xu，2011）。地方国有资本跨区域合作只有按照产业链分工特征进行调整，才有助于消除长期以来行政分割下形成的重复投资和过度竞争，推动长三角区域迈向更高质量的竞争与融合。本章探索了国资运营平台平行嵌入和垂直嵌入产业链后的跨区域合作机制问题，重点分析在国资运营平台按照产业链进行产业布局的同时，如何模拟市场机制促进规模经济和一体化效应。

　　促进国资运营平台以市场化方式跨区域合作，是未来长三角区域一体化的实现路径之一。这种市场化方式相比较于行政整合，具有治理机制上的稳定性和持续性特点，需要引起理论界和实务界的重视。尽管跨区域股权合作背后的一体化效应有待开展长期动态地评估，但关于国资运营平台跨区域合作已经有了若干成功实践，我们分析了四种股权合作形式，并提出了相关的政策建议。

第一节 国资运营平台实现一体化治理的内在逻辑

　　学术界对国资运营平台布局的经济效率强调得多，但对国资运营平台跨区域合作问题研究得少。这主要是因为以往的研究通常会给国有资本贴上"预算软约束""低效率""垄断"等标签，而忽视了我国国有企业规模大、控制着基础型产业的国情和特征，特别是忽视了国资运营平台在塑造区域经济一体化中所发挥的作用。最近的研究表明，国有企业在创新方面具有其他企业无法替代的优势（Belloc，2014）。一些学者研究对我国国有企业迈向现代化治理持肯定态度（Theodore et al.，1994；Nolan & Wang，1999；Hsieh and Song，2015）。这启发我们进一步探索通过适当的体制机制创新，发挥国资运营平台在促进区域市场一体化方面的积极作用。一些欧洲国家的经验告诉我们，如果基础产业或产业链上游仍然是行政分割状态，就无法实现对产业链下游生产效率的促进和提升（Aghion，2000）。有鉴于此，我们认为在国有资本占主导地位的大国经济内部，国资运营平台跨区域合作将会对区域经济一体化产生广泛而深刻的影响。

　　第一，有助于逐步消除长期以来地方政府间的重复投资和过度竞争。当前国资运营平台普遍采用公司化方式运营，但其运营的市场受限于行政区域，其提供的产品服务被分割在一个个独立行政区域内。没有地方政府的行政命令，作为国有资本运营平台的企业管理层很难自主决定跨区域投资。这种主体实现市场化而运营仍然本地化的转型经济特征，是长期阻碍长三角区域一体化的重要原因（姜付秀等，2015）。地方国有企业围绕产业链上游和基础产业，采取招商引资策略本无可厚非，但长期以来，作为控制产业链上游和基础产业的本地国资运营平台局限于服务本地市场，甚至表现为排斥异地合作而赚取本地市场垄断利润，是地方政府间形成重复投资和过度竞争的微观基础。国资运营平台跨区域合作为长三角区域一体化创造了在微观层面上有效治理的可能性，从根本上打破了地方政府间过度竞争的利益格局。

第二，有助于整合分割治理产业链进而完善区域产业链。长三角区域一体化与产业链上的分工布局密切相关。长期以来，由于受到地方政府的保护，地方国资运营平台及其市场地位难以突破特殊体制形态，国有资本运营平台通常掌握着产业链上游的关键投入品和公共服务供给，决定着下游产业链环节所需要的中间投入品的价格、产量，并对下游企业的生产成本和交易成本有着重要的影响（Wang et al.，2013）。由于产业链上游国资运营平台长期处于行政分割状态，因此在长三角不同行政区域内形成了一个个分散短小的产业链，规模经济、范围经济和产业链协同联动效应难以发挥。国资运营平台跨区域合作，就是要打破支离破碎的以行政区界限划分的产业链，形成地区间产业链不同环节的交互融合、基于一条或多条关键性产业链的区域产业分工体系。

第三，有助于发展出区域一体化所需的市场化机制。在一体化过程中尽可能减少行政干预，更多采用市场化手段实现区域融合，更加符合现代化经济体系的特征。过去，国资运营平台具有条块化管理特征，直接受到行政命令控制，在自负盈亏、政企分开、现代化公司治理的改革逐步推进以后，国有企业更像是一种兼具有国家控股和社会参与特征的混合型组织形式（Bruton et al.，2015），国资运营平台具备了通过市场化机制完成生产经营活动的条件。今后，可以市场化契约、制度安排为基石，借助于长三角地区日益完善的市场化条件，更多通过市场化机制、较少经由行政命令手段来推动区域一体化实现，克服由于政治周期、缺乏法律约束带来的内在不稳定性，将国资运营平台的跨区域合作维持在一个长期、稳定和可持续的水平。在政企分开的转型背景下，这种企业间的合作相较于行政合作具有更加稳固的制度基础，反映了区域一体化进程中治理能力现代化的要求。

第四，有助于构建起区域一体化发展所需要的制度条件。如果说地方国资运营平台是地方政府发展本地经济的重要手段，那么国资运营平台跨区域合作就是地方政府主动打破行政垄断、构建跨区域利益相容格局的重要尝试。为了避免推进长三角区域一体化进入简单行政合并的误区，需要更多借助市场化力量或者模拟市场化机制促进区域一体化（刘志彪，2019）。国资运营平台跨区域合作为我们创造了这样一种条件，即在地方政府之间的一定合约或制度安排下，通过其直接控制的国资运营平台合作，推动地方政府之间关系从竞争走向合作，形成你中有我、我中有你的竞合关系，并渐进性地发展出一体化所需要的制度条件，逐步摆脱行政控制带来的不确定性。

第二节　驱动国资运营平台从竞争转向合作的机制

地方政府阻碍国资运营平台跨区域合作，是国资运营平台难以在长三角地区开展大范围收购兼并活动的重要原因①。要发挥国资运营平台跨区域合作对长三角区域一体化的促进效应，除了应该认识到地方行政力量的不当使用塑造了区域非一体化现象，还应该看到国资运营平台在一些公共领域、关键行业发挥着重要作用。事实上，由于国有企业兼具有企业和公共实体双重属性（Landoni，2020），我们既看到行政力量参与或控制企业经营决策，也不可忽

---

① 一些学者研究发现，就整个长三角的区域发展而言，民营企业较之地方国有企业更倾向于跨省并购（刘志彪等，2019）。

视国资运营平台参与了本地产业链竞争与协作，不存在一个纯经济属性和纯行政属性的国有企业（Vernon & Aharoni，1981）。有鉴于此，我们需要考虑在一定的制度约束下，通过市场机制与政府治理的相互配合，综合运用市场化和制度化力量推动区域一体化目标实现。其基本思路在于打破国有资本运营平台"画地为牢"、分割治理的模式，构建一种基于产业链互补合作和市场有序竞争的地区间合作机制，推动国资运营平台按照区域产业链的运行规律实现规模化、一体化运营，实现区域产业链在空间和行业维度的开放式竞争格局。

一、按照产业链布局和运行规律实施产业治理

从产业链的角度来看，地方国资运营平台多处于产业链上游。具体包括：一是公共项目建设、运营和维护者，按照行政区域划分，在所在行政辖区内投资运营港口、公路、机场、市政等公共基础设施。二是产业链上游部门的垄断者，主要集中在供水、电力、矿产、粮食等上游产业。三是部分基础行业的核心企业，主要分布在制造业、房地产、商业贸易等竞争性部门。传统公共产品理论认为，公共产品不是政府提供就是市场提供。国资运营平台作为一种市场化的主体，天然承担着公共服务的职能，这是一种兼具市场和政府属性的企业形式，从而决定了国资运营平台嵌入产业链的方式。我们将国资运营平台嵌入产业链的方式分为平行嵌入与垂直嵌入，重点考虑这两种嵌入类型下的产业链治理机制。

一是平行嵌入。在基础设施等公共项目领域，由于各条产业链都有对于公共产品和服务的需求，国资运营平台表现为服务于产业链各个环节的一个公共实体，如高效的交通基础设施将极大降低产业链上各类企业的运营成本，这种嵌入就属于平行嵌入。平行嵌入是因为公共产品具有非竞争性或者非排他性的属性。最近有学者对于产业链和生产网络的研究表明，基础设施改善可以降低交通成本和搜寻成本，导致本地优质企业选择范围扩大进而接近更好的供应商，降低边际生产成本的同时带来经济一体化效应（Bernard et al.，2019）。建立平行嵌入下产业链治理机制的关键在于构建基础设施互联互通和公共服务均等化的机制，保证产业链中产品和要素跨区域流动、产业链不同环节协同创新等产业链动态调整过程中产生的各类成本，不会因地区间公共服务差异而出现异常波动，最终构建起沿产业链要素顺畅流动和资源高效配置的动态机制。对于电力、供水、能源等一些传统国计民生行业领域，国资运营平台是产业链上游的自然垄断者，通常接受地方政府对其进行的价格管制和成本规制。作为本地多条产业链所需产品和服务的唯一供给者，分割治理使得本地产业链选择异地企业的成本很高，因为本地企业如果需要嵌入异地产业链，通常就会牵动异地多个产业链的协调与治理问题。按照产业链进行治理，就是国资运营平台在其控制的公共产品和服务等领域进行跨区域合作，将各自行政范围内孤立的平行嵌入转变为按照统一标准的跨地区平行嵌入，对于跨地区国资运营平台采取统一的价格管制和成本规制方法，促进国资运营平台的产品和服务统一标准、提高质量和降低价格。跨区域合作和统一标准将对地区间的多条产业链产生三个方面的积极影响：降低运输成本促进商品流动、降低交易成本促进要素流动和降低制度成本促进协同创新。在实践中，可以推动国资运营平台在一些基础产业领域开展合作，经过适当的资源配置和组织创新以后，在长三角地区形成1～2家在若干领域具有跨地区公共服务职能的新的国资运营实体，促进形成产业链上的治理效应。

二是垂直嵌入。在一些国资运营平台控制的基础产业特别是"卡脖子"领域，通常市场化竞争程度较高且国资运营平台已经深度融合地区产业链，国资运营平台嵌入产业链的某个环节，属于垂直嵌入本地产业链。这些国有企业长期以来受到本地政府过多保护，从而具有较强的行政色彩，产业链调整易受行政干预，产业链跨区域整合难度更大。处于产业链基础环节的国资运营平台，需要地方政府通过竞相开放市场和模拟市场化机制，推动企业进行资本合作甚至开展兼并重组，以规模经济带动产业链上下游企业分工深化和协同创新，实现产业链上的固链强链效应。伴随着国资运营平台区域"链主"地位的确立，它对本区域内产业链治理能力进一步提升，一些周围配套产业和下游产业将加快集中化趋势，从而产生所谓的"瀑布效应"（诺兰等，2006）。

二、模拟市场化机制促进规模经济实现

与简单行政合并思路不同的是，按照规模经济要求，有可能通过市场化机制的实现消除地区间重复投资带来的低效率。Farrell 和 Shapiro（1990）、Clayton 和 Jorgensen（2011）等人的早期研究为我们提供了重要借鉴意义。模拟这一市场机制的关键需要实现"三步走"：第一步，允许地区间国资运营平台面对一个共同的下游市场，尽可能地避免下游市场分割或者下游市场至少实现部分一体化。促进形成一体化的下游市场主要是防止上游产业更容易形成垄断势力。第二步，逐步放开国资运营平台面临的行政壁垒，使不同地区间企业产生面对面竞争。此时单个企业面临来自异地企业竞争压力，部分企业将不愿承担亏损而选择退出竞争，或者考虑来自异地企业收购兼并的要约。随着企业退出和企业开始收购兼并，产业内均衡企业数量开始减少，并伴随着产量增加和价格下降（Baldwin & Wyplosz，2015）。第三步，借助于资本市场，在地方政府无力阻碍国资运营平台的跨区域股权合作和禁止对于高成本企业补贴的前提条件下，竞争压力迫使跨地区的两个或多个国资运营平台通过资产收购或者股权并购实现一体化发展。为此，可以构建一种地区间利益相容的结构，逐步消除企业之间的过度竞争，增加产量并提高社会福利。

考虑这样一个简单的模型设计：存在两个行政区域 A 和 B 及其对应两家国有企业，生产成本分别是 $\frac{c}{k}$ 和 $\frac{c}{\theta k}$，其中 $\theta > 1$，B 地企业具有规模经济优势。在一定的谈判模式和收益分成机制下，资本收购完成后 A 地和 B 地企业边际成本分别变成 $\frac{c}{(1-\alpha)k}$ 和 $\frac{c}{(\alpha+\theta)k}$，其中 $\alpha < 1$。通过承担短期亏损带来的"痛苦"转型，

股权合作至少产生三个正面效益：一是存量国有资本 αk 向低边际成本的国资运营平台集中，提高区域内要素配置效率；二是由于低成本企业获得了更多资本，产生了生产的规模效应，边际成本进一步下降$\left(\dfrac{c}{\theta k}\ \text{下降为}\ \dfrac{c}{(\alpha+\theta)k}\right)$；三是成本下降后的国资运营平台市场份额进一步扩大，区域总产量增加，价格下降，从而增进社会福利。模拟市场化机制既可以用于国资运营平台控制的港口、交通、轻轨等公共设施领域，帮助进一步消除重复建设带来的低效率，也可以用于钢铁、能源、供水等产业链上游部门。需要注意的是，这一种模拟市场化机制不仅体现在某个产品细分行业内的竞争，也体现在产业链内部和产业链之间的竞争。

　　由于长期局限于服务本地市场，国资运营平台面临的市场需求曲线向外扩展缓慢，通常在接近平均成本或低于平均成本下定价，长期处于微利甚至亏损运营状态。达不到盈亏平衡点的国资平台高度依赖地方政府偏向型产业政策支持和财政政策补贴（刘剑民，2017）。而规模经济可以增强国有资本市场化运营能力和"造血"能力，减少对地方财政的依赖和降低政府补贴的意愿，这也是地方政府愿意进行跨区域股权合作的动力来源之一。除了减少财政支出和增加国有资本运营收益的直接获益外，在此过程中为了减少行政阻力，可以辅助性地设计地方政府间税收让渡、就业互惠、人员互派等行政谈判机制，建立起激励相容的合约或制度条件，最大限度鼓励和促进国有资本跨区域合作。

第三节　四种股权合作路径的比较分析

　　一般认为，通过模拟市场化机制，国资运营平台之间跨区域收购兼并可以迅速获得规模经济，逐步消除重复投资和过度竞争带来的资源配置效率损失，这是地方政府由低水平竞争转向高水平合作最直接、最有效的一种方式。而我们在实践中发现，国资运营平台实施了一定程度的跨区域股权合作，这种做法的好处在于，它避免了大范围兼并重组有可能遇到的巨大行政阻力。尽管对于一体化的效果需要长期评估，但可以认为是为实现区域一体化迈出了重要一步。目前来看，主要有以下四种股权合作路径值得关注。

一、合资成立项目公司

由两个或多个跨区域国资运营平台出资成立项目公司，运用市场化方式共同建设和运营若干公共项目，构成了国资运营平台跨区域合作最直接的做法。以政府和社会资本合作（Public-Private Partnership，PPP）① 这一较为普遍的股权合作形式为例，2016年，上海隧道工程联合体中标南京地铁 5 号线 PPP 项目，标志着在轻轨这一市政设施领域实现了国有资本跨区域合作，即以异地国有资本作为社会资本方参与本地国有资本运营。PPP 项目具有模拟市场化机制特征，上海隧道工程在城市建设方面拥有行业领先的技术和较强的管理能力，通过国有资本联合将带来产业链创新融合效应，有助于提高南京本地的轻轨建设水平。值得注意的是，合资成立项目公司通常针对新建项目和新增投资，对于存量国有资本调整的影响有限。其原因可能在于基于投资增量的合作对地方政府GDP 和税收既得利益损害较小，本地政府对异地企业参与此类项目倾向于持一种鼓励合作的态度。

二、跨区域平台交叉持股

国资运营平台跨区域合作的第二种重要形式是交叉持股。交叉

---

① 　正如鲍德温指出，由于私人资本通常对某些类型的基础设施的投资不感兴趣，政府需要自己介入这一领域，并刺激公私伙伴关系（Baldwin & Wyplosz，2015）。

持股可以消除重复投资和过度竞争带来的负外部性①。在资本市场相对完善的条件下，本地企业持有异地企业的股份，通常是把本地企业利益与异地企业生产经营活动绑在一起，形成一种产业链优势互补、企业之间利益相容的共同体结构。当本地企业产生产能扩张冲动时，资本逐利的动机会迫使异地企业行使股东权利，从而对本地企业的管理层形成一定压力，避免重复投资和过度竞争的直接后果。例如：上港集团近期认购了宁波港股权，成为宁波港第二大股东。这既是对于存量国有资本的调整，也是国有资本运营平台通过资本市场实现跨区域合作迈出的重要一步。收购活动的发生既有宁波港自身经营效益较高的因素，同时异地企业的主动投资行为表明今后在一定范围内，上港集团有可能参与宁波港的重大投资经营活动，将自身未来收益的一部分与宁波港口未来投资运营前景锁定，从而避免了上海港和宁波港之间的过度竞争有可能引起的负外部性。当然，这种联合产生的效果需要进行长期跟踪评估。

三、单一主体集中控股

通过同一个国资运营平台控股多个行业内国资平台，从而实现国有资源的地区间整合，可能代表了未来长三角地区国资平台实现一体化运营的另一个方向。同一家企业同时持股多家具有相互竞争关系的企业相当于整合了多条分散和规模较小的产业链，实现了产品和服务的协同，提高了行业创新力和盈利能力（He & Huang，2017）。其内在机理在于，单一主体行使股东权利，防止多个被持股的企业过度竞争而主导子公司在产品市场上的合作，从而争取集团利润最大化。例如：招商局集团同时控股营口港、大连港等地区性港口企业，就是通过市场化模拟手段促进一体化和避免过度竞争的尝试。单一主体控股与交叉持股的区别在于，单一主体控制模式

---

① 产业组织理论的一些文献证明，在面对一个共同的消费者市场和产品替代性较强条件下，股权合作有降低竞争强度的效果（Arping & Troege，2002；Mathews，2005）。

实现了集团内部统一规划和统一治理，可以迅速实现区域性公共项目高效投资和整体运营。在这种情况下，单一主体必须足够强势，通常需要较强的行政级别、资金实力、声誉水平和治理能力，对于国资运营平台还需要具有较强的行政影响力和政治动员力，否则，地方政府出于保护本地利益考虑，通常不愿意与强势的单一主体合作，因为它们担心单一主体很快收回投资或者不愿意承担与权利对等的投资和运营责任。

四、收购兼并

作为国有资本最极端的一种合作形式，地区间同类型国有资本收购和兼并活动是最迅速、最有效的手段。兼并收购活动可以迅速消除长期以来面临的重复建设和过度竞争问题，在长三角地区的不同基础设施领域形成若干个重要企业集团，最大限度发挥规模效应，实现公共基础设施先行一体化。其背后机制在于，收购兼并不仅消除新增重复建设投资，而且通过存量资产调整，将低效率资产交由效率更高的市场主体运营，将多个分散且琐碎的产业链合并为规模更大的集中产业链。并购方通过重新安排产业布局，消除过剩产能，产生一体化经营的规模经济。但这种收购兼并通常需要得到地方国资委许可，地方政府对此类并购通常持一种高度审慎的态度，推行起来通常阻力较大。在实践中，我们已经看到国有资本跨地区收购兼并的成功案例。总之，推动收购兼并在整合国有资本方面发挥着重要作用，是未来国资运营平台跨区域合作重要的努力方向之一。

第四节　推动国资运营平台跨区域合作的政策建议

根据前面的分析，实现产业链整合和模拟市场化机制需要借助一定的制度条件，这些制度条件必须在长三角区域层面逐步构建和推进。其核心在于三个方面：成立长三角一体化协调机构、构建公平竞争的制度基础和建设一体化区域性股权交易市场。

一、成立长三角一体化协调机构，鼓励长三角政府间通过契约和制度安排开展合作

各地的长三角一体化实施方案发布以后，接下来重要工作就是推进地方政府间就一个个具体事项开展合作。一是促进省际合作合约化、制度化。长三角地区三省一市地理空间较为接近，经济发展水平的差异与东西部差距相比较小，有可能在公共基础设施等领域先行开展合作。具体做法是推动长三角三省一市就交通、能源、电力等某个具体公共服务领域签订合作协议，以契约或制度形式将具体领域合作事项固定下来。二是就某个公共领域先行成立一家高于三省一市的权力机构，如成立"长三角港口一体化委员会"，专门协调各成员所管辖的港口投资运营，决定港口布局、资源分配、服务价格等，协调长三角内部的有效竞争；再根据前期实践，在已有经验积累的基础上，逐步扩大长三角一体化权力机构的管辖范围，如由港口逐步向铁路、公路、电力、供水等领域延伸，最终成为全面管理和协调长三角区域一体化的权力机构。

二、构建长三角地区公平竞争的制度基础，支持长三角一体化的相关法规政策有效落实

一是出台禁止地方政府不当救助从而危害有效竞争的制度。在已有的《反垄断法》框架下，重点禁止地方政府保护本地国有企业的行为，包括不当救助、阻止进入等，通过对地方政府违法行为进行法律惩戒，提高地方保护主义行为的违法成本，促进本地政府开放公共服务、基础产业等领域。二是试点建立长三角地区巡回法院制度，梳理和废止妨碍公平竞争和阻碍长三角一体化的地方性法规

和政策，负责验核长三角地区政府间合约和制度的有效性，专门裁判长三角范围内的竞争法案例。巡回法院可由若干名法官组成，任期控制在 5～6 年，其任命须经三省一市一致同意。巡回法院的上级机构是最高人民法院，最高人民法院有终审裁判权。

三、建设一体化的区域性股权交易市场，打造要素自由流动的市场环境

由于国资运营平台控制的公共项目、基础产业规模体量大，未来采取股权合作可能是实现行业结构优化和一体化治理的重要渠道。一是取消跨区域股权交易的人为限制。没有任何证据表明跨区域股权交易有害于经济发展，相反地，跨区域股权交易是鼓励要素自由流动和驱动创新协同的重要途径。建议至少在长三角地区先行取消股权跨地区交易的政策文件，允许国资运营平台跨地区畅通交易，最大限度发挥要素配资效率。二是施行"三统一"。建立统一监管、统一后台系统、统一制度基础的"三统一"区域股权交易制度（刘志彪，2019），更好地保护投资者利益，保证市场的公平、公正、公开。三是加强跨区域合作的评估论证和监督。由于国资运营平台跨区域股权合作涉及公共利益的调整，要在信息公开和充分评估论证的基础上，按照《反垄断法》和区域股权交易规则等法律法规开展国资运营平台的跨区域合作，并由长三角一体化权力机构加强事后监督，保证国有资产投资运营效率提升以及所产生的利润主要用于服务公共利益。

参考文献

[1] ［英］彼得·诺兰，张瑾，刘春航. 全球商业革命、瀑布效应以及中国企业面临的挑战[J]. 北京大学学报（哲学社会科学版），2006(2)：132-140.

[2] 姜付秀，张敏，刘志彪. 经济发展、政府干预与国内经济一体化——基于中国上市公司同区域并购视角的研究[J]. 学术研

究，2015(6)：63 - 74.

［3］刘剑民．政府补贴对国有资本配置的双重效应［J］. 中国社会科学院研究生院学报，2017(5)：52 - 59.

［4］刘志彪．长三角区域市场一体化与治理机制创新［J］. 学术月刊，2019(10)：31 - 38.

［5］刘志彪，徐宁，孔令池，等．长三角高质量一体化发展研究［M］. 北京：中国人民大学出版社，2019.

［6］Andrew B. Bernard，Andreas Moxnes，Yukiko U. Saito. Production Networks，Geography and Firm Performance［J］. Journal of Political Economy，2019，127(2)：639 - 688.

［7］Chenggang Xu. The Fundamental Institutions of China's Reforms and Development［J］. Journal of Economic Literature，2011，49(4)：1076 - 1151.

［8］Filippo Belloc. Innovation in State-Owned Enterprises：Reconsidering the Conventional Wisdom［J］. Journal of Economic Issues，2014，48(3)：821 - 848.

［9］Garry D. Bruton，Mike W. Peng，David Ahlstrom，et al. State-Owned Enterprises around the World as Hybrid Organizations［J］. The academy of Management Perspectives，2015，29(1)：92 - 114.

［10］Jie He，Jiekun Huang. Product Market Competition in a World of Cross-Ownership：Evidence from Institutional Blockholdings［J］. Review of Financial Studies，2017，30(8)：2674 - 2718.

［11］Joseph Farrell，Carl Shapiro. Asset Ownership and Market Structure in Oligopoly［J］. The RAND Journal of Economics，1990，21(2)：275 - 292.

［12］Mark A. Schankerman，Philippe Aghion. A Model Of Market-Enhancing Infrastructure［R］. CEPR Discussion Papers，2000.

［13］Matteo Landoni. Knowledge Creation in State-Owned Enterprises[J]. Structural Change and Economic Dynamics，2020 (53)：77 - 85.

[14] Matthew J. Clayton, Bjorn N. Jorgensen. Corporate Equity Ownership, Investment, and Product Market Relationships[J]. Journal of Corporate Finance，2011，17(5)：1377 - 1388.

[15] Peter Nolan, Xiaoqiang Wang. Beyond Privatization：Institutional Innovation and Growth in China's Large State-Owned Enterprises[J]. World Development，1999(27)：169 - 200.

[16] Raymond Vernon, Yair Aharoni. State-Owned Enterprise in the Western Economies[M]. London：Routledge，1981.

[17] Richard E. Baldwin, Charles Wyplosz . The Economics of European Integration[M]，5th edition. New York：McGraw-Hill Education，2015.

[18] Richmond D. Mathews. Strategic Alliances, Equity Stakes, and Entry Deterrence[J]. Journal of Financial Economics，2005，80(1)：35 - 79.

[19] Stefan Arping, Michael Troege. Pro-Versus Anti-Competitive Alliances[J]. Ssrn Electronic Journal，2002(11)：27 - 29.

[20] Theodore Groves, Yongmiao Hong, John McMillan, et al. Autonomy and Incentives in Chinese State Enterprises[J]. Quarterly Journal of Economics，1994，109(1)：183 - 209.

[21] Xi Li, Xuewen Liu, Yong Wang. A Model of China's State Capitalism[C]. 2013 Meeting Papers. Society for Economic Dynamics，2013.

[22] Zheng Song, Chang-Tai Hsieh. Grasp the Large, Let Go of the Small：The Transformation of the State Sector in China [J]. Brookings Papers on Economic Activity，2015 (SPRING)：295 - 346.

第十一章　长三角一体化的微观机制：
促进民营企业跨区域并购

　　关于企业跨区域并购与区域经济一体化良性互动发展的证据，主要来源于欧盟一体化的实践。并购特别是跨国界的并购活动被认为是欧洲经济一体化的重要内容（Banks，1987）。随着欧盟一体化进程的推进①，欧盟内部国与国之间，企业跨国并购活动的数量总体呈逐年上升趋势，其中 1988—1989 年增幅最大，由 711.53 亿美元猛增到 1 187.23 亿美元；并在 1990 年时达到第一个高峰，当年欧盟企业跨国并购金额达到 1 486.58 亿美元。仅在 1989 年和 1990 年两年，欧共体范围内发生的跨国并购就达到 3 410 起，总价值 630 亿英镑（史建三，1999）。2001—2005 年欧洲内部的跨境并购活动数量占世界总数量的比例比 1986—1990 年提高了 15 个百分点（Brakman，2007）。

　　1989 年欧洲的企业并购控制政策，是目前世界上唯一的超国家的企业并购控制政策，其直接目的就是为欧洲的企业并购建立一个统一的政策框架，尽可能地消除由于成员国政策不一致所造成的障碍，使得并购能在一个相对宽松和无歧视的政策环境中进行，也

---

　　①　欧盟于 1993 年建立，之前的一体化形式为 1958 年建立的欧共体，为文章表述方便，本章这里都采用了欧盟的官方表述，1993 年表述为"欧共体"，1993 年后表述为"欧盟"。

使欧洲经济一体化得以凭借企业并购这一方式向纵深发展。与一般的国内并购控制政策不同，欧洲企业并购控制政策首先是为经济一体化，而不是为竞争目标本身服务。这一过程使得成员国市场之间的贸易和投资壁垒得到彻底的消除，并使一体化进程不断加深。企业并购控制政策顺应了欧洲经济一体化和国际竞争的要求，为企业并购创造了良好的政策环境。欧洲的竞争法在某些方面支持成员国之间的并购行为，体现了跨国并购对于塑造欧洲统一市场的重要作用。

我国长三角区域的发展也证明了企业并购与区域一体化之间相互促进关系。Wind 数据显示，2019 年长三角区域三省一市共实施并购重组活动 1 494 起，交易金额达 3 857.42 亿元，占比全国数据分别为 31.60％和 25.13％。同时，2019 年安徽省只发生并购重组活动 133 起，交易金额为 176.89 亿元，无论是交易数量还是交易金额，都与沪苏浙有较大差距，这也一定程度上反映了目前安徽融入长三角的程度还不够。

从并购主体的所有制成分来看，民营企业在并购市场占据了主导地位。Wind 数据显示，2018 年民营企业实施并购重组 2 991 起，约占全市场并购重组数量的 72％；交易金额达 14 883.54 亿元，约占全市场并购重组交易金额的 58％，一大批民营企业通过并购重组做精做优、做大做强，成为一些行业的"领头羊"。

经过改革开放 40 多年的发展，民营经济实现了用不到 40％的社会资源，贡献了 50％以上的税收，开展了 60％以上的固定资产投资和对外直接投资，组建了 70％以上的高新技术企业，解决了 80％以上的城镇就业，吸纳了 90％以上的新增就业，对中国经济从弱到强、由小到大产生了积极的推动作用，民营经济已经成为我国市场竞争的重要参与主体。

第一节　一体化与并购关系的相关文献

一、区域一体化对跨区域并购的影响

关于一体化对企业跨区域兼并的影响，以往学者形成了比较一致的观点，即一体化对企业跨区域并购具有正向的促进作用，一体化程度越高，企业跨区域并购活动就越频繁。Brakeman（2007）认为，经济一体化会刺激跨区域兼并重组活动。他研究发现，根据Thomson 的并购数据，2001—2005 年发生在欧洲内部的跨境并购活动占世界总数比例较 1986—1990 年提高了 15 个百分点，这正是得益于欧洲较高的经济一体化程度。

关于一体化促进跨区域并购的机理，Bjorvatn（2004）认为，是一体化创造了更加开放和富于竞争的市场环境，竞争机制导致更多的企业被淘汰，而淘汰的结果之一就是企业被收购。Neary（2007）则认为，企业之间技术能力的差异导致了一体化加深后，兼并活动便随之而来。

总体而言，已有文献中关于跨区域并购与区域一体化研究的相关研究还较为零星，并未形成较为深入和完整的研究体系。由于并购和绿地投资（Greenfield Investment）共同构成了跨区域直接投资的两种主要形式，并且随着经济发展和资源要素的约束，并购逐渐成为直接投资的主要形式，因此，关于区域一体化与跨区域直接投资关系的研究，即区域经济一体化的投资效应，可以作为我们研究的借鉴。不难发现，Bjorvatn（2004）和 Neary（2007）的研究也是基于国际生产折衷理论提出"所有权优势"。

区域一体化的投资效应的研究脉络可以分为国际贸易理论、产业组织理论和新经济地理学三条主线。

(一) 贸易自由化的投资效应

贸易成本视角下区域一体化的投资效应,研究的主要是成员方参与经济一体化后的贸易流和贸易条件变化对投资的影响。该领域的研究主要是基于 Virner (1950) 的研究框架。Virner 通过构建完全竞争的理论研究框架,首次提出关税同盟会引发"贸易创造"和"贸易转移"。Kindleberger (1966) 在 Virner 研究框架基础上,提出一体化组织的贸易流向会引发"投资创造"和"投资转移",从而奠定了区域经济一体化投资效应的基本理论框架。投资创造效应是指由于一体化区域内的贸易自由化,变相地提高了对一体化成员国企业的保护水平,使得非成员国企业的交易成本相对增加,削弱了其在一体化区域市场的竞争优势,非成员国企业为了维持在一体化区域的市场份额转而向区内投资生产,致使流入区内的投资增加。投资转移是区域内已有的跨国公司会利用大市场统一的机会和自身优势,对区域内的生产经营进行重新布局,以实现规模经济和生产专业化。

(二) 国际生产折衷理论视角下的投资效应

Dunning (1988) 在融合国际生产理论的有关研究的基础上,提出了国际生产折衷理论。该理论认为是否具备"所有权优势""内部化优势"和"区位优势",以及三种优势的强弱程度决定企业是否进行以及如何进行对外直接投资。所有权优势是指能够使本企业相对于其他企业在技术水平或价格水平具有较强的市场竞争能力的因素,其内容主要包括研究与开发能力、管理能力、获取信息能力、营销技巧、特殊的组织结构,以及进入中间产品和最终产品市场的便利条件等。内部化优势是指企业通过自己内部的控制程序或渠道来分配资源而替代市场机制的作用,使其生产经营活动保持稳定并从中获取收益。区位优势来自东道国特定的自然和人文环境,如自然资源、社会文化、法律、政治和制度环境等,Dunning 分析比较了美国、日本、英国、瑞典和西德五个工业发达国家的具体情况后指出,一个国家的区位优势因素会随时间的推移而发生变化。区域经济一体化可以从以下几个方面增强区域内企业的三种优势,从而引起区域内 FDI (国际直接投资) 的增加:第一,一体化带来跨区域企业专用性资产、中间产品及要素流动壁垒的降低，提高了企业内部化的能力；第二，一体化市场内的区域具有多元化特征，文化、政策等多方面存在较大差异，这为区域内跨国企业提供了国际经营的学习机会与条件，形成新的所有权优势；第三，一体化拓宽了市场范围，加大了经济的总体规模，区域内企业更容易实现规模经济。

（三）空间经济学视角下的投资效应

在阿尔弗雷德·马歇尔（Alfred Marshall）的规模经济理论和外部经济理论、阿尔弗雷德·韦伯（Alfred Weber）和埃德加·M.胡佛（Edgar M. Hoover）从区域经济学视角对聚集经济的研究、弗朗索瓦·佩鲁（François Perroux）的增长极理论及冈纳·缪尔达尔（Gunnar Myrdahl）循环积累因果理论的基础上，Krugman 在 1991 年发表的《收益递增和经济地理》一文中，分析了经济的空间集聚现象，从而奠定了空间经济学理论的基础。

采用空间经济学模型研究区域经济一体化的投资区位效应，大多都借用了 Baldwin（1995，2003）的自由资本模型（FC 模型）和多国自由资本模型（MFC 模型），以及 Robert-Nicoud（2002）的自由资本垂直联系模型（FCVL 模型）。FC 模型认为，区域经济一体化将会导致生产转移效应（企业从一体化外部流向内部），这进一步引起了资本内流（投资转移）。生产转移随着一体化程度的加深而增加，随着一体化规模的减少而提高。MFC 模型指出，区域经济一体化不仅具有生产转移效应，还会产生本地市场效应。标准的 FC 模型假定资本所有者不能自由流动，并且资本收益遣返（即生产的转移并不能导致支出转移），因此在 FC 模型中并不存在循环累积因果关系（即前向联系-成本关联联系、后向联系-需求关联联系），从而也没有导致生产的突发聚集。FCVL 模型则把资本的流动性和垂直联系结合起来，加入了循环累积效应，本质上是 FC 模型的一个拓展，有助于分析自由贸易区内部生产区位突变问题。

二、跨区域并购对区域一体化的推动作用

推动区域经济一体化建设，关键在于创新一体化发展体制机制，只有发展机制的一体化，才有可能在更大范围实现区域经济的规模经济和范围经济效应。刘志彪（2010）认为，构建一体化的发展机制，应该在维持现有行政边界严肃性的前提下，在形成统一竞争规则的基础上，大力鼓励在微观经济领域中的投资贸易自由化，大力鼓励区内企业在区内外的收购兼并活动，把推动长三角地区企业特别是上市公司的兼并重组活动，当作经济一体化的重要手段和基石。

罗翠华（2004）认为，企业跨地区并购是解决区域经济结构失衡问题的重要手段。一方面，企业跨地区并购可以形成区域经济协调的微观机制；另一方面，跨地区并购可以盘活低水平重复建设所形成的存量资产。

关于跨国企业和总部经济对区域一体化影响的研究对本研究有一定启示。由于企业并购是跨国企业跨区域投资的主要形式，因此跨国企业的区域一体化效应可以作为借鉴。跨区域并购之后，也必然带来集团企业将其总部活动（主要是设计、研发、营销、品牌、物流、金融等）在特定城市的集中和集聚，从而形成总部经济。

刘志彪、张少军（2009）认为，总部经济具有产业布局效应。作为现代制造业的神经中枢系统，总部经济的"总部基地＋制造基地"的模式，契合了不同地区要素禀赋的优势，降低了整个价值链的生产经营成本。总部经济的这种产业布局效应，可以作为统筹我国下一阶段产业升级和区域协调发展的重要机制。

王允贵、张天际（1995）认为，欧共体跨国公司区域内交叉直接投资，既是一体化的内部凝聚力的表现，也是欧共体实现一体化的主要依赖机制。欧共体跨国公司的"体"内投资，将传统的国家间分工，转化为企业内分工，这些跨国公司不以单个国家为市场目标，而是以整个欧共体甚至全世界为经营出发点，来构造企业的技术垄断优势、区位配置优势和经营资源互补优势。钱运春（2000，

2006）认为，跨国公司在区内的发展提升了区内比较优势、统一了区内游戏规则、深化了区内的市场，如长三角外资不断涌入，形成了长三角产业的集聚，推动了行政区经济向经济区经济转变，各城市经济联系更加紧密。

三、已有研究的启示

通过对已有相关文献的梳理可以发现，区域经济一体化与企业跨区域并购存在着互动发展的关系。其中关于区域经济一体化促进区域企业跨区域并购的研究较为系统，形成了比较成熟的理论体系。但关于跨区域并购推进区域经济一体化的研究还相对不足，目前的研究更多是侧重于两者关系的现象描述，缺乏跨区域并购促进区域经济一体化的理论逻辑分析，推进企业跨区域并购的相关研究则更为少见。此外，随着我国民营经济的高质量发展，民营企业在跨区域并购市场上主导地位也在不断强化。因此，分析民营企业跨区域并购促进区域经济一体化的理论逻辑，并提出促进民营企业跨区域并购的具体措施，具有非常重要的理论和现实意义。

第二节　民营企业跨区域并购促进区域经济一体化的逻辑

一、民营企业是跨区域并购的主体

按照企业所有权性质，并购可以分为民营企业并购、国有企业并购、外资企业并购和不同所有权性质企业之间的并购，如国有企业与民营企业之间的并购、国有企业与外资企业之间的并购、民营企业与外资企业之间的并购。

第一，国有企业参与的企业并购容易受到地方政府干预。改革开放以来，以财政分权以及相应的 GDP 为核心的"政治锦标赛"体制成为中国经济增长奇迹的"催化剂"。地方分权改革使得各级地方政府既掌握了关键性的行政和经济资源（如土地批租、财政补贴、融资、行政审批、基础设施），成为区域经济社会的中心和枢纽，又是辖区内游戏规则（如政策制定和执行）的制定者（周黎安，2004）。并购意味着被并购企业所有权的转移，会影响企业的投资、融资、经营和人事政策，如果仅是本地企业之间的并购，对于地方政府来说，这只是"左口袋到右口袋的游戏"，一般不对企业所在地的经济社会产生显著影响（方军雄，2008）。与本地企业之间并购不同，企业跨区域并购意味着被并购企业控制权转移到外地企业，被并购企业也就脱离了当地政府的干预，一旦主并企业调整经营战略，如调整产业布局、人员结构、投资规模等，就会对当地经济社会产生较大的影响。作为理性的地方政府，自然不会选择具有外部经济性的异地重组方式，除非本地确实缺乏可以重组的资源。因此，在我国经济运行中，缺少鼓励区域间经济一体化的机制和动力。为了保障地方经济的稳定发展和政绩考核的需要，地方政府会倾向于对跨区域并购进行干预。

在我国改革开放初期，地方政府主要是通过直接的行政干预手段，如强制性设置进入壁垒将外地企业或产品拒之门外。但随着我国法制逐步健全以及中央的三令五申，地方政府更多采取间接的干预手段，其中一个主要手段就是在不违背中央政策的情况下，地方政府运用行政权力对投资自由化进行干预。这主要体现在以下几个方面（姜付秀等，2015）：一是通过所掌控的国有企业，对发生在国企之间及涉及国企的并购活动进行直接干预；二是通过行政审批，对各类发生在其行政边界内的并购活动进行程序化干预；三是在本地范围内为那些需要被并购的对象企业积极主动地寻找并购方，以便使本地上市公司的"壳资源"在本地利用，并使重组后企业的经济活动和资源配置主要发生在本地。地方政府之所以热衷于使"壳资源"在本地企业尤其是在本地国有企业之间进行重组，从根本上说是受地方政府追求本地 GDP 增长和财政利益驱使。

由于地方政府对民营企业和外资企业的控制程度要显著低于地

方国有企业，因此民营企业和外资企业，相对于国有企业在跨区域并购过程中，受到政府的干预较少，或者说地方政府对民营企业和外资企业的干预度有限。

虽然外资企业并购受到地方政府干预程度较小，但由于外资并购会涉及维护国家安全问题，要接受《外资并购境内企业安全审查制度》的安全审查，因此民营企业跨区域并购必然成为各种所有制形式跨区域并购的主要部分。

第二，民营企业的发展地位，决定了它应该成为企业并购的关键主体。改革开放 40 多年来，民营经济已经成为我国"公有制为主体、多种所有制经济共同发展"基本经济制度的重要组成部分。民营企业在推动发展、促进创新、增加就业、改善民生和扩大开放等方面发挥了不可替代的作用。党的十一届三中全会以后，中国共产党破除了所有制问题上的传统观念束缚，为非公有制经济发展打开了大门。党的十五大把"公有制为主体、多种所有制经济共同发展"确立为我国社会主义初级阶段的基本经济制度，明确提出"非公有制经济是我国社会主义市场经济的重要组成部分"。党的十六大提出"毫不动摇地巩固和发展公有制经济"和"毫不动摇地鼓励、支持和引导非公有制经济发展"。党的十八大进一步提出"毫不动摇鼓励、支持、引导非公有制经济发展，保证各种所有制经济依法平等使用生产要素、公平参与市场竞争、同等受到法律保护"。党的十九大把"两个毫不动摇"写入新时代坚持和发展中国特色社会主义的基本方略，作为党和国家一项大政方针进一步确定下来。从历次党的代表大会确定的发展非公经济的方针看，中国共产党始终把保护非公经济作为一项长期的经济发展政策。

习近平总书记在 2018 年 11 月 1 日的民营企业座谈会上，用"五六七八九"高度概括了当前民营经济的发展成就和地位，即"贡献了 50％以上的税收，60％以上的国内生产总值，70％以上的技术创新成果，80％以上的城镇劳动就业，90％以上的企业数量"。

因此，无论从企业占比角度，还是从经济发展、解决社会就业、技术创新贡献角度，民营企业在我国的并购经济活动中应拥有更大的发展空间，发挥更大的作用。

第三，民营企业对城市营商环境更为敏感。跨区域并购是企业主动发起的、跨区域重要资本流动方式。关于资本为什么会流入特定区域，经济地理学者主要从劳动费用、资源禀赋、产业集聚等角度对企业的区位选择进行解释（Dunning，1998；Baldwin & Krugman，2004）；新制度经济学者则主要关注地区制度环境的影响，认为企业更愿意到制度环境更优、整体制度环境相对稳定的地区进行跨区并购投资。无论是经济地理学，还是新制度经济学，其关于区位选择的各种要素其实都包含在企业营商环境的范畴内。

近年来，民营企业发展最关注营商环境。党的十四大以来，我国社会主义市场经济体制不断健全完善，但是目前存在的突出问题仍然是市场体系不健全、政府和市场的关系没有完全理顺、市场决定要素配置的范围有限、政府对微观经济干预过多、市场和社会发挥作用不够等。此外，我国幅员辽阔，区域发展不平衡，各地区与市场经济相配套的制度建设程度也存在较大差异。因此，市场化、法制化、国际化的营商环境建设不足是当前制约民营经济健康发展的关键瓶颈。习近平总书记总结指出，中国民营企业在实践中客观存在着"市场的冰山、融资的高山、转型的火山"这"三座大山"，当前民营经济遇到了四个困难：一是国际经济环境变化给我国经济和市场预期带来诸多不利影响；二是我国经济由高速增长阶段转向高质量发展阶段，必然给企业带来转型升级压力；三是我国出台的支持民营经济发展的政策措施不少，但落实不好、效果不彰；四是企业自身的原因。习近平总书记讲的第一个困难，是所有企业都必须正视和客观面对，但又是个体和局部无法克服的；第二个困难，是考验所有企业在竞争中能不能胜出的关键因素，无法跨越发展阶段的企业将在竞争中被淘汰，这既是市场竞争的残酷，也是市场优胜劣汰的魅力；第四个困难，关乎企业加紧修炼内功的问题，与宏观经济政策预期的不稳定也有一定的关系，如果我们长期对民营企业的产权保护不力，对其人身安全保护不力，就会诱发民营企业家的短期掠夺行为。这里，民营经济遇到的最大的困难，进而形成其悲观预期的最大因素，其实是与第三个困难有直接的关系，即针对民营企业的政策措施无法落地，民营企业长期受到了不平等的歧视性待遇（刘志彪，2019）。

二、民营企业跨区域并购推进区域一体化的路径

推动区域经济一体化，就是要有效发挥该区域联合体的发展功能，具体来说是要发挥其累积效应和扩散效应，构建城市布局合理、市场高度开放、制度协调水平高、产业结构互补、信息资源共享、交通体系完备的区域经济共同体，从而有效降低区域内经济主体尤其是企业运营的交易成本，增强整个区域的国际综合竞争力。

因此，区域经济一体化，需要包含以下几个方面的内容（刘志彪，2010）：（1）空间形态一体化，即形成有利于发挥枢纽中心两大功能的城市空间布局结构。其中一个功能是要素交集、汇聚和流动枢纽功能；另一个功能是孵化、创新和扩散功能。（2）市场一体化，即形成消除区域经济和非经济壁垒、平等区域内竞争条件、保证生产要素自由流动的市场有机统一体。（3）产业一体化，即在城市间形成合理的产业（产品）垂直分工和水平分工体系，最大限度利用规模经济和范围经济效应。（4）交通设施一体化，即构建发达的地区交通枢纽，形成区域内城市间的畅通链接。（5）信息一体化，即打破区内信息封锁和阻碍，畅通信息流。（6）制度一体化，即在户籍制度、就业制度、住房制度、教育制度、医疗制度、社会保障制度等方面，消除区域内矛盾和冲突，实现区域制度架构融合。（7）生态环境一体化，即加强区域内环境保护方面的协调，做好区域环境保护的整体规划。

（一）民营企业"用脚投票"，倒逼一体化制度的形成

由于国有企业长期得到计划体制的保护，由此形成的资源垄断和预算软约束一直是不争的事实，行政而非市场化的经营方式使国有企业较少受到环境和制度因素的影响，因此行政效率的提高、制度的完善对国有企业并没有显著影响或者影响较小。而民营企业依靠市场机制参与竞争，高效的公共服务和完善的市场制度是民营企业发展壮大的前提条件，营商环境的改善对民营经济的发展至关重要，城市营商环境排名也成了民营企业投资的风向标。

为了在吸引外部投资的竞争中胜出，中央和地方政府都必须从提高行政效率和公共服务水平等方面加强制度建设，以满足外部企业对市场环境的需求。同时，行政效率的提高和制度的完善，客观上对内资企业的发展也会产生积极影响。

过去，为了吸引外商投资，一方面，地方政府采取的各式各样的招商引资策略，如税收减免、税收返还、土地使用权优惠等，给予外资的"超国民待遇"确实牺牲了部分国民利益（周业安，2003）；另一方面，地方政府在招商的竞争中也会不断完善基础设施建设以及提高行政效率，增加国民福利。随着改革的不断推进，进入中国的外资逐渐趋于理性化，不仅看重当地的优惠政策，更看重当地的投资软环境，特别是地方政府的行政效率，因为后者将会影响投资企业的长期盈利能力。

随着国内民营企业不断发展壮大，各级政府对于民营经济的观念也在逐渐发生改变，众多外地龙头企业和行业隐形冠军民营企业也成为地方招商引资的重要对象。民营企业是"用脚投票"的投资主体，哪里的投资环境好，就会去哪里。因此，地方政府将越来越倾向于通过制度建设和提升政府服务效率吸引外地民营企业的投资。

浙江是中国市场化程度最高、民营经济最发达的省份之一，为民营经济发展创造最优的土壤始终是浙江经济社会发展的首要任务。2017年2月，浙江省政府以习近平新时代中国特色社会主义思想为指引，创造性地推出了"最多跑一次"改革，努力营造一流的政务服务、投资贸易、产业发展等优质环境，不断提升城市综合能级和核心竞争力。"最多跑一次"改革作为浙江全面深化改革的重要突破口、"放管服"改革的精准抓手，经过3年多的探索实施，已经形成比较成熟的制度规范与标准体系。感受到浙江"最多跑一次"改革的压力之后，长三角其他省市也纷纷学习浙江做法，迅速推出了类似的改革举措，如上海的"一网通办"、江苏的"不见面审批"、安徽的"一次不用跑"等。虽然当前跨区域的办事流程一体化还没有实质变化，异地办理的事项数量偏少，但"最多跑一次"改革的基本框架和要素已基本实现标准化，为一体化制度的形成奠定了良好的基础。

（二）并购后的总部经济，促进了区域一体化产业分工体系的形成

社会分工和专业化是决定区域经济一体化的关键因素和基础条件。产业分工与区域经济一体化的逻辑关系可解释为各个次区域通过发展各自具有比较优势的产业或者在产业链上实现有效的分工，从而实现整个区域的协调发展（陈建军、陈国亮，2009）。

《规划纲要》明确指出，要加强长三角产业分工协作，引导产业合理布局。坚持市场机制主导和产业政策引导相结合，完善区域产业政策，强化中心区产业集聚能力，推动产业结构升级，优化重点产业布局和统筹发展。中心区重点布局总部经济、研发设计、高端制造、销售等产业链环节，大力发展创新经济、服务经济、绿色经济，加快推动一般制造业转移，打造具有全球竞争力的产业创新高地。推动中心区重化工业和工程机械、轻工食品、纺织服装等传统产业向中心区以外城市和部分沿海地区升级转移。

决定产业布局和产业分工体系的主要因素是商务成本的结构。商务成本一般可分为要素成本和交易成本两大类。要素成本主要是指劳动力、土地和资源等要素的价格水平；而交易成本主要是与制度相关的成本，与市场化程度、产业配套环境、政府效率与税费等有着密切的联系。一般而言，现代服务业发达的地区，因基础设施条件好、法制环境佳、知识密集程度高等，其商务成本中交易成本较低，要素成本较高；相反，服务业欠发达的地区，其商务成本中要素成本较低，交易成本较高（如投资环境较差）。由此决定了对交易成本较为敏感的总部经济，在空间布局上主要限于选择大城市，尤其是特大城市；而对要素成本较为敏感的制造业，一般只能配置在大城市的周边地区。作为现代制造业的神经中枢系统，总部经济的"总部基地＋制造基地"的模式，契合了不同地区要素禀赋的优势，降低了整个价值链的生产经营成本。因此，总部经济的这种产业布局效应能够成为统筹区域产业协调发展的重要机制。

而发展总部经济，关键在于扶持中国巨型企业特别是中国跨国公司的发展，因此，支持本土大型的民营企业兼并重组，增强民营企业在全球价值链中的主动能力，是总部经济物质基础形成的关键。

第三节 民营企业跨区域并购与长三角产权交易共同市场建设

产权交易市场已经逐渐成为我国企业并购的主战场。从广义上讲，产权交易市场是指以企业为代表的其财产所有权及与财产所有权有关的财产权的交易市场，具有资本属性。根据资产的存在形式，产权交易市场可以划分为证券资本市场和非证券资本市场。前者是指证券化的产权交易场所，主要指股票市场；后者是指资产尚未实现单元化、证券化的产权交易场所。目前我们所说的产权交易市场，实际上是专指狭义的中国特有的以产权交易所为运作平台的产权交易资本市场。

民营企业最具有创新性、最有活力，但大多民营企业以中小企业为主，不具备在证券市场上市的条件和机会，在权益性融资以及产业结构调整和升级过程中，缺乏一个多层次的资本市场平台，缺乏一个能为中小企业提供股权融资以及吸引战略投资者的有效通道（孙汝祥，2007）。因此，要推进民营企业跨区域并购，就必须要为民营企业并购创造畅通的产权交易渠道，以方便并购双方获得供求信息，并实现股权交易，即需要建立跨区域的产权交易市场。

以1997年成立的长江流域产权交易共同市场为例，长江流域产权交易共同市场作为长江流域资本市场的子市场，有力地推动了长江流域跨地区并购，实现了异地资产重组，促进了东西部资本市场平衡。长江流域产权交易共同市场存在的一个重要价值在于，它把过去不同区域之间主要依靠政府部门来推动的协作关系，逐渐改变为主要依靠市场法则来推动的资产纽带关系，后者显然更具持久动力。例如：浙江广厦建筑集团股份有限公司曾通过该市场成功并购上海环球信息网络有限公司49％股权。该公司期望进入高新技术领域，但一直没有找到合适的合作伙伴。在共同市场会员单位的撮合下，最终选择了潜质颇佳的上海环球信息网络公司，最后的成交价比评估确认价高出2.71倍（刘石慧、刘石泳，2004）。

目前，建设一体化的产权交易共同市场已经成为共识。《规划纲要》提出了"完善跨区域产权交易市场，推进现有各类产权交易市场联网交易，建立统一信息发布和披露制度，建设长三角产权交易共同市场"的要求。近年来，在长三角三省一市地方国资委的推动下，区域内产权交易机构间也开展了一系列项目合作、研讨等活动，在统一信息发布、统一交易规则等方面进行了积极探索，为建设长三角产权交易共同市场奠定了一定基础。但是，当前长三角产权交易共同市场在建设过程中仍存在一些难点问题亟待解决，主要可以概括为以下几点（黄征学等，2018；林益彬，2020）：

一是长三角地区产权市场交易机构数量众多、同质化竞争现象突出，市场割裂严重；据不完全统计，长三角地区共有20多家产权交易平台。

二是交易机构的交易制度和模式不统一，运营模式与交易规则各自为政，业务标准和办理流程差异大。由于各地产权交易市场多从当地情况出发，制定适合当地情况的产权交易运行规则，这样做尽管便利了当地的产权交易，却为异地交易带来了诸多不便，影响了交易市场范围的扩大，制约了产权交易的规模和质量。

三是部分交易机构参与共同市场建设动力不足。地方交易机构一般为政府主办，或者受地方政府实际控制。因此，为了当地利益特别是有关税收和人事等方面的利益，部分地方政府就明文规定，本地所属企业不可以在本地以外的产权交易市场进行交易。

四是交易信息披露不规范。各地产权交易市场对于信息披露的具体内容、披露形式和披露标准也不一致，这种情况严重地影响了各地产权市场之间的信息交流和资源流动。

基于当前长三角产权交易共同市场中存在的问题，可以从以下几个方面采取措施，形成有利于民营企业跨区域并购的资本市场。

第一，逐步推进产权交易市场一体化交易信息网络系统建设。

各产权交易市场联网交易的前提是统一交易系统。因此，应做好基础设施建设，逐步实现交易信息系统的兼容与统一。在起步阶段，可采用开放接口方式相互连接各交易系统，随后逐步通过共同开发等实现交易系统的统一和持续升级，最终实现所有产权交易在统一的系统平台上完成。

第二，统一交易规则，规范共同市场内各机构的交易行为。统一交易规则是建立共同市场的关键。要逐步制定共同市场内统一的信息发布标准、收费标准、交易规则，努力实现区内各交易机构交易规则相互统一和接轨。按照规范、可操作的原则，经过一定的程序，制定共同的规范标准，在共同市场内统一施行，最终实现交易主体在长三角区域内无差异办理业务。

第三，探索高效协作、利益共享机制。应建立一个兼顾相关各方的利益共享机制，并建立利益协调的程序。通过利益与责任间的匹配，在共同市场成员之间逐步建立成果共享和行为约束相结合的协调机制。这种机制的建立，有利于推动共同市场成员间联手开展异地并购推介和交易活动。

第四，加强产权交易机构主管部门间的协同监管。统一区域内监管规则，区域内各监管单位互通监管信息，协同实施监管。逐步形成交易规模大、运行效率高、监管力度强的跨区域产权交易共同市场。

第四节　民营企业跨区域并购的制度保障

推动长三角民营企业并购向纵深发展，需要消除各地区政策不一致造成的并购障碍。统一财税政策可以为民营企业（也包括国有企业）跨区域并购建立基本框架和制度保障。

跨区域并购受到地方保护主义阻碍的原因有很多，包括官员短视、税收损失和其他社会支出负担顾虑等，但最重要的原因还是来自对地方利益的考虑。无论是要素输入地，还是要素输出地，都存在此类问题。企业跨区域并购最主要的要素流动是资本、项目、技术和人才。要素输入地担心企业被并购后，由于产业整合、去产能或者税收制度原因造成税收减少；要素输出地则担心资本和人才输出后，本地税源和税收受损（王郁琛，2019）。当然，民营企业跨区域并购的主要障碍在于要素输入地的发展顾虑。

我国地方税收收入主要税种是增值税、企业所得税和个人所得税。尽管国家税法设定有统一税率，但地方政府仍旧可以以各类财政补贴等形式对税收进行返还，引起地方之间进行激烈的税收竞争，扭曲企业和个人税负，从而造成财政"虚胖"和税收损失。在民营企业并购过程中，地方政府主要担心的也是以上三个税种的流失。例如：增值税是在流转环节征收，但集团性企业可以通过产业上下游价格调节，将税基从高税负地区转向低税负地区；企业所得税存在和增值税同样的问题，此外若被并购企业注销或者单纯为资产购买，并购企业未在要素输入地设立独立法人企业，由于企业所得税汇算清缴，要素输入地将不能享有税收；个人所得税也存在与企业所得税类似的问题。因此，鼓励民营企业开展跨区域并购，必须统一区域内财税政策，给予民营企业跨区域并购统一的政策框架。具体包括：

一是要清理各类财政补贴等扭曲税负行为。长三角区域三省一市除了安徽外，经济较为发达，具备统一财税政策的基础。国家可以在沪苏浙三地首先试点，全面取消对企业财政补贴等各类显性和隐性扭曲税负行为，仅保留通过调节土地供应方式和供应价格的方式进行招商引资。但土地供应方式和供应价格必须设置最大优惠程度并予以公开。

二是要构建税收分享政策。民营企业跨区域并购，能够通过技术改造、产能整合促进企业经营效益提升和产业结构优化升级。在并购整合过程中，被并购企业所在地需要付出技术改造、职工安置、产能压缩等成本，这会造成税收收入在短期内减少。为保护被并购企业所在地的税收利益，减少并购地方保护主义，应该构建并购重组税收利益分享制度。并购企业所在地因为企业并购行为产生的税收增加理应与被并购企业所在地进行分享。具体思路可以是

"存量不变、增量分成"，保证被并购企业所在地原税收收入不变，并购带来的企业效益和税收提升由要素输入地和要素输出地同时享有。这能同时减少民营企业并购主体面临的要素输入地和要素输出地地方保护压力。

三是要建立税收协调机构，加强征管协调。建立长三角区域纳税信息共享机制和跨地区税收征收争议协调机构，将统一税收政策和税收分享政策落在实处。一方面是协调长三角区域内的税收征收争议，防止长三角三省一市由于政策不统一造成企业不合理避税，进一步规范和简化企业合并、收购、资产重组过程的税收征管流程，高效服务企业；另一方面是协调长三角区域内与区域外的税收征收争议，防范企业采取价格调节、利润转移等方式将区域内税收转移至低税率区域。

参考文献

[1] 陈建军，陈国亮. 长三角区域经济一体化的形成、效应与展望[J]. 南通大学学报(社会科学版)，2009，25(5)：26-30.

[2] 董有德. 产业结构调整中的过度进入与企业并购[J]. 经济学家，2000(2)：30-34.

[3] 方军雄. 政府干预、所有权性质与企业并购[J]. 管理世界，2008(9)：118-123，148.

[4] 黄征学，肖金成，李博雅. 长三角区域市场一体化发展的路径选择[J]. 改革，2018(12)：83-91.

[5] 姜付秀，张敏，刘志彪. 经济发展、政府干预与国内经济一体化——基于中国上市公司同区域并购视角的研究[J]. 学术研究，2015(6)：63-74.

[6] 李昶，李善民，Philip Chang，史欣向. 跨国并购能促进经济增长吗？——FDI进入模式、内源投资与东道国经济增长的关系研究[J]. 管理评论，2015，27(4)：3-12.

[7] 李文. 全国政协委员、上海市国资委副主任林益彬：加快建设长三角产权交易共同市场[EB/OL]. [2020-05-26]. http://www.zqrb.cn/finance/lianghui/2020-05-26/A1590486956346.html.

[8] 刘石慧，刘石泳. 长江流域产权交易共同市场的作用机制分析——兼论中国产权交易市场的发展问题[J]. 经济体制改革，2004(6)：15-18.

[9] 刘志彪. 平等竞争：中国民营企业营商环境优化之本[J]. 社会科学战线，2019(4)：41-47.

[10] 刘志彪，等. 长三角区域经济一体化[M]. 北京：中国人民大学出版社，2010.

[11] 刘志彪，张少军. 总部经济、产业升级和区域协调——基于全球价值链的分析[J]. 南京大学学报（哲学·人文科学·社会科学版），2009，46(6)：54-62.

[12] 罗翠华. 企业跨地区并购与区域经济协调发展[J]. 科技进步与对策，2004，21(8)：83-85.

[13] 钱运春. 试论跨国公司与区域经济一体化的互动关系[J]. 世界经济研究，2000(5)：33-37.

[14] 钱运春. 长江三角洲外资空间演进对城市群发展的推动机制[J]. 世界经济研究，2006(10)：70-74.

[15] 史建三. 跨国并购论[M]. 上海：立信会计出版社，1999.

[16] 孙汝祥. 充分发挥共同市场作用　共同推进区域产权市场建设——访长江流域产权交易共同市场理事长、上海联合产权交易所总裁蔡敏勇[J]. 上海国资，2007(9)：39-41.

[17] 王郁琛. 促进长三角高质量一体化发展的税收分享政策研究[J]. 税收经济研究，2019，24(3)：34-40.

[18] 王允贵，张天际. 从跨国公司与区域经济集团的交互影响看世界经济一体化发展趋势[J]. 世界经济，1995(8)：53-60.

[19] 周黎安. 晋升博弈中政府官员的激励与合作——兼论我国地方保护主义和重复建设问题长期存在的原因[J]. 经济研究，2004(6)：33-40.

[20] 周业安. 地方政府竞争与经济增长[J]. 中国人民大学学报，2003，17(1)：97-103.

[21] Charles P. Kindleberger. European Integration and International Corporation[J]. Columbia Journal of World Business,

1966，1(1)：65－76.

[22] Frédéric Robert-Nicoud. A Simple Model of Agglomeration with Vertical Linkages and Capital Mobility [D]. London School of Economics，2002.

[23] Jacob Viner. Customs Union Issue[M]. New York：Carnegie Endowment for International Peace，1950.

[24] John H. Dunning. The Theory of International Production[J]. The International Trade Journal，1988，3(1)：21－66.

[25] J. Peter Neary. Cross-Border Mergers as Instruments of Comparative Advantage[J]. The Review of Economic Studies，2007，74(4)：1229－1257.

[26] Karen Banks. Mergers and Partial Mergers under EEC Law [J]. Fordham Int'l LJ，1987，11：255.

[27] Kjetil Bjorvatn. Economic Integration and the Profitability of Cross-Border Mergers and Acquisitions[J]. European Economic Review，2004(48)：1211－1226.

[28] Paul Krugman. The Move toward Free Trade Zones[J]. Economic Review，1991，76(6)：5－26.

[29] Richard E. Baldwin，Paul Krugman. Agglomeration，Integration and Tax Harmonisation[J]. European Economic Review，2004，48(1)：1－23.

[30] Richard E. Baldwin，Rikard Forslid，Jan Haaland. Investment Creation and Investment Diversion：Simulation Analysis of the Single Market Programme[R]. National Bureau of Economic Resea-rch，1995.

[31] Steven Brakman，Harry Garretsen，Charles Van Marrewijk. Cross-Border Mergers and Acquisitions：the Facts as a Guide for International Economics[M]//International Mergers and Acquisitions Activity Since 1990. Salt Lake City：Academic Press，2007：23－49.

第十二章　发挥行业协会商会在长三角一体化中的作用

　　长期以来，长三角一体化进程都是自上而下推动的，这也是行政体系纵向推进一体化惯常的做法，并未有效释放城市、园区、企业以及社会组织等主体的主观能动性、积极性和创造性，后者在推进区域一体化战略的策划、执行、跟进和落实等重要角色方面作用微弱。在现实中，我们往往会看到，政府部门对一体化讨论较为热烈，但市场和微观行为主体响应不力。另外，由于长三角的范围由最初的上海都市圈扩展到沪苏浙皖全域，扩容后的长三角内部差异性越来越大，涉及行政区经济利益方面的问题也越来越多，这使得一体化发展中如何发挥行业协会商会的机制作用问题显得更加重要。

　　行业协会商会属于中介组织的一种，是政府和市场之外的第三种力量，是维护经济秩序、促进经济尤其是民营经济健康发展的重要力量。行业协会商会是一种治理机制，有的学者把现代行业协会商会组织视为并列于市场、企业、国家、非正式网络或门阀的第五种经济制度或社会秩序。行业协会商会在欧洲、日本和美国的经济部门的治理中发挥了重要作用，在制度化较强的场合，它甚至被称为"私益政府"。在推动区域一体化过程中，行业协会商会也发挥着重要的作用。比较有代表性的是欧盟一体化的发展，欧洲工业家圆桌会议（ERT）等多个独立于政府部门的商业组织通过工程援建、制定政策、监督政府、给政府施压等一系列方式方法有效地促进欧洲一体化的实现，使欧洲成为全球范围内区域一体化程度最高的一个区域（周桂荣、孟可佳，2013）。行业协会商会组织是改革开放以来引起广泛关注的一个领域。广大政府部门和企业，通过学习交流，对行业协会商会的认识有空前的进步。大家逐步认识到，在新的更高起点上谋划长三角地区的更好、更大发展，除了积极推进各级政府间的合作外，打造集群各行业力量、以行业协会等民间组织为纽带的"第二合作平台"，不失为探索的一个大方向。

2007年，国家发展改革委在《长三角区域协调机制框架的设想》中，建议"可以考虑先行试点成立跨区域的长三角同业、行业协会。对企业层面的磋商和合作机制，则是指以网络型的产业组织空间形成产业群落"。在《规划纲要》中，则明确提出"鼓励行业组织、商会、产学研联盟等开展多领域跨区域合作，形成协同推进一体化发展合力"。现阶段，在我国政府职能加快转变、市场经济体制不断完善的大背景下，加快培育和发展以商会组织为代表的社会组织，合理定位行业组织功能，已经成为各地推动区域经济发展的战略共识。行业组织是区域一体化发展的现实需要，也是新形势下助力区域经济发展的重要通道。

第一节　长三角行业协会商会发展的 基本情况

社会组织是推进国家治理体系和治理能力现代化的重要组成部分，是构建基层社会治理新格局的重要主体。在我国，行业协会商会是得到优先发展、迄今最为充分发展的社会组织，它在我国经济社会治理中无疑扮演着重要角色（郁建兴，2014）。行业协会商会是相同或相关行业的经济组织、商户等市场主体，为实现一定的经济目的而自愿组成，实行行业自律、监督、管理和服务的非营利性社会团体法人，包括经济类行业商会、同业公会、联合会、异地协

（商）会、促进会、联盟等。行业协会商会的内涵基本相同，在使用中略有区别，其中，商会更多以地缘、血缘为纽带，行业协会则多以同业为纽带。改革开放以来，中国的行业协会商会发展迅速，并有力地促进了市场经济发展。总体而言，经济越开放、越发达的地区，社会组织发展越好，行业协会商会作用越突出。例如：著名的温州市行业协会商会起步较早，在全国处于领先地位，是改革开放初期由民营企业自发组成的自我服务、自我管理的民间组织。学界对温州素有民间资金、民营企业、民间协会"三民"的说法。1999年，为规范民间协会发展，推动民营企业更好发展，温州市政府因势利导，率全国之先制定《温州行业协会管理办法》。之后，国家经贸委（现商务部）在温州进行试点，一时全国各地纷纷学习，温州经验为全国行业协会的发展提供了示范和借鉴作用。

一、行业组织发展的时代背景

在计划经济条件下，政府直接管理经济，造成了政企不分的现象，导致政府既管理不好经济，又背负无限责任。因此，20世纪80年代以来，我国在经济领域的一大改革就是改变这种政企不分的状况，政府有计划地退出除了关系国家发展命脉外其他的经济领域，并大力支持非公有制经济的发展，行业协会商会等社会组织也逐渐有了发展的土壤。原本在计划经济条件下，企业通过组织协会承担了部分政府职能，而政府管理企业又担负着部分的企业职能，企业与政府两者之间发生了错位。行业协会商会组织本质上就是从政府和企业中分别抽离部分职能，从而形成的具有市场主体特征的自治机构。在这个意义上，建立、发展和完善行业协会商会，是提高市场体系功能、完善市场机制的一个重要手段，也是衡量市场经济成熟的一个重要标尺。事实上，由于行业协会商会作为企业家的社团组织，对瞬息万变的市场有着更为灵活的反应，不仅能够提高经济效益，保障经济秩序，提高经济发展效率，更重要的是能够承担政府原本过于杂多的具体管理事务，还原政府和市场本来的角色。

作为我国市场经济改革的新生事物，行业协会商会的成长和完善有一个较长的过程，也必须在市场的考验和历练中完成。因此，我们寄希望于行业协会商会能够在长三角区域经济一体化进程中不断发挥作用，并能够不断促进行业协会商会自身的完善与能力的增强。改革开放以后，我国加快进行市场经济体制改革，政府职能转变不断推进，从直接参与经济活动转变为对经济进行宏观调控，从而为民营经济快速发展开拓了空间。工商业的繁荣，新的社会阶层特别是企业家群体的快速成长，产生了为维护自身利益而组织起来的要求，并自发地组织协会商会，这些协会商会很多是挂靠在各地工商联开展活动。同时，各级政府经济商业管理部门也推动并参与组建行业协会，很多原有的政府行业管理部门也在改革中直接变为行业协会。这些行业协会虽带有明显的计划经济体制的印记，但也是社会组织发展的先行力量。党的十八大以来，中国特色的现代商会组织发展速度加快。党的十八届三中全会决定大力推进社会治理的变革和创新，其中一个重点就是改革社会组织管理方式，以坚决的态度和举措，要求所有协会商会组织与其挂靠的政府部门彻底脱钩，成为真正独立的民间社团法人。对一些没有登记注册的协会商会组织，进行清理规范，重新到社团管理部门进行登记。全面取消协会商会行业主管部门政府官员在社会组织中的兼任职务，真正实现去行政化、民间化。这些重大改革部署，为经济类社会组织发展创造了巨大的历史机遇和广阔的空间。

二、长三角行业协会商会发展整体情况

长三角地区由于经济发达，相应的协会商会组织发展也非常迅速，在全国处于领先地位。长三角各地政府对行业协会的培育工作十分重视，采取了各种措施对行业协会的发展加以扶持。在各地政府的积极推动下，长三角行业协会近年来获得蓬勃发展。《中国民政统计年鉴 2017》的数据显示，截至 2016 年，全国在民政部登记注册的各类社会组织共有 702 405 个，其中长三角地区 171 519 个，占比为 24.42%。社会组织中的社会团体共有 335 932 个，其中长

三角地区 73 729 个，占比为 21.95％；全国行业类社会组织共有
41 382 个，其中长三角地区有 6 357 个，占比为 15.36％，由此可
以看出长三角地区在全国社会组织中的重要地位。另外，还有大量
未在民政部注册、工商联所属的各类行业协会商会组织，如《中华
全国工商业联合会年鉴 2017》数据显示，截至 2017 年第 3 季度末，
各级工商联所属商会共有 45 806 个，其中行业商会 14 077 个，乡
镇商会 17 111 个，街道商会 4 306 个，异地商会 6 799 个，其他
（含市场、园区、楼宇、村）商会 3 513 个。各类型商会占比情况
是，行业商会占商会总数的 30.7％，乡镇商会占 37.4％，街道商
会占 9.4％，异地商会占 14.8％，市场商会等其他类型商会占
7.7％。工商联所属商会已经登记 24 777 个，登记率为 54.1％。

　　从表 12-1 可以看出，从大的社会组织情况来看，长三角地区
在民政部门登记注册的共有 171 519 家，占全国登记注册总数接近
四分之一，显示了长三角地区社会组织发育的活跃，其中，江苏占
比最大，接近于长三角的一半，其次是浙江和安徽，上海由于面积
较小，层级较少（无地级市层级），社会组织最少。而在我国社会
组织的三种类型中，主体是民办非企业单位，其次是社会团体，最
少的是基金会。无论是哪一类，长三角的总量在全国占比都超过
20％，反映了长三角的社会组织发展走在全国前列。

表 12-1　长三角社会组织建设情况

社会组织建设情况	地区				合计
	上海	江苏	浙江	安徽	
社会组织	14 181	84 094	47 536	25 708	171 519
占比（全国）	2.02％	11.97％	6.77％	3.66％	24.42％
社会团体	4 007	34 952	22 266	12 504	73 729
占比（全国）	1.19％	10.40％	6.63％	3.72％	21.94％
基金会	335	608	511	112	1 566
占比（全国）	6.03％	10.94％	9.19％	2.01％	28.17％

续前表

社会组织 建设情况	地区				合计
	上海	江苏	浙江	安徽	
民办非企业单位	9 839	48 534	24 759	13 092	96 224
占比（全国）	2.73%	13.45%	6.86%	3.63%	26.66%

资料来源：《中国民政统计年鉴2017》。

　　由于社会团体主要是由行业协会商会组成的，因此我们来分析一下长三角社会团体的情况（如表12－2所示）。可以看出，在长三角社会团体中，长三角的占比优势主要体现在县级层面上，共有54 005个，在全国占比接近四分之一，其次是地级社团，最低的是省级社团。这从一个侧面反映出长三角的经济发展较为均衡，特别是县域经济发展较好，县级单位甚至是乡镇的商会组织比较发达，如江苏苏州的县域经济，长期在全国处于百强前十名；温州、台州的县域经济非常发达，基层社会团体发育较为健全。如果从单纯的行业性社团的数量来看，长三角三省一市共有6 357个，占全国比例为15.36%，同样是江苏的占比最高，但比例相比较社会团体来说较低。为什么出现这种背离情况？据了解，这是因为部分地区的登记类比例不高，如江苏长期以来一直坚持"一业一会"，即使是在国家政府允许的"一业多会"的情况下，仍然在很多行业不能登记，所以江苏省工商联所属商会的登记比例较低，也间接导致了整体占比较低，这项改革目前还正在推进中。

表12－2　长三角社会团体建设情况

社会组织 建设情况	地区				合计
	上海	江苏	浙江	安徽	
社会团体	4 007	34 952	22 266	12 504	73 729
占比（全国）	1.19%	10.40%	6.63%	3.72%	21.94%
省级社团	1 284	1 076	1 179	1 053	4 592
占比（全国）	4.21%	3.53%	3.87%	3.45%	15.06%

续前表

社会组织建设情况	地区				合计
	上海	江苏	浙江	安徽	
地级社团	0	6 199	5 052	3 881	15 132
占比（全国）	0.00％	7.51％	6.12％	4.70％	18.33％
县级社团	2 723	27 677	16 035	7 570	54 005
占比（全国）	1.23％	12.53％	7.26％	3.43％	24.45％
行业性社团	106	2 919	1 842	1 490	6 357
占比（全国）	0.26％	7.05％	4.45％	3.60％	15.36％

资料来源：《中国民政统计年鉴 2017》。

三、长三角行业协会商会的企业覆盖面

上面我们分析了长三角社会组织和社会团体的组建情况，长三角整体的社会组织发展走在了全国的前列。那么，这些社会团体的代表性和会员覆盖率如何呢？如果覆盖率高，则说明行业协会商会的代表性强，企业参加踊跃。为此，我们利用第十三次全国私营企业抽样调查长三角数据来分析行业协会商会组织在企业中的覆盖率。该抽样调查是国家部委相关部门组织的调查，数据权威，抽样方法科学，可以推导出整体长三角的实际情况，具有较强的代表性。我们在分析中将行业协会商会的范围略做扩大，一方面，由于工商联本身是统战性、经济性、民间性"三性"统一的组织，是党领导下的企业家联合组织，在全国层面，工商联也成立了中国民间商会，各个省市也相应成立了总商会或商会，因此，加入工商联成为其会员，也就相当于加入了工商联的各级商会组织。个私协会是工商局（市场监管局）主管下的社会组织。这两个都是具有官方背景的协会商会类组织。另一方面，近年来，各类由年轻企业家组织的青联/青商会等比较活跃，既有各级共青团组织在牵头联系的，也有统战部、工商联负责业务指导的，因此在研究中不可忽视。

从表 12 - 3 可以看出，在这几类社会组织中，加入占比最高的是各级工商联和商会组织，平均占比为 53.05％，其次是民间行业协会商会类组织，占比为 33.76％，说明这两类组织对企业家的吸引力最强，覆盖率最高。个私企业协会和有政府背景的其他行业协会商会的企业参与率分别为 33.15％和 29.66％，均不到全部企业数的三分之一，说明其吸引力甚至不如民间行业协会商会，其原因可能是很多官方的行业协会商会本身是由传统的机构改革演变而来，活力不够，人员老化，对企业吸引力不高。青年企业家组织虽然占比不高，但主要是其对象对企业家的年龄有较大限制的原因。分省来看，上海和江苏整体在经济类社会组织覆盖率上较为领先，在工商联组织会员建设覆盖率、有政府背景的其他行业协会商会覆盖率、青年企业家组织（青联/青商会等）覆盖率上处于前两名；在民间行业协会商会组织覆盖率上，江苏排第一。比较长三角平均水平和全国平均水平，可以看出，在所有的行业组织类别中，长三角的行业协会商会覆盖率均要高于全国均值水平，说明长三角的行业协会商会更有活力，更得到企业的认可。

表 12 - 3　长三角行业协会商会区域覆盖情况　　单位：％

行业协会商会	区域					
	上海	江苏	浙江	安徽	长三角均值	全国均值
工商联会员	59.74	58.18	44.76	48.90	53.05	50.84
个私企业协会	22.73	29.59	30.54	53.44	33.15	28.68
有政府背景的其他行业协会商会	34.63	32.65	24.43	26.45	29.66	25.45
民间行业协会商会	33.55	39.03	33.94	28.10	33.76	32.34
青年企业家组织（青联/青商会等）	19.26	14.54	11.31	11.57	14.35	11.59

资料来源：根据第十三次全国私营企业抽样调查长三角样本整理。

不同的行业在协会商会社会组织覆盖面上的比例有什么区别，我们也比较关注，具体如表 12 - 4 所示。这其中也有一些规律，例如：制造业参加行业协会商会的概率相对中等偏上。一些高新技术产业，如信息服务行业，企业参与行业协会商会比例低。如果以民间行业协会商会作为重点关注点，可以看出，大部分行业的参与比例均不到半数，排名比较靠后的几个行业分别是居民服务、修理业，金融，租赁、商业服务，科、教、文、卫，采矿业，信息服务，批发和零售等，这其中虽有较多的是有科技含量或从事公共服务的企业，但其加入民间协会商会的比例并不高。

表 12-4　长三角行业协会商会行业覆盖情况　单位：%

所属行业	工商联会员	个私协会	有政府背景的其他行业协会商会	民间行业协会商会	青年企业家组织
农、林、牧、渔	71.15	46.15	34.62	38.46	7.69
采矿业	66.67	33.33	0.00	33.33	33.33
制造业	68.22	35.07	37.91	40.76	15.48
电力、煤气水	83.33	33.33	33.33	66.67	33.33
建筑业	63.56	24.58	42.37	43.22	17.80
交通运输、仓储	62.50	37.50	37.50	50.00	16.67
信息服务	42.39	28.26	23.91	28.26	25.00
批发和零售	28.29	39.68	16.77	22.26	7.74
住宿、餐饮	55.26	41.03	23.08	43.59	12.82
金融	70.59	17.65	52.94	35.29	17.65
房地产	72.22	27.78	30.56	41.67	5.56
租赁、商业服务	41.38	23.86	25.00	34.09	18.18
居民服务、修理业	47.62	42.86	33.33	14.29	19.05
科、教、文、卫	50.98	23.53	29.41	33.33	25.49
其他	31.30	29.91	19.66	15.38	11.11

资料来源：根据第十三次全国私营企业抽样调查长三角样本整理。

第二节　行业协会商会推动长三角一体化的机理分析

一、行业协会商会功能发挥的理论基础

(一) 交易成本理论

交易成本理论是新制度经济学下的一个重要概念，是指在一定社会关系中，人们资源交往、彼此合作和交易所支付的成本。在市场经济条件下，行为人选择某种组织结构的目的是获得竞争优势，其重要性体现在交易成本的节约。交易成本理论最先是由英国经济学家罗纳德·哈里·科斯 (Ronald H. Coase) 于 1937 年在其重要论文《论企业的性质》中提出来的。交易成本的内容包括很多，奥利弗·伊顿·威廉森 (Oliver E. Williamson，1975)、达尔曼 (C. J. Dahlman，1979) 将其概括为搜寻成本、信息成本、议价成本、决策成本、监督成本、执行成本与转换成本等 (王勇等，2019)。交易成本理论不仅适用于企业理论，也适用于一切经济活动。行业协会商会也属于为了降低交易成本而达成的一系列契约，是通过组织内部的协调、组织与政府及外部机构的协调，来替代企业之间、企业与外部机构之间的频繁谈判与签约，从而降低交易不确定性和交易成本。当市场需求不确定性加剧，或者当行业内部企业之间出现无法预期的激烈竞争时，企业倾向于组织创新，组建行业组织以规范企业行为及规范行业秩序。

(二) 不完全竞争市场理论

交易成本理论用于分析行业协会商会发展也存在一定的缺陷，因为商会成员之间往往存在竞争关系，而非商业伙伴，在"同行是冤家"的现实下，用交易成本理论会削弱传统意义上的交易关系的解释力。事实上，行业协会商会组织的治理关系，是作为完全竞争

的市场机制的替代物而存在的，可以在一定程度上弥补市场失灵给企业带来的消极影响。传统的经济学理论认为，完全竞争市场是最有效率的市场，但是现实中不完全竞争甚至垄断才是市场的常态，不仅不同行业之间的行业集中度存在差异，行业内部上下游厂商的集中度也存在较大分化。这会导致在市场交易中，上下游厂商交易关系的不对等，处于集中度不高、个体较多的产业链环节的厂商联合起来，增强与集中度较高的关联产业链厂商的谈判议价能力。这也是市场机制不充分条件下，市场主体通过行业协会商会的组织形式，趋于利益诉求及风险规避而开展业务的重要形式。

(三) 自主治理理论

自主治理理论认为，对于公共池塘资源，在特定的制度供给保障情况下，一群相互依赖的委托人可以把自己组织起来，进行自主治理，从而能够在所有人都面对"搭便车"、规避责任或其他机会主义行为诱惑的情况下，取得持久的共同收益，增加自主组织的初始可能性（杨斌、余吉安，2010）。该理论强调公民与社会组织在社会事务治理中的自治作用，这体现为公民或社会组织是可以通过交易与博弈，形成一个特定的利益团体，通过在团体内部制定相应的行动准则，规范各个主体在社会事务中的行动，从而达到自主治理的状态，这主要体现为社会组织对于社会事务的自我治理。行业协会商会通过制定自律规范、建设信用体系、采取自治行动等方式实现社会事务的自我管理。

(四) 公共选择理论

公共选择理论是当代经济学领域中一个相对较新的理论分支与学说，是将经济学的分析方法运用到政治市场的分析当中。公共决策是摆脱霍布斯式的自然状态，解决"囚犯难题"，以达到一种最优的社会安排，消除市场的外部性，减少社会成本，实现资源的有效配置的一种必不可少的制度安排（耿长娟，2009）。由于消费者对于公共产品的偏好是有差异的，政府在提供个性化公共产品时，其有效性远不如社会组织，行业协会商会可以在一定范围内承接政府职能转移，有效率地提供公共产品，部分弥补政府在公共产品供应上的不足，这是行业协会商会组织存在的重要原因。正因为行业协会商会组织在某些社会领域提供公共产品具有较高效率，越来越多的国家尝试将更多的社会管理职能移交给商会等中间组织履行，美国从 20 世纪 60 年代开始就强调政府以合同形式向社会组织购买服务，近年来我国各级政府也积极推进向行业协会商会等社会组织购买服务。

二、行业协会商会对长三角一体化的意义

行业协会商会在我国的功能定位是行业服务、代表、协调和自律（郁建兴等，2014），是市场经济不可或缺的一个部分。具体来说，随着市场经济体制的建立，特别是新型政商关系的确立，行业协会商会的功能较多，归纳起来，主要承担着经济服务功能、利益整合功能、协调联络功能、政企纽带功能和行业监督功能，这对于提升行业协会商会活力，服务社会和企业健康发展起着重要作用。

（一）服务企业发展的需要

在行业协会商会功能当中，服务会员企业是其立足之本。协会商会组织作为企业之间组织起来的民间社团，本质上是为会员提供各种服务，既包括法律、信息、咨询、培训服务，也包括沟通国家市场、展开市场调研、提供政策依据、推动产业优化、进行技术交流、引进资金和人才等服务。这些公共服务主要包括两类：其一是集体产品，即这类物品在消费中很难做到排他，包括业内所提供的经济政策和立法建议、开展地域行业调查研究、影响政府公共决策、提升整体形象和改善社会信誉度等；其二是具有专属性质的俱乐部式产品，即必须是会员参与和加入方可获得，如发布地域行业经济信息、协调会员关系、指导会员改善经营、维护企业合法权益、专业培训和技术咨询等。商会的服务功能对于维护会员的合法权益、稳定行业内部的经济秩序、实现经济的健康有序发展有着重要作用。在长三角一体化过程中，企业发展有着更多的机会，但也面临着更强的竞争，企业想要扩大经营业务范围，或者跨区域实现更大的发展，对相关的服务需要质量要求更多，范围也更广，这些都为行业协会商会的发展提出了更高的要求，但也为其发挥作用提

供了更广阔的平台。

(二) 矛盾缓冲机制的需要

在社会主义市场经济条件下，不同个体趋向于利益的多元化和差别化，不同的企业的利益诉求也大相径庭。经济活动本质上是围绕着实现经济利益而展开的，由于人的自利性和企业追求利润最大化的功能性，容易出现各种矛盾和冲突，包括政府与企业、企业与企业、企业与消费者等方面，同行业内部的不同企业之间也天然有着利益之争和矛盾。行业协会商会作为一种企业家的社团组织，作为矛盾纠纷的沟通桥梁或仲裁中介，需要整合行业内部不同主体的诸多利益，将原本分散的各种利益主体聚合在一起，通过协商的方式解决内部的矛盾和纠纷，维护经济秩序的稳定。即使一些重大矛盾纠纷在行业协会商会这一层面无法得到解决，也可以起到一定的缓冲作用。这种利益整合的需要在长三角一体化过程中显得尤其重要，因为一体化过程中，必然涉及市场的重构和利益的重要分配，必然存在有的企业和区域从一体化中受益，有的则在一体化过程中受到损害，如果没有一个矛盾缓冲机制，不能做到利益的整合和平衡，则利益受害的一方就会消极对待一体化进程，甚至会加以抵制。这时候，行业协会商会加强不同主体之间的利益平衡协调，缓解矛盾爆发，就显得尤为重要。

(三) 推动市场融合的需要

在社会主义市场经济条件下，为了加快长三角经济一体化进程，推动长三角区域经济联动发展，需要重点发挥市场的力量，创造一个公平的、相对一致的市场环境。如果这个区域分属几个行政区，那就要求各个行政区之间尽可能地加快相互间的制度衔接，形成统一的市场准入机制和环境，使区域内的企业能够享受平等的政策待遇和发展机会，保障区域内要素的充分流动和资源的合理配置，最终实现区域市场的一体化，也就是区域经济一体化。当前，长三角区域一体化发展的主要障碍，在于区域内行政分割、结构同化、功能雷同、分工不明、政策差异等。对某个地方政府来说，靠行政力量来协调超越其行政范围关系是力所不能及的，而行业协会商会的区域合作可发挥其对区域内企业的职能，促进经济要素的流动。也就是说，相对于刚性的行政区，行业管理可以柔性延伸至经济区范围，作为行政管理的补充。行业协会商会的区域合作与整合既可以突破部门与地区界限，协调各地政府和企业，把同行业企业联合起来，打破条块分割，促进生产要素合理流动与重组，实现资源优化配置，引导行业资金、产权、人才在区域内企业间流动，整合区域内资源，防止盲目建设、重复建设，规划协调产业布局；还可以利用专业优势和人员优势，协助政府制定行业发展规划、质量标准，开展业务统计、职称评定、产品展销等活动。

（四）加强政企沟通的需要

行业协会商会作为社会中介组织，具有较强的纽带功能，一方面是要将企业的意见和建议向政府表达，另一方面也要将政府的政策和规划向企业家传达。特别是由于我国的市场经济还有不完善的地方，更需要利用行业协会商会等民间社团将企业家组织起来，帮助政府和企业进行沟通联系，稳定市场秩序，提高我国经济的发展水平。政企之间的沟通方式有多种，既有非正规的联系渠道，也有政治参与的沟通渠道，一方面是通过行业协会商会，向国家和政府表达组织内部的利益诉求，并在国家制定相关法律法规政策决议时发挥决策咨询，另一方面则是通过本行业协会商会的企业家代表以人大或政协代表的身份，在各级人民代表大会或政治协商会议上提出相关的意见和建议，并积极参与到政策法规的订立当中去。由于长三角各城市分属不同的省级行政区域，相互间还存在一定的政策差异和制度落差，社会管理机制也不尽相同，这使得长三角区域内要素的自由流动、资源的市场配置和企业的跨地区发展都会遇到一些困难和障碍。为克服困难、排除障碍，企业需要寻求一个能与政府沟通并帮助企业改善外部发展环境的载体。行业协会商会作为"企业利益的忠实代表，企业与政府沟通的桥梁，企业的服务机构与协调人"，可以有效地发挥其利益代言、关系协调、行业管理、企业服务的职能，促进政府转变职能，更有效地整合资源，协调各方利益，为企业创造更好的发展环境。

（五）维护市场秩序的需要

行业协会商会为了调整和维护行业利益关系和共同权益，通过行业自律建设，防止、监督各种偷税漏税、无序竞争、恶性竞争、见利忘义等行为。协会商会的这种行业自律建设，包括制定行业规则和公约，维护行业权威和整体形象，组织实施地域和行业道德准则，强化会员自我管理、自我约束和自我教育的意识，建立产品质量标准等。通过这些方式，协会商会能够协调会员采取一致行动，共同维护地域和行业整体利益，对业内违法违规的行为进行有效的惩治和处理，打击各种恶性竞争、假冒伪劣产品销售等行为，维护公平、公正的市场秩序。在长三角一体化发展过程中，传统的区域市场被打破，市场秩序重新构建，超大规模的市场和产业链也在重构过程中，市场秩序可能出现一个不应期、转型期、过渡期，尽管有政府的对接，有政策的保驾护航，但微观上的各种变化，仍然需要一个较长的转型过程，在此期间，市场秩序的维持，需要一个有别于市场主体和政府的第三方组织来补充，而这正是行业协会商会有大作为的地方。另外，行业协会商会还可以充当民间社团的角色，对政府的日常运作进行民主监督，以促进政府更好地为人民服务。在一体化过程中，各地政府的政策是否适应一体化的需要，是否和国家和上级政策相违背，都需要行业协会商会加强监督。

第三节　行业协会商会推动长三角一体化的对策

从推动长三角一体化发展来看，长三角行业协会商会还有许多与市场需要不相适应的地方，长三角行业协会商会的合作发展亟须进一步加强。

一、不足之处

（一）行业协会商会自身建设需要加强

目前长三角大部分行业协会商会组织规模小、实力弱，对企业的吸引力、凝聚力、影响力薄弱，对行业和产业引领作用不足，难以担当推动企业转型升级、引领行业发展的重要职责；平时仅做些常规的、浅层次的事务，难以获得行业和社会认可，难以承接政府转移职能。由于创新能力与动力不足，行业协会商会普遍代表性、权威性、行业服务欠缺，企业参与度并不高，如在前面抽样调查中，行业覆盖率一般都在三分之一左右，社会地位不高，甚至处于边缘化状态。由于服务能力不够，普遍缺资金、缺人才，大多数行业协会商会仅靠收取会费维持运行，没有其他资金来源，往往出现每年仅召开一次年会"交差"的情况。由于没有相应的待遇，行业协会商会中专业性人才匮乏，年龄老化，人员流动大，工作缺乏连续性和稳定性，总体上能力不足、素质不高，自身建设有待加强。特别是近年清理后，离退职干部身份的人员纷纷离开行业协会商会，部分行业协会商会处于瘫痪状态。另外，由于最新的政策允许"一业多会"登记，导致某些领域的行业协会商会"一拥而上"，造成了"低小散"局面，会员重叠，资源分散，也加重了企业负担。

（二）行业协会商会发展环境仍不宽松

行业协会商会与政府普遍存在联络机制不够，参与政策意见征询的渠道不足，政策支持、环境支持、资金支持等有待加强。政府没有较好地按照经济转制和政策要求转移和转变相关的管理职能；政府的行政行为需要进一步强化法律的引导和约束，各地财政部门下发的购买服务普遍存在的问题是内容较少、比较宽泛、操作性不强，行业协会商会等社会组织主要是做一些"拾遗补缺"的工作，经济性中介作用没有充分发挥。在一体化过程中，各地政府对行业协会商会在其中的地位作用的认识有待进一步提高。现有的事实上还存在的行政壁垒、地区分割阻碍了合作交流的进一步深化；行政许可证照的不通用阻碍了行业和企业的异地发展；社会保障体系的不统一妨碍了人才自由流动；行业标准、技术规范的不一致限制了市场一体化发展；政府对行业协会商会区域合作发展的引导和规范还不够有力。

（三）行业协会商会之间的合作程度较浅

长三角行业协会商会的交流合作目前还主要处于自发、分散、初步的状态，由于客观上的信息不畅、经费不足及发展不平衡，以及主观上的相互了解不够、同业竞争性等因素，相互间合作的深度和广度还不够，相互间开展联谊活动比较多，务虚的成分比较大，实质性合作较少。现有的联席会议、论坛、联盟等机制只是以轮流坐庄、对话协商、自愿承诺的方式开展工作，随意性较大，缺乏跨行政区的决策、协调、执行力和约束力。

二、思考与建议

从发挥行业协会商会基本作用和解决区域经济一体化面临的突出问题两个方面出发，行业协会商会和政府都需要不断加强认识，进一步明确自身角色和功能定位，并为新功能的实现进行持续的制度创新。政府应主动将行业协会商会纳入区域经济一体化的主体体系，加快政府职能转移，整合政府、社会、企业等多方面的资源，在行业协会商会组建、发展、功能发挥等方面给予关注和支持，为行业协会商会合作发展做好服务保障工作。长三角行业协会商会也亟待加强实质性合作，从更高角度、更宽视野推进长三角一体化发展，具体包括：

（一）协助制定长三角同行业的总体发展规划

中国特色社会主义进入新时代，从高速增长进入高质量发展，从嵌入全球价值链到塑造以我为主的全球价值链和国内价值链，从注重出口到注重发挥国内超大规模市场的优势，各行各业都面临着新的发展机遇和挑战。长三角的行业协会商会应以推动长三角一体化发展目标，结合本地区、本行业发展的实际，以及自身的条件和发展趋势，积极协助政府编制区域性产业发展规划，共同探索长三角产业发展方向、目标和中长期规划，包括产业发展现状与趋势、区域内部产业结构布局、区域外部产业竞争环境、产业结构优化和升级问题、结构调整和重组问题，以及行业协会的能力建设问题等。通过制定规划，将长三角同行业的发展提升到一个新的水平。

（二）协助制定长三角同行业的行规行约

一体化需要有秩序的一体化，特别是产业发展，不是放任自流，无序发展。但随着政府转变职能，相关行规行约的制定和落实就需要行业协会商会挑起大梁。目前，长三角许多行业一体化发展的规章制度尚不健全，市场也不规范。对此，长三角各行业协会商会可以联起手来，在贯彻落实现有规章制度的前提下，结合长三角经济发展和市场的实际，研究制定适应区域一体化经济发展需要、符合未来发展方向的有关行规行约，以规范本区域内的市场，促进行业健康发展。例如：消除地区封锁和地方、行业保护主义，打破人为设置的限制，切实解决好"准入"和"放行"的问题；统一规范执业行为，维持咨询市场秩序，防止相互拆台、压价竞争，促进行业和企业间的自律；推进跨行政区域的企业联合等。

（三）协助制定长三角同行业的相关标准

包括行业内的行业标准、资格认证、质量检测等。长三角各地现有的产业标准认证检测机构兼有政府主办和非政府主办两类，即有的由政府职能部门承担，有的由各地行业协会商会或专业认证机构承担。不同地区的标准并不一致，跨区域标准认定也存在一定障碍，在国家标准和全国性行业标准缺乏的情况下，行业协会商会可积极开展区域行业标准制定工作。由于行业组织的民间机构特征没有地方政府色彩、没有利益勾兑，因此可以打消人们对其公平公正不足的顾虑。

（四）协助建立长三角同行业的信息平台

一体化发展，数据是重要的要素资源，信息共享是重要的放大器。信息一体化是长三角经济一体化中的根本通道，公开、透明的信息平台会提高整个区域的经济竞争力。目前，长三角的各类信息平台以政府的政务信息平台为主，互通性、共享性和行业专业性均不足。建立相当数量和规模的信息平台，是当前长三角一体化发展的迫切需要，如个人和企业的诚信平台等，而这项工作又无法依靠政府独立完成。因此，应鼓励各类行业协会商会建设多样的分类信息平台，各地的商情和信息都做到公开、透明、共享。这既有利于共同市场的形成，又能有效地降低社会交易成本，提高整个区域的综合竞争力。

（五）协助建立长三角行业人才资源库

人才资源的综合实力是区域竞争力的重要体现，人力资源一体化将大大提升区域内人力资源的整体水平。对此，行业协会商会可以通过开展区域内人才交流和合作活动、人才共同培养工作，搭建人才资源共建共享平台。具体而言，行业协会商会可以开展以下工作：（1）加强行业人才的共同培养。行业协会商会可以通过建立合作培训组织、统一组织培训课题、统一组织学习考察、定期组织业务交流等办法来加强行业人才的培养。（2）建立人才资源的互动互访机制。如定期举办区域内同行业人才资源合作论坛，探讨和交流人才招聘、培养和流动等管理经验，共同解决行业人力资源发展中面临的问题。（3）建立区域性行业人才信息网络平台，实现区域行业人才资源信息开放共享和有序流动，实现人才资源优化配置。（4）建立区域行业人才资格评审互认制度，行业协会商会可以通过教育、培训、考试等资源的互融互通逐步实现专业人才资格的互认，从而促进人力资源市场的一体化。

（六）探索建立跨区域的行业协会商会

组建跨三省一市的行业协会商会对于推动区域一体化有着重要的作用。但按现有的政策法规，跨省级区域的行业协会商会属全国性的组织，在业务范围又限定在一定的区域，在注册和业务主管和指导下均存在一定的障碍。因此，要努力在实践中突破原有体制的障碍。例如：与长三角一体化发展同步，原则上可以将长三角区域性行业协会商会总部设在产业集中、市场和资源优势明显、便于开展服务的城市，可实行会长单位轮值制度；可向国家民政部申请，由长三角所在地的某一省（市）民政部门代管日常事务；也可以考虑在相关省级登记管理机关进行共同注册，由其自由选择某一省（市）的登记管理机关为主要管理单位，其他为备案管理单位。长三角各省市有关政府部门应借鉴国外经验，积极创新长三角区域性行业协会的管理模式、完善财政支持制度、探索实行政府购买服务新机制。

参考文献

[1] 耿长娟. 公共决策的经济学分析——从公共选择理论的视角切入[J]. 领导科学，2009(2)：15-17.

[2] 林雄. 商会经济新探——新型政商关系下商会经济理念与实践[M]. 广州：广东人民出版社，2016.

[3] 浦文昌，荣敬本，等. 市场经济与民间商会[M]. 北京：中央编译出版社，2003.

[4] 汤蕴懿. 中国特色商会组织体系构建——以上海为视角[M]. 上海：上海社会科学院出版社，2016.

[5] 王勇，辛凯璇，余瀚. 论交易方式的演进——基于交易费用理论的新框架[J]. 经济学家，2019(4)：49-58.

[6] 杨斌，余吉安. 公共治理范式研究——基于埃莉诺·奥斯特罗姆的研究成果分析[J]. 求索，2010(8)：76-78.

[7] 郁建兴. 全面深化改革时代行业协会商会研究的新议程[J]. 行政论坛，2014(5)：61-67.

[8] 郁建兴，周俊，张建民. 全面深化改革时代的行业协会商会发展[M]. 北京：高等教育出版社，2014.

[9] 中华全国工商业联合会，中华全国工商业联合会年鉴2017[M]. 北京：中华全国工商业联合会出版社，2018.

[10] 周桂荣，孟可佳. 欧盟和东南亚一体化进程及启示——基于商业组织影响力的视角[J]. 区域金融研究，2013(7)：49-54.

第十三章　创新区域间成本共担利益共享机制

区域间成本共担、利益共享机制是长三角一体化发展的重要内容和保障措施，也是当前长三角一体化发展亟须解决的重大命题。长三角一体化发展必须实现该地区整体利益的最大化，区域整体利益最大化的实现涉及较多的区域治理问题，包括跨行政区域的环境联防联控、水资源上下游保护、产业跨区域转移等，这些问题不可避免地涉及不同地区的发展利益问题。考虑到现行考核体系的约束，各地区在涉及自身发展利益的问题上可能采取消极应对的态度，从而可能阻碍区域整体利益最大化的实现。因此，长三角一体化高质量发展应当加快构建跨区域成本共担、利益共享的机制，明确各地区发展权责利关系，这是长三角一体化发展的根本保证。

第一节　完善重大经济指标协调划分的考核制度

在现行的政府内部考核机制下，各地方政府追逐本地 GDP、财政收入、就业等重大经济指标，每个省、市，甚至是经济基础较好的县都试图建立大而全或小而全的经济（产业）体系，各地都有忽视区域整体经济利益最大化、通过行政干预手段做漂亮本地区经济指标的冲动，增加了区域内各地方政府之间的竞争。这种行政干预与政府间的经济竞争，虽然在一定程度上促进了地方经济发展，但也阻碍了生产要素区域内的自由流动和高效配置，不利于经济一体化与区域整体效益的最大化。因此，如何完善重大经济指标协调划分的政府内部考核制度，是长三角经济一体化有效推进中需要解决的关键问题之一。

一、以经济为中心的政府内部考核体系的制度背景

（一）政府主导型经济与以经济为中心的政府内部考核体系

在我国由计划经济向市场经济转型过程中，地方政府既是经济建设的规划者，也是经济建设的参与者和实践者，拥有多重身份，发挥着极其重要的作用，尤其是在我国发展战略重心转向"以经济建设为中心"以后，地方政府成为推动经济增长的核心单元与主要力量。地方政府是社会中最重要的组织之一，对地方政府的考核、评价和官员的升迁与其经济绩效是密切相关的。这种政府内部考核制度将不同层级政府以及同级政府不同部门之间的权力与责任边界明确化，厘清了政府间、部门间的权利义务关系，在一定程度上为政府高效运转提供了制度保证。在我国特殊的政治经济制度框架下，如何在保证中央政府的权威前提下，充分调动地方政府推动经济增长的热情，是政府内部考核的关键所在，这种以经济建设为中心的政府内部考核机制，也正是导致中国与东欧国家改革绩效产生重大差异的原因之一（Blanchard，2000；Xu Chenggang，2011）。

（二）财政分权与晋升激励

众多经济学者从不同的角度来解释中国自改革开放以来所取得的持续高速经济增长的奇迹。其中，以钱颖一等为代表的学者将之归因为改革开放以来所实施的中央与地方政府间各项权利划分的制度安排，并将其命名为"有中国特色的维护市场的经济联邦"（Qian Yingyi，1997；Jin Hehui，2005）。在中央与地方政府间各项权力划分的制度安排下，地方政府的控制权收益与其在经济增长

中获得的财税收入紧紧地结合在一起，地方政府在经济增长中获得的财税收入越大，其取得的控制权收益也越高，这种地方政府控制权收益与其在经济增长中财税收入的正比关系，构成了地方政府充分推动本地经济增长的制度基础。进一步地，周黎安等学者发现，将"锦标赛"竞争机制纳入政府内部考核机制，并成为决定官员晋升的重要人事制度，形成了中央政府对地方政府主政官员的最根本激励（周黎安，2007）。在地方政府主政官员的政治晋升激励中，决定地方政府主政官员晋升与否的一个重要依据，是其主政地区GDP 增长的相对位次，由此将地方经济增长与本地主政官员的晋升紧紧地捆绑在一起。在中国现实的政治制度语境中，晋升激励并不直接表现为当前或者未来的货币收益，而是以隐性的方式，如等级福利待遇的提高、政治话语权的扩大、寻租能力的增强等，激励着地方政府主政官员。因此，当 GDP 增长成为地方政府主政官员晋升的重要筹码时，不遗余力地推动本地经济增长自然成为本地主政官员的核心任务。

总的来说，财政分权激励与政治晋升激励一起构成了地方政府推动本地经济发展的动力。财政分权和晋升激励有利于引入地方政府的竞争机制，使其能够在经济发展中展开竞争。正因如此，有学者认为，中国的经济增长表现为地区间"为增长而竞争"的过程（张军，2005）。但从理论和现实的双重层面来看，这种竞争并不必然意味着良性竞争，在中国特殊的经济体制和地方政府考核体系中，这种地区间"为增长而竞争"的模式也引发了地区间的恶性竞争，提高了地方政府间的行政壁垒，构成了现有政府内部考核方法限制区域经济一体化推进的制度基础。

（三）不规范的官员交流机制

作为晋升激励的补充，不规范的官员交流机制强化了地方政府官员的地区意识和边界意识。不规范的官员交流机制可以追溯于官员回避机制，是中央政府采取的一种确保中央权威与化解地方分离倾向的制度安排，其目的是阻断地方主政官员与地方利益集团长期交织而可能引起的某些副作用，如压榨地方民众与削弱中央的权威等。从现实角度来看，根据 2006 年中共中央颁布的《党政领导干部交流工作规定》，官员交流机制设计的目的主要是"优化领导班子结构，提高领导干部的素质和能力，加强党风廉政建设，促进经济社会发展"，其中促进经济社会发展是核心任务，而培育和选拔干部则是核心手段。通过将有潜力、能胜任的地方官员交流到不同的地区，让其面对各种复杂多变的经济社会环境，积累治理经验，从而提升有潜力的地方官员的政务驾驭能力和应对复杂形势的能力。因此，一个显而易见的事实是，除按规定需要回避和在某地某部门任职时间过长的官员外，能够获得交流的官员，将是在政治仕途上有较大发展空间、可能受到提拔重用的领导干部。这给所有希望谋得仕途发展的官员传递了一个十分重要的信号：交流代表着未来能够得到重用。部分学者将这种交流机制称为官员交流机制的人才储备效应。交流给地方官员释放出了人才储备信号，激励了地方官员选择通过交流的方式获得晋升。因此，能够获得交流机会，就能奠定未来政治晋升格局中的基础，这是追求控制权收益最大化的地方政府官员关注的核心问题。

从官员交流的实践来看，能够获得交流机会的地方政府主政官员，通常是政绩较为突出且具有较好成长性的官员。行政区划内的GDP增速，成为甄选地方政府主政官员交流资格的唯一指标，因为在"当下交流，未来升迁"的背景下，只有以GDP为核心的政府内部考核体制，才能够体现出公平性，从而避免暗箱操作与权钱交易等违约行为，所以不论是从公平还是效率角度看，以GDP为核心的政府内部考核机制，自然成为选拔官员交流的评价机制。地区经济发展水平作为"择优取士"的基础，其近乎"一票否决"的硬约束性质，让那些即使有人脉关系争取交流机会的官员，也不得不格外关注当地的经济发展水平。然而，一个不容忽视的问题是，GDP核算的行政区划性质，决定了地方政府主政官员为交流而发展经济的行为，具有很强的"行政边界"属性，即本地区经济增长的收益能够为本地官员博取政治筹码，为官员交流或晋升助力，而过于强调行政区划的地区经济增长，常常伴随着区域内的过度竞争和资源配置效率的损耗，造成了地方政府主政官员行为目标与区域经济一体化目标不一致，从而可能加大区域经济一体化推进的阻力。

二、现行政府内部考核体系的运行机理

财政分权制度和地方官员晋升机制是政府内部考核体系的两种制度基础。在现行的政府内部考核体系下，只有很好地度量出地方政府在推动本地经济增长的绩效表现，并将此作为评判本地政府主政官员晋升的依据，上级部门才能对本地政府官员做出是否升迁的组织决策。我国政府内部的组织构建决定了政府间的关系，进而决定了现行的政府内部考核体系。在我国的政治经济体制下，M 形等级机构中的内部政绩考核体制，将各地方政府激励目标锁定在本地区 GDP 增长的流量上，以此作为衡量地方政府主政官员能力和努力程度的高度，从而决定官员的升迁决策。

（一）M 形等级结构与政府内部考核体制

与以分工为基础的产业或部门协作性组织结构（U 形）不同，中国的经济结构表现出在中央政府统一领导下的以行政区划地区为基础的竞争性组织结构（M 形）（Qian Yingyi et al.，1993；Qian Yingyi，1999）。中央政府对地方政府采取行之有效的激励机制是经济增长的核心问题（姚洋，2008）。在这种 M 形等级结构中，"同类性"的地方政府主政官员要想充分展现经济绩效而获得升迁机会，不仅需要出色地完成上级政府向下派出的各项任务，还需要与其他同级政府之间展开经济增长速度相对位次的激励竞争。地方政府之所以总是不遗余力地扮演着"援助之手"的角色推动地方经济增长，其内在动力是地方政府主政官员想从这种 M 形等级结构中的"同类性"竞争对手中脱颖而出，获得上级有关部门领导的青睐，地方政府主政官员的个人职业生涯前景，与地方经济增长之间形成了共荣利益关系。这种共荣利益关系的作用机理在于，高层级政府通过以 GDP 为中心的政府内部考核体系来评估下级政府主政官员的努力程度和业绩水平，从而依据不同地区政府官员的横向比较以及同一地区不同时期经济增长水平的纵向比较，做出升迁与否的组织决策（刘瑞明、白永秀，2010；徐现祥、王贤彬，2010）。

（二）考核体系限制区域经济一体化推进的内在逻辑

以行政区划为边界的 GDP 核算规则与以 GDP 为核心的政府内部考核体系，两者结合突出了地方政府主政官员的地区意识，在区域经济一体化过程中实质上构成了一种不完全的激励合约。在这种激励合约中，以行政区划为边界的地区 GDP 增长速度作为地方政府主政官员政绩考核量化指标，度量难度小，考核流程简单，在现行的政府内部考核体系中所占权重较大；而以区域经济整体收益最大化的一体化发展目标，难以体现在政府内部考核体系中，甚至还会因地方政府主政官员的地区意识而被挤压和忽视。这种区域经济整体收益与行政边界内地区收益在考核体系指标中的不协调，诱发了地方政府主政官员选择极大化本地 GDP、忽视区域整体收益最大化的倾向，从而对一体化发展形成了实质上的激励偏差。在这种"晋升激励—政绩考核"体制中，作为起关键作用的选票，行政区划边界内的 GDP 具有"一票否决"性质，加强了地方政府官员晋升的一般硬性约束，从而强化了地方政府官员的地区意识、边界意识，不利于区域经济一体化推进。

事实上，以 GDP 为中心的政府内部考核体制所引致的"为增长而竞争"的经济发展模式，对推动地方经济增长起到了一定的积极作用。然而，不容忽视的现实是，地方经济发展作为连续演进的过程，不完全的激励合约——以 GDP 为中心的政府内部考核体制——必然会催生地方政府主政官员的恶性竞争、重复建设等短期行为偏好，其通过行政手段推动本地区的经济增长，不可避免地会对区域经济整体发展的根基造成负面影响。这种负面影响主要体现在：以行政区划为边界的 GDP 数量扩张、以政策优惠为手段的恶性竞争、以牺牲资源高效配置为成本的增长方式长期难以扭转，从而导致各自为政的发展局面。

而官员交流机制会进一步强化这一内在逻辑（如图 13-1 所示）。不规律的官员交流机制不仅引致了地方政府主政官员行为的本地化，还形成了一个以绩效考核为压力、仕途晋升为目的、官员交流为手段、政府行为本地化为结果的自强化机制，从而锁定了地方政府行为，将本地经济发展置于行政区划内，极大地阻碍了区域经济一体化发展。官员交流强化地方政府行为本地化的作用机理在于：地方官员在晋升激励下，在以 GDP 为核心的政绩考核体制压力下，为了获得直接升迁或是异地交流的资格，将特别关注任期内的行政区划内经济发展水平，尽可能地采取一切手段推动本地 GDP 在短期内快速增长。如果地方政府官员获得异地交流的资格，这给地方政府官员传递的信号就是，自己或成为未来将得到提拔重用的后备干部。因此，为了"坐实"上级组织对其的信任，愿意交流到其他地区进行锻炼的地方官员将会有更强烈的动机推动本地 GDP 的增长，从而希望在本行政区划内做出更漂亮的成绩，获得上级政府的认可，从而为晋升铺平道路。因此，不论从事前地选拔哪些官员交流，还是到事后地获得交流资格的官员走马上任，在行政区划内尽可能推高本地 GDP 增长速度，是地方官员的最优决策。这也就不难理解，为什么地区间行政壁垒难以消除，而地方官员对以行政区划为核算规则的 GDP 增长的追逐达到了狂热化的地步。

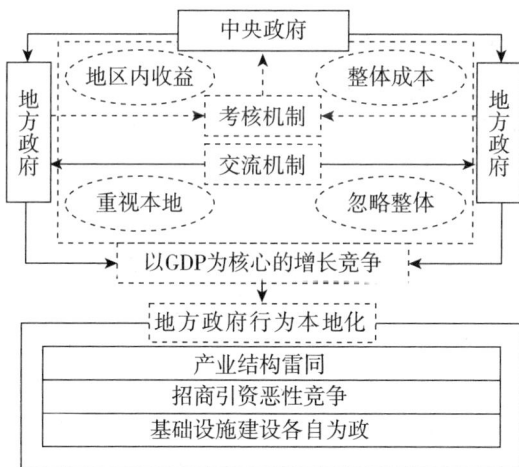

图 13-1　缺乏协调的考核制度下政府行为本地化的运行机理

三、考核制度的影响：长三角的典型事实

在我国经济已经进入高质量发展阶段的背景下，中央政府在地

方政府权利与义务的制度安排方面，赋予了各地方政府较为广阔的自主空间发展地方经济，这一制度安排在地方经济发展方面取得了一定成就。然而，在"向地方分权的威权体制"语境下，地方政府官员在推动地方经济、完成考核目标时，也不可避免地会出现机会主义倾向，即地方政府主政官员利用自己对本行政区划内地区情况的熟悉和对政策收益成本的掌握，做出某些对本行政区划内经济是促进增长的，但在区域整体情况下却是对整体经济发展十分不利的决策，我们将此种行为决策过程称为政府行为本地化（李永友、沈坤荣，2007；刘穷志，2007）。本部分我们聚焦长三角一体化建设过程中出现的"产业结构雷同""招商引资恶性竞争"以及"基础设施建设各自为政"三类充分暴露地方政府行为缺乏协调、具有严重本地化倾向的重大问题，利用在官员交流机制冲击下扭曲的"晋升激励—政绩考核"框架进行深入剖析，在具体的情境与问题中，探析缺乏协调的地方政府内部考核制度所造成的影响，从而探寻创新建立重大经济指标协调划分的政府内部考核制度。

（一）各地产业结构雷同，整体资源利用率低下

23 个长三角沿海沿江城市中，分别有 13 个城市和 12 个城市在"十三五"规划纲要中明确提到要发展石化和冶金产业。石化、冶金等资本密集型产业因具有投资量大、投资回报周期长、对地方经济带动能力强等特点而受到地方政府青睐，这也造成地方政府不遗余力地争取国家发展改革委的项目"路条"以及大规模规划建设各类石化、冶金产业园。这种脱离市场供需关系的盲目建设，往往导致要么园区规划建设好了，但难以吸引到企业来投资；要么由于项目建设周期长，等到企业建设投产的时候，市场已经饱和，企业开工不足，造成整体资源利用率低下。

地方政府重复建设严重的另一个领域是新兴产业。新兴产业代表未来产业的发展方向，但由于新兴产业尚处于培育阶段，主导技术不成熟、市场需求滞后，发展过程面临极大的不确定性和风险性。地方政府在选择重点培育的方向时，难以预见未来可能成长起来的新兴产业方向，实践中就往往将上级政府确定的新兴产业方向移植过来，这势必造成新兴产业在发展之初就面临着同质化竞争的

风险。长三角城市中依托 1～2 个辖区内现有企业，就提出要打造产业集群的现象比比皆是。新兴产业供给能力被人为放大，但需求市场还在培育中，大量新产品生产出来以后面临残酷的市场竞争。这里面有深刻教训的是前几年的光伏产业，国外政府对光伏产业发起"双反"调查和补贴下降以后，产业整体进入寒冬，这几年国内市场需求缓和回升后才略有好转。目前，新能源汽车领域似乎也面临着相似的处境。

　　产业结构雷同是关注行政区划内 GDP 增长的地方政府主政官员偏好与选择的结果。政府作为地方产业发展规划的设计者，其偏好及效率决定了地方产业发展方向。在中国经济转型的大背景下，政府行政效率的提升在短期内难以有质的改变，受体制性制约较大，主要体现在"经济转型对政府行政管理效率与公共服务资金的管理效率，以及市场经济条件下对政府政策的驾驭能力"（徐康宁、王剑，2006），政府偏好无疑对政策制定与执行影响巨大。一般而言，作为政策的实际制定者与执行者，地方政府主政官员的个人偏好受政绩考核目标的约束。一方面，在居民消费需求短期内不可能有重大起色成为 GDP 支柱的条件下，政府的可选方案只能是以投资手段拉动 GDP 增长，其外化为政策选择偏向即为重点支持有利于短期内拉动 GDP 增幅的相关行业，以依托 1～2 个特色工业企业的产业集群工业园区基础设施建设为代表。工业园区基础设施建设不仅因其资本特性具有直接提升地区经济发展水平的能力，还能以完善硬件水平吸引投资这一外溢性间接促进经济增长。工业园区的建设还可以在一定程度提高地区附近居民的福利水平，以"民心工程""民生工程"的形象为主政官员获取更多的晋升博弈筹码，因此备受地方主政官员的青睐。另一方面，各地方政府出台的一系列相似的人才、创新领域政策，也可能导致产业政策扁平化，进一步加剧了各地方政府间产业的同构。这种地方政府产业同构现象在资本密集型产业和新兴产业领域尤为突出。

（二）招商引资中的恶性竞争，导致资源配置的扭曲

在以 GDP 为中心的政府内部考核制度下，招商引资能够成为地方政府主政官员快速提升政绩的重要手段。为了吸引投资进入本行政区划内，长三角各地区政府互不相让，以行政区划为边界，竞相出台优惠政策，陷入"倾销式"政策恶性竞争中。上海、江苏、浙江、安徽联合举办的长三角招商引资活动，本应该成为三省一市加强信息沟通、形成利益协调的重要平台，但在各地方政府主政官员为提升政绩的"私心"动机下，这一活动最终演变成了各地方政府以地价、税收等优惠政策手段争夺投资资本的擂台。各地方政府为将资本引入本行政区划可谓是"煞费苦心"，门槛一降再降、成本一减再减、空间一让再让，竞争达到了非常惨烈的程度。以土地转让为例，苏南某地方的土地出让价格只有每亩 5 万元，在恶性竞争的压力下，周边的吴江、宁波、杭州地区也只好将地价压至每亩 5 万元的超低水平，上海郊区的一些土地也不例外。其实，城市的开发区用于基础设施建设的投入和土地出让金应该在每亩 15 万元的价格水平上。这样意味着，当地政府每出让一亩土地，要倒贴将近 10 万元。

各地政府主政官员间甚至出现以招商引资多少为标准的锦标赛，将招商引资多少近似地看作政绩及努力程度的代理变量。在这种"私心"动机下，乱招现象频发，不管企业与本地经济发展规划是否相符，为本地 GDP 做出贡献、挤占竞争对手资源，就可以引进的心态，使地方间的引资陷入完全恶性竞争状态，导致了资源的浪费以及资源配置上的扭曲，损害了长三角区域的整体经济福利。

政府主导型经济中的特殊政治经济治理结构，使得我们必须重新认识中国地方政府间的政策恶性竞争现象。政府治理结构中的晋升激励和官员交流机制使得地方政府主政官员充当了"流寇"的角色，对本地行政区划内 GDP 的片面追求诱发并加剧了地方政府间招商引资政策的恶性竞争（王世磊、张军，2008）。换言之，追溯地方政府行为导致招商引资政策恶性竞争现象的出发点是招商引资的排他性属性，借助优惠的政策条件，招商引资能够为本行政区划内的经济带来增长而非专注于引进资本与本地长远发展规划的契合

度。当优惠政策成为地方政府招商引资的重要推手，地方政府间招商引资政策就会陷入恶性竞争循环中，长期后果是区域经济整体陷入区块化，各行政区域之间行政壁垒高耸，要素资源无法在区域范围内实现流动，损害区域整体经济福利。此外，招商引资使地方政府主政官员更容易寻租的特征会使得引进的资本无法实现配置优化，地方政府官员靠"关系"、靠"人情"拉拢资本。当地方政府官员追求纵向晋升无门，就会倾向追求控制权收益最大，特别是在产权结构不明晰的情况下，招商引资带来的大量租金为地方政府官员寻租提供了机会。

（三）基础设施建设各自为政，导致资源浪费

基础设施建设不仅因其资本特性具有直接拉动本地区 GDP 增长的能力，还能以完善基础设施建设硬件水平为本地区吸引投资，产生这一外溢性效益，间接地带动本地区经济增长。同时，基础设施建设在一定程度上可以提升本地区居民的生活质量，提高居民福利水平。

相较于招商引资的排他性而言，基础设施建设存在一定的非排他性，当各地方政府在各自行政区划内竞相推进基础设施建设时，重复和浪费就成为基础设施建设过程中最大的问题，近年来最典型的案例莫过于长三角地区的"机场之争"和"深水港之争"。目前来看，长三角地区每万平方千米的机场密度已经超过了美国，并且随着一系列机场建设工程的出台，长三角将成为全球机场密度最高的区域。机场建设本是为本地经济、为本地居民谋福利的民生经济工程，但就部分机场的实际运营来看，面临着严重的入不敷出局面，江苏省民航机场更是面临着无一盈利的尴尬局面，机场运营的大量亏损最终还是由政府买单。长三角区域"深水港之争"亦是如此，凸显了长期以来缺乏协调的政绩考核制度下各地方政府争抢基础设施资源的弊端。上海一直以来都希望建成一个深水良港，但受自然条件影响，上海处于长江出海口位置，每年从长江上中游积累的泥砂会在上海港口积淀，影响上海港可航船只吨位，为此，上海市政府决定在浙江省东北部的大小洋山，投资 300 亿元建设深水港。但与此同时，深水泊位极佳、为上海宝钢而配置的浙江宁波北仑港，却因缺乏货源支持，设施能力一直得不到发挥。随后，江苏

沿江各市也出现重复投资建设大量集装箱码头，已建和在建、计划建的万吨级泊位有上百个。从江阴到南通 60 千米岸段就有 68 个万吨级泊位，平均间距不到 0.9 千米。这样一来就造成了上海、宁波、江苏三地争抢货源的完全不必要局面，港口利用总效率低下，造成了投资的巨大浪费。

四、建立重大经济指标协调划分的政府内部考核制度的政策建议

在中央政府以经济建设为中心的地方政府考核指标体系引导下，行政区划除政治功能外，还错位地担当起重要的经济功能。地方政府既作为区域政治功能的责任主体，又作为区域经济功能的责任主体，中央政府对地方政府的政绩考核主要依据地方政府所能达到的地区财政税收、本地就业以及地区生产总值增长速度等经济指标。为此，地方政府不仅有了发展本地经济的责任，也有了发展本地经济的冲动。当地方政府用这种因政绩考核压力所产生的发展本地经济冲动去管理本地经济时，各地区会形成各种显性和隐性的行政和要素流动壁垒，造成区域整体经济福利水平的下降。为此，在长三角建立重大经济指标协调划分的政府内部考核制度尤为重要。

（一）划分考核区，建立针对性考核标准

对城市和县域进行划分。长三角各个省份以及各个城市之间都存在一定的经济差异，经济发展程度各不相同，在长三角一体化国家战略中，如果都采用同一套考核指标，就难以保证各城市政府绩效考核的客观性、有效性和合理性，更不能获得省与省之间在一体化过程中的政府绩效。为了保证考核制度的普遍适用性，可以将各省份的城市及各城市的县域，通过一定的经济统计口径，以及区域自身的产业特性大致划分为三个等级的考核区，尽可能避免同一类别里的县域差距太大。如果差距太大，一方面会促成较先进县域的懒惰心理，另一方面会打击较落后县域的发展信心，也会破坏发展

的持续性。

对同等级的考核区，设计针对性考核内容和考核重点。绩效评估体系设计遵循体现绩效评估价值原则、共性指标与特有指标相结合原则和可操作性原则。以往的独立区域考核一级指标主要围绕经济发展、城镇建设与管理、改善民生、生态环境四大块内容来进行，但是长三角经济一体化的考核制度应该创新性地加入一体化参与度指标来更加合理地考核政府业绩。在考核内容上，既要有统一性的考核指标，又要有区域针对性的考核指标，做到大类相同、小项各异。可以对不同的县域，设计不同的考核内容和考核重点，将长三角一体化的国家战略具体到县域，引导县级政府积极参与区域经济一体化。长三角区域内的政府只有规范考核制度，才具有横向可比性，才能进一步了解政府绩效的水平。

（二）建立区域经济合作政绩考核指标，引导竞争走向竞合

区域竞争和政治锦标赛会诱发地方保护主义和区域经济的异化，官员为了晋升偏激追求经济指标，致使形成以地方封锁和行政壁垒为代表的地方保护主义，甚至是各地区在更强烈的经济增长冲动下对各类稀缺生产要素的竞争。要化解这种竞争，就要淡化政治锦标赛，切实调整领导干部政绩考核制度和指标，纠正地方政府的行为就要调整领导干部政绩考核，促进正确政绩观的树立，纠正区域竞争的异化。在经济指标的设置上，既要有反映经济增长的数量指标，更要有反映经济发展的质量指标。对待地方政府间竞争，既要鼓励和支持，也要规范和协调，从而建立竞争与合作相结合的模式，在相邻区域内引导合理的分工，建立适合区域经济合作的政绩评价指标体系，建立与完善区域合作的法律法规，协调好区域经济合作中地方政府间关系，实现区域经济一体化，使区域经济能够协调发展。

（三）在重大经济事项中设计一体化参与度指标

在对一些重大经济指标的考核过程中，为了避免政府偏激地追求本地化的经济数据，在区域竞争中肆意实行地方保护主义，在制定考核指标时应该考虑加入一体化参与度指标，引导政府积极响应国家战略，同时应该注重经济发展对生态的保护，在考核指标中对环境保护给予一定的权重。对于重大经济事项一体化参与度的指

标，在制定过程中可以委托第三方从以下几个方面进行评估：政策壁垒、产业一体化程度、市场一体化程度、交通一体化程度等，并合理赋予权重。这种考核指标的建立，可以促使追求利益的个体重新权衡利弊，向国家战略和长三角整体利益靠拢。

(四) 追责整改与鼓励并施

对考核结果继续追踪跟进，督促长三角区域内各地方政府查缺补漏，完善自我，对于过分追求个体利益、有违一体化战略的单位则予以相应的惩罚，并提出相应的限期整改要求。实行"多维激励"：一是精神激励机制。根据各地政府年度考核总分高低，按照类别评出一、二、三等奖，发文公布并召开专题大会进行公开表彰，使先进单位获得高度的政治荣誉感。二是物质奖励机制。按照排名通过阶梯递减方式进行物质奖励，调动工作积极性。三是合理的政治激励机制。将考核结果运用在干部选任工作中，提拔干部。

在制度运行的过程中发现考核制度结果存在不合理时，应及时做出调整，保证考核的有效性。因为随着一体化进程的不断加深，各个区域的经济发展程度都会发生相应的变化，划分标准也有可能不适应新的发展变化，所以要适时调整政府绩效评价体系，推动和规范地方政府间的区域经济合作，保障合作各方的合法权益，使区域之间的合作能够顺利进行下去，达到各展所长、优势互补、共同发展的目的；注重市场作用与政府推动的协调统一，推进区域产业协调发展，包括区域之间产业发展竞争与分工、区域之间产业发展合作、区域之间产业转移等。

第二节　建立区域互利共赢的税收分享机制和征管协调机制

一、长三角区域的税收收入构成分析

根据国家税务总局收入快报公布数据，2018 年长三角三省一市实现年度税收收入总和达到 49 167.54 亿元（统计数据包含海关代征税收收入）。其中，上海市实现税收收入为 17 202.33 亿元，占比约为 35％；江苏省实现税收收入为 15 455.17 亿元，占比约为 31％；浙江省实现税收收入为 12 113.83 亿元，占比约为 25％；安徽省实现税收收入为 4 396.21 亿元，占比约为 9％。按照中央级收入与地方级收入结构划分，2018 年长三角三省一市共实现中央级税收收入 28 010.13 亿元，约占税收收入总比的 57％；实现地方级税收收入 21 157.41 亿元，约占税收收入总比的 43％。就 2018 年全国税收收入水平来看，2018 年全国实现中央级税收收入 94 339.89 亿元，约占全国税收总收入的 55.5％；地方级税收收入 75 616.69 亿元，约占全国税收总收入的 44.5％。由此，长三角三省一市以仅占全国土地面积的 2.2％和人口总数的 11.6％，贡献了约三分之一的全国中央级税收收入，而且长三角地区的中央级与地方级税收收入比率比全国平均水平高出 1.5 个百分点，即在长三角三省一市税收收入中，每 100 元的税收要比全国平均水平多上缴 1.5 元给中央财政。可以说，长三角三省一市为中央政府的财政收入做出了重要贡献。

　　按照税种分析，目前我国共有 18 个税种，其中关税、船舶吨税由海关部门征收，其余 16 个税种由税务部门征收（进口环节增值税、消费税由海关代为征收）。在这 18 个税种中，中央政府固定收入为关税、船舶吨税、消费税、车辆购置税以及海关部门代为征收的进口环节增值税等；地方税务固定收入为城镇土地使用税、耕地占用税、土地增值税、房产税、车船税、契税、烟叶税、环节保护税等；中央政府与地方政府共享收入为国内增值税（50％归中央，50％归地方），企业所得税（60％归中央，40％归地方，其中，部分特定央企的企业所得税全部归中央），个人所得税（60％归中央，40％归地方），资源税（海洋石油企业缴纳税收归中央，其余的收入归地方），城市维护建设税（各大国有商业银行总行、保险公司总公司集中缴纳的税收归中央，其余的收入归地方），印花税（证券交易印花税收入归中央，其余的收入归地方）。

　　按照当前我国税收收支管理制度，当地方政府间税收收入与支出出现不平衡状态时，中央政府通过税收返还和转移支付来解决。本节探讨的核心问题是如何在长三角区域内建立互利共赢的税收分享机制和征管协调机制，因此这些机制必须在我国当前国家层面的税收制度框架内展开讨论，也就是说，我们研究的长三角税收利益分享与征管协调机制，不会涉及中央和地方的固定收入税种，而应当聚焦在税基广泛、流动性强、对市场主体生产经营和投资决策影响较大的增值税、企业所得税和个人所得税三大税种上，探讨这三大税种中的地方组成部分，以及如何在长三角内部实现跨省（市）的分享与征管协调。就这三大税种而言，2018 年长三角三省一市实现增值税地方级税收收入为 9 045.59 亿元；企业所得税地方级税收收入为 3 947.67 亿元；个人所得税地方级税收收入为 1 796.83亿元（具体如表 13 - 1 所示）。我们将在此框架内探讨长三角税收分享机制的政策设计。

表 13 - 1　2018 年长三角三省一市税收收入情况

类别	地区				
	长三角	上海	江苏	浙江	安徽
税收总收入	49 167.54	17 202.33	15 455.17	12 113.83	4 396.21
地方级收入	21 157.40	6 215.41	7 221.42	5 546.15	2 174.42
其中：增值税地方部分	9 045.59	2 624.21	3 108.3	2 409.87	903.21
企业所得税地方部分	3 947.67	1 444.67	1 257.78	920.25	324.97
个人所得税地方部分	1 796.83	770.21	468.41	465.86	92.35

资料来源：由笔者根据国家税务总局税收收入快报自行整理。

二、长三角一体化发展中税收利益分享与征管协调制度的现实需求

从税收收入的角度来设计长三角区域一体化制度层面的利益共享机制，核心问题在于区域内生产要素输出方和输入方都担心各自行政区划内的税收收入受损。要素输出方的担心在于：在长三角一

体化过程中原本属于自身的税源将随着资本、项目、技术和人才等要素的流动转移到其他行政区划里，从而造成本地财政收入的相对受损；要素输入方的担心在于：在为了对接相关产业发展付出了公共资源和主观努力后，由于制度的原因造成税源与税收的背离，从而无法从税收中获得真实利益（寇铁军，2004；闫坤、杨谨夫，2013）。

从具体的税收类别来看，在增值税方面，一方面，目前我国税法规定增值税的纳税人应当向其机构所在地的主管税务机关申报纳税，因此对于要素输出方而言，将企业迁往行政区划以外的地方或者向行政区划以外的地方投资将使原机构所在地政府的本地税源减少；另一方面，增值税按属性来看属于间接税，其税负能够通过机构对价格的调节向前或向后转嫁给上游的供应商或下游的销售商，因此对于要素输入方而言，假设投资方仅仅是利用本地政府提供的价格低廉的土地以及本地相对较低的劳动力成本进行生产，而仍然将增值空间较大的设计、销售等环节留在外地，那么，本地政府就无法获得较为合理和理想的税收利益。在企业所得税方面，我国税法规定居民企业以企业注册登记地为纳税地点，如果在我国境内设立不具有法人资格的分支机构，应当汇总缴纳企业所得税，因此对于要素输出方而言，如果在外地设立具有独立法人资格的子公司，就会分流出一部分母公司的利润，进而减少了本地的企业所得税税源；而对于要素输入方而言，如果投资方在本地设立的是不具有法人资格的分支机构，那么其企业所得税将汇总到总部所在地缴纳，承接项目的要素输入方将无法获得其应得的企业所得税收入（李万慧，2017）。在个人所得税方面，我国税法规定个人所得税有源泉扣缴和自行申报两种纳税方式，对于要素输出方而言，他们担心随着人才流动，属于个人的知识产权、利息、股息红利等也相继随之一起转移，从而造成要素输出方个人所得税税源的大量流失；对于要素输入方而言，由于个人所得税中部分是源泉扣缴方式，可能出现高收入群体在本地享受公众服务和公共产品，却由外地扣缴个人所得税的情况。

综合上述具体三类税种的分析可以看出，由于税收属性和征收管理上的特殊性，导致在长三角一体化过程中参与合作对接的各地方政府都有顾虑本属于自己行政区划内的税收利益会受损的可能，从而对生产要素在长三角区域内自由流动造成巨大的隐形摩擦阻力，为此，长三角一体化的高质量推进亟须探究互利共赢的税收利益分享与征管协调机制，以促成有利于长三角一体化高质量推进的政策环境。

三、长三角一体化发展中涉及税收利益分享的合作模式

(一) 产业迁建

产业迁建是指企业生产经营过程中因生产经营成本、资源环境制约、技术更新换代等原因，处于产业级差高端的部分企业顺应区域比较优势的变化，通过跨区域直接投资的方式，把部分生产环节转移到其他地区进行。从生产效率上来看，产业迁建是一种优化资源配置的方式，但在实践过程中通常会受到来自体制机制方面的障碍。在税收方面，产业迁建一方面影响迁出地政府税收利益，另一方面也需要迁入地政府为企业提供生产经营所需的配套设施而花费迁入地财政（刘志彪、陈柳，2018）。建立产业迁建的税收利益分享与征管协调机制，有利于激励迁出地政府支持企业搬迁，引导迁入地政府提供全面的软硬件配套设施，减少企业推进产业迁建的体制机制障碍，促进区域内资源的优化配置，优化区域内的产业布局。

(二) 园区共建

园区共建是指跨行政区划的行政经济主体通过共同投资的方式合作共同建立产业园区。在现实操作中，园区共建既可以是政府与政府之间合作共建，也可以是政府与企业之间合作共建。园区共建能够通过充分发挥共同建设园区的各地方政府的空间优势和资源优势，实现对土地资源的集约利用，使各方政府达到共赢的结果（陈建军等，2019；张五常，2000）。但在园区开发建设阶段需要支付大量的房屋拆迁安置费用、征地补偿费用以及基础设施建设费用等。建立园区共建的税收利益分享与征管协调机制，有助于鼓励各

地方政府积极参与园区共建、促进地区之间合作，发挥区域比较优势，推进产业转移，提高区域内土地资源利用效率，提升园区承载能力和集聚效应。

（三）飞地经济

飞地经济是指两个相互独立的地方政府通过打破原有行政区划界限，实现资源的跨行政区划互补和经济的跨行政区划协调的一种合作模式。飞地经济有"水平型"飞地和"阶梯型"飞地两种模式，其中，"水平型"飞地模式是经济发展水平相近且各自资源禀赋又存在互补的两地之间合作；"阶梯型"飞地模式是经济发展水平存在差异且产业结构存在梯度、呈现产业转移和承接关系的两地之间合作（吕冰洋，2011）。飞地经济的建设和运营有利于解决资源禀赋、产业基础、生产要素等在地区之间分布不均的问题。在实践运行中，飞地经济需要合作双方政府之间为基础设施建设和基地管理服务支付大量的经费。建立飞地经济的税收利益分享与征管协调机制有助于飞地经济中的飞出地和飞入地之间厘清成本与收益的关系，优化区域内要素资源整合，缓解区域整体发展瓶颈制约，促进飞地经济有序健康发展。

（四）企业集团

企业集团是指集团总部在统一管理和经营的方针下组织生产、研发、营销等活动，并在不同行政区域内设置若干个在资产、资本、技术上有密切联系的企业。以企业集团的形式组织生产、研发、销售等环节，有利于发挥集团总部宏观调控的作用，实现集团整体上的规模经济，提高企业整体的经营效率和市场竞争力。但由于企业集团中企业总部与分支机构通常布局在不同行政区划内，受现行的财税收入制度影响，部分分支机构所在地可能因税收利益较小而导致其支持企业发展的积极性不高、力度偏小。建立企业集团的税收利益分享与征管协调机制有助于合理均衡集团总部与分支机构所在地的财税利益分配关系，让相关地区共享企业集团发展成果，共同促进区域整体经济发展（刘银等，2014）。

（五）并购重组

并购重组是指企业通过合并、资产收购或者转让股权的方式进行整合，以实现企业之间的资产整合和整体的产业组织优化。并购重组有利于优化产业布局，做大做强优势企业，压缩淘汰落后产能，促进企业向规模化、集约化方向发展。企业在并购重组中通常需要为技术设备改造、资产债务处置、职工安置等付出大量成本。建立并购重组税收利益分析与征管协调机制有助于合理保护被兼并企业所在地的税收利益，建设地方政府对并购重组的干预，引导跨行政区域地方政府携手共同支持企业做大做强，提高产业集中度，优化区域内资源有效配置，促进区域整体产业结构升级。

（六）项目合作

项目合作是指跨行政区划的项目之间达成共同开发、共同建设的战略合作协议，主要涉及交通、能源、矿产、旅游、环境保护等领域。一般而言，项目合作所涉的项目具有投资规模大、技术开发复杂、建设周期长、风险管理要求高等特点。受目前国内缺乏明确的项目合作税收利益分配机制影响，现实实践中有很多合作项目无法落地或者是推进十分缓慢。建立项目合作税收利益分享与征管协调机制有助于确保项目的中长期可持续回报，提升项目参与方信心，深入推进大型项目的跨行政区划间的合作，促进区域整体经济的协调发展（京津冀协同发展税收问题研究课题组，2015）。

（七）技术入股

技术入股是指市场经济主体以知识产权、专项技术、工艺技能等无形资产充当资本参与到股份有限公司中，并获得一定企业股份的合资经营行为。科技创新以及技术成果转化是推动区域经济高质量可持续发展的重要引擎。促进不同行政区划之间的产学研合作、技术转移以及高层次人才的双向流动等活动，需要搭建一个统一的、有利于创新资源共享的科技资源交流平台。建立技术入股税收利益分享与征管协调机制有助于落实完善创新活动的税收支持政策，避免科技资源和人才资源的无序竞争，促进区域内的创新资源要素自由流动，促进不同行政区划政府间构建协同创新共同体，增强区域内整体经济发展的内生动力。

（八）招商引资

招商引资是指不同行政区划政府引导异地项目在本行政区划内

落地布局。目前我国招商引资过程中出现向好态势，地方政府招商引资正在由以往的单纯追求引资数量招商向现在的注重项目质量招商转变、由以往的低水平重复招商向现在的延伸产业链条提升产业层次招商转变，由以往的单纯引进资金项目招商向现在的引进资金、人才、技术和管理技能相结合的招商转变。随着招商引资业态的变化，相对应的招商引资税收利益分享机制也要与之相适应，不能成为招商引资业态向好发展的障碍。建立招商引资税收利益分享与征管协调机制有助于打破目前招商工作条块分割、各自为政的局面，共建共享共用招商信息和资源，避免不同行政区划政府之间产生同质化招商引资恶性竞争现象，减少内耗成本，促进区域经济结构错位协调发展，培养区域产业集群，充分发挥区域整体比较优势和先发优势。

四、长三角一体化发展中税收利益分享的方案设计

根据以上对长三角一体化过程中涉及的税收利益分享合作模式以及增值税、企业所得税和个人所得税的税种特征，我们提出长三角区域一体化过程中建立税收利益分享与征管协调的政策方案如下：

（一）产业迁建税收利益分享方案

产业迁建的成本主要体现在迁出地税收收入及就业机会的下降，迁入地相关配套设施及要素投入的增加等；收益主要体现在相关企业建成投产运营后产生的增值税税收收入、企业盈利后产生的企业所得税收入、部分高收入职工产生的个人所得税收入以及企业其他税费收入。建议产业迁建投产运营后头三年的增值税归地方税收收入部分由迁出地和迁入地按照 50∶50 的份额进行等比例分享；考虑到产业迁建后的企业利润中包含了"选址节约"的因素①，建

---

① 选址节约是指企业将业务从高成本地区转移到低成本地区而取得的成本节约额，在产业迁建中，由于选址节约主要来源于迁入地的低廉生产要素价格，因此在企业所得税利益分享上迁入地所获得的比例应当适当高一些。

议产生盈利后头三年的企业所缴纳的企业所得税由迁出地和迁入地按照 25∶75 的比例分享；个人所得税缴纳中归为地方税收收入的部分全部纳入迁入地政府财政税收收入；其他税费收入按照现行体制保持不变。

（二）园区共建税收利益分享方案

园区共建的成本主要体现在对园区的土地以及基础设施建设方面的投入、园区内公共管理服务费用的支出等方面；收益主要体现在园区投入生产产生盈利后的增值税、企业所得税以及部分职工的个人所得税收入、其他税费收入等。园区共建的税收利益分享与征管协调机制要与成本与利益相对应，税收利益分享比例要与园区建设和运营的成本分担相符，体现"多付出、多受益"原则。假设共建园区的双方政府投入的成本均等，则园区建成后所产生的增值税、个人所得税、企业所得税以及其他税费收入也应该按照 50∶50 的比例均分。

（三）飞地经济税收利益分享方案

飞地经济的成本主要体现飞出地政府在管理服务、投资方面的支出，飞入地政府在基础设施建设、房屋拆迁、土地开发等方面的支出；收益主要体现在飞地经济中企业生产经营后产生的增值税收入、企业所得税收入、个人所得税收入以及其他税费收入。飞地经济的税收利益分享应当与飞地经济建设和运营过程中的成本分担相一致。在常见的飞出地负责"软件"配套设施服务、飞入地负责"硬件"基础设施建设投入的模式情况下，飞地经济产生的增值税收入、企业所得税中归地方部分所有的部分均按照 50∶50 的比例分享，个人所得税则按照人员隶属关系分别由飞入地、飞出地留成，其他税收收入按照现行体制保持不变。

（四）企业集团税收利益分享方案

企业集团的成本主要体现在企业总部和其所设立的分支机构的投资成本，以及其所使用的所在地的公共资源和公共服务；收益主要体现在集团整体生产运营盈利后所产生的各项税费收入。企业集团税收利益分享与征管协调的关键核心点在于要处理好企业总部与各分支机构所在地税收利益分配的问题。在增值税方面，总部以及各分支机构分别开票入库；在企业所得税方面，在经过总部和各分支机构进行汇算清缴后将地方留成部分按照投资占比、营业收入、职工人数和资产总额等因素，赋予相应权重后，以此为依据进行二次分配，总的原则是总部所在地分成的最高占比，不能超过50%；在个人所得税方面，可以按照人员隶属关系分别入库；其他税费收入方面，可以按照现行体制保持不变。

（五）并购重组税收利益分享方案

企业并购重组的成本主要体现在被并购企业的债务处理、职工安置等方面的支出以及改造企业技术设备等方面的投入；收益主要体现在企业并购重组后新企业产生的各项税费收入的扩大。把并购重组税费收入中存量的部分按照"保证既得利益"原则进行分配，即根据重组前的基数确定；把并购重组税费收入中增量部分，按照重组后的资产规模、经营收入、盈利水平等因素确定相应权重，并依此进行二次分配，总的运行规则是并购重组企业所在地地方政府分成比例不能低于总量的50%。

（六）项目合作税收利益分享方案

跨行政区域项目合作的成本主要体现在项目运营之前的基础设施建设投入、相应资源能源的开发投入以及项目运作过程中运营管理方面的开销等；收益主要体现在项目在建期间以及建成以后产生的税费收入。跨区域项目合作一般易出现分期建设、分期投产运营的情况，因此项目合作在建期间所产生的税收收入应当按照属地原则进行分配；项目建成进入投资运营阶段时产生的税收收入，应当按照参与项目合作的各主体在土地使用面积、资源储备量、政府投入、成本花销以及经营收入等因素给定税收利益分享的权重，并按照权重对税收收入进行分配，使项目合作的成本与收益相匹配。

（七）技术入股税收利益分享方案

科技创新与技术成果转化的成本主要体现在高新技术的研发投入、知识产权的创造及相应维护费用、购买技术设备的开销，以及聘请人力所花费的相关费用等；收益主要体现在通过新技术的投入企业产出获得更高的收入和利润后产生的税费收入，以及通过新技术的使用企业提高市场竞争力后获得市场份额的进一步扩大和生产

成本的降低。技术入股税收利益分享机制的前提是需要科学评估出
新技术能够带来的价值，科学合理地确定新技术在企业股份中所占
份额。技术入股企业所得税和个人所得税，应当按照"哪方开票、
哪方入库"的纳税原则向企业所在地政府纳税。技术入股所产生的
企业所得税和个人所得税应该根据技术在企业中所占股份由企业所
在地和技术持有人向企业所在地政府缴纳，其中技术持有人所在地
通过分享机制分得的税收收入用于填补技术开发试验阶段时给当地
政府带来的公共资源消耗和人才培养等相关费用。

（八）招商引资税收利益分享方案

招商引资的成本主要体现在地方政府为项目包装、宣传、推介
产生的费用以及与项目相配套的基础设施建设开销、管理服务费用
等方面的开支；收益主要体现在项目进入投资运营阶段后产生的各
类税费收入以及产生的一系列正向外部性，如给当地居民带来就
业、收入增长等的同时会带来税收税源的增加。招商引资税收利益
分享机制应当以公平、合理和互利为基础建立一套突出地方政府间
平衡且非行政隶属关系的税收利益关系，以利益关系取代政府的行
政关系，这有利于产业在区域内实现有序对接转移。为此，招商引
资所产生的税收收入中，地方分成的部分应当由引资方政府和落地
方政府以成本—收益关系为基础商定利益分享比例，根本原则是要
促进区域产业集群，区域整体经济效益的提升、使税收利益共享机
制能够带动区域产业链条整体收益的提升。

综上所述，我们针对长三角区域的税收分享与征管协调机制主
要涉及的 8 种类型所设计出的具体方案如表 13-2 所示。

表 13-2　长三角区域的税收利益分享方案

类型	具体方案				
	分享原则	增值税地方留成	企业所得税地方留成	个人所得税地方留成	其他税费收入
企业迁建	迁入地与迁出地之间"成本—收益"平衡	前 3 年 50:50	前 3 年迁出地 25:迁入地 75	归属迁入地	保持不变

续前表

类型	具体方案				
	分享原则	增值税 地方留成	企业所得税 地方留成	个人所得税 地方留成	其他税 费收入
园区共建	各地方政府在园区建设中的成本分担比例	50∶50	50∶50	50∶50	50∶50
飞地经济	飞入地与飞出地之间"成本—收益"平衡	50∶50	50∶50	按隶属关系留成	保持不变
企业集团	企业总部与分支机构的贡献度	总部与分支机构分别入库	依据相关权重二次分配，总部占比最大值为50%	按隶属关系留成	保持不变
并购重组	以并购重组的基数和之后的经营状况为基础	存量部分按基数确定，增量部分按权重二次分配，被并购方最低为50%	存量部分按基数确定，增量部分按权重二次分配，被并购方最低为50%	按隶属关系留成	保持不变
项目合作	参与合作项目各方投入占比以及项目经营状况	项目在建中按属地关系留成，投产运营后按权重二次分配	建设期间按属地关系留成，投产后按权重二次分配	按隶属关系留成	保持不变
技术入股	根据技术的价值及对应股份比例确定	由企业所在地留成	根据技术股份比例由企业所在地和技术持有人所在地分享	企业所在地和技术持有人所在地分享	保持不变
招商引资	项目参与方对项目贡献程度	参与方商定确定分享比例	参与方商定确定分享比例	参与方商定确定分享比例	参与方商定确定分享比例

五、长三角一体化发展中与税收利益分享相配套的征管协调政策

(一) 中央政府与地方政府之间的协调

长三角一体化正式上升为国家战略，在具体落实与推进上需要国家在相关体制机制上具有创新思维。长三角区域在建立税收分享机制中需要中央政府给予地方政府一定的税收管理的权限和调整的权限。长三角建立区域税收协调机制的根本出发点并不是解决区域内分配不均的问题，而是让税收机制能够发挥出促进区域经济整体更高质量发展的职能，消除生产要素在区域内自由流动的体制机制障碍，引导区域经济整体产业结构转型优化。为与长三角区域的税收利益分享机制相配套，中央政府应在当前分税机制框架下向长三角地方政府做出适当的分权，这有利于反哺长三角区域的税收利益分享机制的建立，增强长三角自我发展能力。在长三角地方税权方面，三省一市可以根据自身的要素禀赋和经济产业结构特征，在结合区域发展功能定位的基础上，对适合本地发展和不适合本地发展的相关产业制度出差异化的税收利益分享政策，实现更高效的税收分享。

(二) 地方政府与地方政府之间的协调

将制定长三角三省一市税收合作协议框架确立为长三角一体化工作中的重要组成部分，试图将长三角区域打造成互信、合作的税收协调平台。探索建立纳税、征税服务标准示范区，逐步实现长三角三省一市税务事项联办通办。充分利用纳税信用信息，推动建立长三角区域对守信纳税人的奖励激励以及对失信纳税人的约束惩戒两个方面的联动协调管理。优化长三角三省一市区域内企业办理迁移、并购、重组、合作、转让等经济协作行为的税收征管程序，规范办税流程，将企业经济行为过程中涉及税收方面的准备资料精简化，降低企业在长三角三省一市区域间跨省合作的体制机制障碍，为生产要素能够在长三角区域合理流动、提高长三角区域经济发展

质量消除体制机制障碍。

（三）规范税收优惠政策，营造长三角区域内高标准统一公平的税收环境

长三角区域高质量推进一体化应当逐步将强调行政区域划分为基础的区域税收优惠政策转向强调产业导向的产业税收优惠政策，统筹、协商确定长三角区域地方税种的协调征管方案，规避区域内个别地方通过降低财税征管标准，制造政策洼地来吸引同区域内资本、企业入驻本地的现象。对现有长三角三省一市内留存的地方税收优惠政策展开甄别清理，摸清目前已经出台甚至是正在执行的不利于长三角区域整体协同发展的地方性税收优惠政策，待到相应税收优惠政策执行期到时及时彻底终止，尚未到期限的税收优惠政策需要明确政策终止的过渡期。针对一些带有试点性质、具有推广价值的税收政策应当尽快转化为长三角区域内的普惠政策，让企业无论是在长三角三省一市内的任何地方都可享受相应优惠政策，进一步加强区域内优惠政策的统一透明。

（四）推进税收绩效评价体制，确保税收利益分享方案落到实处

长三角三省一市的财政部门和税务部门应针对区域内实施跨省合作的相关企业和项目的税收情况进行统计审核，要按照事先明确的财税管理制度方案计算出税收利益分享的权重和数据，及时办理税务资金结算的相关流程和手续。结合"金税工程"和"金财工程"建设情况，搭建数据共享平台，实现长三角区域内财税数据的交换和完全共享，强化税收征管与利益分享的事实数据基础，并进一步引用科学的大数据分析手段实施长三角区域税收绩效评价。在长三角区域范围内，建立定期会商以及评估机制，定期并确保及时地展开税收利益分享工作的总结和效果评估。加强税务征管工作的督查检查，密切关注长三角高质量一体化过程中可能出现的新情况、新问题，积极并及时研究解决办法，完善长三角区域税收利益分享与征管协调的配套措施，支持区域内三省一市间的项目合作与产业对接，确保一体化建设向高质量高标准的方向发展。

第三节 建立区域投资、税收等
利益争端处理机制

本节将首先对区域投资、税收等利益争端的外在表现以及相应征管机制解决的内在运行机制展开系统介绍；其次对长三角一体化过程中出现的一些投资、税收利益分享等方面争端的典型事实进行介绍并解释；再从国际经验的角度来探讨区域投资、利益争端处理机制，并试图从中总结出可借鉴经验；最后对长三角区域建立利益争端处理机制的基本方向和具体方案展开讨论。

一、区域投资、税收等利益争端的外在表现及解决机理

(一) 区域投资、税收等利益争端的外在表现

中国城市群内部各地区之间始终存在着不同程度、不同表现形式的利益争端。随着时代的发展、经济体制的变化、国家政策的完善等，不同时期各区域间利益争端也体现为不同的外在表现形式：改革开放前期，计划经济体制下的利益争端表现为"灶内吃饭"的"兄弟之争"；20世纪80年代，不完善的市场经济体制下的利益争端表现为地方保护主义；20世纪90年代以后，对外开放下的利益争端表现为政策竞争。当前的区域利益争端主要表现为投资竞争、税收竞争以及劳动力竞争。

资本的积累对于区域经济增长具有十分重要的作用。新古典经济学索洛增长模型认为，资本的积累对于经济的增长具有水平作用，能够提高产出水平，但是经济一旦达到稳态，此时虽然产出达到最大化，但是经济不能持续地增长。后来发展的内生增长理论把知识、人力资本等作为内在因素，认为资本与人均GDP的增长速度呈正比，对经济的发展始终起推动作用。无论是索洛模型还是内

生增长理论中典型的 AK 模型，都不否认资本对于经济的短期推动作用（石佑启、黄新波，2011）。从某种意义上说，投资水平在很大程度上影响了区域经济的短期增长水平。另外，资源的稀缺性作为经济学的前提，表示相对于人类无穷欲望而言，经济物品或者生产这些物品所需要的资源总是不足的。为了提高区域经济增长率，在短期内获得稀缺的外部资源，就出现了投资竞争。

市场的效率是通过竞争来实现的，但并不是所有的竞争都有利于资源的分配与效率的提高，过度的税收竞争就属于其中一种。西方财政学界有一种解释，即"税收竞争是指各地区通过竞相降低有效税率或实施有关税收优惠等途径，以吸引其他地区财源流入本地区的政府自利行为"（冯建超、朱显平，2009）。由于目前我国的大部分税种还是以国务院条例的形式进行征收，"税收法定"的原则难以落实，各个地方的政府可以向中央政府争取税收优惠来增强本区域的竞争优势，从而获得资本、技术、商品等流动性资源。在一些区域优势不明显的城市中，税收竞争尤其激烈。对于税收竞争是否有害，有学者持有不同观点，但是可以确定的是，税收竞争必然存在有害成分，判断什么程度的税收竞争是有害的才是探讨的关键。

对于劳动力资源，一方面，部分发达地区出现劳动力缺口；另一方面，失业现象依旧存在且严峻。如果这种失业缺口是由劳动力的需求或供给不匹配所导致的，那么经济学中这种类型的失业现象被称为结构性失业，即由于失业者没有合适的技能等原因，不能满足特定工作的劳动需求（张颖瀚，2009）。因此，在劳动力市场上，各区域的政府就会利用各种优惠政策展开劳动力竞争。

（二）区域投资、税收等利益争端的解决机理

利益问题是推进区域合作一体化的最本质问题。由于地方和区域利益同时具有一致性和差异性的天然的矛盾属性，且区域地方行政机关的地位不对等，区域合作中各主体不可避免会出现投资、税收等方面的利益争端，因此，建立健全利益争端解决机制是推进区域合作的关键性步骤。

建立利益争端解决机制的根本落脚点在于如何解决好利益争端

双方之间的利益分配、利益共享问题。基于社会主义经济市场的特殊性，我国各级政府积极对市场进行引导，维护了市场的经济秩序。但是从另外一个角度来说，市场对社会资源的配置受到了政府的干扰，地方政府受经济增长目标和绩效考核的压力可能面临着一定程度的竞争性，这种主体的竞争性可能引起利益分配阶段的矛盾，进而演化成争端（吴光芸、李培，2015）。因此，地方政府间利益争端的起因可以看作区域内部不同行政主体间在利益分配中出现的观点不一致。以此观点为基础，利益争端解决机制的关键落脚点就在于从各地方政府不同利益诉求的视角去解决利益分配问题，改变原本单一的行政调节手段，从市场、税收、法律条文等多个维度入手处理区域公共事件，通过满足各级政府的利益诉求方式促进区域的协同发展。

区域经济一体化推进过程中出现利益争端可以被认为是一种必然现象，建立完善的利益争端处理机制是进行区域利益协调的基础与保障。相较于其他，区域利益争端所涉及的主体更加复杂，对象不仅包括合作政府，还有企业单位等经营组织，甚至包括个人。在发生利益争端的时候，不能一味地仅仅依赖政府间所制定的规则来缓和各经济组织间的矛盾，而是应该具体问题具体分析，建立稳定的、独立于区域利益之外的第三方组织进行斡旋、调解，同时借助法律的约束力来约束各经济组织为获取利益采取的不正当手段。

二、长三角一体化过程中出现利益争端问题的典型事实及解释

（一）长三角一体化过程中出现利益争端的典型事实

从长三角区域经济一体化发展的实际情况来看，长三角内部各地区的社会公共问题逐渐外部化，跨行政区划利益争端问题也表现出复杂、多元、顽固的态势。以招商引资为例，各地为了保护本地的利益，提高本地的经济增长水平，在外资引进时采取"N＋1"的优惠政策，却在同类产品出口时采取"N－1"的政策，即表现

为"倾销式"竞争以及产品出口上的竞相压价，最终使得各地利益压缩，恶性竞争严重。例如：2003 年，沪苏浙三地举行联合招商引资活动，最后却以各地竞相压价、税收减让、资金补贴等损害自身和竞争各方利益的恶性利益争端而告终，导致利益最终落入外商企业，不仅损害了国家利益，还使区域内各地招商成本上升，不利于长三角整体区域内经济的持续发展。

长三角行政隶属关系复杂，各区域政府受经济利益等的驱动，加之各区域地理位置相近、资源禀赋相似、发展战略类似等，导致长三角产业同构问题严重，区域内缺乏一体化合理分工，重复建设严重。例如：长三角地区港口众多、发展迅速，港口之间的竞争却十分激烈。沪苏浙位于我国东部沿海地区的沿江产业密集带，有数据表明，沪苏浙的港口密集度大大高于其他省份，南通至江阴平均每 0.9 千米就有一个泊位。根据单位设施的港口泊位密集度，港口重复建设的可能较大，实际利用率可能不足 10%。另外，从产业同构的角度来看，长三角区域各城市支柱性产业类似、主要行业类似、产业调整方向也类似，这就导致区域各城市之间抢夺有限资源与要素。

由于长三角内部各区域分属不同行政区划，区域封锁较为严重，因此，首先，商品以及要素难以自由流动。例如：虽然国家已经明确规定了全国百强且接待人数超 10 万人的旅行社可以在异地开设分支机构，但是实际上这种情况并没有实现。其次，企业进行外地投资等可能受到双重课税的影响，增加了企业跨地区投资的成本，跨区域销售产品也会受到更多烦琐的检验等。最后，劳动力资源有时也会受到区域的限制。另外，区域内公共产品问题逐渐显现，在环境保护以及排污方面，以上海金山地区化工企业为例，由于对排污权等没有进行明确规定，在其产生的环境污染对浙江平湖相邻地区的居民造成影响时，社会矛盾尖锐，"跨界治理"过程中的利益争端问题亟待解决。

（二）长三角一体化过程中出现利益争端问题的深层次原因

一是区域地方目标差异。在进行区域合作的时候，合作对象通常是以地方政府为主。政府偏向以政绩为导向的行政经济，以实现本地区利益的最大化；而区域合作更偏向以市场经济为导向，实现区域整体利益的最大化。这就导致地方政府因为上级领导对政绩的考核要求，进而对本地区的企业实行地方上的保护来保证本地区的经济利益不被损害，这会导致区域间出现以有形的行政疆域为界设置出无形的限制市场交易的经济壁垒的情况，阻碍了市场对于资源的有效配置（沈玉芳等，2010）。区域合作要求利益共享和利益分配的公平公正，但通常在发生利益争端的时候，各行政主体更偏向于追求本地区自身利益的最大化，同时，各经济主体之间的经济地位并不是完全对等的，这就导致经济落后的地区和经济实力较强的地区进行区域合作的时候，经济落后地区处于天然的弱势地位。若区域合作时没有建立有效的利益分配和利益共享机制，各地区政府出于对政绩的要求追求利益的最大化，就会不可避免地出现利益争端问题。

二是区域市场出现分割。长三角区域各城市存在着双重的经济联系：一方面是受政府绩效考核等影响的行政区域经济联系，该联系以政府为主体；另一方面是受资源要素流动等影响的市场区域经济联系，该联系以企业为主体。地方政府为了保护地方产业与经济利益，就会制造区域壁垒，使完整的市场区域经济联系遭到削弱，导致资源要素难以流动，区域市场出现分割。市场分割主要表现为：在产品或者要素市场上，地方会设置一些可见或不可见的关卡，以阻止产品、资本、技术以及劳动力的流入或流出。随着改革的深入与经济的快速发展，从硬性可见的限入限出，到提高监管等无形的壁垒，市场分割的表现也逐渐呈现多样化。关于市场分割对经济发展的影响，有学者指出，区域市场分割对于短期经济发展具有促进作用，但是会严重阻碍长期经济发展。在我国积极推进经济一体化进程的背景下，区域市场出现分割就会容易导致一体化过程中出现诸多利益争端，不仅会扭曲价格信号，使资源要素难以得到有效配置，还会使得国内区域竞争严重，提高异地产品生产与销售成本，削弱国际竞争力（谢庆奎，2000）。

三是产业结构趋同。长三角规划范围内的上海市、江苏省、浙江省、安徽省三省一市地理位置相近、资源禀赋以及区域文化相似，导致各个区域独特优势不明显、产业同构问题严重。原本想要发挥上海优质服务功能优势、江苏科技创新与先进制造业优势、浙江数字经济优势以及安徽新兴产业与绿色发展优势，却由于以上原因，加之不同地区、行业以及部门受利益驱动，表现为三省一市三次产业构成趋同、主要工业行业构成趋同、主要工业产品构成雷同。具体来看，长三角的产业同构现象主要集中在第二产业，沪苏浙地区尤为明显。首先，各区域产业结构都趋于"三二一"的状态；其次，根据联合国工业发展组织国际工业研究中心提出的产业结构相似系数（S）公式，长三角区域产业结构相似系数平均达0.7 以上，沪苏浙前十大支柱性产业更是雷同；最后，由于资源禀赋、区域发展战略等类似，最终产品市场上出现雷同的工业产品。一方面，过度的产业同构现象导致各区域比较优势减弱，跨地区的产业分工难以实现，不能够形成长三角区域完整的产业链、提高区域整体产业优势。另一方面，趋同的产业结构更容易导致地方保护主义的出台，投资、税收等利益争端更为严重，造成重复建设愈演愈烈、恶性竞争问题突出。

　　四是经济政策难以协调。无论是否进行区域合作，经济政策对于经济发展都有着至关重要的作用。因此，区域内各地区为吸引外来投资，同时为了实现政绩，就会实行不同的经济政策。实行税收优惠政策就是地方政府为了吸引外来投资所常使用的一种手段，不同地区为了吸引外来投资所采取的税收优惠政策各有不同，这就不可避免发生政策上的冲突，政策上的冲突在进行区域合作时就会导致各地区出现利益争端（陈国权、李院林，2004）。

　　此外，我国实行的是地区首长制，所以当地方核心官员职位的变动的时候，通常也会导致地方经济政策发生变动，增加地区经济政策的不确定性。同时，长三角区域中各级政府虽然经济地位不对等，但本身并不存在着隶属关系，这就会导致实际合作的时候发现不同地区的经济政策不一致，甚至产生冲突的情况。

三、区域投资、税收等利益争端处理机制的国际经验借鉴

（一）美国大都市区整合治理模式下的利益争端解决机制

美国大都市区作为世界上历史最为悠久、发育最为成熟的城市群，其特点在于区域内各地方政府层级过多、各自为政，尤其容易发生投资、税收等利益争端问题。在美国大都市区实行"自上而下"的整合治理模式后，区域内的利益争端问题得到一定缓解，其利益争端解决机制对我国长三角一体化发展进程中利益争端问题的研究与解决具有一定的借鉴意义。

在"区域主义"看来，由于地方政府层级过多，各地方政府行政上的"碎片化"导致区域内跨行政区划利益争端严重，影响了美国大都市区的发展。"自上而下"的整合治理模式通过在大都市区构建一个相当于"大区政府"的行政结构将"碎片化"的各级政府整合起来。其中，针对利益争端问题的处理，当时美国大都市区设立了区域理事会，理事会成员由各地方政府自愿派选参加，负责协调与解决利益纠纷。除了区域理事会以外，美国大都市区还设立了区域委员会，由政府联合会以及区域规划委员会构成，虽然区域委员会成员是自愿组成，但是在法律上有一定的制度保障，被授予了制定与否决区域规划、审查批准等权利，在一定程度上减少了因抢夺资源等而造成的恶性竞争以及税收、投资等利益争端问题。另外，美国大都市区还专门设立特别区与协调机构、组建地方政府联合组织，从根本上使各地方政府联系更加紧密，加强各地方之间的沟通与交流。

美国大都市区这种"自上而下"整合治理模式下的利益争端解决机制针对"碎片化"特点对利益争端问题对症下药，效果显著。但长三角地区与美国大都市区不同，长三角由上海、江苏、浙江、安徽三省一市构成，区域内部结构较为简单、层次分明，不能生搬硬套。但是，由于我国目前在长三角地区所形成的利益协调机制并

不具有法律效力，缺乏严密的组织机构以及明确的调解规则，因此，准司法性质的利益调节机制值得学习与借鉴。

（二）日本首都圈"中心—边缘"治理模式下的利益争端解决机制

日本首都圈作为亚洲地区发展得最好的城市群之一，其区域投资、税收等利益争端的解决机制对我国长三角地区的具有一定的借鉴意义。日本首都圈是以东京为中心向外扩展的一都七县，是"中心—边缘"模式的典型代表，它从减少利益冲突这个角度入手，确立了东京的绝对核心地位，以"中心"辐射"边缘"的郡县。通过这种方式去牵头其他的郡县实行"广域行政"，即多个行政主体共同管理区域内部的行政事务，在提高了行政效率的同时，增加了各地区政府之间的信任，从根源上减少了区域投资、税收等利益争端的发生（张颢瀚、张超，2006）。

在"广域行政"的基础上，日本开始尝试建立町村组合等具有日本特色的组织机构，通过民间利益争端处理组织的建立更快促使区域争端的双方进行和平协商，处理方式更加多变，处理机制也更加灵活。但是仅仅依靠民间组织进行协商的方式是不可靠的，因为核心效应，各主体的地位并不平等，发生协商出现争端的时候，边缘地区就处于弱势地位，所以，针对协商不一致的情况，日本出台了《首都圈整备法》等相关法律条文，建立了首都圈整备委员会，又在此基础上根据日本的实际状况对《首都圈整备法》进行了多次的完善修改，使得在出现投资、税收等利益争端的时候，能够实现有法可依。

总体上来说，我国长三角地区的利益争端处理机制的完善可以借鉴日本的一些处理机制，由于我国长三角是由三省一市构成的，因此可以在突出上海市作为核心的基础上，借鉴日本"广域行政"这一模式，站在民间和官方的角度，建立不同的组织机构更快、更有效地处理不同的区域利益争端。

（三）欧盟地区多层次治理模式下的利益争端解决机制

欧盟成立至今，已经有 20 多年的发展历程，是世界上最成熟的组织机构之一，其利益争端解决机制的成功之处主要在于组织机构多层级、处理原则多层级、参与角色多层级以及治理模式多层级。

　　具体来看，组织机构多层级主要体现在设立多种机构负责区域利益争端处理过程中不同层次的问题。根据《里斯本条约》，欧盟实行四权分立。European Parliament（欧洲议会）为立法部门；European Council（欧洲理事会）和 Council of the European Union（欧盟理事会，又称部长理事会）是欧盟的决策机构；European Commission（欧盟委员会）是欧盟的行政机构；Court of Justice of the European Union（欧盟法院）是欧盟的司法机构。处理原则多层级主要体现在其在明确了地方与区域政府原则的基础上，扩展了辅助原则的适用范围。参与角色多层级主要体现在多元参与的行为主体以及多层级的决策主体，各个行为主体之间相互平等，具有非等级的相互联系。治理模式多层级主要体现在使用不同的治理模式处理不同的区域争端，具体问题具体分析，对症下药。目前，欧盟多层次的治理模式主要有：政府间协商模式、相互调整模式、共同决策模式、超国家模式以及公开协调模式（魏后凯，2007）。这五种模式的运行，有助于确保欧盟利益争端问题的有效解决，促进欧盟不断发展。

　　欧盟由多个成员国组成，以国家为主体，需要处理的利益争端问题更多，也更复杂，而长三角仅由三省一市组成，利益争端问题更加细致，也更加微观。因此，多层级的组织机构并不一定适用于长三角地区，相反，设立太多利益争端处理的机构，很容易造成各组织间相互推诿，导致资源浪费、效率低下。

四、长三角区域投资、税收等利益争端处理机制的基本方向

（一）争端解决机制的模式

　　在区域经济一体化发展过程中，投资、税收等利益争端处理机制的模式有统一式和分散式两种。其中，分散式的争端解决机制大

多适用于国家与国家之间形成的区域经济一体化发展，如东盟、欧盟等，而在一国内部不同行政区划地方政府之间推进经济一体化过程中所产生的利益争端处理机制一般采用统一式。统一式的利益争端处理机制便于区域内各地方政府间在统一标准和执行规则下解决争端，保证了利益争端解决的公平性、公正性，有利于确立利益争端解决机制的权威性，最大限度地为区域经济一体化推进提供保障。在长三角高质量推进一体化建设过程中，独立出一个利益争端解决机制可以有效地整合长三角地区各种资源，使资源可以流向更有利于其产生经济效益的地方。同时应该注意，争端解决机构应该设立相应的上诉机制，才能更好地保证争端各方的诉求，其应当具有前瞻性。长三角建立利益争端解决机制可以采取由下到上的机制，先由民间专家学者进行设计、讨论机制框架的搭建、适用的规则，再提交政府。

（二）争端解决机制与受案范围

长三角在推进高质量经济一体化过程中，可以设立一个常设的争端解决机构，同时需要确保相关司法机构的相对独立性，也可以对不同级别和职责的管理机构对司法机构进行分类管理与彼此监管。就争端解决机构的受案范围来看，长三角区域经济一体化中涉及利益争端的核心领域是投资和税收，因此可以针对这两个领域单独设立更适应该领域的争端解决机制，并另行提出一些对于受案范围和法院管辖事宜的例外声明。

（三）参与争端解决主体资格的确定

对于争端解决主体资格的相关规定，一般实施法定主义原则，即相关争端解决主体的适格性问题，需要在规则中提前进行明确。长三角区域一体化中的投资、税收等利益争端解决机制，对于主体范围不仅仅限定各地方政府，还可进一步扩大到一些非政府组织、企业和一些特定化的自然人投资者，涉及的领域也可包括投资、税收、知识产权等各个方面。将诉讼适格主体扩大，是为了便于将直接从事投资、税收的相关企业和个人参与到利益争端解决中，但是对于自然人仍应有一定的资格准入限制，否则会造成滥用司法资源同时还损害国家的主权。

（四）争端解决机制决策的选择

在争端解决机制的决策程序上，已知的决策程序有全员通过、多数决、加权表决、协商一致与反对协商一致等多种形式，具体原则的选择需要根据实际情况进行定夺，只要能够保证最大程度解决问题，充分保证争端解决机构内部决策和治理的有效性即可，每一种决策方式都各有利弊。对于长三角地区建立投资、税收等利益争端处理机制，初期可以考虑采取多数通过原则。

五、长三角地区投资、税收等利益争端处理机制的方案设计

（一）长三角地区建立临时仲裁制度，区域利益争端解决机制向多元化发展

《中华人民共和国仲裁法》第十六条规定，仲裁协议应当具有下列内容：（1）请求仲裁的意思表示；（2）仲裁事项；（3）选定的仲裁委员会。此条规定表明，选定仲裁委员会来进行裁决是仲裁协议生效的要件，由此能够看出，我国不承认临时仲裁的合法地位。为此全国人大常委会曾做出过回应，认为争端解决机制中仲裁历史的发展，是先经历临时仲裁，后经历机构仲裁，而临时仲裁会随仲裁制度的不断演进而衰退。临时仲裁和机构仲裁均有一定的优缺点，在长三角区域一体化推进中，区域利益争端解决机制也应当多元化，以临时仲裁的方式处理利益争端具有高效、便捷等优势。因此，国内立法应该针对长三角关于利益争端方面的临时仲裁做出重新规定，否则多元化的区域利益争端处理机制很难实现。

（二）长三角区域内创立相关调解规则

将准司法性质的争端解决模式设定为长三角区域投资、税收等利益争端处理机制的主要模式，其中，调解制度的设计至关重要。就目前而言，我国整体上的调解制度建立比较落后，现有的调解机制主要有法院调解、仲裁机构调解以及专门机构调解。在长三角一体化推进过程中，应当从政府层面设立一个专门负责长三角区域投

资、税收利益争端调解机构。同时，可以设立一些民间机构，注入外商投资企业协会等部门对区域内各地利益争端进行调解，并发挥自己的能量。在协商、仲裁和诉讼等多元争端解决机制中大力弘扬调解机制，提升调解等协商方式在长三角区域利益争端处理中的相对地位，对长三角区域营商环境的改善和提高具有促进作用。

（三）从立法层面提高长三角区域内地方政府的透明度

从某种程度上说，长三角地区出现地方政府间的利益争端阻碍一体化发展的根本原因，在于各地方政府的透明度不够。长三角地区应当努力提升各地行政部门执法的透明度，建立一个具有典型特征的国内司法环境，这对于提升长三角地区整体营商环境及降低长三角区域内的行政壁垒具有重要作用。长三角区域内的利益争端诉讼案件可以尝试引进国外的"法庭之友"制度，即在一些案件中，一些私人或者机构虽没有直接涉及相关法律、经济利益，但是仍可以向法院提交书面报告用以说明其对这些案件的意见和建议，对于相关法律条文、案件真实情况等均可以进行说明。这种机制已经在国际上处理经济利益争端上盛行，而我国国内目前尚未采用过此种方法，为此，国内可以长三角为试验片区将这种提高司法过程透明度以及增强司法与民众之间互动的方法引入经济利益争端处理中。

（四）形成具备长三角区域特色的综合性利益争端解决机制

由于长三角内各地方政府间存在长期的地方竞争行为，彼此之间信任度并不是很高，长三角一体化也经历过多次滑铁卢，因此，在长三角区域构建利益争端处理机制，一定要具有全局性思维，不能操之过急，需要逐步推进。总的来说，这种利益争端处理机制应该是准司法性质的，应尝试建立司法性质的经济利益争端处理解决机构。

参考文献

[1] 陈国权，李院林. 论长江三角洲一体化进程中的地方政府间关系[J]. 江海学刊，2004（5）：92-98.

[2] 陈建军，陈怀锦，刘实，徐倩. 区域一体化背景下的长三角大湾区研究：基于国内外比较的视角[J]. 治理研究，2019（1）：

37 - 44.

[3] 丁菊红，邓可斌．政府干预、自然资源与经济增长：基于中国地区层面的研究[J]．中国工业经济，2007(7)：56 - 64．

[4] 冯建超，朱显平．日本首都圈规划调整及对我国的启示[J]．东北亚论坛，2009，18(6)：76 - 83．

[5] 京津冀协同发展税收问题研究课题组．京津冀协同发展税收问题研究[J]．天津经济，2015(5)：56 - 60．

[6] 寇铁军．完善我国政府间转移支付制度的若干思考[J]．财贸经济，2004(5)：81 - 85．

[7] 李万慧，于印辉．横向财政转移支付：理论、国际实践以及在中国的可行性[J]．地方财政研究，2017(8)：27 - 33，39．

[8] 李永友，沈坤荣．财政支出结构、相对贫困与经济增长[J]．管理世界，2007(11)：14 - 26．

[9] 刘穷志．公共支出归宿：中国政府公共服务落实到贫困人口手中了吗？[J]．管理世界，2007(4)：60 - 67．

[10] 刘瑞明，白永秀．晋升激励与经济发展[J]．南方经济，2010(1)：59 - 70．

[11] 刘银，刘慈航，梁倬骞．欧盟区域经济协调发展制度及启示[J]．经济纵横，2014(9)：114 - 117．

[12] 刘志彪，陈柳．长三角区域一体化发展的示范价值与动力机制[J]．改革，2018(12)：65 - 71．

[13] 吕冰洋．税收分权研究[M]．北京：中国人民大学出版社，2011．

[14] 沈玉芳，刘曙华，张婧，王能洲．长三角地区产业群、城市群和港口群协同发展研究[J]．经济地理，2010，30(5)：778 -783．

[15] 石佑启，黄新波．珠三角一体化的政策法律冲突及其协调[J]．广东行政学院学报，2011，23(3)：38 - 43．

[16] 王世磊，张军．中国地方官员为什么要改善基础设施[J]．经济学(季刊)，2008(1)：383 - 398．

[17] 魏后凯．大都市区新型产业分工与冲突管理——基于产业链

分工的视角[J].中国工业经济，2007(2)：28-34.

[18] 吴光芸，李培.论区域合作中的政策冲突及其协调[J].贵州社会科学，2015(2)：127-132.

[19] 谢庆奎.中国政府的府际关系研究[J].北京大学学报(哲学社会科学版)，2000(1)：26-34.

[20] 徐康宁，王剑.自然资源丰裕程度与经济发展水平关系的研究[J].经济研究，2006(1)：78-89.

[21] 徐现祥，王贤彬.晋升激励与经济增长：来自中国省级官员的证据[J].世界经济，2010(2)：15-36.

[22] 闫坤，杨谨夫.我国税收分享和转移支付制度效应研究[J].经济学动态，2013(4)：31-36.

[23] 姚洋.作为制度创新过程的经济改革[M].上海：格致出版社，2008.

[24] 张颢瀚.长江三角洲都市圈经济与行政区经济的矛盾和整合[J].江海学刊，2009(4)：75-81.

[25] 张颢瀚，张超.大都市圈的成长阶段与动力机制[J].江海学刊，2006(1)：72-78.

[26] 张军.中国经济发展：为增长而竞争[J].世界经济文汇，2005(4)：101-105.

[27] 张五常.佃农理论[M].北京：商务印书馆，2000.

[28] 周黎安.中国地方官员的晋升锦标赛模式研究[J].经济研究，2007(7)：36-50.

[29] Jin Hehui，Qian Yingyi，Weingast B R. Regional Decentralization and Fiscal Incentives：Federalism，Chinese Style[J]. Journal of Public Economics，2005，89(9)：1719-1742.

[30] Oliver Blanchard，Andrei Shleifer. Federalism with and without Political Centralization：China versus Russia[R]. NBER Working Paper，2000.

[31] Qian Yingyi，Barry R. Weingast，Federalism as a Commitment to Preserving Market Incentives[J]. Journal of Economic Perspectives，1997，11(4)：83-92.

[32] Qian Yingyi, Xu Chenggang. China's Transition to Markets: The M-form Hierarchy and Entry/Expansion of the Non-state Sector[J]. Economics of Transition, 1993(1): 135 – 170.

[33] Qian Yingyi, Roland G, Xu Chenggang. Why is China Different from Eastern European? Perspectives from Organization Theory[J]. European Economic Review, 1999, 43(4): 1085 – 1094.

[34] Xu Chenggang. The Fundamental Institutions of China's Reforms and Development[J]. Journal of Economic Literature, 2011, 49(4): 1076 – 1151.

图书在版编目（CIP）数据

长三角一体化发展的体制机制研究/刘志彪等著
.—北京：中国人民大学出版社，2021.1
（中国经济问题丛书.长三角研究系列）
ISBN 978-7-300-29036-2

Ⅰ.①长… Ⅱ.①刘… Ⅲ.①长江三角洲-区域经济
发展-研究 Ⅳ.①F127.5

中国版本图书馆 CIP 数据核字（2021）第 030904 号

长江产经智库中国经济发展系列著作
中国经济问题丛书·长三角研究系列
长三角一体化发展的体制机制研究
刘志彪 江 静 等著
Changsanjiao Yitihua Fazhan de Tizhi Jizhi Yanjiu

出版发行	中国人民大学出版社	
社 址	北京中关村大街 31 号	**邮政编码** 100080
电 话	010-62511242（总编室）	010-62511770（质管部）
	010-82501766（邮购部）	010-62514148（门市部）
	010-62515195（发行公司）	010-62515275（盗版举报）
网 址	http://www.crup.com.cn	
经 销	新华书店	
印 刷	北京鑫丰华彩印有限公司	
规 格	148 mm×210 mm 32 开本	**版 次** 2021 年 1 月第 1 版
印 张	13.125 插页 1	**印 次** 2021 年 1 月第 1 次印刷
字 数	371 000	**定 价** 68.00 元